TUSCULUM
BÜCHER

CORNELIUS TACITUS
TIBERIUS

LATEINISCH UND DEUTSCH

BEI ERNST HEIMERAN MÜNCHEN
1923

ANNALES
AB EXCESSU DIVI AUGUSTI
LIBER I–VI
PRIMA PARS · LIBER I–III

ZWEITER BAND
DER TUSCULUM·BÜCHER

ROMS GESCHICHTE
SEIT AUGUSTUS TOD
I.—VI. BUCH
ERSTER TEIL · I.—III. BUCH

ÜBERTRAGEN
VON
LUDWIG MAENNER

MEINER FRAU
DER SCHÜTZERIN DES WERKS

rbem Romam a principio reges habuere. Libertatem et consulatum L. Brutus instituit. Dictaturae ad tempus sumebantur; neque decemviralis potestas ultra biennium, neque tribunorum militum consulare ius diu valuit. Non Cinnae, non Sullae longa dominatio; et Pompei Crassique potentia cito in Caesarem, Lepidi atque Antonii arma in Augustum cessere, qui cuncta discordiis civilibus fessa nomine principis sub imperium accepit. Sed veteris populi Romani prospera vel adversa claris scriptoribus memorata sunt; temporibusque Augusti dicendis non defuere decora ingenia, donec gliscente adulatione deterrerentur. Tiberii Gaique et Claudii ac Neronis res florentibus ipsis ob metum falsae, postquam occiderant, recentibus odiis compositae sunt. Inde consilium mihi pauca de Augusto et extrema tradere, mox Tiberii principatum et cetera, sine ira et studio, quorum causas procul habeo.

II Postquam Bruto et Cassio caesis nulla iam publica arma, Pompeius apud Siciliam oppressus exutoque Lepido, interfecto Antonio ne Iulianis quidem partibus nisi Caesar dux reliquus, posito triumviri nomine consulem se ferens et ad tuendam plebem tribunicio iure contentum, ubi militem donis, populum annona, cunctos dulcedine otii pellexit, insurgere paulatim, munia senatus magistratuum legum in se trahere, nullo adversante, cum ferocissimi per acies aut proscriptione cecidissent, ceteri nobilium, quanto quis servitio promptior, opibus et honoribus extollerentur ac novis ex rebus aucti tuta et praesentia quam vetera et periculosa

Im Anfang lasteten auf Rom die Könige. Freiheit und Konsulat schuf Lucius Brutus. Nur Monate flüchteten sich zur Diktatur. Das zweite Jahr enthob die Decemvirn ihres Befehls. Flüchtig währte das Konsularrecht der Kriegstribunen. Cinnas, Sullas Herrschaft zerstob. Pompejus und Crassus entwand die Macht der rasche Caesar. Lepidus' und Antonius' Waffengewalt ballte sich in Augustus, und Augustus hieß sich „Fürst" und ward der Gott der Welt, die der Bürgerkampf ermüdet hatte. Indes Roms Glück und Schmerz zu alter Zeit fand würdige Verfasser. Auch Augustus' Jahre reizten glänzende Geister, bis es ihnen die Üppigkeit der Schmeichelei verleidete. Ein Tiberius, Caligula, Claudius, Nero blühten, und ihre Geschichte fälschte sich in der Furcht, nach ihrem Sturz in dem noch flackernden Haß. So will ich von Augustus sagen — doch nur von seinen letzten Kämpfen — und von Tiberius' Glanz und seiner Nachwelt, und ich hasse nicht, ich liebe nicht, will nicht lieben und nicht hassen.

Der Mord an Brutus und Cassius wandelte den Weltenkrieg in einen Sonderstreit. Zu Pompejus' Fall bei Sizilien, zu einem nackten Lepidus und Antonius' Tod lächelte nur noch Octavianus, auch der Cäsarianer letzter Heeresfürst. Er entsagte dem Namen „Triumvir", gebarte sich als „Konsul" und log Genügsamkeit: „Schon die Macht als Tribun behütet das Volk." Seine Geschenke berückten das Heer, Brot die Masse, ein kosender Friede die Welt, und er stieg. Die Pflichten des Senats, Beamtentums und der Gesetze rollte er auf sich — ohne Kampf. Auf Schlachtgefilden, in der Acht waren die Feuergeister erloschen, und dem Rest des Adels, dessen

LIBER PRIMUS

mallent. Neque provinciae illum rerum statum abnuebant, suspecto senatus populique imperio ob certamina potentium et avaritiam magistratuum, invalido legum auxilio, quae vi, ambitu, postremo pecunia turbabantur.

III Ceterum Augustus subsidia dominationi Claudium Marcellum, sororis filium, admodum adulescentem pontificatu et curuli aedilitate, M. Agrippam, ignobilem loco, bonum militia et victoriae socium, geminatis consulatibus extulit, mox defuncto Marcello generum sumpsit; Tiberium Neronem et Claudium Drusum privignos imperatoriis nominibus auxit, integra etiam tum domo sua. Nam genitos Agrippa Gaium ac Lucium in familiam Caesarum induxerat, necdum posita puerili praetexta principes iuventutis appellari, destinari consules specie recusantis flagrantissime cupiverat. Ut Agrippa vita concessit, Lucium Caesarem euntem ad Hispanienses exercitus, Gaium remeantem Armenia et vulnere invalidum mors fato propera vel novercae Liviae dolus abstulit, Drusoque pridem extincto Nero solus e privignis erat, illuc cuncta vergere: Filius, collega imperii, consors tribuniciae potestatis adsumitur omnisque per exercitus ostentatur, non obscuris, ut antea, matris artibus, sed palam hortatu. Nam senem Augustum devinxerat adeo, uti nepotem unicum, Agrippam Postumum, in insulam Planasiam proiecerit, rudem sane bonarum artium et robore corporis stolide ferocem, nullius tamen flagitii conpertum. At hercule Germani-

Erstes Buch

Sklavenwillen Ehre und Geld nach Verdienst belohnten, spiegelte sein neuer Schimmer die sichere Gegenwart begehrlicher als eine stürmende Vergangenheit. Auch die Provinzen öffneten sich der neuen Ordnung. Den Jahren des Senats und Volks verdachten sie den Zank der Großen und die Gier der Beamten wie die Ohnmacht der Gesetze, die vor Gewalt und List, selbst Geld verfallen waren.

Die Würde eines Oberpriesters und die kurulische Ädilität für Augustus' Neffen, den Knaben Claudius Marcellus, wie das Doppelkonsulat für den niederbürtigen, kriegesharten Gefährten seines Siegs, Marcus Agrippa, stützten den Thron. Marcellus' Tod hob Agrippa zum Eidam. Den Stiefsöhnen, Tiberius und Drusus, ward die Würde „Heerfürst", und doch — es prangte noch sein Geschlecht: Agrippas Sprossen Gajus und Lucius hatte der Cäsar seinem Hause zugebracht, und in der Maske einer Weigerung gelüstete ihn heiß, noch spielende Knaben als „Fürsten der Ritterschaft" und Konsuln zu grüßen. Agrippa starb. Ein rasches Schicksal, vielleicht die List der Stiefahne Livia fällte Lucius Cäsar auf der Straße zu den Heeren Spaniens, den wunden Gajus auf der Reise aus Armenien. In Tiberius, dem letzten Stiefsohn nach Drusus' frühem Ende, sammelten sich alle Ehren. Er ward der Sohn und Doppelkaiser, der Doppeltribun und allen Heeren vorgeführt. Maskenlos, vor einer Welt spann seine Mutter jetzt die Pläne. Denn in ihrem Zauber hatte der alternde Augustus seinen einzigen Enkel Agrippa Postumus nach der Insel Planasia verstoßen, und man wußte nur von seiner Unschuld, nur von dem tölpisch trotzigen Hünenleibe eines Wissensstumpfen. Doch acht rheinische

LIBER PRIMUS

cum Druso ortum octo apud Rhenum legionibus inposuit adscirique per adoptionem a Tiberio iussit, quamquam esset in domo Tiberii filius iuvenis, sed quo pluribus munimentis insisteret.

Bellum ea tempestate nullum nisi adversus Germanos supererat, abolendae magis infamiae ob amissum cum Quintilio Varo exercitum quam cupidine proferendi imperii aut dignum ob praemium. Domi res tranquillae, eadem magistratuum vocabula; iuniores post Actiacam victoriam, etiam senes plerique inter bella civium nati: Quotus quisque reliquus, qui rem publicam vidisset? IV Igitur verso civitatis statu nihil usquam prisci et integri moris; omnes exuta aequalitate iussa principis aspectare, nulla in praesens formidine, dum Augustus aetate validus seque et domum et pacem sustentavit.

Postquam provecta iam senectus aegro et corpore fatigabatur aderatque finis et spes novae, pauci bona libertatis in cassum disserere, plures bellum pavescere, alii cupere. Pars multo maxima inminentis dominos variis rumoribus differebant: Trucem Agrippam et ignominia accensum non aetate neque rerum experientia tantae moli parem; Tiberium Neronem maturum annis, spectatum bello, set vetere atque insita Claudiae familiae superbia, multaque indicia saevitiae, quamquam premantur, erumpere. Hunc et prima ab infantia eductum in domo regnatrice; congestos iuveni consulatus, triumphos; ne iis quidem annis, quibus Rhodi specie secessus exul egerit, aliud quam iram et simulationem et secretas libidines meditatum.

Erstes Buch

Legionen gab der Fürst an Drusus' Sohn Germanicus, und Tiberius wurde trotz des eigenen reifen Sprossen ihm zum Vater befohlen: An mehreren Krücken schritt es sich leichter.

Zu jenen Zeiten loderte nur noch ein Krieg wider die Germanen, wohl nicht aus Gier nach Land, nicht zu einem edlen Ziel, doch in Rache für den schändenden Tod eines Quintilius Varus und seines Heeres. Im innern Reiche war der Sturm verbraust. Die Beamten hießen noch wie unter dem freien Staat. Die Jugend war schon nach dem Sieg zu Actium geboren, auch das Alter meist im Bürgerkampf. Spärlich waren die Söhne des Freistaats. Die Umwälzung zerfraß die alte, keusche Sitte. Die Gleichheit war verloren, und alle Menschen starrten nach den Zügen des Fürsten. Grauenlos war ihnen die Gegenwart; denn noch rüstig, sorgte Augustus für sich, für sein Geschlecht und den Frieden.

Im Siechtum ward der Greis Augustus müde. An seinem nahen Ende richtete sich die Hoffnung auf. Wenige Toren schwärmten von Freiheit. Ein Krieg weckte hier die Furcht und dort die Gier. Doch die bunten Reden über die kommenden Gebieter übertönten es: „Jung und lebensfremd, zerrüttet sich Agrippa in seinem Trotz, in Schmerz ob der Schande. Die Krone würde ihn zermalmen. In dem reifen, kampfestapfern Tiberius wurzelt tief der alte Stolz der Claudier, und sieglos ringt die Selbstzucht mit seinem Trieb zu Grausamkeit. Auf dem Jüngling, dessen Kindheit schon die Luft des Hofes umkoste, wuchteten Siegesfeiern und Konsulate. Selbst in den Jahren seiner rhodischen Acht, die in den Wunsch nach Einsamkeit verlarvt ward, glühten nur Haß, Lüge und

LIBER PRIMUS

Accedere matrem muliebri inpotentia: Serviendum feminae duobusqu insuper adulescentibus, qui rem publicam interim premant, quandoque distrahant.

V Haec atque talia agitantibus gravescere valetudo Augusti, et quidam scelus uxoris suspectabant. Quippe rumor incesserat, paucos ante menses Augustum electis consciis et comite uno Fabio Maximo Planasiam vectum ad visendum Agrippam; multas illic utrimque lacrimas et signa caritatis spemque ex eo fore, ut iuvenis penatibus avi redderetur. Quod Maximum uxori Marciae aperuisse, illam Liviae. Gnarum id Caesari; neque multo post extincto Maximo, dubium an quaesita morte, auditos in funere eius Marciae gemitus semet incusantis, quod causa exitii marito fuisset. Utcumque se ea res habuit, vixdum ingressus Illyricum Tiberius properis matris literis accitur; neque satis conpertum est, spirantem adhuc Augustum apud urbem Nolam an exanimem reppererit. Acribus namque custodiis domum et vias saepserat Livia, laetique interdum nuntii vulgabantur, donec provisis, quae tempus monebat, simul excessisse Augustum et rerum potiri Neronem fama eadem tulit.

VI Primum facinus novi principatus fuit Postumi Agrippae caedes, quem ignarum inermumque quamvis firmatus animo centurio aegre confecit. Nihil de ea re Tiberius apud senatum disseruit: Patris iussa simulabat, quibus praescripsisset tribuno custodiae adposito, ne cunctaretur Agrippam morte adficere, quandoque ipse supremum diem explevisset. Multa sine dubio saevaque Augustus de moribus adulescentis questus, ut exi-

Erstes Buch

nächtig-schwüles Gelüst. In seiner Mutter rasen die Sinne des Weibes. Kaiser ein Weib und 3wei Knaben! Das Reich unter Geißeln und zuletzt — erwürgt!" So grämten sich die Menschen.

Kränker ward Augustus. Man murmelte von einem Frevel seiner Gattin — dank dem schwatzenden Gerücht: "Nach Planasia, 3u Agrippa fuhr vor wenig Monden Augustus, an Vertrauen kargend und im Geleit nur Fabius Maximus. Dort schwelgten sie in Tränen und in Liebe, und man hoffte die Heimkehr des Jünglings in das Haus seines Ahns. Maximus flüsterte 3u seiner Gattin Marcia und Marcia 3u Livia, und der Cäsar hörte gut. Rasch starb Maximus. An seinem Dolch? Bei der Bestattung wimmerte Marcia von ihrem Gattenmord — — —." Mag jenes Gerücht auch lügen — kaum in Illyrien, rief Tiberius ein Eilbrief seiner Mutter. Atmete Augustus noch 3u Nola? Lag er tot? Es ist geheim: Palast und Weg umstarrten Speere, Livias Werk. Freudige Worte jagten ins Land, bis man der Forderung des Augenblicks genügte. Spät hallte es in einer Verkündung: "Augustus starb, und die Krone trägt Tiberius."

Seine Erstlingstat war Mord an Agrippa Postumus. Trotz des Stahles eines beherzten Centurio rang sich der Überraschte, Waffenlose fast zum Sieg. — Im Senate war Tiberius schweigsam. Er log einen Befehl des Vaters an den Tribun der Wache: "Mein Tod tötet Agrippa!" Augustus' viele schwere Klagen um einen unbändigen Jüngling hatten dem Senat das Siegel zur Ächtung abgezwungen. Doch einen Augustus, 3u weich für den Mord in seinem Geschlecht,

LIBER PRIMUS

lium eius senatus consulto sanciretur, perfecerat; ceterum in nullius umquam suorum necem duravit, neque mortem nepoti pro securitate privigni inlatam credibile erat. Propius vero Tiberium ac Liviam, illum metu, hanc novercalibus odiis, suspecti et invisi iuvenis caedem festinavisse. Nuntianti centurioni, ut mos militiae, factum esse, quod imperasset, neque imperasse sese et rationem facti reddendam apud senatum respondit. Quod postquam Sallustius Crispus particeps secretorum (is ad tribunum miserat codicillos) comperit, metuens, ne reus subderetur, iuxta periculoso, ficta seu vera promeret, monuit Liviam, ne arcana domus, ne consilia amicorum, ministeria militum vulgarentur, neve Tiberius vim principatus resolveret cuncta ad senatum vocando: Eam condicionem esse imperandi, ut non aliter ratio constet, quam si uni reddatur.

VII At Romae ruere in servitium consules, patres, eques. Quanto quis inlustrior, tanto magis falsi ac festinantes, vultuque composito, ne laeti excessu principis neu tristiores primordio, lacrimas gaudium, questus adulationem miscebant. Sex. Pompeius et Sex. Appuleius consules primi in verba Tiberii Caesaris iuravere, apudque eos Seius Strabo et C. Turranius, ille praetoriarum cohortium praefectus, hic annonae; mox senatus milesque et populus.

Nam Tiberius cuncta per consules incipiebat, tamquam vetere re publica et ambiguus imperandi. Ne edictum quidem, quo patres in curiam vocabat, nisi tribuniciae potestatis praescriptione posuit sub Augusto acceptae. Verba edicti fuere pauca et

Erstes Buch

verhärtete gegen seinen Enkel wohl auch nicht die Sorge um den Stiefsohn. Indes den bebenden Tiberius, die hassende Stiefahne Livia mochten Verdacht und Groll zum Morde hetzen. Dem Centurio, der nach Brauch den Befehl vollzogen meldete, leugnete Tiberius einen Befehl, murmelte von Rechenschaft vor dem Senat. Sallustius Crispus, der dem Tribun das Schreiben vermittelt hatte und daher eingeweiht, erlauschte es, ahnte erbleichend die Klage auf sich zugespielt und die Gefahr der Lüge wie der Wahrheit. Er warnte Livia: „Man darf nicht raunen von Palastgeheimnis, Freundesrat, Soldatenfaust. Tiberius entkräften überviele Schritte zum Senat, und wehe dem Kaiser, dessen Rechnungen ein fremdes Auge sichten darf!"

Zu Sklaven duckten in Rom sich haftig die Konsuln, Senatoren, Ritter. Nach der Größe ihres Ruhmes vergrößerten sie die Haft und ihre Lüge. In höfisch glatten Wangen verhielt der Tod des Fürsten ihre Freude und der Kaiserwechsel ihre Trauer. Weinendes Jauchzen klang in klagender Schmeichelei. Tiberius gelobten sich die schwörenden Konsuln, Sextus Pompejus und Sextus Apulejus, und vor ihrem Ohr der Prätorianerführer Sejus Strabo und Gajus Turranius, der Brotpräfekt; dann Senat, Heer und Volk.
Als die Täter von Tiberius' gesamten ersten Taten gemahnten die Konsuln an den altershehren freien Staat, an einen noch schwanken Herrscherwillen. Ein Erlaß entbot die Senatoren zum Sitzungssaal, doch zeigte auch er nur das Beiwort „Tribun", schon

LIBER PRIMUS

sensu permodesto: De honoribus parentis consulturum, neque abscedere a corpore idque unum ex publicis muneribus usurpare. Sed defuncto Augusto signum praetoriis cohortibus ut imperator dederat; excubiae, arma, cetera aulae; miles in forum, miles in curiam comitabatur; literas ad exercitus tamquam adepto principatu misit, nusquam cunctabundus, nisi cum in senatu loqueretur. Causa praecipua ex formidine, ne Germanicus, in cuius manu tot legiones, immensa sociorum auxilia, mirus apud populum favor, habere imperium quam exspectare mallet. Dabat et famae, ut vocatus electusque potius a re publica videretur quam per uxorium ambitum et senili adoptione inrepsisse. Postea cognitum est ad introspiciendas etiam procerum voluntates inductam dubitationem: Nam verba, vultus in crimen detorquens recondebat.

VIII Nihil primo senatus die agi passus est nisi de supremis Augusti, cuius testamentum inlatum per virgines Vestae Tiberium et Liviam heredes habuit. Livia in familiam Iuliam nomenque Augustum adsumebatur. In spem secundam nepotes pronepotesque, tertio gradu primores civitatis scripserat, plerosque invisos sibi, sed iactantia gloriaque ad posteros. Legata non ultra civilem modum, nisi quod populo et plebi quadringentiens triciens quinquiens, praetoriarum cohortium militibus singula nummum milia, urbanis quingenos, legionariis ac cohortibus civium Romanorum trecenos nummos viritim dedit.

Erstes Buch

unter Augustus ihm erworben, und wenig Worte
schüchternen Sinns: "Es betrifft die Ehren meines
Vaters, und bei dem Toten will ich wachen. Nur an
diese Pflicht des Reiches wage ich zu greifen." Doch
Augustus' Tod erpreßte ihm die Losung an die Prä=
torianer, jene Losung eines Kaisers. Es blinkte von
Wachen und Soldaten, vom steten Prunke eines Hofs.
Waffen umblitzten ihn auf dem Markt, Waffen im
Senat. Auf einen Kaiser deuteten seine Schreiben an
die Heere. Nur im Senate stockten seine Worte: Der
Römer Gott, Germanicus, gebot Legionen und
üppigen Quellen der Verbündeten, und ein bleicher
Kaiser witterte seinen Wunsch nach der Krone — in
der Faust, nicht in Träumen. Und "Erkorener des
Freistaats" tönte ihm anders denn "Erbschleicher
dank einer Gattin List und eines Greises Kindersucht".
Später kam es auf: Der Zauderer wollte auch die
Larve vom Gesichte des Adels reißen. Worte und
Mienen wurden Verbrechen, und sein Gedächtnis
war gut.

Nur Augustus' Tod litt er in der ersten Tagung
des Senats. Die Mädchen der Vesta brachten den
letzten Willen: "Erst nach Tiberius und Livia erben
meine Enkel und Urenkel. Livia, jetzt "Augusta", ver=
leibe ich dem julischen Geschlecht." Doch für die dritten
Erben hatten Prahlsucht und seine Gier nach künfti=
gem Ruhm sich des Hasses fast gegen jeden Mächti=
gen entschlagen müssen. Die Vermächtnisse überboten
nicht die Sitte: Nur an Volk und Pöbel dreiund=
vierzig Millionen fünfhundert tausend Sestertien,
jedem Prätorianer tausend, jedem Mann städtischer
Kohorten fünfhundert, jedem Legionar und Soldaten
der Kohorten römischer Bürger dreihundert.

LIBER PRIMUS

Tum consultatum de honoribus; ex quis maxime insignes ,ut porta triumphali duceretur funus, Gallus Asinius, ut legum latarum tituli, victarum ab eo gentium vocabula anteferrentur, L. Arruntius censuere. Addebat Messalla Valerius renovandum per annos sacramentum in nomen Tiberii; interrogatusque a Tiberio, num se mandante eam sententiam prompsisset, sponte dixisse respondit, neque in iis, quae ad rem publicam pertinerent, consilio nisi suo usurum, vel cum periculo offensionis. Ea sola species adulandi supererat. Conclamant patres corpus ad rogum umeris senatorum ferendum. Remisit Caesar adroganti moderatione; populumque edicto monuit, ne, ut quondam nimiis studiis funus divi Iulii turbassent, ita Augustum in foro potius quam in campo Martis, sede destinata, cremari vellent.

Die funeris milites velut praesidio stetere, multum inridentibus, qui ipsi viderant quique a parentibus acceperant diem illum crudi adhuc servitii et libertatis inprospere repetitae, cum occisus dictator Caesar aliis pessimum, aliis pulcherrimum facinus videretur: Nunc senem principem, longa potentia, provisis etiam heredum in rem publicam opibus, auxilio scilicet militari tuendum, ut sepultura eius quieta foret. IX Multus hinc ipso de Augusto sermo, plerisque vana mirantibus: quod idem dies accepti quondam imperii princeps et vitae supremus; quod Nolae in domo et cubiculo, in quo pater eius Octavius, vitam finivisset. Numerus etiam consulatuum celebrabatur, quo Valerium Corvum et C. Marium simul aequaverat; continuata per septem et triginta annos tribunicia

Erstes Buch

Im Verlaufe der Sitzung wünschte die prächtigsten Ehren Asinius Gallus: "Durch das Siegestor sein letzter Gang!"; und Lucius Arruntius: "Vor der Leiche auf Tafeln die Namen seiner Gesetze und der Völker seines Siegs!" Valerius Messala fuhr fort: "Jährlich verjünge sich der Eid auf Tiberius' Namen!" Der Cäsar forschte: "Raunte ich dir deinen Antrag zu?" "Nein! Mein Wille! Nur mit meinem Rat nähre ich das Leben unseres Staats, und sei es wider alle Welt!" Nur so verfing noch Schmeichelei. "Die Schultern von Senatoren tragen seine Leiche an das Todesfeuer!" Den jubelnden Senat entband davon der Stolz des schüchternen Cäsaren. Sein Erlaß warnte das Volk vor einer Störung überheißer Liebe, wie bei der Bestattung Julius Cäsars, vor der Sucht, Augustus auf dem Markt, nicht auf dem erkorenen Marsfeld in der Glut zu schauen.

Waffen blitzten am Tag der Bestattung, blitzten wie zum Schutz. Man dachte des Tags, da die allzu junge Knechtschaft die Freiheit fehlgebar, da der Mord an dem Diktator Cäsar die Welt entsetzte wie begeisterte, und es weckte den Hohn in den Menschen, die es erlebt, und die es von ihren Eltern erlauscht: "Dem greisen Gebieter langer Jahre, der noch seine Erben in volksfeinder Vorsicht gesichert hat, bürgt den stillen Todesgang nur das Heer." In den tausenden Worten über Augustus blendete meist ein falsches Gold: "Derselbe Tag grüßte einen Herrscher und den Toten. Er starb im gleichen Palast und gleichen Gemach zu Nola wie sein Vater Octavius." Man rühmte: "Valerius Corvus und Gajus Marius zusammen stiegen erst zur Zahl seiner Konsulate. Siebenunddreißig Jahre folgte ihm das Tribunat. Der Name

LIBER PRIMUS

potestas, nomen inperatoris semel atque viciens partum aliaque honorum multiplicata aut nova.

At apud prudentes vita eius varie extollebatur arguebaturve. Hi pietate erga parentem et necessitudine rei publicae, in qua nullus tunc legibus locus, ad arma civilia actum, quae neque parari possent neque haberi per bonas artes. Multa Antonio, dum interfectores patris ulcisceretur, multa Lepido concessisse. Postquam hic socordia senuerit, ille per libidines pessum datus sit, non aliud discordantis patriae remedium fuisse, quam ut ab uno regeretur. Non regno tamen neque dictatura, sed principis nomine constituίam rem publicam; mari Oceano aut amnibus longinquis saeptum imperium; legiones, provincias, classes, cuncta inter se conexa; ius apud cives, modestiam apud socios; urbem ipsam magnifico ornatu; pauca admodum vi tractata, quo ceteris quies esset.

X Dicebatur contra: Pietatem erga parentem et tempora rei publicae obtentui sumpta: Ceterum cupidine dominandi concitos per largitionem veteranos, paratum ab adulescente privato exercitum, corruptas consulis legiones, simulatam Pompeianarum gratiam partium; mox ubi decreto patrum fasces et ius praetoris invaserit, caesis Hirtio et Pansa, sive hostis illos, seu Pansam venenum vulneri adfusum, sui milites Hirtium et machinator doli Caesar abstulerat, utriusque copias occupavisse; extortum invito senatu consulatum, armaque, quae in Antonium acceperit, contra rem publicam versa. Proscriptionem civium, divisiones agrorum ne ipsis quidem, qui fecere, laudatas. Sane Cassii et Brutorum exitus paternis inimicitiis da-

Erstes Buch

‚Heerfürst' ward ihm einundzwanzig Male, und für ihn häufte man Ehren, schuf sie neu."

Die Klugheit vermischte seinem Leben Tadel und Lob: „Treue gegen seinen Vater, die Not des Landes, ein gesetzloses Wirrsal warf ihn in den Bürgerkrieg, den nie die Unschuld zündet und zu Ende ficht. Nur seine Rache für den ermordeten Vater verzieh so oft Antonius und Lepidus. Nach dem Sturz des Lüstlings, bei Lepidus' vermorschender Schlaffheit konnte nur die Einherrschaft die Wunden unseres Reiches schließen, doch nicht ein König, ein Diktator, nur der Name ‚Fürst' steuerte das Reich dem Frieden zu. Der Ozean, ferne Ströme umfrieden alle Völker; in Legionen, Provinzen, Flotten, alldurchdringend knüpfen sich die Bande; zum Römer trat das Recht, zu den Verbündeten das Maß; in hoher Zierde prangt die Stadt; der Zwang ist selten, auf daß überall die Ruhe."

Man widersprach: „Trug waren die Treue des Sohnes und die Not des Landes. Seine Herrschgier feilschte mit Gold um Veteranen, rüstete Truppen dem jungen Bürger, verführte konsularische Legionen und trog Pompejus' Anhang durch Liebe. Im Amt der Proprätur belehnte ihn der Senat mit der Gewalt des Staats, und nach Hirtius' wie Pansas Tod maßte er sich die Heere an. Sanken sie in der Schlacht? Tropfte Gift in Pansas Wunde? Wiegelte die Tücke des Cäsaren Hirtius' Leute zu Mord? Sein Konsultum ist dem Senat ertrotzt. Unter den Waffen, die er gegen Antonius empfing, zuckte das Reich, und selbst die Täter graute vor ihrem Banne gegen Römer und den Saben an Land. Das Glück des Staates hätte den Rächer seines befeindeten Vaters

LIBER PRIMUS

tos, quamquam fas sit privata odia publicis utilitatibus remittere: Sed Pompeium imagine pacis, sed Lepidum specie amicitiae deceptos; post Antonium, Tarentino Brundisinoque foedere et nuptiis sororis inlectum, subdolae adfinitatis poenas morte exsolvisse. Pacem sine dubio post haec, verum cruentam: Lollianas Varianasque clades, interfectos Romae Varrones, Egnatios, Iullos.

Nec domesticis abstinebatur: Abducta Neroni uxor et consulti per ludibrium pontifices, an concepto necdum edito partu rite nuberet; Q. Tedii et Vedii Pollionis luxus; postremo Livia gravis in rem publicam mater, gravis domui Caesarum noverca. Nihil deorum honoribus relictum, cum se templis et effigie numinum, per flamines et sacerdotes coli vellet. Ne Tiberium quidem caritate aut rei publicae cura successorem adscitum, sed quoniam adrogantiam saevitiamque eius introspexerit, comparatione deterrima sibi gloriam quaesivisse. Etenim Augustus paucis ante annis, cum Tiberio tribuniciam potestatem a patribus rursum postularet, quamquam honora oratione, quaedam de habitu cultuque et institutis eius iecerat, quae velut excusando exprobraret.

Ceterum sepultura more perfecta templum et caelestes religiones decernuntur. XI Versae inde ad Tiberium preces. Et ille varie disserebat de magnitudine imperii, sua modestia. Solam divi Augusti mentem tantae molis capacem: Se in partem curarum ab illo vocatum experiendo didicisse quam

Erstes Buch

vor Mord an Cassius und den beiden Brutus schrecken können. Doch Pompejus betörte nun der Wahn des Friedens, Lepidus der Glanz von Freundschaft, und Antonius' Bündnis zu Tarent und zu Brundisium, sein Hochzeitsfest mit der Schwester des Cäsaren sühnten sich im Tod des vertrauenden Schwagers. Der Friede kam — dunkel in Blut: Lollius und Varus stürzten vor Feinden; Varro, Egnatius, Jullus verröchelten zu Rom."

Man spähte in das Leben des Menschen Augustus: „Im Raub von Neros Gattin höhnte die Frage an die Oberpriester: „Versehrt die neue Ehe einer Schwangern die Gesetze? Muß noch erst geboren werden?" Quintus Tedius und Vedius Pollio praßten. Unter einer Mutter Livia stöhnte das Reich, unter einer Stiefmutter ächzten Cäsaren. Seine Gier nach betenden Priestern und Eigenpriestern, nach Gebet in Tempeln, zu seinem Gottesbild raubte Göttern das Gebet, und nicht seine Liebe, nicht die Sorge um sein Land beriefen Tiberius zum Erben. Ein wissender Blick in den Stolz des grausen Stiefsohns wies ihn auf den Ruhm, den der Vergleich mit einem Frevler bot": Vor wenig Jahren, im Senat forderte Augustus: „Erneut Tiberius' Tribunat!", rügte verzeihend, ehrend an seinem Betragen, seinen Sitten und Gebärden.

Über Augustus hatte sich das Grab geschlossen, wie sonst. Man entschied sich zu einem Tempel und Weihrauch für den jungen Gott. Und man kniete vor Tiberius. Doch ob der Größe seines Reichs, ob seines Unwerts wand sich sein Wort: „Nur ein Augustus hob noch solche Last. Ich teilte seine Sorgen und fühlte die Krone der Welt nur lasten, das

LIBER PRIMUS

arduum, quam subiectum fortunae regendi cuncta onus. Proinde in civitate tot inlustribus viris subnixa non ad unum omnia deferrent: Plures facilius munia rei publicae sociatis laboribus exsecuturos. Plus in oratione tali dignitatis quam fidei erat; Tiberioque etiam in rebus, quas non occuleret, seu natura sive adsuetudine, suspensa semper et obscura verba: Tunc vero nitenti, ut sensus suos penitus abderet, in incertum et ambiguum magis implicabantur. At patres, quibus unus metus, si intellegere viderentur, in questus lacrimas vota effundi; ad deos, ad effigiem Augusti, ad genua ipsius manus tendere, cum proferri libellum recitarique iussit.

Opes publicae continebantur, quantum civium sociorumque in armis, quot classes, regna, provinciae, tributa aut vectigalia, et necessitates ac largitiones. Quae cuncta sua manu perscripserat Augustus addideratque consilium coercendi intra terminos imperii, incertum metu an per invidiam. XII Inter quae senatu ad infimas obtestationes procumbente dixit forte Tiberius se, ut non toti rei publicae parem, ita quaecumque pars sibi mandaretur, eius tutelam suscepturum. Tum Asinius Gallus 'Interrogo', inquit, 'Caesar, quam partem rei publicae mandari tibi velis'. Perculsus inprovisa intorrogatione paulum reticuit: Dein collecto animo respondit nequaquam decorum pudori suo legere aliquid aut evitare ex eo, cui in universum excusari mallet. Rursum Gallus (etenim vultu offensionem coniectaverat) non idcirco interrogatum ait, ut divideret, quae separari nequirent, se dut sua confessione argueretur unum esse rei publicae

Erstes Buch

Schicksal mit der Krone spielen. Die Waltung eines Staats, der sich an so manchen großen Römer klammern kann, zerteilt die Bürde auf viele einig stemmende Schultern, entlastet den Einen." Solche Sprache rauschte nur in Tönen, ohne Treue. Auch in lauterer Rede irrte verschleiert Tiberius' Wort, — Worte seines Wesens oder seiner Gewöhnung. Damals doppelte den Sinn der schwanken Laute die gewollte Täuschung über den Gedanken. Zu Klage und weinenden Gelübden schmolz den Senat nur die eine Furcht: „Er darf sich nicht ergründet spüren." Ihre Hände krampften sich zu den Göttern und zu Augustus' Bildnis, an Tiberius' Knie.

Er befahl eine Schrift von den Quellen der Reichsmacht und ihren Vortrag: von der Größe der Bürger- und Bundesheere, den Flotten, Königtümern und Provinzen, den Steuern auf Menschen oder Sachen, von Kosten und Spenden. Solches Schreiben von Augustus' Hand endete der Rat, in Furcht, vielleicht in Neid geraten, — sich mit den Grenzen zu bescheiden. Niedrig jammernd kniete der Senat, und Tiberius vergaß sich: „Ohnmächtig strauchle ich vor voller Last des Staates, doch splittert einen Teil — ich will ihn tragen." Asinius Gallus fuhr fort: „Cäsar, welcher Teil am Reich gelüstet dich?" Seine plötzliche Frage lähmte die Zunge des Cäsaren. — Gefaßt, spielte er mit Pflichten seiner Scham: „Einen Stein der mich widernden Krone vermag ich nicht zu wählen, nicht zu weigern." Ein Blick nach dem verzerrten Antlitz, — und Gallus stotterte: „Meine Frage wollte nicht die tief verschmolzenen Steine sprengen, nur dein Geständnis zwingen: ‚Ein Wille und in einem Leib!'"

LIBER PRIMUS

corpus atque unius animo regendum. Addidit laudem de Augusto Tiberiumque ipsum victoriarum suarum, quaeque in toga per tot annos egregie fecisset, admonuit.

Nec ideo iram eius lenivit, pridem invisus, tamquam ducta in matrimonium Vipsania, M. Agrippae filia, quae quondam Tiberii uxor fuerat, plus quam civilia agitaret Pollionisque Asinii patris ferociam retineret. XIII Post quae L. Arruntius haud multum discrepans a Galli oratione perinde offendit, quamquam Tiberio nulla vetus in Arruntium ira; sed divitem, promptum, artibus egregiis et pari fama publice, suspectabat. Quippe Augustus supremis sermonibus, cum tractaret, quinam adipisci principem locum suffecturi abnuerent aut inpares vellent vel idem possent cuperentque, M'. Lepidum dixerat capacem, sed aspernantem, Gallum Asinium avidum et minorem, L. Arruntium non indignum et, si casus daretur, ausurum. De prioribus consentitur, pro Arruntio quidam Cn. Pisonem tradidere; omnesque praeter Lepidum variis mox criminibus struente Tiberio circumventi sunt.

Etiam Q. Haterius et Mamercus Scaurus suspicacem animum perstrinxere, Haterius, cum dixisset 'Quo usque patieris, Caesar, non adesse caput rei publicae?', Scaurus, quia dixerat spem esse ex eo non inritas fore senatus preces, quod relationi consulum iure tribuniciae potestatis non intercessisset. In Haterium statim invectus est; Scaurum, cui inplacabilius irascebatur, silentio tramisit. Fessusque clamore omnium, expostulatione singulorum flexit paulatim, non ut fateretur suscipi a se

Erstes Buch

Es verklang in Augustus' Lob und einer Mahnung: "All die Jahre, Cäsar, warst du groß in Krieg und Frieden!"

Doch Tiberius' Groll zerfloß noch nicht. Sein Haß war alt: Der heiße Wille Asinius Pollios brannte auch den Sohn, und auf Ehrsucht deutete seine Ehe mit Tiberius' einstiger Gattin Vipsania, der Tochter Marcus Agrippas. Tiberius haßte Lucius Arruntius noch nicht, und Arruntius' Worte, in denen Gallus' Sprache widerhallte, lösten doch Cäsarenhaß. Ihn zeichneten sein Geld und seine Tatkraft, die hohen Geistesgaben und ihr hoher Ruf im Volk. Die Männer, deren Geist doch eine Krone verschmähe, und die kraftlos sie heischten, die in Kraft begehrten, hatte todesnah Augustus enthüllt: "Manius Lepidus' Geist verbirgt sich; Asinius Gallus' Hohlheit untergräbt seinen Ehrgeiz; doch Lucius Arruntius' fähiger Wille nutzt ein Glück der Stunde." Bei Lepidus und Gallus einig, schwankt der Bericht zwischen Arruntius und Gnäus Piso. Außer Lepidus, verstrickten sie sich später in den Ränken des Cäsaren: in wechselreichem Verhör.
Auch aus Quintus Haterius' Wort sog sich Tiberius' Argwohn Gift: "Wie lange, Cäsar, soll der Rumpf nach seinem Haupte suchen?" und neues Gift aus Mamercus Scaurus' Jubel: "Hoffnung für die Bitten des Senats entflammt: Den Antrag unserer Konsuln zerschmetterte nicht dein Einspruch als Tribun." Jäh zürnte er Haterius. Ein Wort wider Scaurus erstickte heißerer Haß. Langsam verschlossen das rauschende Toben der Masse und einzelne gelle Bitten dem müden Cäsaren einen spröde wehrenden Mund,

LIBER PRIMUS

imperium, sed ut negare et rogari desineret. Constat Haterium, cum deprecandi causa Palatium introisset ambulantisque Tiberii genua advolveretur, prope a militibus interfectum, quia Tiberius casu an manibus eius inpeditus prociderat. Neque tamen periculo talis viri mitigatus est, donec Haterius Augustam oraret eiusque curatissimis precibus protegeretur.

XIV Multa patrum et in Augustam adulatio. Alii parentem, alii matrem patriae appellandam, plerique, ut nomini Caesaris adscriberetur 'Iuliae filius', censebant. Ille moderandos feminarum honores dictitans eademque se temperantia usurum in iis, quae sibi tribuerentur, ceterum anxius invidia et muliebre fastigium in deminutionem sui accipiens ne lictorem quidem ei decerni passus est aramque adoptionis et alia huiusce modi prohibuit. At Germanico Caesari proconsulare imperium petivit; missique legati, qui deferrent, simul maestitiam eius ob excessum Augusti solarentur. Quo minus idem pro Druso postularetur, ea causa, quod designatus consul Drusus praesensque erat.

Candidatos praeturae duodecim nominavit, numerum ab Augusto traditum; et hortante senatu, ut augeret, iure iurando obstrinxit se non excessurum. XV Tum primum e campo comitia ad patres translata sunt: Nam ad eam diem, etsi potissima arbitrio principis, quaedam tamen studiis tribuum fiebant. Neque populus ademptum ius questus est nisi inani rumore, et senatus largitionibus ac precibus sordidis exsolutus libens tenuit, moderante Tiberio, ne praeturae plures quam quattuor candidatos commendaret, sine repulsa et ambitu designandos.

Erstes Buch

der so die Bitten hemmte, doch sich zur Krone noch nicht verstand. Die Wahrheit ist es: Sühnend umschlang Haterius im Palast das Knie des lustwandelnden Cäsaren, und Soldaten zückten die Schwerter zu Mord: Ein Zufall oder Haterius' Finger stürzten den Kaiser zur Erde. Sein Groll verebbte, nicht ob des nahen Todes solchen Mannes, doch Haterius kniete vor Augusta, und rührend bat ihre Gunst.

Auch vor Augusta warf sich der Senat. Man zankte sich um ihren Namen „Mutter" oder „Mutter Roms", und eine Mehrheit berauschte sich an einem Beiwort des Cäsaren: „Julias Sohn". Oft murmelte der Cäsar von Maß in Frauenehren und seiner eigenen künftigen Bescheidenheit. Sein zitternder Neid, wie entfürstet von den Würden eines Weibes, versagte ihr sogar die Gabe eines Liktors, einen Altar ihres neuen Stamms und manche Zier. Zu Germanicus trugen Gesandte die Macht des Prokonsuls, Tiberius' Forderung, und den Trost zu seiner Trauer um den toten Augustus. Eine gleiche Forderung für Drusus verboten die Wahl zum Konsul und seine Gegenwart in Rom.

Tiberius' Nennung von zwölf Bewerbern der Prätur fügte sich Augustus' Brauch. Die Bitte des Senats um Zuwachs verführte ihn zu einem Eid: „Über diese Grenze werde ich nicht gehen." Zum ersten Male wählte der Senat, nicht mehr das Marsfeld. Bis zu jener Stunde hatten sich in Kleinigkeiten die Saue vor dem Willen des Fürsten noch geregt. Doch nur stumpf murrte das Volk um den Raub seines Rechts, und der Senat verwand es gern, sich schmutzige Kniee und seine Gelder zu sparen: Maßvoll, bürgte jetzt Tiberius nur bei vier Bewerbern der Prätur: „Doch ohne Werbung diese Wahl und siegreich!"

LIBER PRIMUS

Inter quae tribuni plebei petivere, ut proprio sumptu ederent ludos, qui de nomine Augusti fastis additi Augustales vocarentur. Sed decreta pecunia ex aerario, utque per circum triumphali veste uterentur: Curru vehi haud permissum. Mox celebratio ad praetorem translata, cui inter cives et peregrinos iurisdictio evenisset.

XVI Hic rerum urbanarum status erat, cum Pannonicas legiones seditio incessit, nullis novis causis, nisi quod mutatus princeps licentiam turbarum et ex civili bello spem praemiorum ostendebat. Castris aestivis tres simul legiones habebantur, praesidente Iunio Blaeso, qui fine Augusti et initiis Tiberii auditis ob iustitium aut gaudium intermiserat solita munia. Eo principio lascivire miles, discordare, pessimi cuiusque sermonibus praebere aures, denique luxum et otium cupere, disciplinam et laborem aspernari. Erat in castris Percennius quidam, dux olim theatralium operarum, dein gregarius miles, procax lingua et miscere coetus histrionali studio doctus. Is inperitos animos et, quaenam post Augustum militiae condicio, ambigentes inpellere paulatim nocturnis conloquiis aut flexo in vesperam die et dilapsis melioribus deterrimum quemque congregare.

XVII Postremo promptis iam et aliis seditionis ministris velut contionabundus interrogabat, cur paucis centurionibus, paucioribus tribunis in modum servorum oboedirent. Quando ausuros exposcere remedia, nisi novum et nutantem adhuc principem precibus vel armis adirent? Satis per tot annos ignavia peccatum, quod tricena aut quadragena stipendia senes et plerique truncato ex

Erstes Buch

"Spiele unseres Geldes führe der Kalender als ‚Augustusspiele'." Solcher Forderung der Volkstribunen spendete der Staat das Geld: "Im Zirkus das Siegergewand! Wagen fahren nicht zur Schau!" Bald fiel die Feier dem Prätoren an, der unter Bürgern und Fremden sonst das Recht sprach. So lebte Rom.

In Pannoniens Legionen rauschte nur die Botschaft "Kaiserwechsel", lockte zu lustigem Getümmel, zur Beute eines Bürgerkriegs und ward schon Empörung. Drei Legionen hielt das Sommerlager unter Junius Bläsus, und die Meldung von Augustus' Tod und einem Kaiser Tiberius wehrte der Trauerzeit oder seiner Freude den Dienst des Alltags. Ledig des Zwangs und in Hader, faßte nach und nach der Soldat jedes häßliche Wort, dachte, in schwüle Ruhe zu taumeln, höhnte der Zucht und Arbeit. Einen gemeinen Mann, einst Leiter von gedungenen Klatschern, den frechzüngigen Percennius, hatten seine Dienste im Theater die wühlende Rottung gelehrt, und zu seinem hetzenden Gespräch im Dämmer des Abends, im Dunkel der Nächte schlich die Einfalt wie der bebende Zweifel: "Wehe dem Heere nach Augustus' Ende!" Von den Treueren schied sich das Verbrechen zu einem Kreis von Schurken.

In Hunderte andere Menschen, die hochgereckt des Funkens harrten, warf ein neuer "Heerfürst" die Frage: "Den Nacken eines Sklaven krümmt ihr diesem Haufen Centurionen, dieser Handvoll Tribunen? Wünsche und Waffen verschüchtern einen frischen, noch schwanken Fürsten, und wir wagen uns noch nicht, auf Heilung zu trotzen? Die Sünde ewiger Feigheit lud dreißig, vierzig Jahre auf euch, euch, die

LIBER PRIMUS

vulneribus corpore tolerent. Ne dimissis quidem finem esse militiae, sed apud vexillum tendentes alio vocabulo eosdem labores perferre. Ac si quis tot casus vita superaverit, trahi adhuc diversas in terras, ubi per nomen agrorum uligines paludum vel inculta montium accipiant. Enimvero militiam ipsam gravem, infructuosam: Denis in diem assibus animam et corpus aestimari; hinc vestem arma tentoria, hinc saevitiam centurionum et vacationes munerum redimi. At hercule verbera et vulnera, duram hiemem, exercitas aestates, bellum atrox aut sterilem pacem sempiterna. Nec aliud levamentum quam si certis sub legibus militia iniretur; ut singulos denarios mererent, sextus decumus stipendii annus finem adferret; ne ultra sub vexillis tenerentur, sed isdem in castris praemium pecunia solveretur. An praetorias cohortes, quae binos denarios acceperint, quae post sedecim annos penatibus suis reddantur, plus periculorum suscipere? Non obtrectari a se urbanas excubias: Sibi tamen apud horridas gentes e contuberniis hostem aspici.

XVIII Adstrepebat vulgus, diversis incitamentis, hi verberum notas, illi canitiem, plurimi detrita tegmina et nudum corpus exprobrantes. Postremo eo furoris venere, ut tres legiones miscere in unam agitaverint. Depulsi aemulatione, quia suae quisque legioni eum honorem quaerebant, alio vertunt atque una tres aquilas et signa cohortium locant. Simul congerunt caespites, exstruunt tribunal, quo magis conspicua sedes foret. Properantibus Blaesus advenit, increpabatque ac retinebat singulos, clamitans 'Mea potius caede imbuite manus: Le-

Erstes Buch

Greise, meist in den Schlachten verkrüppelt, und nach eurem Abschied tretet ihr die Mühle noch fort, und Veteranen schleppen den anderen Namen und die gleiche Bürde. Und fristet ihr's noch durch solche Not, so dürft ihr in fernem Land zu Tode hungern, in Sumpfesbrodem, zackigen Klüften, — eueren „trauten Äckern". Und verdammt! Tag für Tag die Qualen und um nichts! Zehn Aß am Tag, und ihr verschachert Leib und Seele. Und mit den zehn Aß erbettelt ihr euch Gewand und Waffen, Zelte und die Rohheit der Centurionen, der Fronden Erlaß. Pest und Tod! Ewig brennen Striemen, Wunden, Wintersfrost und Sommersqual, dauern grimme Schlacht und Friede ohne Frucht. Es lindert nur festes Gebot, bevor ihr euch bindet: Ein Denar den Tag! Mit sechzehn Jahren Ablauf des Dienstes! Nichts von Zwang zu Veteranendienst! Noch im Lager den Lohn in Geld! In Strömen Blutes waten wohl die Prätorianer um zwei Denare Solds, sie, die nach sechzehn Jahren ihre Heimat grüßt? Ich will nicht Roms Beschützer neiden. Doch nur um unsere Zelte, tief verloren unter rauhen Völkern, heult es wie Mord!"

Von manchem Leid gereizt, brüllten sie Beifall. Da zischelte man von Geißelstriemen, dort von grauem Haar, und man tobte von verschlissenen Hüllen, nackten Leibern. „Statt dreier Legionen eine!" Fast Wahnsinn schrie es. Doch nach der Ehre gierte jede Eifersucht für ihre Legion, zerriß den Plan. Nur die drei Adler und die Fahnen der Kohorten sammelte ein Platz. Sie trugen Rasen zu einem Hochsitz, daß es weithin in die Lande schaue. In das hastende Treiben zuckte Bläsus' Zorn, packte seine Faust: „In mein Fleisch wühle die Gier! Wenn ihr den Feldherrn

LIBER PRIMUS

viore flagitio legatum interficietis quam ab imperatore desciscitis. Aut incolumis fidem legionum retinebo, aut iugulatus paenitentiam adcelerabo.' XIX Aggerabatur nihilo minus caespes iamque pectori usque adcreverat, cum tandem pervicacia victi inceptum omisere. Blaesus multa dicendi arte non per seditionem et turbas desideria militum ad Caesarem ferenda ait, neque veteres ab imperatoribus priscis neque ipsos a divo Augusto tam nova petivisse, et parum in tempore incipientes principis curas onerari. Si tamen tenderent in pace temptare, quae ne civilium quidem bellorum victores expostulaverint, cur contra morem obsequii, contra fas disciplinae vim meditentur? Decernerent legatos seque coram mandata darent. Adclamavere, ut filius Blaesi tribunus legatione ea fungeretur peteretque militibus missionem ab sedecim annis: Cetera mandaturos, ubi prima provenissent. Profecto iuvene modicum otium; sed superbire miles, quod filius legati orator publicae causae satis ostenderet necessitate expressa, quae per modestiam non obtinuissent.

XX Interea manipuli ante coeptam seditionem Nauportum missi ob itinera et pontes et alios usus, postquam turbatum in castris accepere, vexilla convellunt direptisque proximis vicis ipsoque Nauporto, quod municipii instar erat, retinentis centuriones inrisu et contumeliis, postremo verberibus insectantur, praecipua in Aufidienum Rufum, praefectum castrorum, ira, quem dereptum vehiculo sarcinis gravant aguntque primo in agmine, per ludibrium rogitantes, an tam immensa onera, tam longa itinera libenter ferret. Quippe Rufus diu

Erstes Buch

mordet, seid ihr noch weiß wie Kinder, doch nie, nie — Verrat an eurem Kaiser! Ihr meutert nicht und ich lebe, oder mein Tod beflügelt die Reue." Die Rasenhöhe wuchs, umarmte seine Brust. Doch an seinem eisernen Trotz zerbrech ihr Werk. Bläsus klügelte die Rede: „Den Wunsch des Heeres entbietet nicht ein wirrer Aufruhr dem Cäsaren. Ein Begehr, wie es die Väter ihren Feldherrn und wir selbst Augustus nie ertrotzt, vertieft zur Unzeit die frische Sorgenfalte eines Fürsten. Doch soll der Friede ertrotzen wollen, was selbst die Sieger der Bürgerkämpfe nie geheischt, weshalb vergreift ihr euch am Brauch des Gehorsams und an dem Recht der Zucht? Vor meinem Ohr die Wünsche an erkorene Gesandte!" Ihr Beifall wählte Bläsus' Sohn, einen Tribunen: „Er fordert den Abschied nach sechzehn Jahren. Die letzten Wünsche nach dem ersten Sieg!" Die Reise des Jünglings schläferte den Aufruhr ein. Doch des Legatensohnes Sendung für die Ziele der Masse berauschte den Soldaten: „Statt einer sieglosen Demut siegte Gewalt."

Manche Arbeit, auch der Dienst an Straßen und Brücken, hatte vor dem Ausbruch der Empörung Manipeln nach Nauportus verlangt. „Aufruhr im Lager!" Und die Fahnen zerrten sie zum Marsch heraus. In nahen Dörfern, in Nauportus selbst, das wie eine Bundesstadt gewertet wurde, wüstete Plünderung. Auf die wehrenden Centurionen hagelten Gelächter, Schimpf und Schlag. Den Lagerpräfekten Aufidienus Rufus riß ihre heiße Wut vom Wagen, stieß ihn dem Zuge voran — keuchend unter Gepäck. Spöttisch forschten sie nach dem Liebreiz seiner Züge

LIBER PRIMUS

manipularis, dein centurio, mox castris praefectus, antiquam duramque militiam revocabat, vetus operis ac laboris et eo inmitior, quia toleraverat. XXI Horum adventu redintegratur seditio, et vagi circumiecta populabantur. Blaesus paucos, maxime praeda onustos, ad terrorem ceterorum adfici verberibus, claudi carcere iubet; nam etiam tum legato a centurionibus et optimo quoque manipularium parebatur. Illi obniti trahentibus, prensare circumstantium genua, ciere modo nomina singulorum, modo centuriam quisque, cuius manipularis erat, cohortem, legionem, eadem omnibus inminere clamitantes. Simul probra in legatum cumulant, caelum ac deos obtestantur, nihil reliqui faciunt, quo minus invidiam, misericordiam, metum et iras permoverent. Adcurritur ab universis, et carcere effracto solvunt vincula desertoresque ac rerum capitalium damnatos sibi iam miscent.

XXII Flagrantior inde vis, plures seditioni duces. Et Vibulenus quidam gregarius miles, ante tribunal Blaesi adlevatus circumstantium umeris, apud turbatos et, quid pararet, intentos 'Vos quidem' inquit 'his innocentibus et miserrimis lucem et spiritum reddidistis; sed quis fratri meo vitam, quis fratrem mihi reddit? Quem missum ad vos a Germanico exercitu de communibus commodis nocte proxima iugulavit per gladiatores suos, quos in exitium militum habet atque armat. Responde, Blaese, ubi cadaver abieceris. Ne hostes quidem sepultura invident. Cum osculis, cum lacrimis dolorem meum implevero, me quoque trucidari iube, dum interfectos nullum ob scelus, sed quia utilitati legionum consulebamus, hi sepeliant.'

Erstes Buch

bei solcher Last und dem weiten Marsch. Rufus, lange gemeiner Soldat, Centurio, dann Lagerpräfekt, hatte sie in der alten, rauhen Zucht neu gequält. Den ergrauten Diener der herben Pflicht hatte die gleiche Pein versteinert. Sie nahten. Wieder erhob sich Empörung, und die Gegend ward zu ödem Land. „Die Peitsche, der Kerker den Mannen, denen sich die Beute am dicksten bauscht! Es hilft mir vom Rest." Bläsus' Befehlen fügten sich noch die Centurionen und die Treuen des Heers. Doch die Gefangnen taten den Häschern Gewalt, klammerten sich an die Kniee gaffender Soldaten. Rufe nach Freunden, nach Centurie, Kohorte, Legion! Schreie: „So blutet einst das Heer!" „Nieder mit dem Legaten!" „Götter, seid ihr taub?" Ihr ganzes Gebaren buhlte um Haß und Mitleid, Furcht und Groll. Die Massen strömten, sprengten den Kerker. Fesseln fielen, und schon wurden ihnen Fahnenflüchtige und Todverfallene zu Brüdern.

Es schwoll der Sturm, und noch viele Führer erwachten. Einen gemeinen Soldaten, Vibulenus, hoben die Schultern der Nachbarn vor Bläsus' Feldherrnsitz, und in wirrem Gewühl stierten sie zu ihm empor. Er sprach: „Ihr führtet schuldlose Dulder zur Sonne, zum Leben zurück. Doch wer löst den Tod von meinem Bruder, löst mir den Bruder? Wie ihr begehrt das germanische Heer, und seinen Sendling meuchelten in der letzten Nacht die Fechter, die Bläsus wappnet und zu Mord am Heere lohnt. Bläsus, wo modert sein Leib? Selbst der Feind öffnet ein Grab. In Küssen und Tränen will sich mein Schmerz ersticken, und dann — deinen Tod über mich! Doch ihr müßt uns zur Ruhe betten, die wir nicht an einem Frevel, nur an der Sorge für unsere Legionen gestorben!"

LIBER PRIMUS

XXIII Incendebat haec fletu et pectus atque os manibus verberans. Mox dis ectis, quorum per umeros sustinebatur, praeceps et singulorum pedibus advolutus tantum consternationis invidiaeque concivit, ut pars militum gladiatores, qui e servitio Blaesi erant, pars ceteram eiusdem familiam vincirent, alii ad quaerendum corpus effunderentur. Ac ni propere neque corpus ullum reperiri, et servos adhibitis cruciatibus abnuere caedem, neque illi fuisse umquam fratrem pernotuisset, haud multum ab exitio legati aberant. Tribunos tamen ac praefectum castrorum extrusere; sarcinae fugientium direptae. Et centurio Lucilius interficitur, cui militaribus facetiis vocabulum 'Cedo alteram' indiderant, quia fracta vite in tergo militis alteram clara voce ac rursus aliam poscebat. Ceteros latebrae texere, uno retento Clemente Iulio, qui perferendis militum mandatis habebatur idoneus ob promptum ingenium. Quin ipsae inter se legiones octava et quinta decuma ferrum parabant, dum centurionem cognomento Sirpicum illa morti deposcit, quintadecumani tuentur, ni miles nonanus preces et adversum aspernantis minas interiecisset.

XXIV Haec audita quamquam abstrusum et tristissima quaeque maxime occultantem Tiberium perpulere, ut Drusum filium cum primoribus civitatis duabusque praetoriis cohortibus mitteret, nullis satis certis mandatis: Ex re consulturum. Et cohortes delecto milite supra solitum firmatae. Additur magna pars praetoriani equitis et robora Germanorum, qui tum custodes imperatori aderant; simul praetorii praefectus Aelius Seianus,

Erstes Buch

Herzzerreißend schluchzte er, zerwühlte er sich Brust und Antlitz. Die stützenden Schultern stieß er hinweg, wälzte sich jäh zu den Füßen von Kameraden. Zu scheuer Wut erhitzt, fesselten Soldaten die Fechter in Bläsus' Gesinde; drüben fesselten sie seine Sklaven; viele stürmten, die Leiche zu suchen. Vom Legaten scheuchte den Tod nur die rasche Botschaft: "Wir finden nichts von einem Körper. Selbst in Foltern knirschen die Sklaven nichts von Mord, und niemals liebte Vibulenus einen Bruder." "Doch hinaus mit den Tribunen, dem Lagerpräfekten!" In ihrem Gepäck scharrten Empörer. Der Centurio Lucilius fiel, den Soldatenwitz den "Frischenher" gehänselt hatte. Oft gellte sein Schrei: "Einen frischen Stock" und wieder "einen frischen her", wenn den ersten die Hüfte des Soldaten splitterte. Seine Kameraden hehlte ihr Versteck. Nur Julius Clemens' nervige Willigkeit, die zu Vermittlerdienst gefiel, ließ man nicht laufen. — In den Legionen selbst, der achten und fünfzehnten, schärften sich Dolche. Zwischen einer Forderung der achten: "In den Tod mit dem Centurio Sirpicus!" und zwischen seinen Gönnern, der fünfzehnten, entschieden nur die drohenden Bitten der neunten Legion, Trotzköpfen drohend.

Aus Tiberius' Verschlossenheit, die jede Not in dunkelste Nacht verstieß, entrang jene Nachricht die Sendung seines Sohnes Drusus samt hohen Beamten des Reichs und zwei Prätorianerkohorten. Kein leidlich festes Verhaltungswort griff dem Gebot der Lage vor. Erlesene Truppen stärkten selten schwer die Kohorten; dazu Rotten Prätorianer zu Pferd und die Kerntruppe aus Germanen, die Leibwache des Kaisers zu jener Zeit; im Gefolge auch der

LIBER PRIMUS

collega Straboni patri suo datus, magna apud Tiberium auctoritate, rector iuveni et ceteris periculorum praemiorumque ostentator.

Druso propinquanti quasi per officium obviae fuere legiones, non laetae, ut adsolet, neque insignibus fulgentes, sed inluvie deformi et vultu, quamquam maestitiam imitarentur, contumaciae propiores. XXV Postquam vallum introiit, portas stationibus firmant, globos armatorum certis castrorum locis opperiri iubent; ceteri tribunal ingenti agmine circumveniunt. Stabat Drusus silentium manu poscens. Illi quotiens oculos ad multitudinem rettulerant, vocibus truculentis strepere, rursum viso Caesare trepidare; murmur incertum, atrox clamor et repente quies; diversis animorum motibus pavebant terrebantque.

Tandem interrupto tumultu literas patris recitat, in quis perscriptum erat praecipuam ipsi fortissimarum legionum curam, quibuscum plurima bella toleravisset; ubi primum a luctu requiesset animus, acturum apud patres de postulatis eorum; misisse interim filium, ut sine cunctatione concederet, quae statim tribui possent; cetera senatui servanda, quem neque gratiae neque severitatis expertem haberi par esset. XXVI Responsum est a contione mandata Clementi centurioni, quae perferret. Is orditur de missione a sedecim annis, de praemiis finitae militiae; ut denarius diurnum stipendium foret; ne veterani sub vexillo haberentur Ad ea Drusus cum arbitrium senatus et patris obtenderet, clamore turbatur. Cur venisset, si neque augendis militum stipendiis neque adlevandis laboribus, de-

Erstes Buch

Führer der Prätorianer, Älius Sejan, der Amtsgenosse seines Vaters Strabo, von Tiberius geschätzt, dem Prinzen ein Meister, dem Gefolge ein Warner vor Gefahr und ein Leiter zu Lohn.

Vor den nahenden Drusus zogen die Legionen wie zu einem Gruß der Pflicht — seltsam finster. Nicht funkelte die Zier, es trübte ein grauer Schmutz, und ihre Züge logen Trauer, trotzten so schwül. Er ritt in den Wall. Starke Posten schritten an die Tore. Waffenstarrende, lauernde Trupps an Punkten des Lagers! Die Massen wogten um den Feldherrnsitz. Dort stand Drusus. Ruhe heischte seine Hand. Sie sahen zurück in die Wogen: tosend, brüllend. Bebend sah man auf den Cäsar. Dumpfes Murren! Lüsterne Schreie! Plötzlich Stille! Wechselnde Regung löste sich in Furcht und Drohung.

Endlich brach sich das Getöse, und er las das Schreiben seines Vaters: „Die geteilte Not so vieler Kämpfe schmiedet mich an meine kühnen Legionen und ihr Wohl. Schaffe ich nach meiner Trauer qualbefreit, so wird der Senat durch mich von euerem Wunsche Kenntnis nehmen. Ein sofort erfüllbares Verlangen vertröste ich nicht auf die Zeit. Dazu meinen Sohn! Der Rest an den Senat, — und euch geziemt der Glaube an seine Gnade und an seine Strenge!" Das Heer verwies an den Centurionen Clemens als den Mittler ihres Willens. Clemens sprach von Abschied nach sechzehn Jahren und von Preisen nach gedientem Dienst, von einem Denar täglichen Soldes, von Lösung der Veteranenkohorten. In Drusus' Ausflucht von dem Willen des Senats und Vaters grollte das Toben: „Was kommst du dann, wenn du von hohem Sold nichts weißt, nicht

LIBER PRIMUS

nique nulla bene faciendi licentia? At hercule verbera et necem cunctis permitti. Tiberium olim nomine Augusti desideria legionum frustrari solitum: Easdem artes Drusum rettulisse. Numquamne ad se nisi filios familiarum venturos? Novum id plane, quod imperator sola militis commoda ad senatum reiciat. Eundem ergo senatum consulendum, quotiens supplicia aut proelia indicantur. An praemia sub dominis, poenas sine arbitro esse?

XXVII Postremo deserunt tribunal, ut quis praetorianorum militum amicorumve Caesaris occurreret, manus intentantes, causam discordiae et initium armorum, maxime infensi Cn. Lentulo, quod is ante alios aetate et gloria belli firmare Drusum credebatur et illa militiae flagitia primus aspernari. Nec multo post digredientem a Caesare ac provisu periculi hiberna castra repetentem circumsistunt rogitantes, quo pergeret, ad imperatorem an ad patres? Ut illic quoque commodis legionum adversaretur? Simul ingruunt, saxa iaciunt. Iamque lapidis ictu cruentus et exitii certus adcursu multitudinis, quae cum Druso advenerat, protectus est.

XXVIII Noctem minacem et in scelus erupturam fors lenivit: Nam luna claro repente caelo visa languescere. Id miles rationis ignarus omen praesentium accepit, suis laboribus defectionem sideris adsimulans, prospereque cessura, qua pergerent, si fulgor et claritudo deae redderetur. Igitur aeris sono, tubarum cornuumque concentu strepere; prout splendidior obscuriorve, laetari aut maerere; et postquam ortae nubes offecere visui creditum-

Erstes Buch

weißt, den Schmerz zu betäuben und machtlos deine Hände birgst? Wie Dirnen feil sind nur Peitsche und Tod. Hol' dich die Pest! Tiberius liebte es einst, im Wort ,Augustus' den Wunsch der Legionen zu würgen. Drusus herzt wohl gleiche Liebe? Ewig nur die lallenden Söhnchen! Ha! Und neue Sitten: Nur die Rechte des Heeres reicht der Kaiser dem Senat. Was wirft er seine Strafen, die Schlachten nicht vor den Senat? Oder richtet man nur an unserem Lohn? Und unsere Martern? Wohl nach Belieben?"

Still ward es um den Feldherrnsitz. Doch wenn Freunde des Cäsars und Prätorianer des Weges kamen, knirschten Fäuste. Zu einem Waffengange tastete der Hader nach einem Gegner. Tief brütete ob Gnäus Lentulus' der Haß: „Im Banne seines Kriegsruhms und Alters atmet Drusus, und Lentulus schmäht am schnödesten ,solch züchtig Heer'." Um Lentulus, den die Ahnung der Gefahr vom Cäsar nach dem Winterlager trieb, flatterten schrille Fragen: „Wohin des Wegs?" „Zum Kaiser?" „Zum Senat?" „Auch dort den Legionen das Glück beschneiden?" Aus drängenden Haufen zischten Steine. Schon blutend, des Todes harrend, schirmten ihn die stürmenden Massen von Drusus' Geleit.

Der unheilschwangeren Nacht Geburt erstickte im Geschick. Jäh verdunkelte der Mond im klaren Glanz der Sterne. In den Gründen irr, deutete Soldatenweisheit nach einem dunkelnden Gestirn die Not, deutete die Gegenwart, sehnte in erneuter, lichter Schönheit der Göttin den Bürgen ihres siegenden Kampfs. Erz dröhnte. Trompeten und Hörner verschmolzen sich schmetternd. Man jauchzte um den neu erglühenden Glanz, trauerte um ein tieferes Dunkel.

LIBER PRIMUS

que conditam tenebris, ut sunt mobiles ad superstitionem perculsae semel mentes, sibi aeternum laborem portendi, sua facinora aversari deos lamentantur.

Utendum inclinatione ea Caesar et, quae casus obtulerat, in sapientiam vertenda ratus circumiri tentoria iubet. Accitur centurio Clemens et, si alii bonis artibus grati in vulgus. Hi vigiliis, stationibus, custodiis portarum se inserunt, spem offerunt, metum intendunt. 'Quo usque filium imperatoris obsidebimus? Quis certaminum finis? Percennione et Vibuleno sacramentum dicturi sumus? Percennius et Vibulenus stipendia militibus, agros emeritis largientur? Denique pro Neronibus et Drusis imperium populi Romani capessent? Quin potius, ut novissimi in culpam, ita primi ad paenitentiam sumus? Tarda sunt, quae in commune expostulantur: Privatam gratiam statim mereare, statim recipias.' Commotis per haec mentibus et inter se suspectis tironem a veterano, legionem a legione dissociant. Tum redire paulatim amor obsequii: Omittunt portas, signa unum in locum principio seditionis congregata suas in sedes referunt.

XXIX Drusus orto die et vocata contione, quamquam rudis dicendi, nobilitate ingenita incusat priora, probat praesentia; negat se terrore et minis vinci: Flexos ad modestiam si videat, si supplices audiat, scripturum patri, ut placatus legionum preces exciperet. Orantibus rursum idem Blaesus et L. Aponius, eques Romanus e cohorte Drusi, Iustusque Catonius, primi ordinis centurio,

Erstes Buch

Wolken ballten sich vor dem suchenden Auge und schufen ihrem Wahne Finsternis. Es ahnte ihr Aberglaube, das Kind des Seelenaufruhrs, ewige Not und der Götter Abscheu wider ihr Tun und jammerte.

Von einem Besuche ihrer Zelte hoffte der Cäsar die Auge Vollendung des Umschlags und der Weisung eines Schicksals. Der Centurio Clemens ward gerufen, und wessen Rechtlichkeit sonst dem Heer gefallen hatte. Zu Posten und Wachen, zu der Torhut schlichen die Mittler, in sich die gaukelnde Hoffnung und Schrecken für die Furcht: „Wie lange lähmen wir den Kaisersohn? Was gewinnt der Streit? Wird uns ein Eid unter Percennius, Vibulenus krümmen? Werden sie Soldaten lohnen und den Veteranen die Gefilde grenzen? Wollen sie mit Neros und Drusus' Geschlechtern um Roms Krone ringen? Sollen wir den Fehl, den wir als Letzte gewagt, nicht in erster Reue tilgen? Die Bitten einer Masse locken nur säumige Gaben. Eine Sondertat vollzieht und lohnt sich rasch." Mißtrauen streuend, schied ihr erbitterndes Wort den Veteranen vom Rekruten, die Legion von der Legion. Zögernd besann sich die Liebe zum Gehorsam. Die Tore wurden frei. Die Adler, die eine züngelnde Empörung nach einem Punkt geworfen hatte, glitzerten an ihren alten Stätten.

Im grauenden Morgen klagte vor dem Heere Drusus' angeborener Adel, doch von ungelenker Zunge, um die Vergangenheit und pries die Gegenwart: „Drohung und Trotz erweichen mich nicht. Nur euere Demut in Forderung und Zucht fügt in den Brief an meinen Vater Worte von Gnade, von Gewähr der Bitten." Ihrem neuen Gesuch entsprach auch Bläsus' neue Sendung zu Tiberius; mit ihm der

LIBER PRIMUS

ad Tiberium mittuntur. Certatum inde sententiis, cum alii opperiendos legatos atque interim comitate permulcendum militem censerent, alii fortioribus remediis agendum: Nihil in vulgo modicum; terrere, ni paveant; ubi pertimuerint, inpune contemni: Dum superstitio urgeat, adiciendos ex duce metus sublatis seditionis auctoribus. Promptum ad asperiora ingenium Druso erat: Vocatos Vibulenum et Percennium interfici iubet. Tradunt plerique intra tabernaculum ducis obrutos, alii corpora extra vallum abiecta ostentui. XXX Tum, ut quisque praecipuus turbator, conquisiti; et pars extra castra palantes a centurionibus aut praetoriarum cohortium militibus caesi, quosdam ipsi manipuli documentum fidei tradidere.

Auxerat militum curas praematura hiems imbribus continuis adeoque saevis, ut non egredi tentoria, congregari inter se, vix tutari signa possent, quae turbine atque unda raptabantur. Durabat et formido caelestis irae, nec frustra adversus impios hebescere sidera, ruere tempestates: Non aliud malorum levamentum, quam si linquerent castra infausta temerataque et soluti piaculo suis quisque hibernis redderentur. Primum octava, dein quinta decuma legio rediere: Nonanus opperiendas Tiberii epistulas clamitaverat, mox desolatus aliorum discessione inminentem necessitatem sponte praevenit. Et Drusus non exspectato legatorum regressu, quia praesentia satis consederant, in urbem rediit.

Erstes Buch

Ritter Lucius Aponius aus Drusus' Gefolge und ein Centurio höherer Würde, Justus Catonius. Stimmen kreuzten sich: "Man warte der Gesandten, und Liebe schmeidige das Heer!" "Nein! Macht in unseren Mitteln! Maßlos sind die Massen: drohen oder fürchten; doch fürchtend, reizt sie selbst nicht die Verachtung. Vor ihren zagen Aberglauben spritze der Feldherr das Blut ihrer Wühler, und sie winseln in Angst." Drusus neigte zu Strenge. Vibulenus und Percennius beschied er — in den Tod. Der Bericht ist gespalten: "Sie lagen verscharrt im Zelt des Feldherrn." Und auch: "Warnend vor dem Wall faulten die Leiber." Man fahndete auf die keckften Wühler. Bei seinen Streifereien vor dem Lager erlegte manchen das Schwert von Centurionen und Prätorianern, und manchen zerrten Manipeln selbst zum Opfer ihrer Treue heran.

Zeitig fiel der Winter ein. Rastlos plätscherte Regen, verbot den Schritt vor das Zelt und eine Rottung. Lüstern wogten Stürme und Wasser um die Banner — schwer gefährdend. Düsterer schauten die Soldaten, vergaßen nicht des Zorns der Himmel: "In erblassenden Gestirnen und tosenden Stürmen ahnt es unser Frevel: Dem Unheil wehrt nur ein Marsch fort aus dem unseligen, entehrten Lager, hinaus in unsere Winterlager, fort von der Sünde." Sie kehrten heim, zuerst die achte, dann die fünfzehnte Legion. Die neunte lärmte: "Wir harren auf Tiberius' Schreiben." Durch den Marsch vereinsamt, wich ihr Wille einem nahenden Zwang. Vor der Rückkunft der Gesandten wandte Drusus sich nach Rom zurück. Die Wellen der Gegenwart schlugen ja so leise — — —

LIBER PRIMUS

XXXI Isdem ferme diebus isdem causis Germanicae legiones turbatae, quanto plures, tante violentius, et magna spe fore, ut Germanicus Caesar imperium alterius pati nequiret daretque se legionibus vi sua cuncta tracturis. Duo apud ripam Rheni exercitus erant: Cui nomen superiori, sub C. Silio legato, inferiorem A. Caecina curabat. Regimen summae rei penes Germanicum, agendo Galliarum censui tum intentum.

Sed quibus Silius moderabatur, mente ambigua fortunam seditionis alienae speculabantur: Inferioris exercitus miles in rabiem prolapsus est, orto ab unetvicensimanis quintanisque initio et tractis prima quoque ac vicensima legionibus: Nam isdem aestivis in finibus Ubiorum habebantur per otium aut levia munia. Igitur audito fine Augusti vernacula multitudo, nuper acto in urbe dilectu, lasciviae sueta, laborum intolerans, implere ceterorum rudes animos: Venisse tempus, quo veterani maturam missionem, iuvenes largiora stipendia, cuncti modum miseriarum exposcerent saevitiamque centurionum ulciscerentur. Non unus haec, ut Pannonicas inter legiones Percennius, nec apud trepidas militum aures alios validiores exercitus respicientium, sed multa seditionis ora vocesque: Sua in manu sitam rem Romanam, suis victoriis augeri rem publicam, in suum cognomentum adscisci imperatores.

XXXII Nec legatus obviam ibat: Quippe plurium vaecordia constantiam exemerat. Repente lymphati destrictis gladiis in centuriones invadunt: Ea vetustissima militaribus odiis materies et saeviendi principium. Prostratos verberibus mul-

Erstes Buch

In jenen Tagen etwa rüttelte der gleiche Anlaß an Germaniens Legionen, doch es rüttelte tiefer an den Riesenmassen, und sie wähnten: "Die Krone des Andern zermartert Germanicus. Er wirft sich an die Legionen, in ihren weltenschwemmenden Strom." Zwei Heere lagerten am Rheinesufer: das südliche unter dem Legaten Gajus Silius, das nördliche unter Aulus Cäcina. Ihr oberster Feldherr Germanicus schätzte zur Zeit in Gallien die Steuern.

Noch flackernden Blicks, schauten Silius' Leute nach dem Laufe der Empörung. Es raste das ganze nördliche Heer. Von der einundzwanzigsten und fünften Legion waren auch die erste und zwanzigste verführt: Im Land der Ubier, im gleichen Sommerlager mühten sie sich in leichten Pflichten, lagen träge. Augustus' Tod schlug ein. Die zügellose Arbeitsscheu des jüngst zu Rom geworbenen, städtischen Gesindels betörte die Weltunkenntnis ihrer Kameraden: "Die Stunde ist reif. Veteranen, zeitigen Abschied! Kameraden, klingender den Sold! Dem Heere Maß im Leid! Und Rache für die Roheit der Centurionen!" Es schrie nicht ein Mann, wie in Pannoniens Legionen Percennius. Es lauschte nicht ihr ängstliches Ohr nach einem Rauschen, das von fremden, mächtigeren Heeren schwoll. Zahllos waren der Fratzen und Laute des Aufruhrs: "Wir sind Rom. Unsere Siege höhen den Staatsbau. Unseren Namen borgen sich die Heeresfürsten."

Der Legat feierte. Im Wahnsinn der Massen brach sein Trotz, und Wahnsinn entblößte plötzlich das Schwert wider die Centurionen. An ihnen reibt sich stets der Leute uralt dumpfer Groll zu heller Empörung. Geißeln peitschten Führer, die man in den

cant, sexageni singulos, ut numerum centurionum adaequarent; tum convulsos laniatosque et partim exanimos ante vallum aut in amnem Rhenum proiciunt. Septimius, cum perfugisset ad tribunal pedibusque Caecinae advolveretur, eo usque flagitatus est, donec ad exitium dederetur. Cassius Chaerea, mox caede Gai Caesaris memoriam apud posteros adeptus, tum adulescens et animi ferox, inter obstantes et armatos ferro viam patefecit. Non tribunus ultra, non castrorum praefectus ius obtinuit: Vigilias, stationes, et si qua alia praesens usus indixerat, ipsi partiebantur. Id militares animos altius coniectantibus praecipuum indicium magni atque inplacabilis motus, quod neque disiecti nec paucorum instinctu, set pariter ardescerent, pariter silerent, tanta aequalitate et constantia, ut regi crederes.

XXXIII Interea Germanico per Gallias, ut diximus, census accipienti excessisse Augustum adfertur. Neptem eius Agrippinam in matrimonio pluresque ex ea liberos habebat, ipse Druso fratre Tiberii genitus, Augustae nepos, set anxius occultis in se patrui aviaeque odiis, quorum causae acriores, quia iniquae. Quippe Drusi magna apud populum Romanum memoria, credebaturque, si rerum potitus foret, libertatem redditurus; unde in Germanicum favor et spes eadem. Nam iuveni civile ingenium, mira comitas et diversa ab Tiberii sermone vultu, adrogantibus et obscuris. Accedebant muliebres offensiones novercalibus Liviae in Agrippinam stimulis, atque ipsa Agrippina paulo commotior, nisi quod castitate et mariti amore quamvis indomitum animum in bonum ver-

Erstes Buch

Staub getreten hatte. Sechzig peitschten einen Mann, sechzig Centurionen den Schlag zu vergelten. Verrenkte, zerfleischte und tote Leiber lagen vor dem Wall, schwammen im Rhein. Septimius floh zum Feldherrnsitz, duckte sich an Cäcinas Fuß. Doch Cäcina beugten wilde Schreie, und er starb. Dem Grimm des noch jungen Cassius Chärea, den sein Mord an Caligula in das Gedächtnis der Zukunft hob, schlug seine Klinge die Bahn durch feindlich funkelnde Waffen. Kein Tribun und Lagerpräfekt schützte sein Amt. Wachen und Posten, der Drang des Augenblicks erlag dem Ermessen der Empörer. Dem tiefen Deuter des Soldatengeistes kündete es wuchtigen, unversöhnbaren Sturm. Die Wogen wallten nicht da und dort, nicht von wenig Winden gepeitscht — sie türmten und glätteten sich in stetem, furchtbarem Gleichmaß, wie im Zwange einer Kraft.

Vor Germanicus, der in Gallien schätzte, trat die Botschaft von Augustus' Tod. Augustus' Enkelin Agrippina hatte ihm in ihrer Ehe manches Kind geboren, und der Sohn von Drusus, des Bruders von Tiberius, war selbst Augustas Enkel. Doch er bebte. Den verhaltenen Haß des Oheims und der Ahne schürte ihre Qual ob seiner Unschuld: Rom trauerte um einen toten Drusus, trauerte um eine neue Freiheit unter seiner nie erschauten Krone, und man half Germanicus und hoffte. Des Jünglings bezauberndes Wesen, liebreizender Frohsinn war wie der Tag zu Tiberius' Dunkel und Stolz in Wort und Auge. Auch die Frauen züngelten sich an. In Livia stichelte die Stiefahne an Agrippina, und nur Keuschheit und Gattenliebe wiesen Agrippinas etwas zu heißes, schrankenfremdes Blut zur Tugend. Germanicus,

LIBER PRIMUS

tebat. XXXIV Sed Germanicus quanto summae spei propior, tanto impensius pro Tiberio niti. Seque et proximos et Belgarum civitates in verba eius adigit.

Dehinc audito legionum tumultu raptim profectus obvias extra castra habuit, deiectis in terram oculis velut paenitentia. Postquam vallum iniit, dissoni questus audiri coepere. Et quidam prensa manu eius per speciem exosculandi inseruerunt digitos, ut vacua dentibus ora contingeret; alii curvata senio membra ostendebant. Adsistentem contionem, quia permixta videbatur, discedere in manipulos iubet: Sic melius audituros responsum; vexilla praeferri, ut id saltem discerneret cohortes: Tarde obtemperavere.

Tunc a veneratione Augusti orsus flexit ad victorias triumphosque Tiberii, praecipuis laudibus celebrans, quae apud Germanias illi cum legionibus pulcherrima fecisset. Italiae inde consensum, Galliarum fidem extollit; nil usquam turbidum aut discors. Silentio haec vel murmure modico audita sunt. XXXV Ut seditionem attigit, ubi modestia militaris, ubi veteris disciplinae decus, quonam tribunos, quo centuriones exegissent, rogitans, nudant universi corpora, cicatrices ex vulneribus, verberum notas exprobrant; mox indiscretis vocibus pretia vacationum, angustias stipendii, duritiam operum ac propriis nominibus incusant vallum, fossas, pabuli materiae lignorum adgestus, et si qua alia ex necessitate aut adversus otium castrorum quaeruntur. Atrocissimus veteranorum clamor oriebatur, qui tricena aut supra stipendia numerantes, mederetur fessis, neu mortem in is-

Erstes Buch

dessen Hand, gestreckt, schon eine Krone griff, quälte sich nur zäher in der Treue für Tiberius. Seinem Eide gelobten sich er selbst, sein Gefolge und Belgiens Völker.

Der Aufruhr der Legionen hetzte ihn vor ihr Lager, wo sie hinausgegangen, wo ihre Augen wie reuig auf der Erde suchten. Er ritt ins Lager. Klagende Schreie schrillten. Listig hob man seine Hand zum Kuß an die Lippen, und seine Finger preßte ihr zahnloser Mund. Glieder, durch das Alter gekrümmt, reckten sich vor. Zu den drängenden, bunt gemischten Scharen herrschte sein Befehl: „Manipeln treten an!" Sie trotzten: „So verhallt es nicht dem Ohr." Nur die Kohorten zu sondern, befahl er die Fahnen heraus. Sie gehorchten — zögernd.

Von Augustus' Göttlichkeit glitt sein Wort zu Tiberius' Siegen und Siegesfeiern, glitt sein überquellend Lob zu den Taten der Legionen unter ihm, einst in Germanien. Er rühmte Italiens Einheit, Galliens Treue: „Dort wirrt sich nichts; nichts hadert dort." Man lauschte schweigend, leise murrend. Am Aufruhr rührend, bohrte die Frage nach der alten, zierenden Zucht des Heeres, nach Tribunen, Centurionen. Und von ihrem Leib rissen sie alle das Gewand, und blutrot schimmerten die Narben ihrer Wunden, die Schwielen der Peitsche. Wirre Stimmen zischten von den Kosten des Loskaufs, knappem Sold und schweren Lasten, knirschten hart von diesen Wällen, diesen Gräben, von ihren Bürden an Futter, an Holz zu Bau und Brand, von jeder Arbeit, die notwendig oder die Lagerträgheit rütteln sollte. Grimmig tosten die Veteranen mit dreißig, über dreißig Dienstesjahren: „Uns Müden Ruhe! Nicht

LIBER PRIMUS

dem laboribus, sed finem tam exercitae militiae neque inopem requiem orabant. Fuere etiam, qui legatam a divo Augusto pecuniam reposcerent, faustis in Germanicum ominibus; et si vellet imperium, promptos ostentavere.

Tum vero, quasi scelere contaminaretur, praeceps tribunali desiluit. Opposuerunt abeunti arma, minitantes, ni regrederetur. At ille moriturum potius, quam fidem exueret, clamitans ferrum a latere diripuit elatumque deferebat in pectus, ni proximi prensam dextram vi adtinuissent. Extrema et conglobata inter se pars contionis ac, vix credibile dictu, quidam singuli propius incedentes feriret hortabantur; et miles nomine Calusidius strictum obtulit gladium, addito acutiorem esse. Saevum id malique moris etiam furentibus visum; ac spatium fuit, quo Caesar ab amicis in tabernaculum raperetur.

XXXVI Consultatum ibi de remedio; etenim nuntiabatur parari legatos, qui superiorem exercitum ad causam eandem traherent; destinatum excidio Ubiorum oppidum, imbutasque praeda manus in direptionem Galliarum erupturas. Augebat metum gnarus Romanae seditionis et, si omitteretur ripa, invasurus hostis. At si auxilia et socii adversum abscedentis legiones armarentur, civile bellum suscipi. Periculosa severitas, flagitiosa largitio: Seu nihil militi sive omnia concederentur, in ancipiti res publica. Igitur volutatis inter se rationibus placitum, ut epistulae nomine principis scriberentur: Missionem dari vicena stipendia meritis; exauctorari, qui sena dena fecissent, ac retineri sub vexillo ceterorum inmunes nisi propul-

Erstes Buch

Tod in solcher Qual! Töte die Pein des Dienstes! Ruhe, satte Ruhe!" Menschen schrien um ihr Ringendes Erbe von Augustus, riefen Glück auf Germanicus nieder: "Und dem Ehrgeiz sind wir Sklaven."

Wie mit Schmutz beworfen, sprang er jäh vom Feldherrnsitz. Doch Waffen umzäunten seinen Schritt, dem Weggang gezückt. "Tod, nie Eidbruch!" bäumte er auf. Die Klinge funkelte, und nur die Kraft der rings sich klammernden Arme riß die Hand von seiner Brust. Aus dem wüsten, zu hinterst geballten Haufen und selbst aus nah und näher sich schiebenden Menschen höhnte es widerlich: "Stoß zu!" Ein Soldat, Calusidius, bot das nackte Schwert: "Es schneidet schneller." Von schamloser Tobsucht murrte selbst die Wut. Der Trotz gefror, stockte. Freunde retteten den Cäsar in sein Zelt.

Dort prüften sie die Mittel. Es war gemeldet: "Auch das südliche Heer sollen Boten zu gleichem Ziel betören. Über der Ubier Stadt schwebt Tod, und aus der Beute tauchen sie empor, noch Gallien zu plündern." Man zitterte: Der Feind wußte die Empörung der Römer, und sein Einbruch drohte dem verlassenen Ufer. "Doch ein Waffengang von Hilfsvolk und Verbündeten gegen die weichenden Legionen entfesselt Bürgerkrieg. Härte gefährdet, Schwäche entehrt. Schrankenlose Schenkung oder Weigerung —; das Reich, es schwankt zum Abgrund." Aus den oft durchdachten Plänen entschloß man sich zu einer Schrift im Namen des Fürsten: "Abschied, wer zwanzig Jahre gedient! Wer sechzehn Jahre geleistet, bleibt, entlassen, nur zum Dienst der Abwehr unter der Fahne!

LIBER PRIMUS

sandi hostis; legata, quae petiverant, exsolvi duplicarique.

XXXVII Sensit miles in tempus conficta statimque flagitavit. Missio per tribunos maturatur, largitio differebatur in hiberna cuiusque. Non abscessere quintani unetvicensimanique, donec isdem in aestivis contracta ex viatico amicorum ipsiusque Caesaris pecunia persolveretur. Primam ac vicensimam legiones Caecina legatus in civitatem Ubiorum reduxit, turpi agmine, cum fisci de imperatore rapti inter signa interque aquilas veherentur. Germanicus superiorem ad exercitum profectus secundam et tertiam decumam et sextam decumam legiones nihil cunctatas sacramento adigit. Quartadecumani paulum dubitaverant. Pecunia et missio quamvis non flagitantibus oblata est.

XXXVIII At in Chaucis coeptavere seditionem praesidium agitantes vexillarii discordium legionum et praesenti duorum militum supplicio paulum repressi sunt. Iusserat id M'. Ennius, castrorum praefectus, bono magis exemplo quam concesso iure. Deinde intumescente motu profugus repertusque, postquam intutae latebrae, praesidium ab audacia mutuatur: Non praefectum ab iis, sed Germanicum ducem, sed Tiberium imperatorem violari. Simul exterritis, qui obstiterant, raptum vexillum ad ripam vertit, et si quis agmine decessisset, pro desertore fore clamitans reduxit in hiberna turbidos et nihil ausos.

XXXIX Interea legati ab senatu regressum iam apud aram Ubiorum Germanicum adeunt. Duae ibi legiones, prima atque vicensima, veteranique

Erstes Buch

Das geforderte Vermächtnis wird gedoppelt und gezahlt."

Einen täuschenden Aufschub empfand das Heer und verlangte das Geschenk vom Augenblick. Die Tribunen förderten den Abschied. Jedem Winterlager ward die Spende vorbehalten. Doch erst die Zahlung, die noch im Sommerlager dem Cäsar und seinen Freunden die Barschaft leerte, rührte die fünfte und einundzwanzigste Legion zum Marsch. Den Rückmarsch der ersten und zwanzigsten Legion in die Stadt der Ubier leitete der Legat Cäcina. Ein Marsch der Schmach, da Fahnen und Adler in dem Gelde flimmerten, das dem Cäsar erpreßt war! Germanicus ritt zum südlichen Heer, und es stockten nicht die Eidesworte der zweiten, dreizehnten und sechzehnten Legion. Das Stottern der vierzehnten heilte sich in Geld und Abschied, ohne Forderung gewährt.

Doch in die Schutztruppen der Chauken, Leute der hadernden Legionen, fiel der Funke. Noch zischte er rasch im Blute zweier Soldaten aus: Der Befehl des Lagerpräfekten Manius Ennius versehrte die Befugnis, taugte jedoch zum Vorbild. Neu entflammte ihr Aufruhr. Den flüchtigen Ennius betrog sein Unterschlupf, und er floh zu seiner Keckheit: „Ihr höhnt den Feldherrn Germanicus, den Kaiser Tiberius, nicht euren Präfekten." Schrecken entwand die Fahne seinen trotzig flutenden Gegnern, und die wehende Fahne trug er zum Ufer: „Wer nicht folgt, verrät", herrschte er sie an. Mürrisch, doch im Wagnis zerbrochen, zogen sie ins Winterlager.

Indessen grüßten die Gesandten des Senats Germanicus, der schon zum Altar der Ubier heimgeritten war. Dort umschloß ein Winterlager zwei Legionen,

LIBER PRIMUS

nuper missi sub vexillo hiemabant. Pavidos et conscientia vaecordes intrat metus: Venisse patrum iussu, qui inrita facerent, quae per seditionem expresserant. Utque mos vulgo quamvis falsis reum subdere, Munatium Plancum consulatu functum, principem legationis, auctorem senatus consulti incusant; et nocte concubia vexillum in domo Germanici situm flagitare occipiunt, consursuque ad ianuam facto moliuntur fores, extractum cubili Caesarem tradere vexillum intento mortis metu subigunt. Mox vagi per vias obvios habuere legatos audita consternatione ad Germanicum tendentes. Ingerunt contumelias, caedem parant, Planco maxime, quem dignitas fuga impediverat; neque aliud periclitanti subsidium quam castra primae legionis. Illic signa et aquilam amplexus religione sese tutabatur, ac ni aquilifer Calpurnius vim extremam arcuisset, rarum etiam inter hostes, legatus populi Romani Romanis in castris sanguine suo altaria deum commaculavisset.

Luce demum, postquam dux et miles et facta noscebantur, ingressus castra Germanicus perduci ad se Plancum imperat recepitque in tribunal. Tum fatalem increpans rabiem, neque militum, sed deum ira resurgere, cur venerint legati, aperit; ius legationis atque ipsius Planci gravem et inmeritum casum, simul, quantum dedecoris adierit legio, facunde miseratur attonitaque magis quam quieta contione legatos praesidio auxiliarium equitum dimittit.

Erstes Buch

die erste und zwanzigste, mit den jüngst entlassenen Veteranen. Im zitternden Wahnwitz ihres Gewissens regte sich die Furcht: "Durch die Gesandten pflückt der Senat die Früchte der Empörung." Auch für seinen Wahn, stets bezichtigt der Pöbel einen Menschen, und Klagen prasselten auf den Altkonsul Munatius Plancus, den Sprecher der Gesandtschaft: "Er drang auf den Senatsentscheid." Still war eine tiefe Nacht. Vor Germanicus' Haus gellten die Schreie: "Her mit der Fahne!" Sich rottende Haufen zerhieben dröhnend das Tor. Aus dem Schlafgemach schleifte man den Cäsar. Fahl vor dem nahen Tod, ließ er seine Fahne. Durch die Straßen strichen ihre Haufen, kreuzten den Gang der Gesandten zu Germanicus: Das Getöse hatte sie geweckt. Schimpfwort flog. Schwerter blinkten, sprühten auf Plancus. Seine Ehre verbot die Flucht. Nur das Lager der ersten Legion wehrte seiner Not. Sein vertrauender Arm umfing die heiligen Fahnen, den heiligen Adler, und es floh der Tod — dank dem Adlerträger Calpurnius. Der Götter Altar in Roms Lager hätte das Blut des Gesandten Roms getrunken; — eine Seltenheit bei Feinden Roms.

Leuchtend zwischen den Feldherrn und die Soldaten, leuchtend auf ihr Tun erhob sich der Tag. Germanicus ging zu ihrem Lager, entbot sich Plancus auf den Feldherrnsitz. Nach lautem Vorwurf an das Schicksal: "Nicht die Soldaten rasen wieder. Nein, nein, die zürnenden Götter rasen", enthüllte er die Gründe der Gesandtschaft. Die Beredtheit lieh ihm Klagen über das Recht der Gesandten und Plancus' schuldlos, rauhes Geschick, über Ehrvergessenheit der Legion. In der Ruhe wie nach einem Blitz lauschte

LIBER PRIMUS

XXXX Eo in metu arguere Germanicum omnes, quod non ad superiorem exercitum pergeret, ubi obsequia et contra rebellis auxilium. Satis superque missione et pecunia et mollibus consultis peccatum. Vel si vilis ipsi salus, cur filium parvulum, cur gravidam coniugem inter furentes et omnis humani iuris violatores haberet? Illos saltem avo et rei publicae redderet. Diu cunctatus aspernantem uxorem, cum se divo Augusto ortam neque degenerem ad pericula testaretur, postremo uterum eius et communem filium multo cum fletu complexus, ut abiret, perpulit. Incedebat muliebre et miserabile agmen, profuga ducis uxor parvulum sinu filium gerens, lamentantes circum amicorum coniuges, quae simul trahebantur; nec minus tristes, qui manebant. **XXXXI** Non florentis Caesaris neque suis in castris, set velut in urbe victa facies.

Gemitusque ac planctus etiam militum aures oraque advertere. Progrediuntur contuberniis. Quis ille flebilis sonus? Quid tam triste? Feminas inlustres, non centurionem ad tutelam, non militem, nihil imperatoriae uxoris aut comitatus soliti. Pergere ad Treveros externae fidei. Pudor inde et miseratio et patris Agrippae, Augusti avi memoria; socer Drusus; ipsa insigni fecunditate, praeclara pudicitia; iam infans in castris genitus, in contubernio legionum eductus, quem militari vocabulo Caligulam appellabant, quia plerumque ad concilianda vulgi studia eo tegmine pedum indueba-

Erstes Buch

ihm das Heer. Verbündete zu Pferd entfernten die Gesandten.

In Furcht bestürmten vereint die Freunde Germanicus' Trotz, zum südlichen Heer zu reiten: "Sein Gehorsam stützt dich wider die Empörer. Torheit auf Torheit war der Entschluß zu Abschied und Geld, zu Demut. Du willst nicht um dein Leben markten? Doch was sollen dein Knabe und dein schwangeres Weib im tollen Spott auf menschliches Recht? Rette sie dem Ahn und Reich!" Germanicus bedachte sich geraume Zeit, und gegen die Flucht verwahrte sich der Gattin Stolz auf ihren Ahn Augustus, auf seiner Enkelin Würde in Gefahr. Doch weinend preßte Germanicus ihren Leib, das Kind an seine Brust, — und sie mußte gehen. Qualvoll wankten die Frauen hinweg. An den Brüsten der flüchtigen Feldherrnsgattin hing ihr Knabe. Verzweifelt schrie ihr Gefolge, der Freunde Frauen. Auch die Bleibenden trauerten. War es ein Schauspiel im Lager des gebietenden Cäsars? War es das Schauspiel einer geknechteten Stadt?

Ohr und Auge des Soldaten staunten über die schwere, schluchzende Trauer. Sie eilten aus den Zelten: "Was soll der schmerzestiefe Ton?" "Was soll das Spiel des Leids?" "Vornehme Frauen!" "Kein Centurio und Soldat zum Schutz!" "Kein Gepränge um die Gattin des obersten Feldherrn, kein Gefolge." "Die fremde Treue von Treverern schreckt nicht ihre Reise." Scham und Mitleid zuckten auf und die Erinnerung an ihren Vater Agrippa, ihren Ahn Augustus. Im Ruhm der Keuschheit und oft schwangeren Leibs ging Drusus' Schwiegertochter. Mit ihrem Knaben, im Lager geboren, hatten die Legionare das

LIBER PRIMUS

tur. Sed nihil aeque flexit quam invidia in Treveros. Orant, obsistunt, rediret, maneret, pars Agrippinae occursantes, plurimi ad Germanicum regressi.

Isque, ut erat recens dolore et ira, apud circumfusos ita coepit. XXXXII 'Non mihi uxor aut filius patre et re publica cariores sunt, sed illum quidem sua maiestas, imperium Romanum ceteri exercitus defendent. Coniugem et liberos meos, quos pro gloria vestra libens ad exitium offerrem, nunc procul a furentibus summoveo, ut, quidquid istud sceleris imminet, meo tantum sanguine pietur, neve occisus Augusti pronepos, interfecta Tiberii nurus nocentiores vos faciant. Quid enim per hos dies inausum intemeratumve vobis? Quod nomen huic coetui dabo? Militesne appellem, qui filium imperatoris vestri vallo et armis circumsedistis? An cives, quibus tam proiecta senatus auctoritas? Hostium quoque ius et sacra legationis et fas gentium rupistis. Divus Iulius seditionem exercitus verbo uno compescuit Quirites vocando, qui sacramentum eius detrectabant; divus Augustus vultu et aspectu Actiacas legiones exterruit; nos ut nondum eosdem, ita ex illis ortos si Hispaniae Syriaeve miles aspernaretur, tamen mirum et indignum erat. Primane et vicensima legiones, illa signis a Tiberio acceptis, tu tot proeliorum socia, tot praemiis aucta, egregiam duci vestro gratiam refertis? Hunc ego nuntium patri, laeta omnia aliis e provinciis audienti, feram? Ipsius tirones, ipsius veteranos non missione, non pecunia satiatos; hic

Erstes Buch

Zelt geteilt, mit ihrem „Caligula" gescherzt: Man beschuhte ihn meist wie sie selbst, schmeichelte ihn ihrer Liebe an. Doch im Neide auf die Treverer schmolzen sie weich und sträubten sich in Bitten. „Kehrt zurück! Bleibt!" Man warf sich Agrippina in den Weg, doch zu Germanicus flutete der große Haufe.

Und ihm gab sein junger, grollender Schmerz die Worte vor den dichtgeballten Massen: „Liebe glüht mir zu Sohn und Gattin. Tiefer glüht sie zu Vater und Heimat. Doch den Vater birgt sein Purpur, Rom bewachen die Legionen, — die anderen. Hätte euer Ruhm ob meiner Gattin, meiner Kinder gelitten, ich hätte sie geopfert. Doch vor euerem Wahnsinn raffe ich sie weg. Und gärt es noch in eueren Lüsten, — ich schenke mich euch, doch mich allein, euch wenigstens des Mords zu entheben, des Mords an Augustus' Urenkel und an der Schwiegertochter von Tiberius. Welch dreiste Schändung zeugten die Tage nicht? Wie rufe ich die brandenden Massen? Soldaten? Kerkern Soldaten den Sohn eures Kaisers in Wall und Waffen? Bürger? Treten Bürger die Würde des Senats wie Staub? Das Recht der Gesandten und Völker, dem Feinde eine Götterfatzung, ihr habt es gemordet. An einem Worte Julius Cäsars zerschellte der Aufruhr seines Heers: Zu Eidesvergessenen zuckte sein Ruf ‚Bürger'. Vor Augustus' Auge und Antlitz erblichen Actiums Legionen. Seltsamen Schimpf hieße ich in Spaniens, Syriens Heeren die Verachtung wider mich, nicht einen Julius Cäsar, nicht Augustus, doch ihren Sprossen. Und der ersten Legion verlieh Tiberius die Banner. In hundert Schlachten riß Tiberius die zwanzigste. Seine tausend Gaben umhüllten sie mit Ruhm, — und edel dankt

LIBER PRIMUS

tantum interfici centuriones, eici tribunos, includi legatos, infecta sanguine castra, flumina, meque precariam animam inter infensos trahere.

XXXXIII Cur enim primo contionis die ferrum illud, quod pectori meo infigere parabam, detraxistis, o inprovidi amici? Melius et amantius ille, qui gladium offerebat. Cecidissem certe nondum tot flagitiorum exercitui meo conscius; legissetis ducem, qui meam quidem mortem inpunitam sineret, Vari tamen et trium legionum ulcisceretur. Neque enim di sinant, ut Belgarum quamquam offerentium decus istud et claritudo sit subvenisse Romano nomini, compressisse Germaniae populos. Tua, dive Auguste, caelo recepta mens, tua, pater Druse, imago, tui memoria isdem istis cum militibus, quos iam pudor et gloria intrat, eluant hanc maculam irasque civiles in exitium hostibus vertant. Vosque, quorum alia nunc ora, alia pectora contueor, si legatos senatui, obsequium imperatori, si mihi coniugem et filium redditis, discedite a contactu ac dividite turbidos. Id stabile ad paenitentiam, id fidei vinculum erit.'

XXXXIV Supplices ad haec et vera exprobrari fatentes orabant, puniret noxios, ignosceret lapsis et duceret in hostem; revocaretur coniunx, rediret legionum alumnus neve opses Gallis traderetur. Reditum Agrippinae excusavit ob inminentem partum et hiemem; venturum filium: Cetera ipsi ex-

Erstes Buch

ihr euerem Führer. Soll solche Botschaft meinem Vater die Freude über die anderen Provinzen häufen: ‚Seine Rekruten, seine Veteranen sättigt nicht Abschied, nicht Geld. Hier hockt sich der Tod auf Centurionen, rast die Jagd auf Tribunen, kettet man die Legaten. In Blut trieft das Lager, die Ströme rötet Blut, und unter Feinden friste ich ein Gnadenbrot.'

Was verschlugt ihr meiner Faust an jenem Tag das Schwert, das ich nach meiner Brust gerichtet, überkluge Freunde? Das Schwert, das er mir bot, bot Güte, bot Liebe. In meinem Todeskampf hätte ich die Taten meines Heeres nie geahnt, und für die Wahl eines Feldherrn hätte euch sein Schwur genügt: ‚Jener Tod ist euch erlassen, doch Rache für Varus und seine drei Legionen!' Denn lauschet, Götter: Nie umbrause die erbötigen Belgier der stolze Ruhm: ‚Unser Sieg in Germanien stützte Rom.' Schon schimmert es wie Scham und Ehrgeiz im Auge meiner Kameraden; sie schauen den jungen Gott Augustus, dein Antlitz, Vater, Drusus, Unvergessener. Es lösche in ihnen die Sünde, entrücke die Heimat dem Haß, lenke ihn auf Feinde Roms! Es hebt sich die Brust. Euer Auge erstrahlt. Senat, du siehst deine Gesandten wieder; Kaiserwort wird wieder flammen; wieder werde ich Weib und Kind umarmen: Nur der Sünde brauchet ihr zu entschlüpfen und die Meuterer zu reuten. Es bindet Reue und Treue."

Auf den Knien stießen sie hervor: „Dein Wort ist nur wahr! Sühne es an den Verführern! Verzeih den Verführten! Und Kampf wider den Feind! Rufe dein Weib! Laß nicht den Zögling der Legionen Galliern zur Geisel!" Agrippinas hohe Schwangerschaft, der drohende Winter hieß ihn die Rückkunft

LIBER PRIMUS

sequerentur. Discurrunt mutati et seditiosissimum quemque vinctos trahunt ad legatum legionis primae C. Caetronium, qui iudicium et poenas de singulis in hunc modum exercuit. Stabant pro contione legiones destrictis gladiis; reus in suggestu per tribunum ostendebatur: Si nocentem adclamaverant, praeceps datus trucidabatur. Et gaudebat caedibus miles, tamquam semet absolveret; nec Caesar arcebat, quando nullo ipsius iussu penes eosdem saevitia facti et invidia erat. Secuti exemplum veterani haud multo post in Raetiam mittuntur, specie defendendae provinciae ob imminentis Suebos, ceterum ut avellerentur castris trucibus adhuc non minus asperitate remedii quam sceleris memoria. Centurionatum inde egit. Citatus ab imperatore nomen, ordinem, patriam, numerum stipendiorum, quae strenue in proeliis fecisset, et cui erant dona militaria, edebat Si tribuni, si legio industriam innocentiamque adprobaverant, retinebat ordinem; ubi avaritiam aut crudelitatem consensu obiectavissent, solvebatur militia.

XXXXV Sic compositis praesentibus haud minor moles supererat ob ferociam quintae et unetvicensimae legionum, sexagensimum apud lapidem (loco Vetera nomen est) hibernantium. Nam primi seditionem coeptaverant: Atrocissimum quodque facinus horum manibus patratum; nec poena commilitonum exterriti nec paenitentia conversi iras retinebant. Igitur Caesar arma classem socios demittere Rheno parat, si imperium detrectetur, bello certaturus.

Erstes Buch

weigern: „Doch mein Sohn wird kommen, und sonst — handelt wohl ihr!" Anderen Sinns verliefen sie sich. In Fesseln standen die Rädelsführer vor dem Legaten der ersten Legion, Sajus Cätronius, und rächend richtete er Mann für Mann: In langen Gliedern reihten sich die Legionen. Ihre Schwerter flimmerten. Auf einem Gerüst zeigte ein Tribun den Sünder. Der Schrei der Legionen „Schuldig" stürzte ihn in die blanken Schwerter, und es jauchzte der Soldat: Er entsühnte sich in ihrem Blut. Der Cäsar litt es. Er hatte nichts befohlen, und „an die Täter einer grausen Tat heftet sich auch der Haß der Tat". — Die Veteranen taten nicht anders. Doch Rätiens Schutz vor den dräuenden Sueben verlangte ihren raschen Abmarsch. Ihre Gegenwart konnte ein Wetter entladen, das noch im Lager brütete: Herb war das Mittel geworden, noch jung war der Fehl. — Die Wahl der Centurionen vollzog sich. Der Feldherr rief sie einzeln auf, Name, Rang und Heimat, Dienstjahre, Kampfestaten, vielleicht die Auszeichnungen anzusagen. Das Zeugnis der Tribunen, der Legion: „Selbstlos mühte er sich", erhielt ihm den Rang. Einhelliger Tadel von Habsucht, von Roheit verstieß.

Die heitere Luft verfinsterte sich noch durch eine Wolke von gleicher Wucht: Im Winterlager der fünften und einundzwanzigsten Legion, sechzig Meilen fern, am Orte Vetera, tobte Empörung. Sie hatten das Feuer entfacht, im dunkelsten Blut gebadet. Nicht die schreckende Sühne ihrer Kameraden, nicht Reue schlich in ihren Haß. Und des Cäsars Flotte mit Legionen und Verbündeten wiegte der Rhein: „Auf Trotz den Krieg!"

LIBER PRIMUS

XXXXVI At Romae nondum cognito, qui fuisset exitus in Illyrico, et legionum Germanicarum motu audito trepida civitas incusare Tiberium, quod, dum patres et plebem, invalida et inermia, cunctatione ficta ludificetur, dissideat interim miles neque duorum adulescentium nondum adulta auctoritate comprimi queat. Ire ipsum et opponere maiestatem imperatoriam debuisse cessuris, ubi principem longa experientia eundemque severitatis et munificentiae summum vidissent. An Augustum fessa aetate totiens in Germanias commeare potuisse: Tiberium vigentem annis sedere in senatu, verba patrum cavillantem? Satis prospectum urbanae servituti: Militaribus animis adhibenda fomenta, ut ferre pacem velint. XXXXVII Immotum adversus eos sermones fixumque Tiberio fuit non omittere caput rerum neque se remque publicam in casum dare. Multa quippe et diversa angebant: Validior per Germaniam exercitus, propior apud Pannoniam; ille Galliarum opibus subnixus, hic Italiae inminens: Quos igitur anteferret? Ac ne postpositi contumelia incenderentur. At per filios pariter adiri maiestate salva, cui maior e longinquo reverentia. Simul adulescentibus excusatum quaedam ad patrem reicere, resistentisque Germanico aut Druso posse a se mitigari vel infringi: Quod aliud subsidium, si imperatorem sprevissent? Ceterum ut iam iamque iturus legit comites, conquisivit impedimenta, adornavit naves: Mox hiemem aut negotia varie causatus primo prudentes, dein vulgum, diutissime provincias fefellit.

Erstes Buch

Vom Ergebnis in Illyrien verlautete zu Rom noch nichts, doch von Aufruhr in Germaniens Legionen: "Narrst du, Heuchler im Zaudern", zischelten die Bürger bebend auf Tiberius, "das Volk und den Senat, ihre wehrlose Schwäche? Indessen meutert ein Heer und küßt nicht reuig an den Füßen zweier noch ‚verächtlichen' Knaben? Wärst du selbst gegangen! Vor deinem Purpur wären sie erblichen, hätten gezittert vor solch weltklugem Fürsten, vor dem Richter über Blut und Geschenk! Den gealterten Augustus erschlafften seine vielen Reisen nach Germanien nicht, und einen Tiberius schnellt seine üppige Kraft nicht fort aus dem Senat? Tiberius letzt seinen Spott an des Senates Worten? Rom kann nur noch in die Ketten beißen. Doch die Heere schelten den Frieden, wollen gestreichelt sein." Von Tiberius' Starrheit prallte solch Wort: "Ein Schritt aus dem Herzen der Welt, — und ich würfle um meinen und des Reiches Tod." Er quälte sich bunt und viel: "Mächtig ist das Heer in Germanien, nährt sich mit Galliens Reichtum, doch die Truppen Pannoniens lauern nahe bei Italien. So erschwert sich meine Wahl. – Und wie ein Schimpf, stachelt Vorzug das andere Heer zu Empörung. Doch die sich gleiche Sendung meiner Söhne wahrt auch die Würde; denn tiefdunkel leuchtet Purpur von fern. Auch vergibt man den Jünglingen die Ausflucht an den Willen ihres Vaters, und Empörung vor Drusus und Germanicus kann ich noch glätten oder brechen. Doch wer hilft dem Kaiser wider Hohn?" Indes reisefertig trat der Troß zusammen, und der Cäsar wählte sein Gefolge. Segel blähten sich. Lange täuschte sein wechselnder Vorwand von Winter und von Sorgen die Klugheit, länger den Pöbel, am längsten die Provinzen. —

LIBER PRIMUS

XXXXVIII At Germanicus, quamquam contracto exercitu et parata in defectores ultione, dandum adhuc spatium ratus, si recenti exemplo sibi ipsi consulerent, praemittit literas ad Caecinam, venire se valida manu ac, ni supplicium in malos praesumant, usurum promisca caede. Eas Caecina aquiliferis signiferisque et, quod maxime castrorum sincerum erat, occulte recitat, utque cunctos infamiae, se ipsos morti eximant, hortatur: Nam in pace causas et merita spectari; ubi bellum ingruat, innocentes ac noxios iuxta cadere. Illi temptatis, quos idoneos rebantur, postquam maiorem legionum partem in officio vident, de sententia legati statuunt tempus, quo foedissimum quemque et seditioni promptum ferro invadant.

Tunc signo inter se dato inrumpunt contubernia, trucidant ignaros, nullo nisi consciis noscente, quod caedis initium, quis finis. XXXXIX Diversa omnium, quae umquam accidere, civilium armorum facies. Non proelio, non adversis e castris, sed isdem e cubilibus, quos simul vescentis dies, simul quietos nox habuerat, discedunt in partes, ingerunt tela. Clamor vulnera sanguis palam, causa in occulto; cetera fors regit. Et quidam bonorum caesi, postquam intellecto, in quos saeviretur, pessimi quoque arma rapuerant. Neque legatus aut tribunus moderator adfuit: Permissa vulgo licentia atque ultio et satietas.

Mox ingressus castra Germanicus, non medicinam illud plurimis cum lacrimis, sed cladem appellans, cremari corpora iubet. Truces etiam tum animos cupido involat eundi in hostem, piaculum

Erstes Buch

Germanicus verhielt noch die gezückte Rache, sein geschlossenes Heer, gegen die Empörer, hoffte nach dem jüngsten Beispiel einer Sühne die Gesundung. Sein Schreiben kündete Cäcina eine starke Truppe und sich selbst: "Nur zeitiges Gericht an der Schuld verhütet wahllosen Mord." Geheim verlas es Cäcina vor den Adler-, Bannerträgern und den treuesten Leuten seines Lagers: "Auf! Wider Schmach für das Heer, für euch wider Tod: Der Friede forscht nach Grund und Verdienst. Im blinden Kriege fällt mit Verbrechern der Schuldlose." Ihre Versuchung der vermutlich Treuen ergab die Treue einer Überzahl in den Legionen. Es gefiel der Antrag des Legaten, und zum Mord an den widrigsten Genossen des Aufruhrs beraumten sie die Stunde.

Verstohlene Zeichen! Die Zelte wurden aufgerissen. Ahnungslose taumelten in Schwerter. Ursprung und Ziel des Mordes blieb allein in den Verschworenen. So eigen hatte sich noch nie ein Bürgerkampf gestaltet. Nicht zu einer Schlacht öffneten sich hier zwei Lager. Die Parteien strömten aus den Räumen, wo sie der Tag zum Mahl, die Nacht zur Ruhe geeint, und die Geschosse pfiffen. Schreie! Aus den Wunden rann das schwarze Blut. Der Anlaß lag in Nacht, und sonst hielt Zufall die Wage. Auch Treue sanken; denn die kecksten Empörer rafften die Waffe, als der Zweck des Mordes ruchbar ward. Kein Legat und Tribun eilte zu mitteln. So durften sie rasen und rächen, im Blute schwelgen.

Germanicus ritt in das Lager. "Es brachte den tödlichen, nicht den heilenden Schmerz. Die Leichen sollen brennen!", befahl er, schwere Tränen in den Augen. Ihren noch trotzigen Sinn flog Kriegsluft an,

LIBER PRIMUS

furoris; nec aliter posse placari commilitonum manes, quam si pectoribus impiis honesta vulnera accepissent. Sequitur ardorem militum Caesar iunctoque ponte tramittit duodecim milia e legionibus, sex et viginiti socias cohortis, octo equitum alas, quarum ea seditione intemerata modestia fuit.

L Laeti neque procul Germani agitabant, dum iustitio ob amissum Augustum, post discordiis attinemur. At Romanus agmine propero silvam Caesiam limitemque a Tiberio coeptum scindit, castra in limite locat, frontem ac tergum vallo, latera concaedibus munitus. Inde saltus obscuros permeat consultatque, ex duobus itineribus breve et solitum sequatur an inpeditius et intemptatum eoque hostibus incautum. Delecta longiore via cetera adcelerantur: Etenim attulerant exploratores festam eam Germanis noctem ac sollemnibus epulis ludicram. Caecina cum expeditis cohortibus praeire et obstantia silvarum amoliri iubetur: Legiones modico intervallo sequuntur. Iuvit nox sideribus inlustris, ventumque ad vicos Marsorum et circumdatae stationes stratis etiam tum per cubilia propterque mensas, nullo metu, non antepositis vigiliis. Adeo cuncta incuria disiecta erant neque belli timor, ac ne pax quidem nisi languida et soluta inter temulentos. LI Caesar avidas legiones, quo latior populatio foret, quattuor in cuneos dispertit; quinquaginta milium spatium ferro flammisque pervastat. Non sexus, non aetas miserationem attulit; profana simul et sacra et celeberrimum illis gentibus templum, quod Tamfanae vocabant, solo aequantur. Sine vulnere mili-

Erstes Buch

die Greuel zu büßen: "Der Kameraden Seelen versöhnt nur die ehrende Narbe auf der sündigen Brust." Der Cäsar dämpfte nicht die Lust des Heeres. Auf einer rasch geschlagenen Brücke zogen neben zwölftausend Legionaren sechsundzwanzig verbündete Kohorten und acht Reitergeschwader, die gehorsam die Empörung hatten stürmen lassen.

Lachend tummelten sich nah die Germanen: Augustus' Tod hatte die Römer in die Tage der Trauer versenkt, später der Hader sie gebunden. Der Eilmarsch des römischen Heeres kreuzte nun den cäsischen Forst auf dem Wallpfad, Tiberius' Bau. Ein Lager am Walle schützten Dämme in Stirn und Rücken, seine Flanken Verhaue. Von da in düsteren Schluchten, teilte sich dann der Weg in eine kurze und begangene Straße und einen holprigen, ungebahnten Steig, deshalb vom Gegner nicht besetzt. Ob der Wahl des langen Steiges sollte die Eile ihn kürzen: Späher meldeten von einer germanischen Feier in der Nacht und Spielen bei den Festgelagen. Das Waldgestrüpp zu lichten, setzten sich leichte Kohorten unter Cäcina in kargen Abstand vor die Legionen. Hilfreich blinkten die Sterne der Nacht. Der Marser Gehöfte umrissen sich. Vorposten schwärmten. Sorglos dehnten sich die Leiber der Germanen auf den Betten, an den Tischen. Nirgends Wachen! Ihr wirrer Leichtsinn überschrie die Kriegsfurcht, und auch ihr Friede war nur schlaffe, lösende Trunkenheit. "Vier Keile werden gespalten!", erweiterte der Cäsar den lüsternen Legionen die Verheerung. Auf zehn Meilen Landes mähten die Schwerter, knisterte Feuer, und man verstumpfte sich vor Alter und Geschlecht. Wüste ward Geweihtes, Ungeweihtes und "Tamfanas" Heiligtum, scheu von jenen

LIBER PRIMUS

tes, semisomnos, inermos aut palantis ceciderant.

Excivit ea caedes Bructeros, Tubantes, Usipetes, saltusque, per quos exercitui regressus, insedere. Quod gnarum duci incessitque itineri et proelio. Pars equitum et auxiliariae cohortes ducebant mox prima legio, et mediis impedimentis sinistrum latus unetvicensimani, dextrum quintani clausere; vicensima legio terga firmavit; post ceteri sociorum. Sed hostes, donec agmen per saltus porrigeretur, immoti, dein latera et frontem modice adsultantes, tota vi novissimos incurrere. Turbabanturque densis Germanorum catervis leves cohortes, cum Caesar advectus ad vicensimanos voce magna hoc illud tempus obliterandae seditionis clamitabat: Pergerent, properarent culpam in decus vertere. Exarsere animis unoque impetu perruptum hostem redigunt in aperta caeduntque. Simul primi agminis copiae evasere silvas castraque communivere. Quietum inde iter, fidensque recentibus ac priorum oblitus miles in hibernis locatur.

LII Nuntiata ea Tiberium laetitia curaque adfecere: Gaudebat oppressam seditionem, sed quod largiendis pecuniis et missione festinata favorem militum quaesivisset, bellica quoque Germanici gloria angebatur. Rettulit tamen ad senatum de rebus gestis multaque de virtute eius memoravit, magis in speciem verbis adornata, quam ut penitus

Erstes Buch

Stämmen verehrt. Das Gemetzel Traumverlorener, Waffenloser, Irrender schlug dem Römer keine Wunde.

Die Brukterer, Tubanten und Usipeter scheuchte das Blutbad auf. Ihre Besetzung der Schluchten verlegte dem Heer den Rückmarsch. Den wissenden Feldherrn zwang es zu einem Zug gefechtsbereiter Rotten: Ein Teil der Reiter und verbündete Kohorten vor der ersten Legion, der Troß umschlossen von der einundzwanzigsten links, von der fünften auf der rechten Flanke, im Rücken von der zwanzigsten Legion gedeckt; zuletzt der Rest der Bundestruppen. Bis die Schluchten das Heer verschlangen, kauerte der Feind — regungslos. Nun sprang er plänkelnd wider Brust und Flanken, brauste dröhnend zur Nachhut. In die leichten Kohorten keilten sich die dichten Haufen der Germanen. Der Cäsar sprengte zur zwanzigsten Legion. Hell schwirrte sein Wort: „Die Stunde lockt! Den Aufruhr tilgt! Auf, auf Kameraden! Zu Ehre die Schuld!" Ihr Auge loderte. Ein Sturm zerriß den Feind. Die Ebene lag erzwungen, und man mordete. Der Vorhut Truppen tauchten aus den Wäldern auf, schanzten ein Lager. Still ward der Marsch. Vergessene Vergangenheit und tröstenden Sieg trug der Soldat in seine Winterlager.

Um die Botschaft freute und sorgte sich Tiberius: Die Empörung war zerschmettert. Doch mit Geld und dem Geschenke schnellen Abschieds hatte er nach der Liebe seiner Soldaten haschen müssen, — und Germanicus war von Sieg umstrahlt — — — Tiberius' Bericht vor dem Senat strotzte vom Lob des fähigen Neffen. Prächtig tönte es, und man hörte doch nur

LIBER PRIMUS

sentire crederetur. Paucioribus Drusum et finem Illyrici motus laudavit, sed intentior et fida oratione; cunctaque, quae Germanicus indulserat, servavit etiam apud Pannonicos exercitus.

LIII Eodem anno Iulia supremum diem obiit, ob impudicitiam olim a patre Augusto Pandateria insula, mox oppido Reginorum, qui Siculum fretum accolunt, clausa. Fuerat in matrimonio Tiberii florentibus Gaio et Lucio Caesaribus spreveratque ut inparem; nec alia tam intima Tiberio causa, cur Rhodum abscederet. Imperium adeptus extorrem, infamem et post interfectum Postumum Agrippam omnis spei egenam inopia ac tabe longa peremit, obscuram fore necem longinquitate exilii ratus.

Par causa saevitiae in Sempronium Gracchum, qui familia nobili, sollers ingenio et prave facundus, eandem Iuliam in matrimonio Marci Agrippae temeraverat. Nec is libidini finis: Traditam Tiberio pervicax adulter contumacia et odiis in maritum accendebat; literaeque, quas Iulia patri Augusto cum insectatione Tiberii scripsit, a Graccho compositae credebantur. Igitur amotus Cercinam, Africi maris insulam, quattuordecim annis exilium toleravit. Tunc milites ad caedem missi invenere in prominenti litoris, nihil laetum opperientem. Quorum adventu breve tempus petivit, ut suprema mandata uxori Alliariae per literas daret, cervicemque percussoribus obtulit, constantia mortis haud indignus Sempronio nomine: Vita degeneraverat. Quidam non Roma eos milites, sed ab L. Asprenate proconsule Africae missos tradidere

Erstes Buch

Worte. Drusus und das Ende der illyrischen Empörung vertrat ein kurzes Lob in feurig treuem Klang, und jedes Zugeständnis durch Germanicus gestand er auch Pannoniens Heer.

In jenem Jahr starb Julia. — Nach der Insel Pandateria, zuletzt nach Rhegion an Siziliens Enge hatte einst ihr Vater Augustus die Unzüchtige gebannt. Gajus und Lucius Cäsar prangten noch, da die Stammeseitle vor ihrem Gatten Tiberius erkaltete. Nur darob am Leben wund, barg er sich in Rhodos. — Er ward Kaiser. Mit dem verröchelnden Agrippa Postumus starb die Hoffnung der geächteten, verrufenen Frau. Der Hunger zehrte an ihr — tödlich. „Ihre lange Achtung senkt den Mord in Nacht", rechnete der Kaiser.

Es verwilderte ihn auch zur Rache gegen Sempronius Gracchus, aus einem edlen Geschlecht, weltklug und abwegig beredt. Er schändete Julias Leib, die Ehe Marcus Agrippas. Er gierte fort und fort, und in zäher Liebschaft pflanzte er noch in Tiberius' Gemahlin den störrischen Groll auf ihren Gatten, und man flüsterte: „Gracchus tränkte Julias Brief an ihren Vater Augustus mit dem Hohne auf Tiberius." Vierzehn Jahre trug er geächtet auf Cercina in Afrikas Meer. — Weit hinaus auf eine Zacke des Gestades, in die trübe Ahnung eines Mannes blinkten die Helme von Soldaten. Nahe blitzten sie auf, und zu einem Brief an seine Gattin Alliaria, zu einem letzten Willen, bat er um kurze Frist. Dem Tode bot er selbst den Nacken. Er starb, ein Semproniner; entartet hatte er gelebt. „Afrikas Prokonsul Lucius Asprenas, nicht Rom sandte die Soldaten", ändert

LIBER PRIMUS

auctore Tiberio, qui famam caedis posse in Asprenatem verti frustra speraverat.

LIV Idem annus novas caerimonias accepit addito sodalium Augustalium sacerdotio, ut quondam Titus Tatius retinendis Sabinorum sacris sodales Titios instituerat. Sorte ducti e primoribus civitatis unus et viginti; Tiberius Drususque et Claudius et Germanicus adiciuntur.

Ludos Augustales tunc primum coeptos turbavit discordia ex certamine histrionum. Indulserat ei ludicro Augustus, dum Maecenati obtemperat effuso in amorem Bathylli; neque ipse abhorrebat talibus studiis, et civile rebatur misceri voluptatibus vulgi. Alia Tiberio morum via; sed populum per tot annos molliter habitum nondum audebat ad duriora vertere.

LV Druso Caesare, C. Norbano consulibus decernitur Germanico triumphus manente bello; quod quamquam in aestatem summa ope parabat, initio veris et repentino in Chattos excursu praecepit. Nam spes incesserat dissidere hostem in Arminium ac Segestem, insignem utrumque perfidia in nos aut fide. Arminius turbator Germaniae; Segestes parari rebellionem saepe alias et supremo convivio, post quod in arma itum, aperuit suasitque Varo, ut se et Arminium et ceteros proceres vinciret: Nihil ausuram plebem principibus amotis, atque ipsi tempus fore, quo crimina et innoxios discerneret. Sed Varus fato et vi Armini cecidit: Segestes, quamquam consensu gentis in bellum tractus, discors manebat, auctis privatim odiis,

Erstes Buch

es mancher Bericht. Doch es war Tiberius' Spiel, und ihn trog die Hoffnung auf Serede, das Asprenas des widerlichen Mordes zeihe.

Um manchen Brauch bereicherte die Gründung von Augustus' Priesterschaft das Jahr. So wünschte Titus Tatius einst, in der neuen titischen Brüderschaft die sabinischen Bräuche zu bewahren. Aus den höchsten Kreisen berief das Los einundzwanzig, dazu Tiberius, Drusus, Claudius und Germanicus.

Den Verlauf der ersten Spiele für Augustus wirrte der Schauspieler Sezänk zu einer Fehde. Augustus' Nachsicht gegen Mäcenas' blinde Liebe zu Bathyllos hatte auch dem Schauspiel nachgesehen, und mit der Neigung zu solcher Kunst paarte sich sein Glaube: „Ich klatsche der Lust des Volks, steige zu ihm herab." Von seinem Wege wich Tiberius' Art. Indes er scheute noch Fesseln für ein Volk, das lange Jahre nur in Milde verstrickt war.

Das Jahr 15 erwies Germanicus die Siegesfeier eines noch schwelenden Kriegs. — Vor seiner kraftgesättigten Rüstung für den Sommer eilte zu Frühjahrsbeginn ein jäher Streifzug gegen die Chatten. Es belebte die Hoffnung auf einen Zwist im Feind: Hie Segest, hie Armin; — beide groß in Treue, in Verrat an Rom. Armin stachelte Germanien. Oft und noch beim letzten Gelage, einst vor jener Schlacht, leuchtete Segest in die treibende Gärung, bot Varus Ketten für sich und Armin, für den Rest der Großen: „Die Führer fern, — und gelähmt ist das Volk, läßt dir Frist, Getreue von den Frevlern zu sieben." Doch Varus zerbrach in Armins Faust und seinem Verhängnis. Einhellig, riß das Volk Segest in den Kampf, im Herzen Verrat und Haß und den Groll eines Va-

LIBER PRIMUS

quod Arminius filiam eius alii pactam rapuerat. Gener invisus, inimicus soceri, quaeque apud concordes vincula caritatis, incitamenta irarum apud infensos erant.

LVI Igitur Germanicus quattuor legiones, quinque auxiliarium milia et tumultuarias catervas Germanorum cis Rhenum colentium Caecinae tradit; totidem legiones, duplicem sociorum numerum ipse ducit, positoque castello super vestigia paterni praesidii in monte Tauno expeditum exercitum in Chattos rapit, L. Apronio ad munitiones viarum et fluminum relicto. Nam (rarum illi caelo) siccitate et amnibus modicis inoffensum iter properaverat, imbresque et fluminum auctus regredienti metuebantur.

Sed Chattis adeo inprovisus advenit, ut, quod imbecillum aetate ac sexu, statim captum aut trucidatum sit. Iuventus flumen Adranam nando tramiserat, Romanosque pontem coeptantis arcebant. Dein tormentis sagittisque pulsi, temptatis frustra condicionibus pacis, cum quidam ad Germanicum perfugissent, reliqui omissis pagis vicisque in silvas disperguntur. Caesar incenso Mattio (id genti caput) aperta populatus vertit ad Rhenum, non auso hoste terga abeuntium lacessere, quod illi moris, quotiens astu magis quam per formidinem cessit. Fuerat animus Cheruscis iuvare Chattos, sed exterruit Caecina huc illuc ferens arma, et Marsos congredi ausos prospero proelio cohibuit.

LVII Neque multo post legati a Segeste venerunt auxilium orantes adversus vim popularium,

Erstes Buch

ters auf Armin, den Räuber seines schon verlobten Kindes. Der verhaßte Eidam haßte den Schwiegervater, und wo Verständnis die Liebe festigt, schärfte Feindschaft den Haß.

Vier Legionen, fünftausend Mann der Bundestruppen und eilig geraffte Haufen der westrheinischen Germanen gab Germanicus an Cäcina, ließ sich gleichviel Legionen und die Truppen der Verbündeten gedoppelt. Eine Schanze seines Vaters auf dem Taunus wuchs aus Trümmern zu einer Feste verjüngt, und leicht zum Gefecht, flog sein Heer zu den Chatten. Nur Lucius Apronius hielten Arbeiten an Straßen und Flüssen zurück: Die Trockenheit, selten in dem Landstrich, und der karge Wasserstand hatten Germanicus einen Gewaltmarsch gestattet, doch Wolkenbruch und schwillende Ströme drohten seinem Rückzug.

Wie ein Blitz traf er die Chatten, und Fesseln und Tod überraschten gebrechliches Geschlecht und Alter. Der Jugend Kraft hatte die Eder durchschwommen und stemmte sich gegen einen Brückenbau der Römer. Doch es scheuchten Pfeil und Geschoß. Vergebens die Friedensgesuche! Mancher schlich sich zu Germanicus, und die letzten zerstoben aus Gehöft und Dorf in die Wälder. Feuer warf der Cäsar in des Stammes Hauptplatz Mattium und Öde über das Land. Auf dem Rückmarsch zum Rheine scheute der Feind die Plänkelei von rückwärts, stets genutzt nach einer Flucht der Tücke, nicht der Furcht. — Der Cherusker Absicht, den Chatten zu helfen, vereitelten Cäcinas Waffen, blitzend hier und dort, und an seinem Sieg erlahmte eine kecke Feldschlacht der Marser.

Segests Gesandte flehten: „Hilfe! Wir sind von unseren Stammgenossen hart umlagert." Armins Rat

LIBER PRIMUS

a quis circumsedebatur, validiore apud eos Arminio, quoniam bellum suadebat: Nam barbaris, quanto quis audacia promptus, tanto magis fidus rebusque motis potior habetur. Addiderat Segestes legatis filium, nomine Segimundum; sed iuvenis conscientia cunctabatur. Quippe anno, quo Germaniae descivere, sacerdos apud aram Ubiorum creatus ruperat vittas, profugus ad rebelles. Adductus tamen in spem clementiae Romanae pertulit patris mandata; benigneque exceptus cum praesidio Gallicam in ripam missus est.

Germanico pretium fuit convertere agmen; pugnatumque in obsidentis, et ereptus Segestes magna cum propinquorum et clientium manu. Inerant feminae nobiles, inter quas uxor Arminii eademque filia Segestis, mariti magis quam parentis animo, neque victa in lacrimas neque voce supplex, compressis intra sinum manibus gravidum uterum intuens. Ferebantur et spolia Varianae cladis, plerisque eorum, qui tum in deditionem veniebant, praedae data; simul Segestes ipse, ingens visu et memoria bonae societatis inpavidus.

LVIII Verba eius in hunc modum fuere: 'Non hic mihi primus erga populum Romanum fidei et constantiae dies. Ex quo a divo Augusto civitate donatus sum, amicos inimicosque ex vestris utilitatibus delegi, neque odio patriae (quippe proditores etiam iis, quos anteponunt, invisi sunt), verum quia Romanis Germanisque idem conducere et pacem quam bellum probabam. Ergo raptorem filiae meae, violatorem foederis vestri, Arminium apud Varum, qui tum exercitui praesidebat, reum feci. Dilatus segnitia ducis, quia parum praesidii in

Erstes Buch

zum Krieg hatte sie ihm gewonnen: Den Fängen der Kühnheit vertraut sich gern ein wilder Menschenschlag, wertet sie hoch im Sturm. Unter den Gesandten ging auf Segests Geheiß sein Sohn Segimund, noch zögernd in seinem schuldbeladenen Sinn: In dem Jahre von Germaniens Abfall hatte am Altar der Ubier der jung erkorene Priester die Binde jäh zerfetzt und sich den Empörern gesellt. Doch beredet, hoffte der Bote seines Vaters auf römische Gnade. Nach herzlichem Empfang entließ man ihn und eine Wache nach dem westlichen Ufer.

An den Gewinn einer Umkehr glaubte Germanicus. Ein Kampf mit den Belagerern hieb Segest heraus — mit vielen Hörigen und großer Sippe. Unter edlen Frauen barg sich Armins Gattin, Segests Kind, — das Weib ihres Gatten, nicht ihres Vaters Tochter, — scharf gepreßt die Lippen. An den Brüsten rangen sich ihre Hände, und ein tränenloser Blick streifte ihren schwangeren Leib. Verteilte Beute aus Varus' Untergang tauchte auf, im Besitz der meisten Germanen, die jetzt die Waffen streckten.

Reckenhaft, auf bewiesene Treue pochend kam Segest. Sein Wort erklang: „Die Sonne ist gewöhnt, auf meine zähe Treue gegen Rom zu strahlen. Mit dem Namen ‚Bürger' lohnte mir Augustus, und seither erkor Roms Glück mir Freund und Feind. Ich hasse meine Heimat nicht — den Verräter haßt sogar sein Günstling — doch ich liebe das gleiche Glück von Rom und Germanien, liebe den Frieden, hasse den Krieg. So rief ich Klage vor Roms Feldherrn, vor Varus, Klage über Armins Tochterraub und dreisten Bündnisbruch mit Rom, und mich vertrö-

LIBER PRIMUS

legibus erat, ut me et Arminium et conscios vinciret, flagitavi. Testis illa nox mihi, utinam potius novissima! Quae secuta sunt, defleri magis quam defendi possunt. Ceterum et inieci catenas Arminio et a factione eius iniectas perpessus sum. Atque ubi primum tui copia, vetera novis et quieta turbidis antehabeo, neque ob praemium, sed ut me perfidia exsolvam, simul genti Germanorum idoneus conciliator, si paenitentiam quam perniciem maluerit. Pro iuventa et errore filii veniam precor: Filiam necessitate huc adductam fateor. Tuum erit consultare, utrum praevaleat, quod ex Arminio concepit, an quod ex me genita est.'

Caesar clementi responso liberis propinquisque eius incolumitatem, ipsi sedem vetere in provincia pollicetur. Exercitum reduxit nomenque imperatoris auctore Tiberio accepit. Arminii uxor virilis sexus stirpem edidit: Educatus Ravennae puer quo mox ludibrio conflictatus sit, in tempore memorabo.

LIX Fama dediti benigneque excepti Segestis vulgata, ut quibusque bellum invitis aut cupientibus erat, spe vel dolore accipitur. Arminium super insitam violentiam rapta uxor, subiectus servitio uxoris uterus vaecordem agebant, volitabatque per Cheruscos, arma in Segestem, arma in Caesarem poscens. Neque probris temperabat: Egregium patrem, magnum imperatorem, fortem exercitum, quorum tot manus unam mulierculam ave-

Erstes Buch

stete die Trägheit eueres Führers. Gesetzlos stöhnte mein Recht, und für Armin, mich und seine Verschwörer reichte ich Fesseln. Zeuge es mir, du, einstige Nacht! Weh! Warum ward sie mir nicht ewig, jene Nacht? — Ihre Folgen kann ich nicht beschönigen, sie nur tief beklagen — — — Doch Armin schmerzten meine Ketten; darob schlug mich sein Anhang in Bande, und ich litt. Kaum stehe ich wieder vor dir, und Vergangenheit kämpft in mir die Gegenwart nieder, die Ruhe das Wirrsal. Mich lockt kein Lohn. Ich sinne, den Schein der Untreue von mir zu streifen, berufen, Germaniens Volk mit euch zu versöhnen, wählt es die Reue, nicht den Tod. — Die Jugend irrt. So bitte ich für meinen Sohn. Nicht ihr Wille bringt mein Mädchen. Ich muß es bekennen. Richte! Doch wäge die schwangere Dirne Armins und meine Tochter!"

Des Cäsars gütiger Bescheid sicherte seine Kinder und Verwandten: „Dir selbst eine Heimat in der alten Provinz!" Unter einem „Heerfürst" — dank Tiberius — zog das Heer zurück. — Einen Knaben gebar die Gattin Armins. Zu Ravenna wuchs er auf und rang mit einem spielenden Verhängnis. Doch den Zeiten will ich nicht vorangehen.

Die Sage von Segests Demut und der Gnade Roms verbreitete Hoffnung und Schmerz: Man haßte, man wünschte den Krieg. Wahnsinn hämmerte Armins ewig heißes Gehirn: Sein Weib geraubt, und ihr Kind in Knechtschaft wimmernd! Er flog durch die Lande der Cherusker: „Dem Cäsar Krieg! Krieg Segest!" gellte sein Schrei. Und Flüche zuckten: „Trefflicher Vater, trefflicher Heerfürst, treffliche Truppen! Tausend Arme um ein einziges elend Weib! Vor

LIBER PRIMUS

xerint. Sibi tres legiones, totidem legatos procubuisse; non enim se proditione neque adversus feminas gravidas, sed palam adversus armatos bellum tractare. Cerni adhuc Germanorum in lucis signa Romana, quae dis patriis suspenderit. Coleret Segestes victam ripam, redderet filio sacerdotium hominum: Germanos numquam satis excusaturos, quod inter Albim et Rhenum virgas et secures et togam viderint. Aliis gentibus ignorantia imperi Romani inexperta esse supplicia, nescia tributa; quae quoniam exuerint inritusque discesserit ille inter numina dicatus Augustus, ille delectus Tiberius, ne inperitum adulescentulum, ne seditiosum exercitum pavescerent. Si patriam parentes antiqua mallent quam dominos et colonias novas, Arminium potius gloriae ac libertatis quam Segestem flagitiosae servitutis ducem sequerentur. LX Conciti per haec non modo Cherusci, sed conterminae gentes, tractusque in partis Inguiomerus Arminii patruus, vetere apud Romanos auctoritate; unde maior Caesari metus.

Et ne bellum mole una ingrueret, Caecinam cum quadraginta cohortibus Romanis distrahendo hosti per Bructeros ad flumen Amisiam mittit, equitem Pedo praefectus finibus Frisiorum ducit; ipse inpositas navibus quattuor legiones per lacus vexit; simulque pedes eques classis apud praedictum amnem convenere. Chauci, cum auxilia pollicerentur, in commilitium adsciti sunt. Bructeros sua urentis expedita cum manu L. Stertinius missu Germanici fudit; interque caedem et praedam repperit undevicensimae legionis aquilam cum Varo amissam. Ductum inde agmen ad ultimos Bructe-

Erstes Buch

mir krochen drei Legionen, drei Legaten. Meine Klinge zielt nicht der Verrat auf trächtige Weiber. Ich stelle mich nur Waffen. Noch heute rauschen in Germaniens Hainen römische Banner, meine Weihe an Germaniens Götter. Ein knechtisches Aser füttere Segest! Im Gebet vor Menschen stammle wieder der Priester, sein Sohn! Germanen! Ihr werdet es nie verwinden: Beile und Ruten und Toga zwischen Elbe und Rhein — — — Rom, seine Martern und Steuern sind manchen Völkern fremd, und an euch zerbarst sein Joch. Ein heimgepeitschter Fürst, ward Augustus zu seinen Göttern versetzt, gepeitscht sein Wundersohn Tiberius. Betäubt euch jetzt ein halbflügger Knabe und meuterisches Heer? Liebt ihr die Heimat und Eltern, alte Zeiten, haßt ihr Herren und junges Siedlerwesen, ich, Armin, will euch zu Ruhm und Freiheit führen. Verdammt ein Segest, der Führer zu knechtischer Schmach!" Es siedete heiß in Cheruskern, den nahen Völkern; es gewann Inguiomer, Armins Oheim, dessen Wort seit alters bei den Römern wog, und noch bleicher ward der Cäsar.

Die Wucht des Kampfs und den Feind zu splittern, sonderte er vierzig römische Kohorten unter Cäcina durch der Brukterer Gebiet zur Ems. Durch der Friesen Mark ritten die Reiter unter dem Präfekten Pedo, und über die Seen trugen die Schiffe vier Legionen mit Germanicus. An der Ems zugleich trafen sich die Truppen zu Fuß und Pferd und die Flotte. Der Chauken Verheiß auf Hilfe nahm sie in den Kriegsverband. Mit leichten Truppen zu Fuß unter Lucius Stertinius entwöhnte Germanicus die Brukterer, eigne Höfe zu äschern. Aus Blut und Beute glänzte zu Stertinius der Adler der neunzehnten Le-

LIBER PRIMUS

rorum, quantumque Amisiam et Lupiam amnes inter vastatum, haud procul Teutoburgiensi saltu, in quo reliquiae Vari legionumque insepultae dicebantur.

LXI Igitur cupido Caesarem invadit solvendi suprema militibus ducique, permoto ad miserationem omni, qui aderat, exercitu ob propinquos, amicos, denique ob casus bellorum et sortem hominum. Praemisso Caecina, ut occulta saltuum scrutaretur pontesque et aggeres umido paludum et fallacibus campis inponeret, incedunt maestos locos visuque ac memoria deformis. Prima Vari castra lato ambitu et dimensis principiis trium legionum manus ostentabant; dein semiruto vallo, humili fossa accisae iam reliquiae consedisse intellegebantur. Medio campi albentia ossa, ut fugerant, ut restiterant, disiecta vel aggerata. Adiacebant fragmina telorum equorumque artus, simul truncis arborum antefixa ora. Lucis propinquis barbarae arae, apud quas tribunos ac primorum ordinum centuriones mactaverant. Et cladis eius superstites, pugnam aut vincula elapsi, referebant hic cecidisse legatos, illic raptas aquilas; primum ubi vulnus Varo adactum, ubi infelici dextera et suo ictu mortem invenerit; quo tribunali contionatus Arminius; quot patibula captivis, quae scrobes; utque signis et aquilis per superbiam inluserint.

Erstes Buch

gion, Varus' Verlust. — Die Gefilde zwischen Ems und Lippe bis zum letzten Grenzstein der Brukterer zerstampfte Germanicus' Heer zur Wüste.

Nahe lag der Teutoburger Wald, und es flüsterte: „Nackt verwesen dort die Leiber von Varus und der Legionen." Der Cäsar sehnte sich um die letzten Ehren für die Kämpfer und ihren Führer. Der Sippen und Freunde jammerte es das ganze marschierende Heer, und man schluchzte vom Spiel des Kriegs und Menschenlos. — Das Geheimnis der Schluchten zu lüften, feuchte Sümpfe und trügende Ebenen zu dämmen, und zu überbrücken, wurde Cäcina vorgesandt. — Vor dem Heere dehnten sich die trüben Stätten, und ihr dunkles Grauen senkte sich auf Auge und Gedächtnis. Der weite Ring von Varus' erstem Lager und die Grenzung an der Fahnenstätte verriet das Werk von drei Legionen. Ein halbzerbröckelter Wall, ein flacher Graben zeugte von dem Bollwerk einer schwer geschmolzenen Schar. Weithin schimmerten weiße Gerippe, bei der Flucht verweht, in einem Kampf gehäuft. Pferdeknochen rieben sich an Speeressplittern, und von den Stämmen der Bäume grinsten Totenschädel. Auf die germanischen Altäre in den nahen Hainen war das Blut von Tribunen und Centurionen höherer Würde gespült. Es raunte, wer sein Leben aus Schlacht und Fesseln geborgen hatte: „Hier sanken die Legaten, und dort — dort sanken die Adler." „Da quoll es rot aus Varus' erster Wunde, hier zerriß die Klinge seiner unheilschweren Hand ein Leben." „Von jenem Hochstand lohte Armins Wort." „An Kreuzen da, dort und wieder dort, in diesen Grüften ächzten die Gefangenen." „Und es spie nach Fahnen und Adlern der Hohn."

LIBER PRIMUS

LXII Igitur Romanus, qui aderat, exercitus sextum post cladis annum trium legionum ossa, nullo noscente, alienas reliquias an suorum humo tegeret, omnes ut coniunctos, ut consanguineos aucta in hostem ira maesti simul et infensi condebant. Primum oxtruende tumulo caespitem Caesar posuit, gratissimo munere in defunctos et praesentibus doloris socius. Quod Tiberio haud probatum, seu cuncta Germanici in deterius trahenti, sive exercitum imagine caesorum insepultorumque tardatum ad proelia et formidolosiorem hostium credebat, neque imperatorem auguratu et vetustissimis caerimoniis praeditum adtrectare feralia debuisse.

LXIII Sed Germanicus cedentem in avia Arminium secutus, ubi primum copia fuit, evehi equites campumque, quem hostis insederat, eripi iubet. Arminius colligi suos et propinquare silvis monitos vertit repente: Mox signum prorumpendi dedit iis, quos per saltus occultaverat. Tunc nova acie turbatus eques, missaeque subsidiariae cohortes et fugientium agmine impulsae auxerant consternationem; trudebanturque in paludem gnaram vincentibus, iniquam nesciis, ni Caesar productas legiones instruxisset. Inde hostibus terror, fiducia militi; et manibus aequis abscessum. Mox reducto ad Amisiam exercitu legiones classe, ut advexerat, reportat; pars equitum litore Oceani petere Rhenum iussa.

Caecina, qui suum militem ducebat, monitus,

Erstes Buch

Das ganze römische Heer grub den Gebeinen der drei Legionen ein Grab — sechs Jahre nach dem Untergang. Niemand erkannte seine Lieben, und sie warfen die Schollen über den Fremden und Freund, im Tode alle für sie Freund und Bruder. Schmerz und Haß, hoch sprühend wider den Feind, gruben das Grab. Den ersten Rasen des Hügels pflanzte der Cäsar. So gab er seinen schönsten Dank den Toten und empfand den Schmerz der Gegenwart. Tiberius tadelte. Er mochte stets Germanicus'· Tun entstellen, mochte fürchten: "Vor dem Feind erbleicht das Heer und zagt vor einer Schlacht, schauend das nackte, blasse Gebein der Toten"; mochte einem Heerfürsten, den das Amt des Augurn und uralte Weihen heiligten, die Berührung mit Moder verwehrt wissen.

Armin wich in das Dickicht. Germanicus ging auf den Spuren nach und packte ihn. Sofort griff er an: "Die Reiter schwärmen auf jenes Feld, den Sitz des Feindes!" Armin befahl, zu sammeln und sich nach der Waldung zu ziehen. Doch plötzliches Kehrt! Und aus verbergenden Schluchten riß sein Wink die Germanen zu Sturm. Vor dem neuen Gegner zerstoben die Reiter. Die Kohorten ihres Rückhalts stürmten, doch sie verschlang der fliehende Strom: Die Panik tobte. Ahnungslos drängten sie sich auf den lauernden Sumpf, den der Sieger mied. Doch Tritte dröhnten: die Legionen mit dem Cäsar. Es bebte der Feind, und die Römer hofften. Niemand lächelte der Sieg. Das Heer zog sich zur Ems zurück. Die Legionen unter dem Cäsar fuhr ihre Flotte heimwärts. Über den Strand des Ozeans trabten Truppen zu Pferd dem Rheine zu.

"Die Kenntnis des Rückwegs darf nicht zu zögern-

LIBER PRIMUS

quamquam notis itineribus regrederetur, pontes longos quam maturrime superare. Angustus is trames vastas inter paludes et quondam a L. Domitio aggeratus, cetera limosa, tenacia gravi caeno aut rivis incerta erant; circum silvae paulatim adclives, quas tum Arminius inplevit, compendiis viarum et cito agmine onustum sarcinis armisque militem cum antevenisset. Caecinae dubitanti, quonam modo ruptos vetustate pontes reponeret simulque propulsaret hostem, castra metari in loco placuit, ut opus et alii proelium inciperent.

LXIV Barbari perfringere stationes seque inferre munitoribus nisi lacessunt, circumgrediuntur, occursant. Miscetur operantium bellantiumque clamor. Et cuncta pariter Romanis adversa: Locus uligine profunda, idem ad gradum instabilis, procedentibus lubricus; corpora gravia loricis; neque librare pila inter undas poterant. Contra Cheruscis sueta apud paludes proelia, procera membra, hastae ingentes ad vulnera facienda quamvis procul. Nox demum inclinantis iam legiones adversae pugnae exemit.

Germani ob prospera indefessi, ne tum quidem sumpta quiete, quantum aquarum circum surgentibus iugis oritur, vertere in subiecta; mersaque humo et obruto, quod effectum operis, duplicatus militi labor. Quadragensimum id stipendium Caecina parendi aut imperitandi habebat, secundarum ambiguarumque rerum sciens eoque interritus. Igi-

Erstes Buch

dem Marsche vor den Langen Brücken betören",
warnte Germanicus an Cäcina, den Führer des eignen Heeres. Den schmalen Steig, von Lucius Domitius einst geschüttet, umklammerten endloser Sumpf
und trügende Wasser, sickernd in Schlamm und zähem
Schmutz, umstarrt von träge steigenden Forsten, Armins Lager. Im Gewaltmarsch auf kürzenden Pfaden
war er dem Heere vorgeeilt, das unter Gepäck und
seinen Waffen ächzte. Den Neubau der alterszer-
fressnen Brücken mit der Abwehr des Feindes zu
einen, bestürzte Cäcina. Er wählte, an seinem Standort ein Lager auszupfählen und so die Arbeit im
Kampf zu wagen.

Die Germanen lockten, umwogten und stürmten:
„Auf! Die Posten durchbrochen! Werft euch gegen
die Schanzer!" Gell verschmolzen sich die Schreie der
Schanzer und Kämpfer. Und wider den Römer stritten
alle Kräfte vereint: Unergründlich gurgelten Wasser,
und der Boden floh den schreitenden, den gespreizten
Fuß. Die Panzer drückten den Leib. Den Speere
wuchtenden Arm lähmten die Fluten. Doch die hohen,
schlanken Glieder der Cherusker schmiegten sich in
vertrautem Gefechte an die Sümpfe. Ihre riesigen
Lanzen rissen von fern noch Wunden. Erst das Dunkel zog die schon erschütterten Legionen aus der unseligen Schlacht.

In dem straffenden Sieg ruhten die Germanen
nicht, und von den ragenden Hügeln rauschten alle
Quellen nach der Niederung. Die Erde versank, und
auf schon fertiges Werk brandeten die Wasser, doppelten dem Heer die Mühen. Vierzig Jahre gehorchte
und gebot Cäcina und war in Glück und Unglimpf
erfahren. Gelassen übersann er das Morgen. „Der

LIBER PRIMUS

tur futura volvens non aliud repperit, quam ut hostem silvis coërceret, donec saucii, quantumque gravioris agminis, anteirent. Nam medio montium et paludum porrigebatur planities, quae tenuem aciem pateretur. Deliguntur legiones quinta dextro lateri, unetvicensima in laevum, primani ducendum ad agmen, vicensimanus adversum secuturos. LXV Nox per diversa inquies, cum barbari festis epulis, laeto cantu aut truci sonore subiectavallium ac resultantis saltus complerent; apud Romanos invalidi ignes, interruptae voces, atque ipsi passim adiacerent vallo, oberrarent tentoriis, insomnes magis quam pervigiles. Ducemque terruit dira quies: Nam Quintilium Varum sanguine oblitum et paludibus emersum cernere et audire visus est velut vocantem, non tamen obsecutus et manum intendentis reppulisse.

Coepta luce missae in latera legiones, metu an contumacia, locum deseruere, capto propere campo umentia ultra. Neque tamen Arminius, quamquam libero incursu, statim prorupit. Sed ut haesere caeno fossisque impedimenta, turbati circum milites, incertus signorum ordo, utque tali in tempore, sibi quisque properus et lentae adversum imperia aures, inrumpere Germanos iubet, clamitans 'En Varus eodemque iterum fato vinctae legiones!' Simul haec et cum delectis scindit agmen equisque maxime vulnera ingerit. Illi sanguine suo et lubrico paludum lapsantes excussis rectoribus disicere obvios, proterere iacentes. Plurimus circa aquilas labor, quae neque ferri adversum ingruentia tela neque figi limosa humo poterant. Caecina, dum

Erstes Buch

Gegner in die Wälder gebannt, um den schleppenden Troß und die Verletzten nach vorn zu schieben", dünkte ihm die einzige Rettung: Eine Ebene, obgleich von den Höhen und Sümpfen beengt, ließ spärlich seine Treffen entwickeln. „Die fünfte Legion auf die rechte Flanke, die einundzwanzigste links, die erste als Spitze, die zwanzigste gegen die Verfolger!" — Aus wechselndem Anlaß erzitterte die Nacht in Unruh. An Festgelagen johlten die Germanen. Ihr frohes Lied, ihr trotzend Getöse quoll in die Niederung der Täler, die tönenden Schluchten. Und drüben bei den Römern flackerten fahle Feuer, schwirrten zerrissene Laute. Da und dort streckten sie sich am Wall, irrten um die Zelte — sorgenwach, nicht wachsam. Auf dem Feldherrn lastete ein grauenschwerer Schlaf: Den Sümpfen sah er Quintilius Varus' blutigen Leib entsteigen, hörte seinen Ruf, doch die sich krallende Hand schlug sein Trotz zurück.

Die Morgensonne schien auf Verrat: auf den Abzug der Legionen an den Flanken — in Empörung oder Feigheit. Jenseits der Sümpfe hasteten sie nach Land. Aber auf eine hilflose Beute brauste Armin noch nicht. In Schmutz und Furchen stockte der Troß. Scheu starrte der Soldat. Wirr verschlangen sich die Fahnen. In solcher Gefahr wird der Befehl dem Ohre dumpf, und nur die Qual um das Leben brennt. Zu den Germanen zuckte ein Schrei zum Angriff: „Willkommen, Varus! Auf die Legionen sprüht der zweite tödliche Blitz!" Der Schrei verklang. Vor erkorener Schar keilte sich Armin in das Heer, zielte meist nach den Pferden. Im eignen Blut und schlüpfrigen Moore glitten die Tiere, warfen die Reiter. Wer ihnen nahte, zerstob. Wer lag, ward zerstampft.

LIBER PRIMUS

sustentat aciem, suffosso equo delapsus circumveniebatur, ni prima legio sese opposuisset. Iuvit hostium aviditas, omissa caede praedam sectantium.

Enisaeque legiones vesperascente die in aperta et solida. Neque is miseriarum finis. Struendum vallum, petendus agger, amissa magna ex parte, per quae egeritur humus aut exciditur caespes; non tentoria manipulis, non fomenta sauciis; infectos caeno aut cruore cibos dividentes funestas tenebras et tot hominum milibus unum iam reliquum diem lamentabantur. — LXVI Forte equus abruptis vinculis vagus et clamore territus quosdam occurrentium obturbavit. Tanta inde consternatio inrupisse Germanos credentium, ut cuncti ruerent ad portas, quarum decumana maxime petebatur, aversa hosti et fugientibus tutior. Caecina comperto vanam esse formidinem, cum tamen neque auctoritate neque precibus, ne manu quidem obsistere aut retinere militem quiret, proiectus in limine portae miseratione demum, quia per corpus legati eundum erat, clausit viam. Simul tribuni et centuriones faslum pavorem esse docuerunt.

LXVII Tunc contractos in principia iussosque dicta cum silentio accipere temporis ac necessitatis monet. Unam in armis salutem, sed ea consilio temperanda manendumque intra vallum, donec expugnandi hostes spe propius succederent; mox undique erumpendum: Illa eruptione ad Rhenum perveniri. Quod si fugerent, pluris silvas, profundas

Erstes Buch

Heiß um die Adler staute sich das Gewühl. Sie zu tragen, verboten sausende Speere. Im Schlamme fußten sie nicht. Cäcina steifte die Treffen. Es fiel sein Pferd, erstochen, und er glitt. Nur die erste Legion hieb ihn heraus. Lüstern ließ der Feind von Blut, spürte nach Beute. Es half.

In grauender Dämmerung traten die Legionen freies, festes Feld, doch das Leid verließ sie nicht. Einen Wall zu dämmen, suchten sie nach Schutt und manch verlorenem Gerät, die Erde zu heben und Rasen zu stechen. Keine Zelte über den Manipeln! Um die Wunden keine Binde! Schmutzig und blutig die verteilte Kost! Klagen klangen über Grabesdunkel, über die Frist eines einzigen Tages vor dem letzten Tag für Tausende. — Zufall entfesselte ein Pferd. Von Geschrei verstört, zersprengte es Menschen in seinem Lauf. Und ihr Glaube schrie von Sturm der Germanen, sprühte Entsetzen. Zu den Toren hastete das Heer. Dem Feind entlegen, günstiger einer Flucht, empfing das hintere Tor die stärkste Flut. "Ein Gespenst ihres Wahns", so wußte Cäcina. Doch Einfluß und Bitten verhallten. Kraftlos die Faust, taumelte er beiseit, und — vorbei die tobende Jagd! Auf die Schwelle des Tores warf er sich nieder, und der Leib des Legaten erbarmte ihren Fuß. Man bebte zurück. Tribunen und Centurionen klärten die Furcht.

An der Fahnenstätte sammelte Cäcina die Massen, heischte Stille für sein Wort und dachte der Not in ihrer Lage: "Nur die Waffen retten, geführt von Vernunft. Im Walle harren die Jäger, bis siegessicher das Wild heranjagt. Dann überall hinaus zur Freiheit und weiter zum Rhein! Gelüstet euch die Flucht? Noch brüten viele Forste, noch tiefere Sümpfe

LIBER PRIMUS

magis paludes, saevitiam hostium superesse; at victoribus decus gloriam. Quae domi cara, quae in castris honesta, memorat; reticuit de adversis. Equos dehinc, orsus a suis, legatorum tribunorumque nulla ambitione fortissimo cuique bellatori tradit, ut hi, mox pedes in hostem invaderent. LXVIII Haud minus inquies Germanus spe, cupidine et diversis ducum sententiis agebat, Arminio, sinerent egredi egressosque rursum per umida et inpedita circumvenirent, suadente, atrociora Inguiomero et laeta barbaris, ut vallum armis ambirent: Promptam expugnationem, plures captivos, incorruptam praedam fore.

Igitur orta die proruunt fossas, iniciunt crates, summa valli prensant, raro super milite et quasi ob metum defixo. Postquam haesere munimentis, datur cohortibus signum cornuaque ac tubae concinuere. Exim clamore et impetu tergis Germanorum circumfunduntur, exprobrantes non hic silvas nec paludes, sed aequis locis aequos deos. Hosti facile excidium et paucos ac semermos cogitanti sonus tubarum, fulgor armorum, quanto inopina, tanto maiora offunduntur; cadebantque, ut rebus secundis avidi, ita adversis incauti. Arminius integer, Inguiomerus post grave vulnus pugnam deseruere: Vulgus trucidatum est, donec ira et dies permansit. Nocte demum reversae legiones, quamvis plus vulnerum, eadem ciborum egestas fatigaret, vim sanitatem copias, cuncta in victoria habuere.

LXIX Pervaserat interim circumven tiexercitus fama et infesto Germanorum agmine Gallias peti;

Erstes Buch

trügen. Grausam sinnt der Feind. Sieg ist Zierde und Ruhm." Er sprach von den Lieben zu Haus, von Ehren im Lager, doch von ihren Leiden nicht: „Auf meine Pferde und nachsichtslos auf die Pferde der Legaten und Tribunen die kühnsten Kämpfer, vor den Truppen zu Fuß im Sturm zu reiten!" — Auf und nieder flutete auch das germanische Heer in Hoffnung und Gier, im Führerzank. Erst nach dem Abmarsch die Römer in hemmenden Wassern wieder zu umfassen, forderte Armin. Doch den frohlockenden Germanen riet Inguiomer zu Gewalt, zum Sturme rings auf den Wall: „Mühlos, bindet ein Sturm euch mehr Gefangene, rettet die Beute."

Es dämmerte im Osten. Dumpf stürzten die Gräben. Geflecht verband. Am Walle zogen sich Germanen hoch. Die seltenen Posten bannte es wie Furcht. Noch klommen die Feinde an den Schanzen, und zu den Kohorten jubelte ein Laut. Jauchzende Hörner, Trompeten! Im Rücken der Germanen tosten Lärm und Sturm. Schreie: „Nicht Wälder! Nicht Morast! Ein gleich Gelände, — und tatlos schauen die Götter!" In der Gegner Gedanken von tödlichem Spiel, von halbgewaffneter Minderzahl schmetterten Trompeten, glänzten die Waffen, lähmend wie ein Blitz aus blauer Luft. Sie fielen, lüstern im Glück, lachend vor dem Leid. Wundlos wich Armin, schwerverletzt Inguiomer. Die Massen bluteten, bis Haß und Sonne schwanden. Erst die Nacht zog die Legionen zurück, peinigte sie im alten Hunger und den neuen Wunden. Aber aus dem Siege strahlten Kraft und Gesundheit, strahlte das üppige Leben.

Indessen schwatzte das Gerücht von einem umgarnten Heer, von germanischer Haufen Marsch nach

LIBER PRIMUS

ac ni Agrippina inpositum Rheno pontem solvi prohibuisset, erant, qui id flagitium formidine auderent. Sed femina ingens animi munia ducis per eos dies induit, militibusque, ut quis inops aut saucius, vestem et fomenta dilargita est. Tradit C. Plinius, Germanicorum bellorum scriptor, stetisse apud principium pontis, laudes et grates reversis legionibus habentem. Id Tiberii animum altius penetravit: Non enim simplices eas curas, nec adversus externos militum studia quaeri. Nihil relictum imperatoribus, ubi femina manipulos intervisat, signa adeat, largitionem temptet, tamquam parum ambitiose filium ducis gregali habitu circumferat Caesaremque Caligulam appellari velit. Potiorem iam apud exercitus Agrippinam quam legatos, quam duces; conpressam a muliere seditionem, cui nomen principis obsistere non quiverit. Accendebat haec onerabatque Seianus, peritia morum Tiberii odia in longum iaciens, quae reconderet auctaque promeret.

LXX At Germanicus legionum, quas navibus vexerat, secundam et quartam decumam itinere terrestri P. Vitellio ducendas tradit, quo levior classis vadoso mari innaret vel reciproco sideret. Vitellius primum iter sicca humo aut modice adlabente aestu quietum habuit:

Mox inpulsa aquilonis, simul sidere aequinoctii, quo maxime tumescit Oceanus, rapi agique agmen. Et opplebantur terrae: Eadem freto litori campis facies, neque discerni poterant incerta ab solidis, brevia a profundis. Sternuntur fluctibus, hauriun-

Erstes Buch

Gallien. Doch gegen den Abbruch der Brücke am Rhein, das ekle Wagnis der Feigheit, sträubte sich Agrippina. In jenen Tagen trug die Pflichten des Feldherrn eine geistesgroße Frau, und dem darbenden, dem wunden Krieger reichte sie Verband und Kleid. Nach Gajus Plinius, dem Schilderer von Germaniens Kriegen, pries ihr Dank die heimwärtsziehenden Legionen am Kopf der Brücke. — Tiefer fraß es an Tiberius: „In argloser Hülle berückt ihre Sorge das Heer und wirbt nicht wider den Feind des Reichs. Mit den reichen Händen des Versuchers huscht ein Weib zu den Kriegern in Feld und Lager, und diese buhlende Dirne wiegt doch schon den Sohn des Feldherrn in der Tracht des Truppenpöbels, trunken am Wort ‚Cäsar Caligula'. Und meine Feldherrn dürfen rasten. Die Heere vergöttern Agrippina, — auch Legaten und Führer? Vor diesem Weibe kniete der Aufruhr, taub dem Namen des Fürsten." Belastend schürte Sejan. In Tiberius' Sinnen wußte er den Haß hindämmern, spät feuriger lodern, und er säte für die ferne Ernte.

Von den Legionen, die auf Schiffen hergetragen waren, gab Germanicus an Publius Vitellius die zweite und vierzehnte für einen Rückmarsch zu Land, die Flotte dem seichten Meere für die Fahrt, der ebbenden See für die Strandung zu erleichtern. Vitellius' stillen Marsch auf trockener Erde neckte nur zaudernd hin und wieder die Flut.

Es heulte der Nord, und der Herbstgleiche Stern flimmerte auf. Zu solchen Zeiten bäumt sich der Ozean am wildesten. Und seine Wogen entführten und schwemmten das Heer, rauschten ins Land. Es schäumte grau in See und Strand und Feld. Über Erde und

LIBER PRIMUS

tur gurgitibus; iumenta, sarcinae, corpora exanima interfluunt, occursant. Permiscentur inter se manipuli, modo pectore, modo ore tenus exstantes, aliquando subtracto solo disiecti aut obruti. Non vox et mutui hortatus iuvabant adversante unda; nihil strenuus ab ignavo, sapiens ab inprudenti, consilia a casu differre: Cuncta pari violentia involvebantur. Tandem Vitellius in editiora enisus eodem agmen subduxit. Pernoctavere sine utensilibus, sine igni, magna pars nudo aut mulcato corpore, haud minus miserabiles, quam quos hostis circumsidet: Quippe illic etiam honestae mortis usus, his inglorium exitium. Lux reddidit terram, penetratumque ad amnem, quo Caesar classe contenderat. Inpositae dein legiones, vagante fama submersas; nec fides salutis, antequam Caesarem exercitumque reducem videre.

LXXI Iam Stertinius ad accipiendum in deditionem Segimerum fratrem Segestis praemissus ipsum et filium eius in civitatem Ubiorum perduxerat. Data utrique venia, facile Segimero, cunctantius filio, quia Quintilii Vari corpus inlusisse dicebatur. Ceterum ad supplenda exercitus damna certavere Galliae Hispaniae Italia, quod cuique promptum, arma equos aurum offerentes. Quorum laudato studio Germanicus, armis modo et equis ad bellum sumptis, propria pecunia militem iuvit. Utque cladis memoriam etiam comitate leniret, circumire saucios, facta singulorum extollere; vulnera intuens alium spe, alium gloria,

Erstes Buch

Schlamm, über Sand und Tiefe täuschten Fluten. Zerschmetternde Wellen! Saugende Strudel! Gepäck und Tiere, leblose Leiber wogten und stießen. Ineinander wälzten sich Manipeln. Die Brust, bald nur der Mund fühlte die Luft. Oft schwand der Boden, schied oder begrub. Die Fluten übertosten Laute, wechselnden Zuruf. Der Kühne rang wie der Feige, der Kluge gleich dem Toren, und ein Gedanke half, wie Zufall. Gleiche Gewalten wirbelten Land und Leben. Endlich erklomm Vitellius eine Höhe, wies sein Heer. Kein Feuer wärmte in der Nacht die Hungernden. Manch nackter, manch zerschundener Leib krümmte sich. Sie lauerten kläglich, als schnüre sie ein Ring von Feinden. Dort ehrte sie noch der Tod, hier sanken sie ruhmlos. Das Licht gab die Erde zurück, leuchtete zu einem Fluß, wo des Cäsars Flotte schaukelte und die Legionen aufnahm, die ein geschwätziges Gerücht den Wogen zusprach. Doch erst seinen Augen glaubte man, die des Cäsars und des Heeres Heimkehr schauten.

Dem eigens vorgesandten Stertinius beugte sich Segests Bruder Segimer und wurde samt dem Sohn in die Stadt der Ubier überführt. Gnade beglückte Segimer, doch säumig seinen Sohn, — im Ruf des „Schänders von Quintilius Varus' Leiche". — Den Verlust der Truppen zu füllen, stritten Gallien, Spanien und Italien, reichten je nach Eigenart Waffen, Pferde oder Gold. Germanicus lobte den Eifer, doch für einen Krieg behielt er nur die Waffen und Pferde. Eigene Münze half dem Heer. Die Gedanken an das Leid auch durch Güte zu zerstreuen, ging er an die Lager der Kranken und rühmte jedem seine Tat. Nach ihren Wunden bückte er sich nieder, und sein Lob oder seine

LIBER PRIMUS

cunctos adloquio et cura sibique et proelio firmabat.

LXXII Decreta eo anno triumphalia insignia A. Caecinae, L. Apronio, C. Silio ob res cum Germanico gestas. Nomen patris patriae Tiberius a populo saepius ingestum repudiavit; neque in acta sua iurari, quamquam censente senatu, permisit, cuncta mortalium incerta, quantoque plus adeptus foret, tanto se magis in lubrico dictitans. Non tamen ideo faciebat fidem civilis animi.

Nam legem maiestatis reduxerat; cui nomen apud veteres idem, sed alia in iudicium veniebant: si quis proditione exercitum aut plebem seditionibus, denique male gesta re publica maiestatem populi Romani minuisset; facta arguebantur, dicta inpune erant. Primus Augustus cognitionem de famosis libellis specie legis eius tractavit, commotus Cassii Severi libidine, qua viros feminasque inlustres procacibus scriptis diffamaverat; mox Tiberius, consultante Pompeio Macro praetore, an iudicia maiestatis redderentur, exercendas leges esse respondit. Hunc quoque asperavere carmina incertis auctoribus vulgata in saevitiam superbiamque eius et discordem cum matre animum.

LXXIII Haud pigebit referre in Falanio et Rubrio, modicis equitibus Romanis, praetemptata crimina, ut, quibus initiis, quanta Tiberii arte gravissimum exitium inrepserit, dein repressum sit, postremo arserit cunctaque corripuerit, noscatur. Falanio obiciebat accusator, quod inter cultores Augusti, qui per omnes domos in modum collegiorum habebantur, Cassium quendam mimum cor-

Erstes Buch

Hoffnung verklärte ihre Züge; sein sorgender Zuspruch munterte sie alle ihm und dem Kampfe auf.

Zu Siegesfeiern jenes Jahrs verhalfen Aulus Cäcina, Lucius Apronius und Gajus Silius ihre Taten unter Germanicus. — Drängend reichte das Volk Tiberius oft den Namen „Vater Roms". Er stieß es zurück. Den Wünschen des Senates trotzte er: „Meine Erlasse stütze kein Eid!", und ihm gefiel der Satz: „Alles Irdische wankt, und den höher steigenden Fuß verrät nur tiefer die Erde." Doch man konnte nicht an seine Liebe glauben:

Das Gesetz des Hochverrats tauchte neu empor. Der Name urteilte zu alter Zeit ob anderer Tat: Verrat und Rottung, der Sünden an Heer und Volk, und ob Verbrechen im Amt, der Sünde an der Ehre Roms. Taten büßten, nicht Worte. Auf schmähende Schriften knetete zuerst Augustus das Gesetz: An vornehmen Männern und Frauen lästerten die Schriften des schrankenlos dreisten Cassius Severus. — Auf des Prätoren Pompejus Macer Frage nach Gericht ob Hochverrats versetzte Tiberius: „Gesetze leben!": Lieder auf seinen Stolz und Härte, den Zank mit der eigenen Mutter blitzten überall auf, von dunkler Hand geschleudert, und auch Tiberius zürnte.

Des Hochverrats noch tastendes Verhör über die minder begüterten Ritter Falanius und Rubrius wird nicht verdrießen, ist ja das erste Leuchten des düsteren Feuers, das von Tiberius' Kunst gezündet ward, dann sich dämpfte, doch später neu zum Weltbrand loderte. „Falanius führte die Manndirne, den Schauspieler Cassius, in Augustus' Feier, vor der sich die Brüderschaften aller Häuser öffneten, und Fala-

LIBER PRIMUS

pore infamem adscivisset, quodque venditis hortis statuam Augusti simul mancipasset. Rubrio crimini dabatur violatum periurio numen Augusti. Quae ubi Tiberio notuere, scripsit consulibus non ideo decretum patri suo caelum, ut in perniciem civium is honor verteretur. Cassium histrionem solitum inter alios eiusdem artis interesse ludis, quos mater sua in memoriam Augusti sacrasset; nec contra religiones fieri, quod effigies eius, ut alia numinum simulacra, venditionibus hortorum et domuum accedant. Ius iurandum perinde aestimandum, quam si Iovem fefellisset: Deorum iniurias dis curae.

LXXIV Nec multo post Granium Marcellum praetorem Bithyniae quaestor ipsius Caepio Crispinus maiestatis postulavit, subscribente Romano Hispone: Qui formam vitae iniit, quam postea celebrem miseriae temporum et audaciae hominum fecerunt. Nam egens, ignotus, inquies, dum occultis libellis saevitiae principis adrepit, mox clarissimo cuique periculum facessit, potentiam apud unum, odium apud omnis adeptus dedit exemplum, quod secuti ex pauperibus divites, ex contemptis metuendi perniciem aliis ac postremum sibi invenere. Sed Marcellum insimulabat sinistros de Tiberio sermones habuisse, inevitabile crimen, cum ex moribus principis foedissima quaeque deligeret accusator obiectaretque reo. Nam quia vera erant, etiam dicta credebantur. Addidit Hispo statuam Marcelli altius quam Caesarum sitam, et alia in statua amputato capite Augusti effigiem Tiberii inditam. Ad quod exarsit adeo, ut rupta taciturnitate proclamaret se quoque in ea causa laturum

Erstes Buch

nius veräußerte mit seinem Park Augustus' Standbild. Rubrius' Meineid schändet den Gott Augustus." Tiberius vernahm es, schrieb den Konsuln: „Mein Vater soll als Gott doch wohl nur lächeln, sich nicht zur Geißel der Bürger nützen lassen. Manchen Künstler, auch Cassius, vermissen nur selten die Spiele, die meiner Mutter Treue für Augustus gibt, und es sündigt nicht, wem der Verkauf von Haus und Garten ein Bildnis, wie der anderen Götter Bildnis, entführt. Ein Meineid auf Augustus gleicht der Täuschung Jupiters: Laßt den Göttern ihre Rache!"

Den Proprätor Bithyniens, Granius Marcellus, belangte wegen Hochverrats sein Quästor Cäpio Crispinus, vereint mit Romanus Hispo. Cäpio schlug sich in das Leben, das der Zeiten Verderb und der Menschen Keckheit zum Heldentume prägten. An einen grausen Fürsten kosten sich die lichtscheuen Schriften seiner darbenden, ruhmsüchtigen Unrast, und sein Gift, das bald an jedem Glanze fraß, betörte den Einen, wurde von der Menschheit gehaßt. In seinen Spuren stieg der Arme zu Reichtum und der Getretene zu furchtbarer Macht, stürzte man Fremde und zuletzt sich selbst zur Tiefe. Trefflich gezielt, beredete das Marcellus vorgegebene Hohngespräch die häßlichsten Züge an dem Fürsten: Die Wahrheit wähnte man gesprochen. Und Hispo zischte von Marcellus' Standbild, „das über die Cäsaren ragt", und von Augustus' geköpfter Statue, von Ersatz durch Tiberius' Haupt. Zwei Augen glühten, und es schrie aus verschwiegenem Mund: „Auch ich, ich will in dieser Sache stimmen — vor euerem Ohr und will es

LIBER PRIMUS

sententiam palam et iuratum; quo ceteris eadem necessitas fieret. Manebant etiam tum vestigia morientis libertatis. Igitur Cn. Piso 'Quo' inquit 'loco censebis, Caesar? Si primus, habebo, quod sequar; si post omnis, vereor, ne inprudens dissentiam.' Permotus his, quantoque incautius efferverat, paenitentia patiens tulit absolvi reum criminibus maiestatis. De pecuniis repetundis ad reciperatores itum est.

LXXV. Nec patrum cognitionibus satiatus iudiciis adsidebat in cornu tribunalis, ne praetorem curuli depelleret; multaque eo coram adversus ambitum et potentium preces constituta. Set dum veritati consulitur, libertas corrumpebatur.

Inter quae Pius Aurelius senator questus mole publicae viae ductuque aquarum labefactas aedis suas, auxilium patrum invocabat. Resistentibus aerarii praetoribus subvenit Caesar pretiumque aedium Aurelio tribuit, erogandae per honesta pecuniae cupiens; quam virtutem diu retinuit, cum ceteras exueret. Propertio Celeri praetorio, veniam ordinis ob paupertatem petenti, deciens sestertium largitus est, satis conperto paternas ei angustias esse. Temptantis eadem alios probare causam senatui iussit, cupidine severitatis in iis etiam, quae rite faceret, acerbus. Unde ceteri silentium et paupertatem confessioni et beneficio praeposuere.

LXXVI Eodem anno continuis imbribus auctus Tiberis plana urbis stagnaverat; relabentem secuta est aedificiorum et hominum strages. Igitur cen-

Erstes Buch

beschwören." Er wollte den Senat zur Folge zwingen. Mitunter bäumte sich noch die sterbende Freiheit. So spottete Gnäus Piso: "Cäsar, wann wirst du stimmen? Sprich zuerst —, so klatscht dir mein Spruch. Sprich nicht zuletzt —, meine Unschuld könnte sich verirren." Der Stich drang ein. Zu schwerer Blöße hatte sich Tiberius empört, und in harter Reue trug er den Freispruch wegen Hochverrats. Die Klage der Erpressung fiel an ihre Richter.

Des Senats Verhöre hatten Tiberius' Hunger nur gekitzelt, und den Sitz des Prätors zu ehren, trug ihn eine Ecke seines Richterstuhls an den Tagen des Gerichts. Vor seinem Ohr erließen sie manchen Entscheid wider Beugung des Rechtes und die Bitten der Macht. Um Wahrheit sorgte man sich, zermürbte die Freiheit.

Vor dem Senate klagte der Senator Aurelius Pius um sein wankendes Haus, jammerte von einem Straßendamm und einer Wasserleitung. Die Prätoren der Reichsgelder lehnten es ab. Doch des Cäsaren Lust an sich ehrender Verschwendung wog Aurelius' Haus mit seinem Solde auf. Solche Tugend lebte lange und überlebte die andern Tugenden. — "Wegen Armut den Abschied als Senator!", bat der Altprätor Propertius Celer und erntete eine Million Sestertien des Cäsaren: Man wußte von der Armut seines Vaters. Gleiche Gesuche verwies er an die Prüfung des Senats. Selbst in rechtlichem Tun schmerzte seine harte Neigung, und eher schwieg die Armut, als daß sie sich um ein Geschenk entblößte.

In ruhelosem Wolkenbruch des Jahres schäumte die Tiber über die Ebenen in Rom und wühlte ebbend an Menschen und Gebäuden. Asinius Gallus

LIBER PRIMUS

suit Asinius Gallus, ut libri Sibyllini adirentur. Renuit Tiberius, perinde divina humanaque obtegens. Sed remedium coërcendi fluminis Ateio Capitoni et L. Arruntio mandatum. Achaiam ac Macedoniam onera deprecantis levari in praesens proconsulari imperio tradique Caesari placuit.

Edendis gladiatoribus, quos Germanici fratris ac suo nomine obtulerat, Drusus praesedit, quamquam vili sanguine nimis gaudens; quod in vulgus formidolosum et pater arguisse dicebatur. Cur abstinuerit spectaculo ipse, varie trahebant; alii taedio coetus, quidam tristitia ingenii et metu conparationis, quia Augustus comiter interfuisset. Non crediderim ad ostentandam saevitiam movendasque populi offensiones concessam filio materiem, quamquam id quoque dictum est.

LXXVII At theatri licentia, proximo priore anno coepta, gravius tum erupit, occisis non modo e plebe, set militibus et centurione, vulnerato tribuno praetoriae cohortis, dum probra in magistratus et dissensionem vulgi prohibent. Actum de ea seditione apud patres dicebanturque sententiae, ut praetoribus ius virgarum in histriones esset. Intercessit Haterius Agrippa tribunus plebei increpitusque est Asinii Galli oratione, silente Tiberio, qui ea simulacra libertatis senatui praebebat. Valuit tamen intercessio, quia divus Augustus immunes verberum histriones quondam responderat, neque fas Tiberio infringere dicta eius. De modo lucaris et adversus lasciviam fautorum multa decernuntur; ex quis maxime insignia, ne domos panto-

Erstes Buch

murmelte von Einsicht in die Bücher der Sibylle. Tiberius fuhr auf: Er wollte die Nacht um das Tun von Göttern und Menschen. Den Fluß zu bändigen, wurden Atejus Capito und Lucius Arruntius bestellt. — Wegen Mazedoniens und Achaias Bitten um leichtere Lasten löste für die nächste Zukunft der Cäsar den Senat in der Verwaltung ab.

Auf das Spiel der Fechter, wozu sich Drusus in seinem und Germanicus', des Bruders, Namen erboten hatte, funkelte das Auge des leitenden Drusus auch für das feile Blut noch zu lüstern. Es zitterte das Volk, und man raunte: "Sein Vater zürnte." Über Tiberius' Ausschluß schwirrten der Reden viel: "Ekel an Geselligkeit?" "Schwermut? Scheute er den Vergleich mit dem lächelnd schauenden Augustus?" "Dachte er, vor ein hassendes Volk den Sohn zu stellen, Blutdurst im Auge?" Ich glaube es nicht, doch man flüsterte davon.

Im Theater tobten die Krawalle lauter, als sie im letzten Jahr begonnen hatten, töteten Leute des Volks, Soldaten und einen Centurio, verletzten einen Tribun der Prätorianer: Den Hader im Pöbel und johlende Schreie auf die Beamten wollten sie ersticken. In der Verhandlung des Krawalls vor dem Senat verlautete auch von der Prätoren Rutenrecht gegen Schauspieler. Einspruch donnerte der Volkstribun Haterius Agrippa, doch grimmig lief Asinius Gallus an. Tiberius schwieg: Im Schatten einer Freiheit tummelte sich der Senat. Man stritt Tiberius die Willkür ab, Augustus' Bescheid zu brechen: "Peitschenfreiheit den Schauspielern!" So siegte der Einspruch. — Aus den Beschlüssen über die Höhe des Künstlergehalts und gegen die Frechheit der ge-

LIBER PRIMUS

mimorum senator introiret; ne egredientes in publicum equites Romani cingerent, aut alibi quam in theatro spectarentur; et spectantium immodestiam exilio multandi potestas praetoribus fieret.

LXXVIII Templum ut in colonia Tarraconensi strueretur Augusto, petentibus Hispanis permissum, datumque in omnes provincias exemplum. Centesimam rerum venalium post bella civilia institutam deprecante populo, edixit Tiberius militare aerarium eo subsidio niti; simul imparem oneri rem publicam, nisi vicensimo militiae anno veterani dimitterentur. Ita proximae seditionis male consulta, quibus sedecim stipendiorum finem expresserant, abolita in posterum.

LXXIX Actum deinde in senatu ab Arruntio et Ateio, an ob moderandas Tiberis exundationes verterentur flumina et lacus, per quos augescit; auditaeque municipiorum et coloniarum legationes, orantibus Florentinis, ne Clanis solito alveo demotus in amnem Arnum transferretur idque ipsis perniciem adferret. Congruentia his Interamnates disseruere: Pessum ituros fecundissimos Italiae campos, si amnis Nar (id enim parabatur) in rivos diductus superstagnavisset. Nec Reatini silebant, Velinum lacum, qua in Narem effunditur, obstrui recusantes: Quippe in adiacentia erupturum; optume rebus mortalium consuluisse naturam, quae sua ora fluminibus, suos cursus utque originem, ita fines dederit. Spectandas etiam religiones maiorum, qui sacra et lucos et aras patriis amnibus dicaverint. Quin ipsum Tiberim nolle prorsus accolis

Erstes Buch

dungenen Klatscher drängen sich auf: "Die Häuser der Schauspieler sind Senatoren verschlossen. Die Ritter stellen ihr Geleit auf den Straßen ein. Nur im Theater bieten sich die Künstler dar; und johlende Gaffer darf der Prätor ächten!"

Erlaubt ward Spaniens Bitte, Augustus in der Siedelung Tarraco einen Tempel zu bauen, — ein Vorbild allen Provinzen. — Bittend schmähte das Volk die einprozentige Steuer auf Waren, verordnet nach dem Bürgerkampf, und Tiberius verriet: "Die Luft ersetzt die Kriegsgelder nicht, und so selbst kittet den von Lasten brüchigen Staat erst der Veteranen Abschied nach zwanzig Jahren." So wurde der Zukunft die erpreßte, faule Frucht der jüngsten Empörung verweigert: jener Abschied schon nach sechzehn Jahren.

Dem Senate unterbreiteten Arruntius und Atejus, die Flüsse und Seen zu entwässern, die eine schäumende Tiber entfesselten. Man verhörte die Gesandten der Land- und Siedlerstädte. Florenz malte den "Tod, den die Chiana heranwälzt, vom heimischen Bett zum Arno geleitet". Auch Interamna drohte: "Es west Italiens fruchtbarste Flur, wenn die Vollendung eueres Planes, der Abfluß der Nera in Bäche, ein Meer erschafft." Reate hielt nicht an sich und versagte die Verhaue am Zufluß des Velinersees zur Nera: "Sonst brüllen die Wogen über die Lande, und nicht weiser konnte doch der Menschheit die Schöpfung walten: Sie begrenzte die Flüsse in Quell und Mündung, in Bahn und Ziel. Feiern und Haine, Altäre weihten den heimischen Strömen unsere Ahnen — und wir? Um all ihre Kinder wird die Tiber trauern müssen; unwillig werden die Fluten prunklos rollen."

LIBER PRIMUS

fluviis orbatum minore gloria fluere. Seu preces coloniarum seu difficultas operum sive superstitio valuit, ut in sententiam Cn. Pisonis concederetur, qui nil mutandum censuerat.

LXXX Prorogatur Poppaeo Sabino provincia Moesia, additis Achaia ac Macedonia. Id quoque morum Tiberii fuit, continuare imperia ac plerosque ad finem vitae in isdem exercitibus aut iurisdictionibus habere. Causae variae traduntur: Alii taedio novae curae semel placita pro aeternis servavisse, quidam invidia, ne plures fruerentur; sunt, qui existiment, ut callidum eius ingenium, ita anxium iudicium. Neque enim eminentis virtutes sectabatur, et rursum vitia oderat: Ex optimis periculum sibi, a pessimis dedecus publicum metuebat. Qua haesitatione postremo eo provectus est, ut mandaverit quibusdam provincias, quos egredi urbe non erat passurus.

LXXXI De comiitis consularibus, quae tum primum illo principe ac deinceps fuere, vix quicquam firmare ausim: Adeo diversa non modo apud auctores, sed in ipsius orationibus reperiuntur. Modo subtractis candidatorum nominibus originem cuiusque et vitam et stipendia descripsit, ut, qui forent, intellegeretur; aliquando ea quoque significatione subtracta candidatos hortatus, ne ambitu comitia turbarent, suam ad id curam pollicitus est. Plerumque eos tantum apud se professos disseruit, quorum nomina consulibus edidisset: Posse et alios profiteri, si gratiae aut meritis confiderent. Speciosa verbis, re inania aut subdola, quantoque maiore libertatis imagine tegebantur, tanto eruptura ad infensius servitium.

Erstes Buch

Den Sieg des nichts verändernden Antrags Snäus Pisos mochten die Siedelungen ihren Bitten, einem überschweren Werk oder Aberglauben danken.

Poppäus Sabinus verblieb die Provinz Mösien; Mazedonien und Achaia wurden ihr beigegeben. — Tiberius' Wesen lag es, die Leiter jedes Heers und Gerichtsbezirks meist erst nach dem Tod aus stetig gleichem Amte zu entsetzen. Man begründet es unstät: „Seine Scheu vor junger Sorge versuchte es mit ewiger Dauer seines Entscheids." „Eine Mehrzahl wollte sein Neid um den Gewinn belisten." „Sein verschlagener Kopf vermaß sich nur schüchtern zu Urteil": Er haßte das Laster und lief nicht nach glänzender Tugend. Edelsinn verzerrte sich ihm zu Gefahr, und vom Laster drohte dem Reiche Schmach. Ratlos schwankend, sandte er in seinen späteren Jahren Beamte den Provinzen und schloß vor ihnen zugleich die Tore Roms.

Sichere Nachricht über den Verlauf der ersten und folgenden Konsulwahlen unter Tiberius zerstören der Verfasser bunter Bericht und die schillernden Reden des Cäsaren. Deutliche Worte über Geburt und Leben, über den Heerdienst umgingen nur den Namen der Bewerber. Bald warnte er sie statt jeder Andeutung: „In die Wahlen schleichen nicht Ränke", und bot sich selbst zu ihrer Wahl. Meist erklärte er nach einer Nennung an die Konsuln: „Nur diese Namen schwangen sich zu meinem Ohr. Doch auch andere Bewerber können einer Gunst, ihrem Verdienst vertrauen." Aus seinen tönenden Worten lauerte nur Trug oder gähnte das Nichts. Die Schatten von Freiheit verdunkelten nur die Ketten und der Freiheit dumpfer brütenden Tod.

isenna Statilio, L. Libone consulibus mota Orientis regna provinciaeque Romanae, initio apud Parthos orto, qui petitum Roma acceptumque regem, quamvis gentis Arsacidarum, ut externum aspernabantur. Is fuit Vonones, obses Augusto datus a Phraate. Nam Phraates, quamquam depulisset exercitus ducesque Romanos, cuncta venerantium officia ad Augustum verterat partemque prolis firmandae amicitiae miserat, haud perinde nostri metu quam fidei popularium diffisus. II Post finem Phraatis et sequentium regum ob internas caedes venere in urbem legati a primoribus Parthis, qui Vononem vetustissimum liberorum eius accirent. Magnificum id sibi credidit Caesar auxitque opibus; et accepere barbari laetantes, ut ferme ad nova imperia. Mox subiit pudor degeneravisse Parthos; petitum alio ex orbe regem, hostium artibus infectum; iam inter provincias Romanas solium Arsacidarum haberi darique. Ubi illam gloriam trucidantium Crassum, exturbantium Antonium, si mancipium Caesaris, tot per annos servitutem perpessum, Parthis imperitet? Accendebat dedignantes et ipse diversus a maiorum institutis, raro venatu, segni equorum cura; quotiens per urbes incederet, lecticae gestamine, fastuque erga patrias epulas. Inridebantur et Graeci comites ac vilissima utensilium anulo clausa. Sed prompti aditus, obvia comitas; ignotae Parthis virtutes, nova vitia; et quia ipsorum moribus aliena, perinde odium pravis et honestis. III Igitur Artabanus Arsacidarum e sanguine apud Dahas adultus excitur, primoque congressu fusus reparat vires regnoque potitur.

m Jahre 16 wankten die Reiche und die Provinzen Roms im Osten, Parthien zuerst. Die Parther konnten trotz ihres Königs Arsakidenblut nicht den Ekel vor dem „Fremdling", vor der erbetenen Gabe Roms, vergessen. Vonones war es, Phraates' Geisel an Augustus. Phraates' Sieg über Heere und Feldherrn Roms verwehrte es ihm nicht, sich in demütigem Gebaren vor Augustus zu erschöpfen. Nicht seine Furcht vor Rom, doch Argwohn in die Treue seiner Untertanen warb durch die Sendung eigener Kinder um enge Freundschaft Roms. Phraates und die Erben seiner Krone starben. In ein Land, blutend an Mord, riefen zu Rom Gesandte der parthischen Großen seinen ältesten Sohn Vonones. Geschmeichelt, half der Cäsar mit Geld, und jauchzend grüßten die Parther Vonones, wie fast stets die Krone, die sich erneut. Doch später raunte die Scham zu ihnen von Entartung der Parther und einem König, den die Künste des Feinds vergiftet, den sie sich aus fremdem Erdteil erbettelt, raunte vom Thron der Arsakiden: „Mit der neuen Provinz spielt und lohnt bereits Rom. Darf sich zu lorbeergekränzten Parthern, zu Crassus' Mördern und Antonius' Jägern ein Befehl des langgedienten Sklaven des Cäsaren wagen?" Vonones selbst schürte die Verachtung: Wider den Brauch der Ahnen gellte selten sein Jagdhallo, rasten selten seine Rosse. In den Städten trugen ihn die Sänften, und er höhnte sein zechendes Volk. Man lachte von einem Griechengefolge und seinem Ring, der auch die feilsten Dinge siegelnd verschloß. Doch stets empfangend, trat er lächelnd ihnen entgegen, und ob der fremden Größe, der fremden Schwäche stutzten die Parther. An dem Fremdling ihrer Sitten reizte sie

LIBER SECUNDUS

Victo Vononi perfugium Armenia fuit, vacua tunc interque Parthorum et Romanas opes infida ob scelus Antonii, qui Artavasden regem Armeniorum specie amicitiae inlectum, dein catenis oneratum, postremo interfecerat. Eius filius Artaxias, memoria patris nobis infensus, Arsacidarum vi seque regnumque tutatus est. Occiso Artaxia per dolum propinquorum datus a Caesare Armeniis Tigranes deductusque in regnum a Tiberio Nerone. Nec Tigrani diuturnum imperium fuit neque liberis eius, quamquam sociatis more externo in matrimonium regnumque. IV Dein iussu Augusti inpositus Artavasdes et non sine clade nostra deiectus. Tum Gaius Caesar componendae Armeniae deligitur. Is Ariobarzanen, origine Medum, ob insignem corporis formam et praeclarum animum volentibus Armeniis praefecit. Ariobarzane morte fortuita absumpto stirpem eius haud toleravere; temptatoque feminae imperio, cui nomen Erato, eaque brevi pulsa, incerti solutique et magis sine domino quam in libertate profugum Vononen in regnum accipiunt. Sed ubi minitari Artabanus et parum subsidii in Armeniis vel, si nostra vi defenderetur, bellum adversus Parthos sumendum erat, rector Syriae Creticus Silanus excitum custodia circumdat, manente luxu et regio nomine. Quod ludibrium ut effugere agitaverit Vonones, in loco reddemus.

V Ceterum Tiberio haud ingratum accidit turbari res Orientis, ut ea specie Germanicum suetis

Zweites Buch

Fehler und Vorzug. In der Daher Zögling, in Artabanos, gehrten sie erneut nach einem Arsakidensprossen. Im ersten Kampf zersprengt, stärkte er seine Macht und hob sich auf den Thron. Den geschlagenen Vonones nahm Armenien auf.

In einem herrenlos schwanken Armenien folgten sich Parther und Römer. Den König Artavasdes hatte Antonius, sein Freund, freverisch in Kerker und Tod verstrickt. In seinen Sohn Artaxias flößte das Bild des Vaters Haß wider Rom, und die Kraft der Arsakiden trug sein Reich und ihn. Artaxias fällten tückische Verwandte. Tigranes schenkte der Cäsar an Armenien, und Tiberius stützte seinen Schritt zum Thron. Tigranes, seine Kinder sanken rasch: Fruchtlos war ihr Bündnis durch Ehe und Thron nach fremdem Brauch. Augustus krönte ihnen Artavasdes. Er ward gestürzt, Rom geworfen. Gajus Cäsar ward zu Armeniens Ordner ersehen. Zu dem Manne seiner Wahl, zur hehren Schönheit, dem leuchtenden Geiste des Meders Ariobarzanes jauchzte Armenien. Ein Zufall zerschlug Ariobarzanes, und seinem Geschlechte wurden sie gram. Erato, ein Weib, büßte verstoßen kurze Gewalt. Herrenlos, nicht frei, tastend in Freiheit floh das Reich zu dem irrenden Vonones. Doch Armenien war Artabanos' Drohung nicht gewachsen, und römischer Schutz wußte nur Krieg gegen die Parther. So lud Silanus Creticus, der Statthalter Syriens, Vonones zu Gast, zu Schwelgerei in Prunk und Königsnamen, — in starrende Waffen. Vonones plante, aus dem tändelnden Spiel zu schlüpfen. Davon zu seiner Zeit.

Frohlockend schützte Tiberius die Wirren des Ostens vor, Germanicus der Legionen zu entwöhnen

LIBER SECUNDUS

legionibus abstraheret novisque provinciis inpositum dolo simul et casibus obiectaret. At ille, quanto acriora in eum studia militum et aversa patrui voluntas, celerandae victoriae intentior, tractare proeliorum vias et, quae sibi tertium iam annum belligeranti saeva vel prospera evenissent. Fundi Germanos acie et iustis locis, iuvari silvis, paludibus, brevi aestate et praematura hieme; suum militem haud perinde vulneribus quam spatiis itinerum, damno armorum adfici; fessas Gallias ministrandis equis; longum impedimentorum agmen opportunum ad insidias, defensantibus iniquum. At si mare intretur, promptam ipsis possessionem et hostibus ignotam; simul bellum maturius incipi legionesque et commeatus pariter vehi; integrum equitem equosque per ora et alveos fluminum media in Germania fore.

VI Igitur huc intendit. Missis ad census Galliarum P. Vitellio et C. Antio, Silius et Anteius et Caecina fabricandae classi praeponuntur. Mille naves sufficere visae properataeque: aliae breves, angusta puppi proraque et lato utero, quo facilius fluctus tolerarent; quaedam planae carinis, ut sine noxa siderent; plures adpositis utrimque gubernaculis, converso ut repente remigio hinc vel illinc adpellerent; multae pontibus stratae, super quas tormenta veherentur, simul aptae ferendis equis aut commeatui; velis habiles, citae remis augebantur alacritate militum in speciem ac terrorem. Insula Batavorum, in quam convenirent, praedicta, ob faciles adpulsus accipiendisque copiis et transmittendum ad bellum opportuna. Nam Rhenus uno alveo continuus aut modicas insulas circum-

Zweites Buch

und als Herren neuer Provinzen in Tücke und Schicksal zu verschlagen. Stählern ward die Treue der Leute
zu dem Prinzen, und tief verschloß sich ihm sein Oheim.
So haftete er, den Sieg zu beflügeln, sann an Wegen
zu Schlachten, an Glück und Unglück zweier Krieges-
jahre: „In Schlachten, auf offenem Gelände fliehen
die Germanen, siegen in Forst und Sumpf, in flüch-
tigem Sommer, eiligem Winter. In weiten Märschen
und Waffenverlust, nicht an Wunden blutet mein
Heer. Gallien verzehrt es, Pferde zu stellen. Ein lang-
gestreckter Troß fördert einen Überfall und vereitelt
den Schutz. Doch nach einer Meerfahrt besetzen wir
rasch, und der Feind erspäht es nicht. Zu zeitiger Frist
kann die See die Legionen und den Troß vereint zum
Kriege tragen, können der Ströme Mündung und
Bett wundlos Reiter und Roß im Herzen Germaniens landen."

Er eilte zur Tat. Salliens Schätzung wurde Publius
Vitellius und Gajus Antius, der Bau einer Flotte
Silius, Antejus und Cäcina vertraut. Rastlos hämmerte es. Man dachte, sich auf tausend Schiffe zu beschränken. Ein kurzer Bau und üppiger Leib, Bug
und Heck gedrängt, brachen die Wogen leicht. Andere,
breite Kiele liefen schadlos auf, und bei plötzlichem
Wechsel des Ruderschlags landete manch zweifach
Steuer vorwärts wie zurück. Schiffe mit Verdecken
trugen die Geschütze, auch Pferde und den Troß.
Die Segel geschmeidig, die Ruder hurtig, strahlten
sie mit der feurigen Lust des Soldaten Größe und
Entsetzen aus. — Zum Treffpunkt gefiel an der Bataver Insel die leichte Landung und eine Lage, die sich
zur Stütze des Krieges und zum Lager eignete: Aus
dem einzigen Bett des Rheins, der ungehemmt oder

LIBER SECUNDUS

veniens apud principium agri Batavi velut in duos amnes dividitur, servatque nomen et violentiam cursus, qua Germaniam praevehitur, donec Oceano misceatur: Ad Gallicam ripam latior et placidior adfluens (verso cognomento Vahalem accolae dicunt), mox id quoque vocabulum mutat Mosa flumine eiusque inmenso ore eundem in Oceanum effunditur.

VII Sed Caesar, dum adiguntur naves, Silium legatum cum expedita manu inruptionem in Chattos facere iubet; ipse audito castellum Lupiae flumini adpositum obsideri sex legiones eo duxit. Neque Silio ob subitos imbres aliud actum, quam ut modicam praedam et Arpi principis Chattorum coniugem filiamque raperet; neque Caesari copiam pugnae opsessores fecere, ad famam adventus eius dilapsi: Tumulum tamen nuper Varianis legionibus structum et veterem aram Druso sitam disiecerant. Restituit aram honorique patris princeps ipse cum legionibus decucurrit; tumulum iterare haud visum. Et cuncta inter castellum Alisonem ac Rhenum novis limitibus aggeribusque permunita.

VIII Iamque classis advenerat, cum praemisso commeatu et distributis in legiones ac socios navibus fossam, cui Drusianae nomen, ingressus precatusque Drusum patrem, ut se eadem ausum libens placatusque exemplo ac memoria consiliorum atque operum iuvaret, lacus inde et Oceanum usque ad Amisiam flumen secunda navigatione pervehitur. Classis relicta laevo amne; erratumque in eo, quod non transposuit militem dextras in terras

Zweites Buch

nur um kleine Inseln wogt, spalten sich zwei Flüsse an den Grenzen des batavischen Landes. Gleichen Namens, braust der Rhein in gleicher Wildheit an Germanien vorbei zum Ozean. Doch friedlich netzt das gallische Ufer ein gewaltiger Strom, dessen Namen die Bewohner in Waal verwandeln, und nach Verlust dieses Namens verströmt, mächtig gebuchtet, auch die Maas in den Ozean.

Bis die Schiffe sich versammelt hatten, entbot der Cäsar leichte Truppen unter dem Legaten Silius zum Einbruch in die Gaue der Chatten. Ihn selbst mit sechs Legionen entführte eine Meldung: „Die Feste an der Lippe wird belagert." Ein rascher Regen rauschte, und unter Silius' dürftiger Beute gingen nur Weib und Tochter des Chattenfürsten Arpus. Des kampfbegehrenden Cäsars spotteten die Belagerer und zerstoben schon vor der Nachricht. Doch das Grab, das sich eben über Varus' Legionen gewölbt, und einen vermoosten Altar für Drusus hatten sie weithin zerstreut. Neu erstand der Altar, und den toten Vater grüßte der Fürst, in ehernem Schritt vor seinen Legionen. Von einem neuen Grabe sah er ab. Doch neue Pfählungen und Dämme bewehrten die Felder zwischen der Feste Aliso und dem Rhein.

Die Schiffe nahten sich, entfernten schon den vorgesandten Troß. In ihren Rest teilten sich die Legionen und Verbündeten. Germanicus lenkte in den „Drususgraben" ein und breitete die Arme zu seinem Vater: „Sieh, daß wir deiner in Geist und Taten denken, und lächle uns gnädig, du, ein alter Meister unseres Werks!" Willig trugen ihn die Seen und der Ozean zur Ems. Am linken Ufer ankerte die Flotte. Der Irrtum, daß sein Heer nicht rechts, am künftigen

LIBER SECUNDUS

iturum: Ita plures dies efficiendis pontibus absumpti. Et eques quidem ac legiones prima aestuaria, nondum adcrescente unda, intrepidi transiere: Postremum auxiliorum agmen Batavique in parte ea, dum insultant aquis artemque nandi ostentant, turbati et quidam hausti sunt. Metanti castra Caesari Angrivariorum defectio a tergo nuntiatur: Missus ilico Stertinius cum equite et armatura levi igne et caedibus perfidiam ultus est.

IX Flumen Visurgis Romanos Cheruscosque interfluebat. Eius in ripa cum ceteris primoribus Arminius adstitit, quaesitoque, an Caesar venisset, postquam adesse responsum est, ut liceret cum fratre conloqui, oravit. Erat is in exercitu cognomento Flavus, insignis fide et amisso per vulnus oculo paucis ante annis duce Tiberio. Tum permissu*** progressusque salutatur ab Arminio; qui amotis stipatoribus, ut sagittarii nostra pro ripa dispositi abscederent, postulat, et postquam digressi, unde ea deformitas oris, interrogat fratrem. Illo locum et proelium referente, quodnam praemium recepisset, exquirit. Flavus aucta stipendia, torquem et coronam aliaque militaria dona memorat, inridente Arminio vilia servitii pretia. X Exim diversi ordiuntur, hic magnitudinem Romanam, opes Caesaris et victis graves poenas, in deditionem venienti paratam clementiam; neque coniugem et filium eius hostiliter haberi: Ille fas patriae, libertatem avitam, penetralis Germaniae deos, matrem precum sociam; ne propinquorum et adfinium, denique gentis suae desertor et pro-

Zweites Buch

Tatort, landete, kostete den Brückenbau und manchen Tag. Die Flut wogte noch nicht zur Mündung des Stroms, und furchtlos zogen die Reiter und Legionen jenseits. Doch über Batavern und der übrigen Nachhut der Verbündeten, die in die Wasser tanzten und in Schwimmkunst prahlten, rauschten die Wogen zusammen, manchem zum Tod. — Während der Grenzung des Lagers traf den Cäsar die Meldung von der Angrivarier Treubruch im Rücken. Leichte Truppen zu Fuß und zu Pferd unter Stertinius rächten sofort den Verrat — sengend und mordend.

Römer und Cherusker schied die Weser. Von Armins Ufer tönte aus der Gruppe des Adels seine Frage nach dem Cäsar. „Er hört dich bereits", hallte es zurück. Armin erbat ein Gespräch mit seinem Bruder, mit „Flavus" im Heere Roms, dessen Treue tief bewährt war. Unter Tiberius, vor wenig Jahren war sein Auge verwundet erloschen. Man vergönnte ihm*** den Gang. Armin grüßte. Fern trat sein Gefolge, und fern verlangte er die Posten der Schützen am Ufer Roms. Sie gingen. „Woher so entstellt deine Züge?" klang es zum Bruder. Flavus sprach von Kampf und Ort, und Armin forschte nach dem Lohn. Flavus rühmte den erhöhten Sold und Kette, Krone, so manche Ehrengabe, und Armin lachte: „Man knausert am Lohn für Sklaven!" Die Worte stritten: „Rom ist groß, groß sein Cäsar. Sieglose krümmt seine Rache, doch seine Gnade hebt die Demut auf. Von Weib und Kind fallen die Fesseln." Armin rief: „Es klagen der Heimat Recht, der Väter Freiheit, Germaniens heimische Götter, und die Träne deiner Mutter fleht mit mir. Du verrätst dein eigen Blut und Geschlecht und dein Volk, verlachst den

LIBER SECUNDUS

ditor quam imperator esse mallet. Paulatim inde ad iurgia prolapsi, quo minus pugnam consererent, ne flumine quidem interiecto cohibebantur, ni Sterlinius adcurrens plenum irae armaque et equum poscentem Flavum adtinuisset. Cernebatur contra minitabundus Arminius proeliumque denuntians; nam pleraque Latino sermone interiaciebat, ut qui Romanis in castris ductor popularium meruisset.

XI Postero die Germanorum acies trans Visurgim stetit. Caesar nisi pontibus praesidiisque inpositis dare in discrimen legiones haud imperatorium ratus, equitem vado tramittit. Praefuere Stertinius et e numero primipilarium Aemilius, distantibus locis invecti, ut hostem diducerent. Qua celerrimus amnis, Chariovalda dux Batavorum erupit. Eum Cherusci fugam simulantes in planitiem saltibus circumiectam traxere; dein coorti et undique effusi trudunt adversos, instant cedentibus collectosque in orbem pars congressi, quidam eminus proturbant. Chariovalda diu sustentata hostium saevitia, hortatus suos, ut ingruentes catervas globo perfringerent, atque ipse densissimos inrumpens, congestis telis et suffosso equo labitur, ac multi nobilium circa: Ceteros vis sua aut equites cum Stertinio Aemilioque subvenientes periculo exemere.

XII Caesar transgressus Visurgim indicio perfugae cognoscit delectum ab Arminio locum pug-

Zweites Buch

Rang eines Fürsten?" Es schwoll zu Scheltwort an. Man lechzte nach Kampf, und vergebens wären die Wasser zwischen ihnen geflossen. Zornsprühenden Auges tobte Flavus nach Waffen und Pferd. Stertinius sprang herzu, zerrte ihn zurück. Drüben ballte sich Armins Faust und kündete Kampf; denn viele römische Laute flocht er ein, die der Führer seiner Saugenossen im Solde Roms erlernt hatte.

Die kommende Sonne sah die Germanen jenseits der Weser gefechtsbereit. Des Cäsars Sorge: „Ein Feldherr sichert durch Brücken und Posten die Schlacht der Legionen", ließ nur die Reiter an einer Furt hinüber. Den Feind zu zerreißen, ritten sie unter Stertinius und einem Primipilaren, Ämilius, an getrennten Punkten in die Flut. Aus der raschesten Strömung des Flusses stürzte sich der Fürst der Bataver, Chariovalda, zum Land. Auf eine Ebene, die waldige Hügel düsterten, lockte ihn die heuchelnde Flucht der Cherusker; und die Cherusker schwärmten wie Bienen heran, zerstachen den Feind und sprangen nach Fliehenden. In den Ring der Bataver, der sich knirschend schloß, drängten sich Fäuste, bohrten sich die Geschosse. Lange trotzte Chariovalda seinem grimmen Feind. „Einen Keil in die pressenden Scharen!", schrie er seinen Leuten zu und setzte hochauf in das tiefste Gewühl. Prasselnd hagelten Speere. In die Kniee brach sein Pferd. Er glitt und mit ihm viele Edle. Der Gefahr erwehrten sich die letzten Mannen in zähem Streit, und Ämilius, wie Stertinius brausten mit ihren Reitern heran.

Der Cäsar überschritt die Weser. Ein Fahnenflüchtiger verriet: „Armin wählte den Schlachtort.

LIBER SECUNDUS

nae; convenisse et alias nationes in silvam Herculi sacram ausurosque nocturnam castrorum oppugnationem. Habita indici fides, et cernebantur ignes, suggressique propius speculatores audiri fremitum equorum inmensique et inconditi agminis murmur attulere Igitur propinquo summae rei discrimine explorandos militum animos ratus, quonam id modo incorruptum foret, secum agitabat. Tribunos et centuriones laeta saepius quam comperta nuntiare, libertorum servilia ingenia, amicis inesse adulationem; si contio vocetur, illic quoque, quae pauci incipiant, reliquos adstrepere. Penitus noscendas mentes, cum secreti et incustoditi inter militaris cibos spem aut metum proferrent. XIII Nocte coepta egressus augurali per occulta et vigilibus ignara, comite uno, contectus umeros ferina pelle, adit castrorum vias, adsistit tabernaculis fruiturque fama sui, cum hic nobilitatem ducis, decorem alius, plurimi patientiam, comitatem, per seria per iocos eundem in animum laudibus ferrent reddendamque gratiam in acie faterentur, simul perfidos et ruptores pacis ultioni et gloriae mactandos.

Inter quae unus hostium, Latinae linguae sciens, acto ad vallum equo voce magna coniuges et agros et stipendii in dies, donec bellaretur, sestertios centenos, si quis transfugisset, Arminii nomine pollicetur. Incendit ea contumelia legionum iras: Veniret dies, daretur pugna; sumpturum militem Germanorum agros, tracturum coniuges; accipere omen et matrimonia ac pecunias hostium praedae destinare. Tertia ferme vigilia adsultatum est castris sine coniectu teli, postquam crebras pro muni-

Zweites Buch

Auch andere Völker sammelt Herkules' Hain, und zur Nachtzeit werden Schreie um das Lager gellen." Man traute seinem Wort. Feuerschein glühte, und Späher, die sich angeschlichen, sprachen von schnaubenden Rossen und dumpfem Laut aus wirrem, riesigem Heer. Die Entscheidung nahte. Germanicus brütete an untrüglichem Plan, ins Herz der Leute zu schauen: "Aus Tribunen und Centurionen spricht oft der Eifer zu erfreuen, nicht Wahrheit. Die ‚freien Sklaven' denken sklavisch. Meine Freunde schmeicheln. Entbiete ich die Truppen, so jauchzt die Menge nach dem Willen einzelner. Nur beim Mahl, wo sie, unbelauscht, ungesehen, sich Furcht und Hoffnung öffnen, kann ich die nackten Seelen schauen." — Es dämmerte. Mit einem Begleiter verließ ein Mann sein Zelt, heimlich, wo Posten nicht schritten. Um seine Schultern schlug ein Wildfell. In die Gassen des Lagers trat er heraus, zu den Zelten herzu, und Freude schimmerte auf seinem Antlitz. Drinnen schwirrten Ernst wie Scherz zum Ruhme seines Adels und seiner Gestalt, zum lauten Ruhm seiner Zähe und Güte, schwirrten Worte von Dank im Kampf, von ehrendem, rächendem Mord für Treu- und Friedensbruch.

Indessen ritt ein Segner, Roms Sprache mächtig, an den Wall, und seine, Armins, Verheißung lärmte: "Weib und Acker, hundert Sestertien im Tag bis zur Stunde des Friedens dem Freund!" Ob solcher Schmach entflammten die Legionare: "Tag und Kampf wird sich röten, und euere Schollen werden wir ackern, euere Weiber niederbrechen. Die Zukunft sprachst du: Für Rom erklirrt euer Gold, und euere Weiber zucken unter dem Leib der Römer." — Um die dritte Morgenstunde schnellten sich Germanen an das Lager.

LIBER SECUNDUS

mentis cohortes et nihil remissum sensere. XIV Nox eadem laetam Germanico quietem tulit, viditque se operatum et sanguine sacro respersa praetexta pulchriorem aliam manibus aviae Augustae accepisse.

Auctus omine, addicentibus auspiciis, vocat contionem et, quae sapientia provisa aptaque inminenti pugnae, disserit. Non campos modo militi Romano ad proelium bonos, sed, si ratio adsit, silvas et saltus; nec enim inmensa barbarorum scuta, enormis hastas inter truncos arborum et enata humo virgulta perinde haberi quam pila et gladios et haerentia corpori tegmina. Denserent ictus, ora mucronibus quaererent: Non loricam Germano, non galeam; ne scuta quidem ferro nervove firmata, sed viminum textus vel tenuis et fucatas colore tabulas; primam utcumque aciem hastatam, ceteris praeusta aut brevia tela. Iam corpus, ut visu torvum et ad brevem impetum validum, sic nulla vulnerum patientia: Sine pudore flagitii, sine cura ducum abire, fugere, pavidos adversis, inter secunda non divini, non humani iuris memores. Si taedio viarum ac maris finem cupiant, hac acie parari: Propiorem iam Albim quam Rhenum, neque bellum ultra, modo se, patris patruique vestigia prementem, isdem in terris victorem sisterent. XV Orationem ducis secutus militum ardor, signumque pugnae datum.

Nec Arminius aut ceteri Germanorum proceres

Zweites Buch

Speere fielen nicht: Da, dort starrten die Kohorten aus den Schanzen, und funkelnd wachte die Sorge. — Heiter sah im Schlafe jener Nacht Germanicus sich opfern. Doch an sein Gewand spritzte das heilige Blut, und ein neues, herrliches Linnen glänzte in den Händen seiner Ahne Augusta. Nach dem glücklichen Traume glückte auch die Vogelschau.

So entbot er das Heer und sprach von der Voraussicht seiner Klugheit und dem Geheiß des nahenden Kampfs: „Im Gefechte liebt das römische Heer ein freies Gefild, doch seine Umsicht nutzt auch Wald und Schlucht. In Bäumen und kriechendem Gestrüpp hemmen der mächtige Schild, die riesige Lanze des Germanen, doch nicht ein Speer und Schwert und knapper Panzer. Dichte Stiche! In ihr Gesicht das Schwert! Es prallt nicht gegen Helm und Harnisch. Ihre Schilde preßt nicht Leder, nicht Stahl. Bloß Geflecht aus Weiden! Bemalte Latten! Nur ihr erstes Treffen prahlt noch eben mit Lanzen. Die Rotten schwingen die kurzen oder feuergehärteten Schafte. Im ersten Sprung des wuchtigen Körpers zürnt ihr Auge, doch verwundet, windet sich ihr Leib. Sie scheuen nicht die Schande, kreisen nicht um ihren Fürsten. Sie hasten, fliehen, zittern in der Not, und im Glücke spotten sie göttlichen und menschlichen Rechts. Grollt ihr Land und Meer, wollt es enden? Auf zur Schlacht! Fernab fließt der Rhein, und jenseits der lockenden Elbe lacht der Friede. Vorwärts! Nur in Landen, wo der Vater und mein Oheim schritten, will ich noch siegen!" Das Wort des Feldherrn toste im Heer, und die Trompete gellte zum Kampf.

Armin und Germaniens Edle riefen ihre Mannen

LIBER SECUNDUS

omittebant suos quisque testari, hos esse Romanos Variani exercitus fugacissimos, qui, ne bellum tolerarent, seditionem induerint; quorum pars onusta vulneribus terga, pars fluctibus et procellis fractos artus infensis rursum hostibus, adversis dis obiciant, nulla boni spe. Classem quippe et avia Oceani quaesita, ne quis venientibus occurreret, ne pulsos premeret: Sed ubi miscuerint manus, inane victis ventorum remorumve subsidium. Meminissent modo avaritiae, crudelitatis, superbiae: Aliud sibi reliquum, quam tenere libertatem aut mori ante servitium? XVI Sic accensos et proelium poscentes in campum, cui Idistaviso nomen, deducunt.

Is medius inter Visurgim et colles, ut ripae fluminis cedunt aut prominentia montium resistunt, inaequaliter sinuatur. Pone tergum insurgebat silva, editis in altum ramis et pura humo inter arborum truncos. Campum et prima silvarum barbara acies tenuit; soli Cherusci iuga insedere, ut proeliantibus Romanis desuper incurrerent. Noster exercitus sic incessit: Auxiliares Galli Germanique in fronte, post quos pedites sagittarii; dein quattuor legiones et cum duabus praetoriis cohortibus ac delecto equite Caesar; exim totidem aliae legiones et levis armatura cum equite sagittario ceteraeque sociorum cohortes. Intentus paratusque miles, ut ordo agminis in aciem adsisteret.

XVII Visis Cheruscorum catervis, quae per ferociam proruperant, validissimos equitum incurrere latus, Stertinium cum ceteris turmis circum-

Zweites Buch

zu Zeugen auf: „Sind diese Haufen nicht Varus' Römer, die am hurtigsten gelaufen? Vor einem Krieg flüchteten sie zu Meuterei. Ihre Rücken, von Narben gesprenkelt, ihre Knochen, von Welle und Wind geknickt, wollen sich erneut an rasenden Feinden, grollenden Göttern messen — hoffnungsmatt. Auf die Schiffe, auf ödes Meer waren sie verloren. Ihnen bangte vor dem Feind, der sie zu Land auf Marsch und Flucht zermalme. Doch prallen erst die Leiber aneinander, so verraten Wind und Ruder die zerbrechenden Römer. Aus der Erinnerung an rohe, giere Hoffahrt wollt ihr euch winden? Es steht nur zur Wahl: Die alte Freiheit oder in noch freien Tod!" Heiß und schlachtenlüstern fluteten die Germanen zur Ebene Idistaviso.

Die Weser fliehen und suchen Hügel, und die Ebene verengt und dehnt sich zwischen ihr und den Zacken jener Höhen. Hinter den Germanen ragten die Riesenwipfel eines Forstes, doch in nackter Erde wurzelnd. In Feld und Saum des Waldes duckten sich ihre Reihen. Einsam harrten auf den Höhen die Cherusker, eine Lawine den streitverstrickten Römern. — Galliens und Germaniens Truppen in der Vorhut des römischen Heers folgten die Schützen. Nach vier Legionen zogen unter dem Cäsar zwei Kohorten der Prätorianer und erlesene Reiter. Dahinter wieder vier Legionen und leichte Truppen zu Fuß samt den berittenen Schützen, zuletzt der Rest verbündeter Kohorten. Spähend, sorgsam gegliedert schlängelte sich das Heer, sogleich in Treffen sich zu entwickeln.

Stier blickten der Cherusker schon stürmende Haufen. „Die Wucht der Rosse ihnen zur Flanke! Der Rest unter Stertinius reitet zum Sturm in den Rücken!

LIBER SECUNDUS

gredi tergaque invadere iubet, ipse in tempore adfuturus. Interea pulcherrimum augurium, octo aquilae petere silvas et intrare visae imperatorem advertere. Exclamat, irent, sequerentur Romanas aves, propria legionum numina. Simul pedestris acies infertur, et praemissus eques postremos ac latera impulit. Mirumque dictu, duo hostium agmina diversa fuga, qui silvam tenuerant, in aperta, qui campis adstiterant, in silvam ruebant. Medii inter hos Cherusci collibus detrudebantur, inter quos insignis Arminius manu voce vulnere sustentabat pugnam. Incubueratque sagittariis, illa rupturus, ni Raetorum Vindelicorumque et Gallicae cohortes signa obiecissent. Nisu tamen corporis et impetu equi pervasit, oblitus faciem suo cruore, ne nosceretur. Quidam adgnitum a Chaucis inter auxilia Romana agentibus emissumque tradiderunt. Virtus seu fraus eadem Inguiomero effugium dedit. Ceteri passim trucidati. Et plerosque tranare Visurgim conantes iniecta tela aut vis fluminis, postremo moles ruentium et incidentes ripae operuere. Quidam turpi fuga in summa arborum nisi ramisque se occultantes admotis sagittariis per ludibrium figebantur, alios prorutae arbores adflixere.

XVIII Magna ea victoria neque cruenta nobis fuit. Quinta ab hora diei ad noctem caesi hostes decem milia passuum cadaveribus atque armis opplevere, repertis inter spolia eorum catenis, quas in Romanos, ut non dubio eventu, portaverant. Miles in loco proelii Tiberium imperatorem salutavit stru-

Zweites Buch

Ich selbst warte meiner Zeit", klärte Befehl. Germanicus schaute hehre Vogelkür. Acht Adler rauschten zum Wald und schwanden im Dämmer. Er jauchzte hellauf: "Roms Adler schweben, und der Legionen Geister segnen. Vorwärts! Nach!" Es dröhnte starrer Tritt. Die Reiter hatten schon Nachhut und den Flügel geworfen. Ein wundersames Bild! Flüchtig wälzten sich beide Knäuel des Feinds entgegen: vom Walde zum Feld, vom Feld zum Wald. Von den Höhen gehetzt, keilten sich die Cherusker tief hinein. Hoch ragte Armin. Sein Arm zermalmte; die Stimme schrillte; rot glühte seine Wunde: Und noch wogte der Kampf. In die Schützen war er gesprengt, sich durchzurammen. Doch rätische, vindelicische und gallische Klingen funkelten auf. Seine Adern strafften sich, und sein bäumendes Pferd hob ihn ins Freie. Ins Antlitz strich er sich das rote Blut, im Kampfe ein Fremder. "Chauken im Hilfsvolk Roms erkannten ihn, berührten ihn nicht", ward berichtet. Auch Inguiomer entführten sein Schwert oder eine gleiche List. Die Massen wurden weithin gemäht. Fast alle die kühnen Schwimmer in der Weser sanken. Auf reißende Wellen klatschten noch die Geschosse, und auf das erstickende Gewühl der Menschen brachen die Ufer. Feiglinge wiegten sich in Zweigen lauschiger Wipfel, nah befohlnen, lustigen Schützen zum Ziel. Auch die Axt an den Wurzeln stürzte sie zu Tod.

Wenig Wunden und ein gewaltiger Sieg! Von der zehnten Morgenstunde bis zur Nacht blutete der Feind. Zwei Meilen weit moderten die Leichen, rosteten Waffen. In der Beute blinkten Ketten, geschmiedet für Rom: Nur vom Siege hatten sie geträumt. Auf der Walstatt grüßten die Truppen

LIBER SECUNDUS

xitque aggerem et in modum tropaeorum arma subscriptis victarum gentium nominibus imposuit.

XIX Haut perinde Germanos vulnera, luctus, excidia quam ea species dolore et ira adfecit. Qui modo abire sedibus, trans Albim concedere parabant, pugnam volunt, arma rapiunt; plebes primores, iuventus senes agmen Romanum repente incursant, turbant. Postremo deligunt locum flumine et silvis clausum, arta intus planitie et umida: Silvas quoque profunda palus ambibat, nisi quod latus unum Angrivarii lato aggere extulerant, quo a Cheruscis dirimerentur. Hic pedes adstitit; equitem propinquis lucis texere, ut ingressis silvam legionibus a tergo foret. XX Nihil ex his Caesari incognitum: Consilia locos, prompta occulta noverat astusque hostium in perniciem ipsis vertebat. Seio Tuberoni legato tradit equitem campumque; peditum aciem ita instruxit, ut pars aequo in silvam aditu incederet, pars obiectum aggerem eniteretur; quod arduum sibi, cetera legatis permisit.

Quibus plana evenerant, facile inrupere; quis inpugnandus agger, ut si murum succederent, gravibus superne ictibus conflictabantur. Sensit dux inparem comminus pugnam remotisque paulum legionibus funditores libritoresque excutere tela et proturbare hostem iubet. Missae e tormentis hastae, quantoque conspicui magis propugnatores, tanto pluribus vulneribus deiecti. Primus Caesar cum praetoriis cohortibus capto vallo dedit impetum in silvas; conlato illic gradu certatum. Hostem a

Zweites Buch

Tiberius als „Heerfürst". Von einer geschütteten Höhe, als Zeugen des Siegs leuchteten Waffen und die Namen der geschlagenen Völker in der Aufschrift.

Zu Tränen erbitterte die Germanen das Denkmal, nicht das Leid um Wunde und Tod. Sie hatten gesonnen, fern ihren Gauen eine Heimat jenseits der Elbe zu suchen, und rissen jetzt an Waffen zu Kampf. Ein plötzlicher Sturm des Volks und Adels, des Alters, der Jugend wirbelte an das römische Heer. — Um eine schmale, feuchte Ebene klammerten sich Wälder und ein Fluß. Auch die Wälder gürtete ein tiefer Sumpf, doch auf der einen Seite schied ein breiter Damm seine Erbauer, die Angrivarier, von den Cheruskern. Dort hielten schließlich die Rotten zu Fuß. In nahen Gehölzen lauschten die Reiter auf den Tritt der Legionen im Wald, nach ihrem Nacken lüstern. Der Cäsar wußte es, wußte ihren Plan und Platz, ihre offene Stellung wie den Hinterhalt. Den Feind verdarb die eigene List. Unter dem Legaten Sejus Tubero ritten die Reiter zum Feld. „Unter meinen Legaten stürmen die Truppen zu Fuß auf der Ebene zum Forst! Ein Teil erklettert den Wall unter mir!" Es war die heißeste Tat.

Der Sturm auf der Ebene war ein Spiel. Doch auf die Köpfe am Wall dröhnten wuchtige Hiebe, wie auf die Stürmer von Mauern. „Die Legionen brechen zunächst den leidigen Nahkampf ab", entschied der Feldherr. „Vor Geschossen aus Hand und Schleuder stiebt der Feind." Aus Geschützen schwirrten die Lanzen. Wer höher über den Damm sich reckte, taumelte nur blutiger zurück. Der Prätorianer Kohorten stürmten den Wall, voran der Cäsar, und weiter in den Forst. Leib verschlang sich in Leib. Hinter dem

LIBER SECUNDUS

tergo palus, Romanos flumen aut montes claudebant: Utrisque necessitas in loco, spes in virtute, salus ex victoria. XXI. Nec minor Germanis animus, sed genere pugnae et armorum superabantur, cum ingens multitudo artis locis praelongas hastas non protenderet, non colligeret, neque adsultibus et velocitate corporum uteretur, coacta stabile ad proelium; contra miles, cui scutum pectori adpressum et insidens capulo manus, latos barbarorum artus, nuda ora foderet viamque strage hostium aperiret, inprompto iam Arminio ob continua pericula, sive illum recens acceptum vulnus tardaverat. Quin et Inguiomerum, tota volitantem acie, fortuna magis quam virtus deserebat. Et Germanicus, quo magis adgnosceretur, detraxerat tegimen capiti orabatque, insisterent caedibus: Nil opus captivis, solam internicionem gentis finem bello fore.

Iamque sero diei subducit ex acie legionem faciendis castris: Ceterae ad noctem cruore hostium satiatae sunt. Equites ambigue certavere. XXII Laudatis pro contione victoribus Caesar congeriem armorum struxit, superbo cum titulo: Debellatis inter Rhenum Albimque nationibus exercitum Tiberii Caesaris ea monimenta Marti et Iovi et Augusto sacravisse. De se nihil addidit, metu invidiae an ratus conscientiam facti satis esse. Mox bellum in Angrivarios Stertinio mandat, ni deditionem properavissent. Atque illi supplices nihil abnuendo veniam omnium accepere.

Zweites Buch

Feinde gurgelte der Sumpf; hinter den Römern rauschte der Fluß, starrten Berge. Auf Feind und Römern lastete die Enge. Sie rangen um die Hoffnung, siegten um Freiheit. Auch dem Blick der Germanen entsprühte Feuer. Doch sie zwang die Art des Kampfs und der Waffen: Ihre mächtige, sich stoßende Menge verbot den Schwung und Einzug der überlangen Lanzen; die geschmeidigen Leiber vermochten sich nicht zum Sturm zu werfen, — an den Ort gebannt. Doch die Brust des Legionars umpreßte sein Schild, die Hand umspannte den Griff des Schwerts. Blutrot quoll es an den ungefügen Gliedern, dem nackten Antlitz der Germanen, und ihre Leiber pflasterten den Weg der Legionen. Es dauerte die Not, und Armin erschlaffte. Auch die frische Wunde mochte ihn brennen. Inguiomer flog Reih' auf, Reih' ab. Der immer Tapfere rang nur ohne Glück. Daß Germanicus sie alle schauten, hatte er den Helm vom Kopf geschleudert: "Blut will ich sehen, Blut! Was sollen die Fesseln! Nur Volkestod tötet den Krieg."

Die Dämmerung graute. Eine Legion schied aus dem Kampf und schuf ein Lager. Doch die Kameraden säugten noch die dunkelnde Nacht mit dem Blut des Feindes. Der Reiter Gefecht hatte geschwankt. Die Sieger pries der Cäsar vor dem Heer, und auf geschichteten Waffen glitzerte die stolze Schrift: "Zertreten liegen die Völker zwischen Rhein und Elbe. Schauet, Jupiter, Mars und Augustus, das Gebet der Krieger Tiberius Cäsars!" Sich zu rühmen, scheute er Eifersucht, oder sein Bewußtsein war ihm Ruhms genug. — Den Krieg gegen die Angrivarier empfahl er an Stertinius. Doch eilends beugten sie sich; zerknirscht, versagten sie nichts, und ihnen wurde alles verziehen.

LIBER SECUNDUS

XXIII Sed aestate iam adulta legionum aliae itinere terrestri in hibernacula remissae; plures Caesar classi inpositas per flumen Amisiam Oceano invexit. Ac primo placidum aequor mille navium remis strepere aut velis inpelli: Mox atro nubium globo effusa grando, simul variis undique procellis incerti fluctus prospectum adimere, regimen inpedire; milesque pavidus et casuum maris ignarus, dum turbat nautas vel intempestive iuvat, officia prudentium corrumpebat. Omne dehinc caelum et mare omne in austrum cessit, qui umidis Germaniae terris, profundis amnibus immenso nubium tractu validus et rigore vicini septentrionis horridior rapuit disiecitque naves in aperta Oceani aut insulas saxis abruptis vel per occulta vada infestas. Quibus paulum aegreque vitatis, postquam mutabat aestus eodemque, quo ventus ferebat, non adhaerere ancoris, non exhaurire inrumpentis undas poterant: Equi, iumenta, sarcinae, etiam arma praecipitantur, quo levarentur alvei manantes per latera et fluctu superurgente. XXIV Quanto violentior cetero mari Oceanus et truculentia caeli praestat Germania, tantum illa clades novitate et magnitudine excessit, hostilibus circum litoribus aut ita vasto et profundo, ut credatur novissimum ac sine terris mare. Pars navium haustae sunt, plures apud insulas longius sitas eiectae; milesque nullo illic hominum cultu fame absumptus, nisi quos corpora equorum eodem elisa toleraverant.

Zweites Buch

Der Sommer reifte. Zu Lande suchte manche Legion die Winterlager, und die Mehrzahl unter dem Cäsar fuhr die Ems hinab zum Ozean. Auf spiegelglatten Wassern plätscherten nur Ruder, schwollen nur die Segel seiner tausend Schiffe. Doch Hagel gebar eine nächtige Wolke, und der Sturm, ihr Gatte, brauste einher, von da, von dort. Sprühwellen bissen in das spähende Auge, lähmten die Faust am Steuer. Zitternd sahen die Legionen in die fremde Jagd der Seen. Ihre wirrende Hand, ihre Kraft zur Unzeit vereitelten das Tun des kundigen Seemanns. Und Wogen und Wolken sang der Süd ein grausiges Wiegenlied: Aus Germaniens nassen Landen, den tiefen Strömen ballte sich Nebel zu gejagten Massen hoch in den Südsturm empor, und noch schauriger ward er in dem betäubenden Frost des nahen Nordens. Tollen Tanz tanzten die Schiffe hinaus in das Meer, tanzten sich an den Tod im schroffen Geklipp und tückischen Sand der Inseln. In Todesnot war man entronnen. Doch mit neuer Strömung des Meers vermählte sich der Sturm. Es barsten die Anker. Die donnernden Wasser schöpften sich nicht aus. Pferd und Vieh, Gepäck, die Waffen klatschten ins Meer, sollten Schiffe erleichtern: In ihre Weichen quollen Fluten, und Fluten sprangen über Bord. Der Ozean überbrüllt die Meere der Erde, und Germaniens Wolken gebären wie andere Wolken nicht, und so hatte noch nie solch düsteres Gewand das Unglück umflattert. Die Küsten des Feindes starrten rings, oder dort verdämmernd die grundlos tiefe Öde, ein länderloses Totenmeer! Die Fluten schlürften Schiffe, schleuderten Schiffe an ferne Inseln. Dort pflügten nicht Menschen, und an die hungernden Römer krallte

LIBER SECUNDUS

Sola Germanici triremis Chaucorum terram adpulit; quem per omnes illos dies noctesque apud scopulos et prominentis oras, cum se tanti exitii reum clamitaret, vix cohibuere amici, quo minus eodem mari oppeteret. Tandem relabente aestu et secundante vento claudae naves raro remigio aut intentis vestibus et quaedam a validioribus tractae revertere; quas raptim refectas misit, ut scrutarentur insulas. Collecti ea cura plerique; multos Angrivarii nuper in fidem accepti redemptos ab interioribus reddidere; quidam in Britanniam rapti et remissi a regulis. Ut quis ex longinquo revenerat, miracula narrabant: vim turbinum et inauditas volucres, monstra maris, ambiguas hominum et beluarum formas, visa sive ex metu credita.

XXV Sed fama classis amissae, ut Germanos ad spem belli, ita Caesarem ad coërcendum erexit. C. Silio cum triginta peditum, tribus equitum milibus ire in Chattos imperat; ipse maioribus copiis Marsos inrumpit, quorum dux Mallovendus nuper in deditionem acceptus proprinquo luco defossam Varianae legionis aquilam modico praesidio servari indicat. Missa extemplo manus, quae hostem a fronte eliceret, alii, qui terga circumgressi recluderent humum; et utrisque adfuit fortuna. Eo promptior Caesar pergit introrsus, populatur, ex-

Zweites Buch

sich der Tod. Manchen nährten noch die Wellen mit einem Wurf von toten Pferden.

Einsam legte sich Germanicus' Galeere an das Gestade der Chauken. In jener langen Zeit, Tag und Nacht schrie er an Dünen und Zacken des Strands von seinem Unheilstun, rangen Freunde mit ihm um sein Leben: Die gleichen Wasser lockten ihn zum Tod. — Ein günstiger Wind spielte in der landwärts gleitenden Flut, und die Wracke kehrten heim. Selten tönte Ruderschlag, und Gewänder schwellte der Wind. Manche Segler ächzten in starkem Schlepptau. Haftig wurden sie gebessert und fuhren spähend nach den Inseln. Ihre Sorge barg die Masse der Truppen, und der Angrivarier junge Treue erlöste viele Mannen um Geld von Binnenstämmen. Britanniens Schiffbrüchige wurden von seinen Fürsten gesandt. In die Ferne verschlagen, war der Mund beredt an Wundern geworden: Erlebnis oder ein gläubiges Entsetzen klang aus den Mären von wirbelnden Stürmen, befremdlichen Vögeln, von Meeresungetümen und von einer Zwiegestalt aus Tier und Menschen.

Das Gerücht der toten Flotte blähte in den Germanen die Hoffnung auf Sieg, und des Cäsaren Sehnen strafften sich: „Gajus Silius rückt mit dreißigtausend Mann zu Fuß und dreitausend Reitern in der Chatten Gebiet!" — „Den Adler einer Varuslegion, tief in der Erde eines nahen Hains, hüten nur kärgliche Wachen." So verriet der Marser Fürst Mallovendus, der jüngst von Rom zu Gnaden aufgerichtet wurde, lockte Germanicus, in das Land der Marser mit der Masse des Heers zu stürmen. Plänkelnd lockte sogleich ein Trupp von vorn den Feind hinweg. Ein

LIBER SECUNDUS

cindit non ausum congredi hostem aut, sicubi restiterat, statim pulsum nec umquam magis, ut ex captivis cognitum est, paventem. Quippe invictos et nullis casibus superabiles Romanos praedicabant, qui perdita classe, amissis armis, post constrata equorum virorumque corporibus litora eadem virtute, pari ferocia et velut aucti numero inrupissent. XXVI Reductus inde in hiberna miles, laetus animi, quod adversa maris expeditione prospera pensavisset. Addidit munificentiam Caesar, quantum quis damni professus erat, exsolvendo. Nec dubium habebatur labare hostes petendaeque pacis consilia sumere, et si proxima aestas adiceretur, posse bellum patrari.

Sed crebris epistulis Tiberius monebat, rediret ad decretum triumphum: Satis iam eventuum, satis casuum. Prospera illi et magna proelia: Eorum quoque meminisset, quae venti et fluctus, nulla ducis culpa, gravia tamen et saeva damna intulissent. Se noviens a divo Augusto in Germaniam missum plura consilio quam vi perfecisse. Sic Sugambros in deditionem acceptos, sic Suebos regemque Maroboduum pace obstrictum. Posse et Cheruscos ceterasque rebellium gentes, quoniam Romanae ultioni consultum esset, internis discordiis relinqui. Precante Germanico annum efficiendis coeptis, acrius modestiam eius adgreditur alterum consulatum offerendo, cuius munia praesens obiret. Simul adnectebat, si foret adhuc bellandum, relinqueret materiem Drusi fratris glo-

Zweites Buch

Trupp verschwand in seinen Rücken, die Erde aufzuschaufeln. Überallhin ging auch das Glück, und rascher war des Cäsars weit verheerender Tritt, tief in das Land, zermalmte seinen Feind in Schlachtenfurcht und Trotz. Der Gegner erblich, so blaß wie nie. Gefangene sagten es: „Selbst mit dem Schicksal streiten die Römer und siegen. Verweht war ihre Flotte, die Waffen versunken, an Gestaden die Knochen von Pferd und Mensch gebleicht, doch auf ihren Lippen bebt der alte, wilde Kampfesschrei und wie aus zahlgestärkter Macht." Scherzend kehrte sich das Heer zu seinen Winterlagern, wog des Meeres Ungunst und die Gunst des Streifzugs, befand sie gleich, und wer einen Verlust bekannte, klimperte mit dem Gelde des nicht geizenden Cäsars. Man schwur: „Der wankende Feind greift nach Friedensgesuch, und in der Glut des nächsten Sommers verdorrt der Krieg."

Doch Tiberius' Schreiben hafteten: „Dich grüßt die Siegesfeier. Komm! Genug des Leids und Glücks! In großen Schlachten hast du gesiegt. Du kennst auch Winde und Wogen, ihre wuchtigen, grausen Gaben. Nein, ich tadle nicht den Feldherrn. In Germanien gewann für Augustus neunmal meine List, nicht meine Macht. Die Sugambrer knieten vor mir. König Marbod und die Sueben verstrickten sich in einen Frieden. Laß nur die Zwietracht an Cheruskern und den anderen Völkern des Aufruhrs zehren! Rom ist gerächt!" Ein Jahr und Ende seines Werks erflehte Germanicus. Doch ein spitzeres Schreiben schlich zu seiner Fügsamkeit: „Nimm ein zweites Konsulat, und Konsuln beginnen in Rom." Es klang aus: „Tut es not, so laß den Bruder, Drusus, sich den künftigen Krieg zum Ruhme stutzen. Nur Germanien schwelt noch,

LIBER SECUNDUS

riae, qui nullo tum alio hoste non nisi apud Germanias adsequi nomen imperatorium et deportare lauream posset. Haud cunctatus est ultra Germanicus, quamquam fingi ea seque per invidiam parto iam decori abstrahi intellegeret.

XXVII Sub idem tempus e familia Scriboniorum Libo Drusus defertur moliri res novas. Eius negotii initium, ordinem, finem curatius disseram, quia tum primum reperta sunt, quae per tot annos rem publicam exedere. Firmius Catus senator, ex intima Libonis amicitia, iuvenem inprovidum et facilem inanibus ad Chaldaeorum promissa, magorum sacra, somniorum etiam interpretes impulit, dum proavum Pompeium, amitam Scriboniam, quae quondam Augusti coniunx fuerat, consobrinos Caesares, plenam imaginibus domum ostentat hortaturque ad luxum et aes alienum, socius libidinum et necessitatum, quo pluribus indiciis inligaret. XXVIII Ut satis testium et, qui servi eadem noscerent, repperit, aditum ad principem postulat, demonstrato crimine et reo per Flaccum Vescularium equitem Romanum, cui propior cum Tiberio usus erat. Caesar indicium haud aspernatus congressus abnuit: Posse enim eodem Flacco internuntio sermones commeare. Atque interim Libonem ornat praetura, convictibus adhibet, non vultu alienatus, non verbis commotior (adeo iram condiderat); cunctaque eius dicta factaque, cum prohibere posset, scire malebat, donec Iunius quidam temptatus, ut infernas umbras carminibus eliceret, ad Fulcinium Trionem indicium detulit.

Zweites Buch

kann den Namen ‚Heerfürst' und den Lorbeer schenken." Germanicus hörte Lügen und den Neid seinem Ruhm den Gipfel wehren. Doch er eilte hinweg.

„Er müht sich um den Sturz des Staats", verklagte man zu jener Zeit Drusus Libo aus dem Geschlechte der Scribonier. Es lohnt ein schwerer Blick in Grund und Schicksal seines Tuns; denn langer Jahre zerfressende Arbeit am Reiche offenbarte sich zum ersten Mal. Der Senator Firmius Catus nutzte den trauten Freundeseinfluß auf Libo, um den jungen Tollkopf, der um Blendwerk jauchzte, zu Luftschlössern der Chaldaier und zur Gaukelkunst der Zauberer, für die Deuter der Träume zu berücken. Er raunte ihm von seinem Urahn Pompejus, seiner Großtante Scribonia, Augustus' einstiger Gattin, von seinen Vettern, den Cäsaren, und seinem Haus, an Ahnenbildern strotzend, verhetzte ihn zu Schwelgsucht und zu Schulden, teilte seine Gier und Not, — auf sein Geplauder lauernd. Zeugen und sich künftig entsinnender Sklaven sicher, suchte er das Gehör des Kaisers. Der Ritter Vescularius Flaccus, dessen Flüstern zu Tiberius drang, wies für ihn den Fürsten auf Klage und Täter. Starr vernahm der Cäsar von der Klage, doch starr verneinte er das Gehör: „Flaccus mag Wort und Antwort mitteln." Indessen sonnte sich Libo in einer Prätur des Cäsaren, lachte bei seinen Gelagen, und in den Zügen des Kaisers bebte nichts, und seine Sätze glitten glatt. So herrisch verschloß er seinen Groll. Bis zur Nacktheit wollte er die andere Seele in Wort und Tat sich entblößen lassen, und seine Zartheit konnte ihr doch wehren.

LIBER SECUNDUS

Celebre inter accusatores Trionis ingenium erat avidumque famae malae. Statim corripit reum, adit consules, cognitionem senatus poscit. Et vocantur patres, addito consultandum super re magna et atroci. XXIX Libo interim veste mutata cum primoribus feminis circumire domos, orare adfines, vocem adversum pericula poscere, abnuentibus cunctis, cum diversa praetenderent, eadem formidine.

Die senatus metu et aegritudine fessus, sive, ut tradidere quidam, simulato morbo, lectica delatus ad fores curiae innisusque fratri et manus ac supplices voces ad Tiberium tendens immoto eius vultu excipitur. Mox libellos et auctores recitat Caesar ita moderans, ne lenire neve asperare crimina videretur. XXX Accesserant praeter Trionem et Catum accusatores Fonteius Agrippa et C. Vibius, certabantque, cui ius perorandi in reum daretur, donec Vibius, quia nec ipsi inter se concederent et Libo sine patrono introisset, singillatim se crimina obiecturum professus, protulit libellos vaecordes adeo, ut consultaverit Libo, an habiturus foret opes, quis viam Appiam Brundisium usque pecunia operiret. Inerant et alia huiusce modi stolida vana, si mollius acciperes, miseranda. Uno tamen libello manu Libonis nominibus Caesarum aut senatorum additas atroces vel occultas notas accusator arguebat. Negante reo adgnoscentes servos per tormenta interrogari placuit. Et

Zweites Buch

Zu Fulcinius Trio raunte ein gewisser Junius: „Man versuchte mich, in Zauberliedern die Schatten der Toten ins Licht zu locken." Trio liebte Verleumdung, und sein zeihender Witz stand in Ruf. Sofort stieß er auf Libo herab, suchte die Konsuln heim und trotzte auf ein Verhör des Senats. Und an die Senatoren erging der Ruf, zu Rat zu sitzen und zwar in schwerer, düsterer Sache. Indessen schluchzten vornehme Frauen neben Libo, der von Haus zu Haus im Gewand der Trauer irrte, wider die Not sich des Worts seiner Sippen zu versichern. Sie weigerten es alle, und ihre wechselnde Ausflucht sprudelte aus gleichem Entsetzen.

Am Sitzungstage trug die Sänfte einen Mann, gebrochen von Schmerzen und Furcht, zur Tür des Saales, und manche wissen: Er log die Schmerzen. Nach seinem Bruder tastend, wankte er herein, und Hand und Stimme zitterten zu Tiberius. Leblos blieb das Antlitz des Cäsaren, und er verlas die Klagen, ihre Bürgen in kühlen Lauten, nicht rauh, auch nicht in kosender Werbung wider die Schriften. Zu Trios und Catus' Klage traten Fontejus Agrippa und Gajus Vibius, und sie zankten sich um das Recht der Rede. Vibius ließ sich endlich herbei: „Wir können uns nicht verstehen, und Libo stützt kein Anwalt. Ich will die Punkte einzeln nennen." In den verlesenen Papieren flackerte Tollheit: Libo forschte: „Pflastert einst mein Geld die appische Straße bis Brundisium?" Tolle, leere Gespinste in Unzahl! Ein weiches Gefühl mag es erbarmen. „In einem Papier ritzte Libos Hand an die Namen der Cäsaren und von Senatoren grausige oder dunkle Runen," fiel der Kläger aus. Libo leugnete. „So beeidet die Folter die Sklaven

LIBER SECUNDUS

quia vetere senatus consulto quaestio in caput domini prohibebatur, callidus et novi iuris repertor Tiberius mancipari singulos actori publico iubet, scilicet ut in Libonem ex servis salvo senatus consulto quaereretur.

Ob quae posterum diem reus petivit domumque digressus extremas preces P. Quirinio propinquo suo ad principem mandavit. XXXI Responsum est, ut senatum rogaret. Cingebatur interim milite domus, strepebant etiam in vestibulo, ut audiri, ut aspici possent, cum Libo ipsis, quas in novissimam voluptatem adhibuerat, epulis excruciatus vocare percussorem, prensare servorum dextras, inserere gladium. Atque illis, dum trepidant, dum refugiunt, evertentibus adpositum cum mensa lumen, feralibus iam sibi tenebris duos ictus in viscera derexit. Ad gemitum conlabentis adcurrere liberti, et caede visa miles abstitit.

Accusatio tamen apud patres adseveratione eadem peracta, iuravitque Tiberius petiturum se vitam quamvis nocenti, nisi voluntariam mortem properavisset. XXXII Bona inter accusatores dividuntur, et praeturae extra ordinem datae iis, qui senatorii ordinis erant. Tunc Cotta Messalinus, ne imago Libonis exsequias posterorum comitaretur, censuit, Cn. Lentulus, ne quis Scribonius cognomentum Drusi adsumeret. Supplicationum dies Pomponii Flacci sententia constituti; dona Iovi, Marti. Concordiae, utque iduum Septembrium dies, quo se Libo interfecerat, dies festus haberetur, L. Piso et Gallus Asinius et Papius Mutilus et L. Apronius decrevere; quorum auctoritates adula-

Zweites Buch

auf ihr Zeugnis." Ein alter Beschluß des Senates widerstand der Pein im Todesverhör des Herrn, und listig gebar Tiberius ein junges Recht: „Der Vertreter des Reichsschatzes schachere sie einzeln!" Der Beschluß verendete nicht, und Sklavenwort kam doch zur Welt.

Libo stöhnte um ein „Morgen" und schleppte sich zu seinem Haus. Durch seinen Verwandten Publius Quirinius schluchzte sein letztes Flehen zum Fürsten. Man versetzte: „Dem Senat die Bitte!" — Um sein Haus, in seiner Halle klirrten die Waffen, Ohr und Auge zu wecken. An einem Mahle, aufgetischt zur letzten Lust, wand sich Libo, schrie nach seinem Mörder, zerrte Sklavenhände zu einer Klinge heran: Doch schaudernd wichen sie und stürzten den Tisch. Das Licht erlosch. Nacht! Die Nacht des Todes! Da stieß er sich den Stahl in seinen Leib — zweimal, und wimmernd schlug er zu Boden. Freigelassene drängten heran. Die Krieger schauten das Blut und gingen.

In stetem Ernst verfolgte der Senat die Klage, und Tiberius schwur: „Seine hastige Hand entriß mir ein Leben, dessen Sünden mein Fürspruch nie gemessen hätte." Sein Besitz verfiel den Klägern, und die Senatoren unter ihnen wurden vor der Frist Prätoren. Cotta Messalinus trug an: „Ohne Libos Bild geht sein Geschlecht den letzten Gang"; Snäus Lentulus: „Kein Scribonier schilt sich Drusus." Für Dankestage sprang mit Erfolg Pomponius Flaccus auf. Lucius Piso, Asinius Gallus, Papius Mutilus und Lucius Apronius erkoren Geschenke an Jupiter, Mars, Concordia und zum Feiertag den dreizehnten September, Libos Todestag. Von girrender Würde sprach ich, nur zu lehren: Die Krankheit Roms ist altverwurzelt.

tionesque rettuli, ut sciretur vetus id in re publica malum.

Facta et de mathematicis magisque Italia pellendis senatus consulta; quorum e numero L. Pituanius saxo deiectus est, in P. Marcium consules extra portam Esquilinam, cum classicum canere iussissent, more prisco advertere.

XXXIII Proximo senatus die multa in luxum civitatis dicta a Q. Haterio consulari, Octavio Frontone praetura functo; decretumque, ne vasa auro solida ministrandis cibis fierent, ne vestis serica viros foedaret. Excessit Fronto ac postulavit modum argento, supellectili, familiae: Erat quippe adhuc frequens senatoribus, si quid e re publica crederent, loco sententiae promere. Contra Gallus Asinius disseruit: Auctu imperii adolevisse etiam privatas opes, idque non novum, sed e vetustissimis moribus. Aliam apud Fabricios, aliam apud Scipiones pecuniam; et cuncta ad rem publicam referri, qua tenui angustas civium domos, postquam eo magnificentiae venerit, gliscere singulos. Neque in familia et argento, quaeque ad usum parentur, nimium aliquid aut modicum nisi ex fortuna possidentis. Distinctos senatus et equitum census, non quia diversi natura, sed, ut locis ordinibus dignationibus antistent, ita iis, quae ad requiem animi aut salubritatem corporum parentur, nisi forte clarissimo cuique plures curas, maiora pericula subeunda, delenimentis curarum et periculorum carendum esse. Facilem adsensum Gallo sub nominibus honestis confessio vitiorum et similitudo audientium dedit. Adiecerat et Tiberius non id tempus censurae nec, si quid

Zweites Buch

Sternendeuter und Zauberer wurden von Beschlüssen des Senates aus Italien geächtet; am tarpejischen Fels zerschmetterte Lucius Pituanius, und „Hörner gellen", geboten die Konsuln, erfüllten vor dem esquilinischen Tor einen greisen Brauch an Publius Marcius.

Die nächste Tagung des Senats griff in den Reden des Altkonsuls Quintus Haterius und des Altprätoren Octavius Fronto die Üppigkeit des Lebens an, und es ward entschieden: „Die Speisen beflecken nicht mehr Platten von gediegenem Gold, und des schändenden serischen Gewands entkleiden sich die Männer!" Frontos Antrag beschied sich nicht: „Schranken in Silber, Gerät und Sklaven!" In alter Sitte reihten Senatoren noch oft an ihre Stimme einen Vorschlag, den Staat zu bessern. — Asinius Gallus erhob sich: „Die Macht des Reiches schwemmte auch das Geld in die Häuser. Ihr staunt? Uralt ist das Gesetz. Zu der Fabricier, zu der Scipionen Zeit, stets anders lief das Geld. Der Staat begrenzt das Leben. Im armen Lande baut der Bürger niedere Hütten, doch der Glanz des Reiches blinkt in Palästen unserer Bürger. Nur das Glück des Hausherrn beschränkt an Silber und Sklaven, am Bedarf des Hauses, und nie ist es sonst zu üppig, nie zu karg. Den Sonderbesitz für einen Ritter und Senator schuf nicht ein Unterschied in der Natur, doch unserer Abkunft, des Standes, unserer Würden Sonderlast, die nur ein Sonderaufwand für Ruhe unserer Seele oder für heilen Leib noch schleppen kann. Häufiger huschen die Sorgen um den Mann von Ruf, häufiger lauert ihm das Unheil, — und er soll es ohne Betäubung tragen?" Feilen Beifall der

LIBER SECUNDUS

in moribus labaret, defuturum corrigendi auctorem.

XXXIV Inter quae L. Piso ambitum fori, corrupta iudicia, saevitiam oratorum accusationes minitantium increpans abire se et cedere urbe, victurum in aliquo abdito et longinquo rure testabatur; simul curiam relinquebat. Commotus est Tiberius et, quamquam mitibus verbis Pisonem permulsisset, propinquos quoque eius impulit, ut abeuntem auctoritate vel precibus tenerent. Haud minus liberi doloris documentum idem Piso mox dedit vocata in ius Urgulania, quam supra leges amicitia Augustae extulerat. Nec aut Urgulania obtemperavit, in domum Caesaris spreto Pisone vecta, aut ille abscessit, quamquam Augusta se violari et imminui quereretur. Tiberius hactenus indulgere matri civile ratus, ut se iturum ad praetoris tribunal, adfuturum Urgulaniae diceret, processit Palatio, procul sequi iussis militibus. Spectabatur occursante populo compositus ore et sermonibus variis tempus atque iter ducens, donec propinquis Pisonem frustra coërcentibus deferri Augusta pecuniam, quae petebatur, iuberet. Isque finis rei, ex qua neque Piso inglorius et Caesar maiore fama fuit. Ceterum Urgulaniae potentia adeo nimia civitati erat, ut testis in causa quadam, quae apud senatum tractabatur, venire dedignaretur: Missus est praetor, qui domi interrogaret, cum virgines Vestales in foro et iudicio audiri, quotiens testimonium dicerent, vetus mos fuerit.

Zweites Buch

gleich gearteten Hörer erntete Gallus' hellgefärbte Beichte ihrer Laster. Auch hatte Tiberius geäußert: „Die Zeiten lechzen nicht nach Wandel, und in siecher Sitte lebt wohl auch der verjüngende Retter."

Und Lucius Piso tobte auf Ränke im Recht und biegsame Richter, auf das wilde Drohwort der Redner: „Wir klagen": „Den Staub dieser Stadt schüttle ich ab. Nach fern verschwiegenen Auen will ich wandern." Er schloß die Tür des Senats. Es erschütterte Tiberius, dessen sänftigendes Wort sich an Piso schon versucht hatte. Doch auch den Einfluß, die Bitten der Verwandten rief er auf, seine Reise zu verhindern. Und erneut enthüllte Piso so offen seinen sorglosen Zorn: Der Richter Piso forderte Urgulania, die Augustas Freundschaft dem Gesetz entrückte. Urgulania verwarf es, ließ sich nach dem Palaste des Cäsaren tragen, sah an Piso vorbei, und Piso wankte nicht. Ob eines verachtenden Eingriffs schluchzte Augusta. Als Köder des Pöbels kannte Tiberius eine gewisse Ehrfurcht vor der Mutter, sich für den Gang zum Richtersitz des Prätoren und zu einem Fürspruch Urgulanias zu erbieten. Er ging aus dem Palast. Ferne funkelten Helme. Die Masse staute sich, schaute in ein kalt, gelassen Antlitz, hörte ihn die Zeit und seinen Weg in Plaudereien dehnen, bis wider den Zuspruch der Sippen Piso schäumte und Augustas Bote die strittige Summe zahlte. So endete es. Und Piso trat in Ruf, eine Ruhmessprosse höher der Cäsar. Und Urgulanias Macht zertrat den Staat: Ein Zeugnis vor den Senatoren bewegte ihren hehren Fuß nicht in den Saal. In ihrem Haus verhörte sie ein Prätor, und nach vererbtem Recht bekennen doch selbst die Mädchen Vestas auf dem Markt, vor Gericht.

LIBER SECUNDUS

XXXV Res eo anno prolatas haud referrem, ni pretium foret Cn. Pisonis et Asinii Galli super eo negotio diversas sententias noscere. Piso, quamquam afuturum se dixerat Caesar, ob id magis agendas censebat, ut absente principe senatum et equites posse sua munia sustinere decorum rei publicae foret. Gallus, quia speciem libertatis Piso praeceperat, nihil satis inlustre aut ex dignitate populi Romani nisi coram et sub oculis Caesaris, eoque conventum Italiae et adfluentis provincias praesentiae eius servanda dicebat. Audiente haec Tiberio ac silente magnis utrimque contentionibus acta, sed res dilatae.

XXXVI Et certamen Gallo adversus Caesarem exortum est. Nam censuit in quinquennium magistratuum comitia habenda, utque legionum legati, qui ante praeturam ea militia fungebantur, iam tum praetores destinarentur, princeps duodecim candidatos in annos singulos nominaret. Haud dubium erat eam sententiam altius penetrare et arcana imperii temptari. Tiberius tamen, quasi augeretur potestas eius, disseruit: Grave moderationi suae tot eligere, tot differre. Vix per singulos annos offensiones vitari, quamvis repulsam propinqua spes soletur: Quantum odii fore ab iis, qui ultra quinquennium proiciantur! Unde prospici posse, quae cuique tam longo temporis spatio mens, domus, fortuna? Superbire homines etiam annua designatione: Quid si honorem per quinquennium agitent? Quinquiplicari porsus magistratus, subverti leges, quae sua spatia exercendae candidatorum industriae quaerendisque aut potiundis honoribus statuerint. Favorabili in speciem oratione vim imperii tenuit.

Zweites Buch

Der Reichsgeschäfte Vertagung in jenem Jahre zu berichten, verzeiht nur eine prickelnde Zänkerei von Snäus Piso und Asinius Sallus. Des Cäsaren Wort: „Ich bin künftig fern", störte Piso nicht: „Wenn Senat und Ritter ohne den Fürsten nicht in Sorgen sterben, ziert es den Staat. Auf! Noch tätiger in der Arbeit!" So ließ Piso die Puppe Freiheit tanzen, und Sallus blieb nur der Widerspruch: „Nur unter des Cäsaren Auge können Pracht und römische Würde erstrahlen, und so sollen nur vor ihm Italien und die Provinzen zusammentreten." Tiberius lauschte, schwieg. In Leidenschaft glühten die Köpfe. Es ward vertagt.

Sallus rang mit dem Cäsaren: „Fünf Jahre zuvor die Wahl der Beamten! Jeder Legionslegat ohne Prätur wird an sich schon zur Prätur gezeichnet, und der Fürst zählt jährlich zwölf Bewerber auf!" Sallus stieg wohl an den Quell und spürte nach dem Geheimnis der Cäsarengewalt. Doch Tiberius sprach von einer höheren Macht: „Bescheiden, bebe ich vor Überfülle in Wahl und Aufschub. Die jährliche Wahl entzieht mich kaum dem Haß, und hier lindert die nahe Hoffnung des Gestrandeten. Toll wird mich hassen, wen fünf Jahre enterbten. Kann ich in der weiten Zukunft Herz und Kinder, kann ich das Schicksal eines Mannes kennen? Sie rasen schon, ein Jahr zuvor gewählt. Ich soll sie in Würden rasen lassen — fünf lange Jahre? Fünffach schwillen die Ämter. Zu Staub werden Gesetze und ihre Zeitengrenze für das Wirken der Bewerber, Ämter zu suchen und zu meistern." Dem Ohre Schmeichelei, raffte es die Krongewalt zusammen.

LIBER SECUNDUS

XXXVII Censusque quorundam senatorum iuvit. Quo magis mirum fuit, quod preces Marci Hortali, nobilis iuvenis, in paupertate manifesta superbius accepisset. Nepos erat oratoris Hortensii, inlectus a divo Augusto liberalitate deciens sestertii ducere uxorem, suscipere liberos, ne clarissima familia exstingueretur. Igitur quattuor filiis ante limen curiae adstantibus, loco sententiae, cum in Palatio senatus haberetur, modo Hortensii inter oratores sitam imaginem, modo Augusti intuens ad hunc modum coepit: 'Patres conscripti, hos, quorum numerum et pueritiam videtis, non sponte sustuli, sed quia princeps monebat; simul maiores mei meruerant, ut posteros haberent. Nam ego, qui non pecuniam, non studia populi neque eloquentiam, gentile domus nostrae bonum, varietate temporum accipere vel parare potuissem, satis habebam, si tenues res meae nec mihi pudori nec cuiquam oneri forent. Iussus ab imperatore uxorem duxi. En stirps et progenies tot consulum, tot dictatorum. Nec ad invidiam ista, sed conciliandae misericordiae refero. Adsequentur florente te, Caesar, quos dederis honores: Interim Q. Hortensii pronepotes, divi Augusti alumnos ab inopia defende.'

XXXVIII Inclinatio senatus incitamentum Tiberio fuit, quo promptius adversaretur, his ferme verbis usus: 'Si, quantum pauperum est, venire huc et liberis suis petere pecunias coeperint, singuli numquam exsatiabuntur, res publica deficiet. Nec sane ideo a maioribus concessum est egredi aliquando relationem et, quod in commune conducat, loco sententiae proferre, ut privata negotia et res

Zweites Buch

Den Mindestbesitz von Senatoren füllte er auf und hatte doch die unverhüllte, bittende Armut des Edlen Marcus Hortalus gehöhnt. Augustus' Geschenk von einer Million Sestertien hatte den Enkel des Redners Hortensius zur Ehe verführt, zu Zeugung von Kindern und Unsterblichkeit leuchtenden Stamms. Im Palaste tagte der Senat. An der Tür des Saales lehnten Hortalus' vier Söhne. Man harrte seiner Stimme, und er schaute zu Hortensius hin und zurück auf Augustus unter den fahlen Bildnissen der Redner: „Senatoren, meine vier Knaben schmiegen sich dort. Ich wählte nicht. Es mahnte ein Fürst, und das Blut von hehren Ahnen war des Lebens wert. Die Liebe des Geldes und Volks, die Liebe der Beredtheit, einer Erbzier meines Stamms, erbte ich nicht, errang sie nicht: Die Zeiten fließen. Doch war ich glücklich. Meine Armut verhüllte noch die Blöße, bürdete mich niemand auf. Ein Kaiser befahl, und ich umfing ein Weib. Dort schaut das Geschlecht und die Enkel von Konsuln, von Diktatoren! Ich will nicht den Neid, will nur Erbarmen. Unter deinem brausenden Banner, Cäsar, schmückt sie mit Würden nur dein Wille. Doch lasse jetzt nicht die Lumpen um den Leib der Urenkel von Quintus Hortensius, der Zöglinge von Augustus!"

Tiberius fühlte den Senat in Wehmut, und sein Trotz peitschte ihn rascher empor: „Wankt auch künftig jede Armut in den Saal, winselt um Geld für ihre Brut, so verblutet der Staat, doch stillt den Einzelnen nie. Statt schlichten Beitrags, bei der Stimmengabe ließen die Ahnen wohl eine Rede in die Weite schweifen, doch nur im Bereiche des Staatswohls und nicht zu Götzendienst von Sondergeschäft und

LIBER SECUNDUS

familiares nostras hic augeamus, cum invidia senatus et principum, sive indulserint largitionem sive abnuerint. Non enim preces sunt istud, sed efflagitatio, intempestiva quidem et inprovisa, cum aliis de rebus convenerint patres, consurgere et numero atque aetate liberum suorum urguere modestiam senatus, eandem vim in me transmittere ac velut perfringere aerarium, quod si ambitione exhauserimus, per scelera supplendum erit. Dedit tibi, Hortale, divus Augustus pecuniam, sed non conpellatus nec ea lege, ut semper daretur. Languescet alioqui industria, intendetur socordia, si nullus ex se metus aut spes, et securi omnes aliena subsidia exspectabunt, sibi ignavi, nobis graves'.

Haec atque talia, quamquam cum adsensu audita ab iis, quibus omnia principum, honesta atque inhonesta, laudare mos est, plures per silentium aut occultum murmur excepere. Sensitque Tiberius; et cum paulum reticuisset, Hortalo se respondisse ait; ceterum si patribus videretur, daturum liberis eius ducena sestertia singulis, qui sexus virilis essent. Egere alii grates: Siluit Hortalus, pavore an avitae nobilitatis etiam inter angustias fortunae retinens. Neque miseratus est posthac Tiberius, quamvis domus Hortensii pudendam ad inopiam delaberetur.

XXXIX Eodem anno mancipii unius audacia, ni mature subventum foret, discordiis armisque civilibus rem publicam perculisset. Postumi Agrippae servus, nomine Clemens, conperto fine Augusti pergere in insulam Planasiam et fraude aut vi

Zweites Buch

Armut. Ein Ja wie Nein des Fürsten und Senats bemängeln solche Bettler stets. Und das ist nicht Bitte, ist freches Fordern, ein Überfall zur Unzeit. Roms Väter sinnen ob fremder Dinge, und ein Mensch steht auf und hetzt die Meute seiner Püppchen auf den schüchternen Senat und mich. Nicht wahr, mein Freund, wir wollen den Reichsschatz sprengen, ich soll um Gunst mit seinem Gelde buhlen gehen, und Frevel können ihn ja wieder füllen? Hortalus, dir gab, nicht bestürmt, Augustus das Geld, gab es ohne Recht auf Ewigkeit. Sonst hinkt der Eifer, und Leichtsinn wird Wollust, wenn Eigenscham und Kraftgefühl zerschmilzt, und fremder Hilfe harrt der Leichtsinn unseres Reichs, flieht träge zu uns und hängt wie Blei." So sprach er viel.

Es klatschte, wem der Beifall für Schmach und Ehre der Fürsten Gewohnheit ist. Doch hier und dort und überall grollte eisiges Schweigen, dumpfes Murren, grollte zu Tiberius fort. Der Cäsar stockte, schwieg und sprach: „So für Hortalus! Doch wir gestatten seinem männlichen Geblüt je zweihunderttausend Sestertien, — falls es dem Senat beliebt." Senatoren jubelten Dank. Hortalus' Lippen preßte die Furcht, vielleicht auch die Würde seines Geschlechts, die sich an seiner Not noch nicht zerrieben hatte. Auch später haßte Tiberius das Mitleid, als Hortensius' Geschlecht zu der Armut sank, die eine Blöße nicht verhüllt.

In jenem Jahre war ein einziger Sklave kühn, und in den Gassen Roms brütete es wie Zwietracht, Bürgerkrieg. Doch ward es früh erstickt. Ein Sklave von Agrippa Postumus, Clemens, vernahm Augustus' Tod. Ein Sklave war er nicht in seinem Plan, Agrippa

LIBER SECUNDUS

raptum Agrippam ferre ad exercitus Germanicos non servili animo concepit. Ausa eius inpedivit tarditas onerariae navis; atque interim patrata caede ad maiora et magis praecipitia conversus furatur cineres vectusque Cosam Etruriae promunturium ignotis locis sese abdit, donec crinem barbamque promitteret: Nam aetate et forma haud dissimili in dominum erat. Tum per idoneos et secreti eius socios crebrescit vivere Agrippam, occultis primum sermonibus, ut vetita solent, mox vago rumore apud inperitissimi cuiusque promptas aures aut rursum apud turbidos eoque nova cupientes. Atque ipse adire municipia obscuro diei, neque propalam aspici neque diutius isdem locis, sed quia veritas visu et mora, falsa festinatione et incertis valescunt, relinquebat famam aut praeveniebat.

XL Vulgabatur interim per Italiam servatum munere deum Agrippam, credebatur Romae; iamque Ostiam invectum multitudo ingens, iam in urbe clandestini coetus celebrabant, cum Tiberium anceps cura distrahere, vine militum servum suum coërceret an inanem credulitatem tempore ipso vanescere sineret: Modo nihil spernendum, modo non omnia metuenda ambiguus pudoris ac metus reputabat. Postremo dat negotium Sallustio Crispo. Ille e clientibus duos (quidam milites fuisse tradunt) deligit atque hortatur, simulata conscientia adeant, offerant pecuniam, fidem atque pericula polliceantur. Exsequuntur, ut iussum erat. Dein speculati noctem incustoditam, accepta idonea manu vinctum clauso ore in Palatium traxere. Percontanti Tiberio, quo modo Agrippa

Zweites Buch

mit Gewalt, mit List von der Insel Planasia nach Germaniens Heeren zu rauben. Das Lastschiff kroch nur und fesselte sein Wagnis. Blut war geflossen, und ein Prometheus, der zum jähen Himmel stürmt, stahl er die Asche und sprang bei Etruriens Vorberge Cosa an Land. Dunkle Winkel verbargen ihn, und es keimten Haar und Bart: In Alter und Gestalt war er bereits sein Herr. Verschmitzte Vertraute seines Rätsels bliesen es über die Erde: „Agrippa lebt!" Es schwirrte verhüllt, wie das Wort der Sünde. Unstät flatterten Gerüchte auf, schlugen an das offene Ohr der Weltunkenntnis, in Geister des Wirrsals und Umsturzes. Nur die Dämmerung ahnte seinen eignen Gang in die Städte. Er tauchte heimlich auf und blitzschnell unter, doch hinter ihm erhob sich das Gerücht, durfte ihn niemals erhaschen: Die Wahrheit liebt das Auge und die Dauer, die Lüge schwankende Eile.

Italien sprach von einem Gottgeschenk: Agrippa. Man raunte es in Rom. Zu seiner Landung in Ostia jauchzte dicht gedrängt das Volk, und in Rom umsummten ihn geheime Kreise. Sorgender Zweifel zerrte an Tiberius: „Entbiete ich ein Heer für meinen Sklaven? Soll die Zeit die krankende Gläubigkeit ermüden?" Haltlos zwischen zitternder Vorsicht und sich beschwatzender Verachtung, jagte in ihm die Scham das Entsetzen. Er beschied Sallustius Crispus, und Sallustius flüsterte zu zwei Hörigen — Soldaten nach anderem Bericht — von erlogener Gemeinschaft, ihm Selder zuzustecken und treuen Trotz in der Not ihm zu beteuern. Sie taten es. In einer längst erspähten Nacht war Clemens einsam. Ein Knebel knirschte. Soldaten schlossen sich herum, und in Fesseln stießen sie ihn nach dem Palast. Man flüstert von

LIBER SECUNDUS

factus esset, respondisse fertur 'Quo modo tu Caesar.' Ut ederet socios, subigi non potuit. Nec Tiberius poenam eius palam ausus, in secreta Palatii parte interfici iussit corpusque clam auferri. Et quamquam multi e domo principis equitesque ac senatores sustentasse opibus, iuvisse consiliis dicerentur, haud quaesitum.

XLI Fine anni arcus propter aedem Saturni ob recepta signa cum Varo amissa ductu Germanici, auspiciis Tiberii, et aedes Fortis Fortunae Tiberim iuxta in hortis, quos Caesar dictator populo Romano legaverat, sacrarium genti Iuliae effigiesque divo Augusto apud Bovillas dicantur.

C. Caelio, L. Pomponio consulibus Germanicus Caesar a. d. VII. Kal. Iunias triumphavit de Cheruscis Chattisque et Angrivariis, quaeque aliae nationes usque ad Albim colunt. Vecta spolia, captivi, simulacra montium, fluminum, proeliorum; bellumque, quia conficere prohibitus erat, pro confecto accipiebatur. Augebat intuentium visus eximia ipsius species currusque quinque liberis onustus. Sed suberat occulta formido, reputantibus haud prosperum in Druso patre eius favorem vulgi, avunculum eiusdem Marcellum flagrantibus plebis studiis intra iuventam ereptum: Breves et infaustos populi Romani amores. XLII Ceterum Tiberius nomine Germanici trecenos plebi sestertios viritim dedit seque collegam consulatui eius destinavit. Nec ideo sincerae caritatis fidem ad-

Zweites Buch

Tiberius' Frage: „Wie wardst du Agrippa?" und von seinem Hohn: „Wie du der Cäsar?" Einen Verrat an seinen Helfern konnte nichts erpressen. Tiberius' Mut bestrafte heimlich. Blut sprengte ein heimliches Gelaß des Palastes. Heimlich verschwand die Leiche. Rom zischelte: „Viele Knechte des Kaisers und Ritter, Senatoren trugen zu ihm Geld und Rat", — und es ward nicht gespürt — — —

Am Ende des Jahres feierte ein Siegesbogen an Saturnus' Tempel die Beute des Feldherrn Germanicus und seines Herrschers Tiberius: Varus' verlorene Standarten. In dem Parke, des Diktators Cäsar Vermächtnis an Roms Volk, plätscherte die Tiber zur Weihe eines Tempels der Fors Fortuna, und zu Bovillä weihte man einen kleinen Tempel dem julischen Geschlecht und ein Standbild Augustus.

Am 26. Mai des Jahres 17 gingen in Germanicus' Cäsars Siegeszug Cherusker, Chatten, Angrivarier, alle westelbischen Stämme. Die Beute gleißte, es prunkten die Bilder von Gebirgen, Flüssen und Schlachten. Der Krieg war beendet: Sein Ende war verboten. Germanicus' Schönheit und an Kindern fünf auf einem Gespann verzückten den Blick der gaffenden Massen und quälten doch wie dunkle Bangnis: Man dachte der verderbenschweren Volksgunst für seinen Vater Drusus, sann von seinem Oheim Marcellus, der noch jung dem sehnenden Volk entrückt ward: „Rom darf nur flüchtig küssen und küßt bereits zu Tod." Für seinen Germanicus häufte Tiberius jedem Römer dreihundert Sestertien und versprach, das Konsulat zu teilen. Doch seine keusche Liebe fand auch jetzt nicht den Glauben, und er plante

LIBER SECUNDUS

secutus amoliri iuvenem specie honoris statuit struxitque causas aut forte oblatas arripuit.

Rex Archelaus quinquagensimum annum Cappadocia potiebatur, invisus Tiberio, quod eum Rhodi agentem nullo officio coluisset. Nec id Archelaus per superbiam omiserat, sed ab intimis Augusti monitus, quia florente Gaio Caesare missoque ad res Orientis intuta Tiberii amicitia credebatur. Ut versa Caesarum subole imperium adeptus est, elicit Archelaum matris litteris, quae non dissimulatis filii offensionibus clementiam offerebat, si ad precandum veniret. Ille ignarus doli vel, si intellegere crederetur, vim metuens in urbem properat; exceptusque immiti a principe et mox accusatus in senatu, non ob crimina, quae fingebantur, sed angore, simul fessus senio et quia regibus aequa, nedum infima insolita sunt, finem vitae sponte an fato implevit. Regnum in provinciam redactum est, fructibusque eius levari posse centesimae vectigal professus Caesar ducentesimam in posterum statuit. Per idem tempus Antiocho Commagenorum, Philopatore Cilicum regibus defunctis turbabantur nationes, plerisque Romanum, aliis regium imperium cupientibus; et provinciae Syria atque Iudaea, fessae oneribus, deminutionem tributi orabant.

XLIII Igitur haec et de Armenia, quae supra memoravi, apud patres disseruit, nec posse motum Orientem nisi Germanici sapientia con-

Zweites Buch

Ehren, den Jüngling sich abzuschütteln. Den Vor=
wand erkünstelte er oder zitterte nach dem Vorwand
eines Zufalls.

Seit fünfzig Jahren war Archelaos Kappadokiens
König, und nicht sein Stolz, nur Augustus' warnende
Vertraute hatten Tiberius zu Rhodos um einen
knieenden König betrogen. In jenen Tagen frischte
die Luft des Ostens einen noch blühenden Gajus
Cäsar, und aus einer Freundschaft mit Tiberius wehte
es wie Moder. Er haßte den König. Der Fall des
Stammes der Cäsaren krönte Tiberius. An die Angel
für Archelaos heftete er ein Schreiben seiner Mutter,
die den Groll des Sohnes nicht verschwieg, doch einem
Sühnegang seine Gnade versprach. Solche Tücke oder
die Scheu vor Zwang bei wissendem Gebaren hetzte
den König nach Rom. Bei seinem Gruße raffte sich
die Stirn des Fürsten in Falten. Archelaos stand im
Senat. An Verbrechen wurde gedichtet, doch sie
endeten nicht sein Leben, das, ängstlich, altersmüde,
gekrönt, nicht nach dem Leben des schlichten Bürgers,
des Sklaven greifen konnte. Er tötete sich selbst, —
oder stand es in den Sternen? Die Provinz löste sein
Königtum ab, und der Cäsar kürzte die einprozentige
Steuer um die Hälfte: „Kappadokiens Ertrag erlaubt
es." — Zu jenen Zeiten verwirrte der Tod des Königs
Antiochos von Kommagene und des Fürsten Kilikiens,
Philopator, ihre Völker. Man schrie nach Rom und
auch nach Königen. — Die müden Provinzen Syrien
und Judaia drückte ihre Last auf die Kniee um eine
mildere Steuer.

Ob solchen Vorgangs und Armeniens Wirren
äußerte sich Tiberius im Senat: „Nur der weise Ger=
manicus bändigt den Osten. Mein Leben verblüht,

LIBER SECUNDUS

poni: Nam suam aetatem vergere, Drusi nondum satis adolevisse. Tunc decreto patrum permissae Germanico provinciae, quae mari dividuntur, maiusque imperium, quoquo adisset, quam iis, qui sorte aut missu principis obtinerent.

Sed Tiberius demoverat Syria Creticum Silanum, per adfinitatem conexum Germanico, quia Silani filia Neroni vetustissimo liberorum eius pacta erat, praefeceratque Cn. Pisonem, ingenio violentum et obsequii ignarum, insita ferocia a patre Pisone, qui civili bello resurgentes in Africa partes acerrimo ministerio adversus Caesarem iuvit, mox Brutum et Cassium secutus concesso reditu petitione honorum abstinuit, donec ultro ambiretur delatum ab Augusto consulatum accipere. Sed praeter paternos spiritus uxoris quoque Plancinae nobilitate et opibus accendebatur; vix Tiberio concedere, liberos eius ut multum infra despectare. Nec dubium habebat se delectum, qui Syriae imponeretur, ad spes Germanici coërcendas.

Credidere quidam data et a Tiberio occulta mandata; et Plancinam haud dubie Augusta monuit aemulatione muliebri Agrippinam insectandi. Divisa namque et discors aula erat tacitis in Drusum aut Germanicum studiis. Tiberius ut proprium et sui sanguinis Drusum fovebat: Germanico alienatio patrui amorem apud ceteros auxerat, et quia claritudine materni generis anteibat, avum M. Antonium, avunculum Augustum ferens. Contra Druso proavus eques Romanus Pomponius Atticus dedecere Claudiorum imagines videbatur. Et con-

Zweites Buch

und Drusus treibt noch keine Frucht." Ein Entscheid des Senats erkannte an Germanicus die meergeschiednen Provinzen und eine Vollmacht in jedem Lande seiner Reise, wie sie der Auftrag des Fürsten oder das Los den Statthaltern nicht geschenkt.

Silanus Creticus' Schwägerschaft mit Germanicus hatte Tiberius den Verwalter Syriens verleidet: Silanus' Tochter war die Braut von Germanicus' erstem Sohne Nero. Jetzt zürnte in Syrien der niemals fügsame, schäumende Gnäus Piso in ererbter Leidenschaft. Auch sein Vater hatte sich im Bürgerkrieg erhitzt, an Afrikas neu entsprühenden Gluten wider Julius Cäsar zu fachen. Doch selbst dem Waffengänger von Cassius und Brutus ward die Heimkehr gewährt, und seiner ämterscheuen Einsamkeit entriß ihn Augustus' Antrag eines Konsulats und manche Bitte. So atmete Piso den Stolz des Vaters und Stolz auf Geld und Adel seiner Gattin Plancina. Seine Lippen, die kaum Tiberius grüßten, zuckten in Verachtung gegen seine Kinder, und er spürte aus der syrischen Sendung, als Statthalter Germanicus' Ehrgeiz aus Träumen zu rütteln.

Manche munkelten von Tiberius' Geheimbefehlen. Gewiß ist nur: In Eifersucht holte das Weib Augusta wider Agrippina aus, raunte zu Plancina. Eine tiefverschwiegene Liebe zu Drusus und Germanicus spaltete den Hof. Tiberius verzog in Drusus sein eigen Blut. Doch des Oheims Kälte festigte Germanicus die Liebe der Welt, und es strahlte seiner Mutter Geschlecht, sein Ahn war Marcus Antonius, sein Großoheim Augustus. Für Drusus konnte die Büsten seiner Claudier ein Urahn entwerten: Der Ritter Pomponius Atticus. Auch begehrte Livia, sein Weib, nicht

LIBER SECUNDUS

iunx Germanici Agrippina fecunditate ac fama Liviam uxorem Drusi praecellebat. Sed fratres egregie concordes et proximorum certaminibus inconcussi.

XLIV Nec multo post Drusus in Illyricum missus est, ut suesceret militiae studiaque exercitus pararet; simul iuvenem urbano luxu lascivientem melius in castris haberi Tiberius seque tutiorem rebatur utroque filio legiones obtinente. Sed Suebi praetendebantur auxilium adversus Cheruscos orantes; nam discessu Romanorum ac vacui externo metu gentis adsuetudine et tum aemulatione gloriae arma in se verterant. Vis nationum, virtus ducum in aequo; set Maroboduum regis nomen invisum apud populares, Arminium pro libertate bellantem favor habebat. XLV Igitur non modo Cherusci sociique eorum, vetus Arminii miles, sumpsere bellum, sed e regno etiam Marobodui Suebae gentes, Semnones ac Langobardi, defecere ad eum. Quibus additis praepollebat, ni Inguiomerus cum manu clientium ad Maroboduum perfugisset, non aliam ob causam, quam quia fratris filio iuveni patruus senex parere dedignabatur.

Deriguntur acies pari utrimque spe, nec, ut olim apud Germanos, vagis incursibus aut disiectas per catervas: Quippe longa adversum nos militia insueverant sequi signa, subsidiis firmari, dicta imperatorum accipere. Ac tunc Arminius equo conlustrans cuncta, ut quosque advectus erat, receperatam libertatem, trucidatas legiones, spolia adhuc et tela Romanis derepta in manibus multorum ostentabat; contra fugacem Maroboduum appellans,

Zweites Buch

die Geburten und den keuschen Leumund von Germanicus' Gattin Agrippina. Doch vor der zähen Liebe der Brüder zerrann sogar der Zwist der nächsten Sippen.

Drusus reiste nach Illyrien ab, dem Felddienst sich anzupassen und in der Gunst des Heers zu steigen. Dem Jüngling, der in den Reizen Roms versank, verordnete Tiberius die Lagerzucht und sich selbst — beider Söhne Schutz in seinen Legionen. Den Vorwand lieh der Sueben Hilfsschrei gegen die Cherusker. Mit den Römern war die Furcht der Fremde von dem Volk gewichen, und gegen sich selbst entblößte jetzt aus Ruhmesneid ihre Gewöhnung das Schwert. Gleich wog die Kraft der Völker und die Größe der Führer. Doch ein „König" Marbod verletzte sein Volk, und die Liebe zu Armin schwärmte von dem „Streiter der Freiheit": Und suebische Stämme Marbods, die Semnonen und Langobarden, riß der Kriegsruf der Cherusker und ihrer Verbündeten, Armins alter Kämpfer, zum Abfall an Armin. Von solcher Übermacht bröckelten Inguiomer und seine Gefolgschaft an Marbod. Ein greiser Oheim verwarf sich nicht an den jungen Neffen.

Durch die schlachtgereihten Heere tanzte die Hoffnung, und nicht mehr nach altem Brauch brausten die Scharen der Germanen unstät und einzeln, wie die Stöße eines Wettersturms. Nach der Lehre des endlosen Kriegs mit Rom zogen sie in Gliedern, gehorsam dem Wort der Führer, hinter sich ein Heer zum Rückhalt. Vom Pferd herab blitzte Armins prüfendes Auge im wahllosen Ritt die Rotten entlang: „Das Blut der Legionen befreite die Freiheit.

LIBER SECUNDUS

proeliorum expertem, Hercyniae latebris defensum, ac mox per dona et legationes petivisse foedus, proditorem patriae, satellitem Caesaris, haud minus infensis animis exturbandum, quam Varum Quintilium interfecerint. Meminissent modo tot proeliorum, quorum eventu et ad postremum eiectis Romanis satis probatum, penes utros summa belli fuerit. XLVI Neque Maroboduus iactantia sui aut probris in hostem abstinebat, sed Inguiomerum tenens illo in corpore decus omne Cheruscorum, illius consiliis gesta, quae prospere ceciderint, testabatur: Vaecordem Arminium et rerum nescium alienam gloriam in se trahere, quoniam tres vacuas legiones et ducem fraudis ignarum perfidia deceperit, magna cum clade Germaniae et ignominia sua, cum coniunx, cum filius eius servitium adhuc tolerant. At se duodecim legionibus petitum duce Tiberio inlibatam Germanorum gloriam servavisse, mox condicionibus aequis discessum; neque paenitere, quod ipsorum in manu sit, integrum adversum Romanos bellum an pacem incruentam malint.

His vocibus instinctos exercitus propriae quoque causae stimulabant, cum a Cheruscis Langobardisque pro antiquo decore aut recenti libertate et contra augendae dominationi certaretur. Non alias maiore mole concursum neque ambiguo magis eventu, fusis utrimque dextris cornibus; sperabaturque rursum pugna, ni Maroboduus castra in colles subduxisset. Id signum perculsi fuit; et transfugiis paulatim nudatus in Marcomanos concessit misitque legatos ad Tiberium oraturos auxilia. Responsum est non iure eum adversus Che-

Zweites Buch

Überall schaue ich römischen Harnisch, römische Waffen glitzern. Schlachten floh Marbod, verkroch sich feige in Hercyniens Dickicht, und seine Gaben und Gesandten seufzten um Frieden. Lechzt ihr nicht nach der Jagd auf den Verräter der Heimat, den Vasallen des Cäsaren, wie einst nach Quintilius Varus' Blut? Auf! In tausend Schlachten lachte euch Glück, und römische Füße schänden nicht mehr die Schollen. Und wem winkte der Sieg — des Krieges Sieg?" Auch Marbod schmälte prahlend den Feind, rundete den Arm um Inguiomer: „Sein Verstand zwang sich das Glück in den Taten der Cherusker. Er hob sie zur Sonne. Toll, bläht Armin fremde Federn über die Blöße seiner Erfahrung. Nur drei verlassenen Legionen und ihrem kindlich trauenden Feldherrn sann er Verrat. Darob büßt Germanien, muß er selbst erröten: Nach Freiheit wimmern noch heute sein Weib und Kind. Tiberius wälzte zwölf Legionen heran, und ich litt nicht Staub auf Germaniens Ruhm. Ich gab und nahm Gesetz, und sie wichen. In euch ruhen heute Kampf und ungebrochene Gewalt wider Rom oder blutloser Friede, und mich reut es nicht."

Laute der Natur vertieften ihre Stimmen bei den Heeren. An alte Ehre oder die junge Freiheit in Cheruskern und Langobarden rührte gieriges Gelüst nach Land. Zwei Heere prallten nie so dröhnend zusammen. Doch die beiden rechten Flanken flohen, und nie so ernst das Glück! Der Erwartung eines zweiten Kampfes spottete Marbods neues Lager in den Bergen. Er schien zu wanken. Fahnenflucht entkräftete ihn, und er kehrte heim. Seine Hilfe flehenden Gesandten beschied Tiberius: „Ein Mann beschaute sich die Kämpfe Roms und dieser Cherusker und ent=

LIBER SECUNDUS

ruscos arma Romana invocare, qui pugnantis in eundem hostem Romanos nulla ope iuvisset. Missus tamen Drusus, ut rettulimus, paci firmator.

XLVII Eodem anno duodecim celebres Asiae urbes conlapsae nocturno motu terrae, quo inprovisior graviorque pestis fuit. Neque solitum in tali casu effugium subveniebat, in aperta prorumpendi, quia diductis terris hauriebantur. Sedisse inmensos montes, visa in arduo, quae plana fuerint, effulsisse inter ruinam ignes memorant. Asperrima in Sardianos lues plurimum in eosdem misericordiae traxit: Nam centiens sestertium pollicitus Caesar et, quantum aerario aut fisco pendebant, in quinquennium remisit. Magnetes a Sipylo proximi damno ac remedio habiti. Temnios, Philadelphenos, Aegeatas, Apollonidenses, quique Mosteni et qui Macedones Hyrcani vocantur, et Hierocaesariam, Myrinam, Cymen, Tmolum levari idem in tempus tributis mittique ex senatu placuit, qui praesentia spectaret refoveretque. Delectus est M. Ateius e praetoriis, ne consulari obtinente Asiam aemulatio inter pares et ex eo impedimentum oreretur.

XLVIII Magnificam in publicum largitionem auxit Caesar haud minus grata liberalitate, quod bona Aemiliae Musae, locupletis intestatae, petita in fiscum Aemilio Lepido, cuius e domo videbatur, et Pantulei divitis equitis Romani hereditatem, quamquam ipse heres in parte legeretur, tradidit M. Servilio, quem prioribus neque suspectis tabulis scriptum compererat, nobilitatem utriusque pecunia iuvandam praefatus. Neque hereditatem cuiusquam adiit, nisi cum amicitia meruisset:

Zweites Buch

bietet jetzt die römischen Waffen wider sie?" Doch eben Drusus ward zum Schmied des Friedens bestellt.

In einer Nacht des Jahrs zerbrach die schwankende Erde zwölf volkreiche Städte Asiens. Der Ahnung ungreifbar und grauenschwer sind die Geburten der Nacht, und der klaffende Boden sog sich satt, als die Menschen zur Ebene stoben, — wie sonst dem Unheil zu enthasten. Es geht die Sage: Bergesriesen glitten, und hohe Zacken ragten statt der Gefilde; in Trümmern zuckten Feuer. Zu Sardeis mähte schwer der Tod, und das Mitleid folgte. Der Cäsar verstand sich zu zehn Millionen Sestertien und auf fünf Jahre zu Erlaß der Zahlungen an Krone und Reich. Nächst Sardeis litt wohl Magnesia am Sipylos und ward nächst ihm gestützt. Temnos, Philadelpheia, Aigeiai, Apollonideia, Mostene, das mazedonische Hyrkania, Hierokaisareia, Myrina, Kyme und Tmolos empfingen Freiheit von Steuern auf die gleiche Frist und einen Senator, ihre Lage zu prüfen und zu beleben. Eines Altprätoren, Marcus Atejus', Wahl sparte den Fallstrick, den die Eifersucht von Asiens konsularischem Statthalter bei gleichem Rang gezogen hätte.

Neben des Staates reichen Schenkungen vergab sich der Hochsinn des Cäsaren nichts an Linderung. Auf Ämilia Musas üppige, doch verfügungslose Güter lauerte der kaiserliche Schatz, und er entwand sie für Ämilius Lepidus, dessen Haus sie wohl entstammte. Um die reichen Gelder des Ritters Pantulejus bereicherte er Marcus Servilius, entschlug sich des eignen Erbteils. In einer früheren, unverdächtig echten Verfügung hatte man ihm den Namen „Servilius" gezeigt. Und als Vorwort äußerte der Fürst: „Den

LIBER SECUNDUS

Ignotos et aliis infensos eoque principem nuncupantes procul arcebat. Ceterum ut honestam innocentium paupertatem levavit, ita prodigos et ob flagitia egentes, Vibidium Virronem, Marium Nepotem, Appium Appianum, Cornelium Sullam, Q. Vitellium movit senatu aut sponte cedere passus est.

XLIX Isdem temporibus deum aedes vetustate aut igni abolitas coeptasque ab Augusto dedicavit, Libero Liberaeque et Cereri iuxta circum maximum, quam A. Postumius dictator voverat, eodemque in loco aedem Florae ab Lucio et Marco Publiciis aedilibus constitutam, et Iano templum, quod apud forum holitorium C. Duilius struxerat, qui primus rem Romanam prospere mari gessit triumphumque navalem de Poenis meruit. Spei aedes a Germanico sacratur: Hanc A. Atilius voverat eodem bello.

L Adolescebat interea lex maiestatis. Et Appuleiam Varillam, sororis Augusti neptem, quia probrosis sermonibus divum Augustum ac Tiberium et matrem eius inlusisset Caesarique conexa adulterio teneretur, maiestatis delator arcessebat. De adulterio satis caveri lege Iulia visum: Maiestatis crimen distingui Caesar postulavit damnarique, si qua de Augusto inreligiose dixisset: In se iacta nolle ad cognitionem vocari. Interrogatus a consule, quid de iis censeret, quae de matre eius locuta secus argueretur, reticuit; dein proximo senatus die illius quoque nomine oravit, ne cui verba in eam

Zweites Buch

Adel von Servilius und Ämilius adelt Geld." Nur der befreundete Tiberius ließ sich mit einem Erbe danken. Den Angekannten, dessen Menschenhaß auf den Fürsten verfiel, lernte er nicht kennen. Er spendete der Ehre des lautern Elends, doch sperrte er Verschwendung und der Armut sündigen Lebens den Senat, so einem Vibidius Virro, Marius Nepos, Appius Appianus, Cornelius Sulla, Quintus Vitellius, — oder er nahm ihren Abschied an.

Tempel der Götter, von Feuer und Zeit zerfressen, hatte Augustus verjüngt. In jenen Tagen weihte sie Tiberius: den Tempel für Liber, Libera und Ceres am Zirkus Maximus, ein Gelübde des Diktators Aulus Postumius, und ebendort den Floratempel auf einem Grundbau der Ädilen Lucius und Marcus Publicius, sowie den Janustempel, Gajus Duilius' Schöpfung am Krautmarkt. Duilius lockte zum ersten Mal Roms Glück auf die Wellen und durfte den Seesieg über Karthago feiern. Germanicus heiligte der Hoffnung Tempel, Aulus Atilius' Gelöbnis in jenem punischen Kampf.

Es kräftigte sich des Hochverrats Gesetz. Eine Klage riß auf: „Schmähungen Appulejas Varillas, der Enkelin von Augustus' Schwester, höhnten Augustus, Tiberius und seine Mutter, und die Cäsarenbürtige umschlang nicht nur den Satten. Ich künde Hochverrat!" Doch der Cäsar meinte: „Dem Ehebruch genügt das julische Gesetz, und ich spalte den Hochverrat, fordere nur ihre dreiste Rede auf Augustus vor Gericht. Ich mag nicht den Richter die Silben prüfen sehen, die sie auf mich geworfen hat." Der Konsul forschte: „Und ihr liebloses Wort von deiner Mutter?" Er schwieg. Die nächste Sitzung brachte es:

LIBER SECUNDUS

quoquo modo habita crimini forent. Liberavitque Appuleiam lege maiestatis: Adulterii graviorem poenam deprecatus, ut exemplo maiorum propinquis suis ultra ducentesimum lapidem removeretur, suasit. Adultero Manlio Italia atque Africa interdictum est.

LI De praetore in locum Vipstani Galli, quem mors abstulerat, subrogando certamen incessit. Germanicus atque Drusus (nam etiam tum Romae erant) Haterium Agrippam propinquum Germanici fovebant: Contra plerique nitebantur, ut numerus liberorum in candidatis praepolleret, quod lex iubebat. Laetabatur Tiberius, cum inter filios eius et leges senatus disceptaret. Victa est sine dubio lex, sed neque statim et paucis suffragiis, quo modo etiam, cum valerent, leges vincebantur.

LII Eodem anno coeptum in Africa bellum, duce hostium Tacfarinate. Is natione Numida, in castris Romanis auxiliaria stipendia meritus, mox desertor, vagos primum et latrociniis suetos ad praedam et raptus congregare, dein more militiae per vexilla et turmas componere, postremo non inconditae turbae, sed Musulamiorum dux haberi. Valida ea gens et solitudinibus Africae propinqua, nullo etiam tum urbium cultu, cepit arma Maurosque accolas in bellum traxit. Dux et his, Mazippa. Divisusque exercitus, ut Tacfarinas lectos viros et Romanum in modum armatos castris attineret, disciplina et imperiis suesceret, Mazippa levi cum copia incendia et caedes et terrorem circumferret.

Zweites Buch

"Ob des frechsten Wortes wünscht auch meine Mutter die Menschen nicht gesteinigt." Und der Kaiser erließ Appuleja den Hochverrat. Ihrem schmiegsamen Leibe milderte sein bittender Rat die Sühne: "Nach dem Brauch der Altvordern verstößt sie ihre Sippe vierzig Meilen weit!" Ihren Buhlen Manlius strafte die Acht in Italien und Afrika.

Über dem Leichnam des Prätoren Vipstanus Sallus keimte Streit um den Erben seines Amts. Germanicus wie Drusus, Beide noch in Rom, halfen Germanicus' Geschlecht in Haterius Agrippa. Doch das Gesetz vom Ausschlag der Kinderzahl bei einer Bewerbung wälzte man heran. Tiberius lächelte: Zwischen Gesetz und seinen Söhnen krümmte sich der Senat. Nun — der Senat rang die Gesetze nieder, doch nicht sofort und mit bescheidener Mehrheit, wie zur Zeit des Kampfs mit lebenden Gesetzen.

In Afrika entband das Jahr unter Tacfarinas den Krieg. Der Sohn Numidiens hatte sich am Sold der Bundestruppen Roms gesättigt, und fahnenflüchtig, warb er sich Strolche und Straßenritter zu Beute und Raub. Die Kriegszucht schweißte sie zu Fähnchen und Schwadronen, und statt des Führers von wüsten Rotten scheute man zuletzt den Fürsten der Musulamier. "Zu den Waffen!", schrie der wehrhafte, wüstennahe Stamm, der den Brauch der Städte noch nicht kannte, und wirbelte auch die maurischen Nachbarn unter Mazippa in den Kampf. Im Lager übte den Kern, die römisch Gewaffneten, Tacfarinas zu Gehorsam im Glied. Doch hinter Mazippas Schwärmen flammten die Gehöfte über zitternden und blutenden Menschen. Ein nicht verächtlich Volk, mußte Cinithien sich ihnen vereinen.

LIBER SECUNDUS

Conpulerantque Cinithios, haud spernendam nationem, in eadem, cum Furius Camillus pro consule Africae legionem et, quod sub signis sociorum, in unum conductos ad hostem duxit, modicam manum, si multitudinem Numidarum atque Maurorum spectares; sed nihil aeque cavebatur, quam ne bellum metu eluderent. Spe victoriae inducti sunt, ut vincerentur. Igitur legio medio, leves cohortes duaeque alae in cornibus locantur. Nec Tacfarinas pugnam detrectavit. Fusi Numidae, multosque post annos Furio nomini partum decus militiae. Nam post illum reciperatorem urbis filiumque eius Camillum penes alias familias imperatoria laus fuerat; atque hic, quem memoramus, bellorum expers habebatur. Eo pronior Tiberius res gestas apud senatum celebravit; et decrevere patres triumphalia insignia, quod Camillo ob modestiam vitae impune fuit.

LIII Sequens annus Tiberium tertio, Germanicum iterum consules habuit. Sed eum honorem Germanicus iniit apud urbem Achaiae Nicopolim, quo venerat per Illyricam oram, viso fratre Druso in Delmatia agente, Hadriatici ac mox Ionii maris adversam navigationem perpessus. Igitur paucos dies insumpsit reficiendae classi; simul sinus Actiaca victoria inclutos et sacratas ab Augusto manubias castraque Antonii cum recordatione maiorum suorum adiit. Namque ei, ut memoravi, avunculus Augustus, avus Antonius erant, magnaque illic imago tristium laetorumque. Hinc ventum Athenas, foederique sociae et vetustae urbis datum, ut uno lictore uteretur. Excepere Graeci quaesitissimis honoribus, vetera suorum facta dictaque

Zweites Buch

Afrikas Prokonsul Furius Camillus ballte die Legion und die verbündeten Linientruppen dem Feind entgegen, — ein einsamer Fels im Meere der Numider und Mauren, und doch — nur gegen ihre Schlachtenfurcht stritt seine Sorge. Ihr Glaube an Sieg gewann erst Rom den Sieg. — Die Legion flankierten die leichten Kohorten und zwei Geschwader zu Pferd. Tacfarinas toste zur Schlacht, und seine Numider flohen. Nach langen Jahren zierte einen Furius Kriegsruhm. Seit jenem Retter Roms und seinem Sohne Camillus trugen fremde Geschlechter den Lorbeer, und an der Kriegskunst dieses Furius hatte man gespöttelt: Leichter floß sein Lob vor dem Senat von Tiberius' Zunge, und Bitterkeiten für des Senats Entscheid zu einem Siegeszug sparte Camillus ein schüchternes Leben.

Im Jahre 18 trafen sich Tiberius' drittes Konsulat und das zweite von Germanicus. Nach dem Besuch bei seinem Bruder Drusus in Dalmatien warfen Germanicus hadriatische und jonische Fluten wild sprühend vorbei an Illyriens Strand nach Achaias Nikopolis, wo der Purpur des Konsuls sein Gewand verbrämte. Wenig Tage zehrte es auf, die Flotte zu bessern, und sein Auge irrte zu Actiums siegverklärten Buchten, zu Antonius' Lager und Augustus' göttergeweihter Beute, träumte von seinem vergangenen Geschlecht: seinem Großoheim Augustus, seinem Ahn Antonius, träumte leuchtend und trauernd über den hohen Spielen der Geschichte. — In Athen ritt er ein, nur einen Liktor im Geleit zu der bundestreuen, altersgrauen Stadt. Höfisch, prunkend grüßten ihn

LIBER SECUNDUS

praeferentes, quo plus dignationis adulatio haberet. LIV Petita inde Euboea tramisit Lesbum, ubi Agrippina novissimo partu Iuliam edidit. Tum extrema Asiae Perinthumque ac Byzantium, Thraecias urbes, mox Propontidis angustias et os Ponticum intrat, cupidine veteres locos et fama celebratos noscendi; pariterque provincias internis certaminibus aut magistratuum iniuriis fessas refovebat. Atque illum in regressu sacra Samothracum visere nitentem obvii aquilones depulere. Igitur adito Ilio, quaeque ibi varietate fortunae et nostri origine veneranda, relegit Asiam adpellitque Colophona, ut Clarii Apollinis oraculo uteretur. Non femina illic, ut apud Delphos, sed certis e familiis et ferme Mileto accitus sacerdos numerum modo consultantium et nomina audit; tum in specum degressus, hausta fontis arcani aqua, ignarus plerumque litterarum et carminum edit responsa versibus compositis super rebus, quas quis mente concepit. Et ferebatur Germanico per ambages, ut mos oraculis, maturum exitum cecinisse.

LV At Cn. Piso, quo properantius destinata inciperet, civitatem Atheniensium turbido incessu exterritam oratione saeva increpat, oblique Germanicum perstringens, quod contra decus Romani nominis non Athenienses tot cladibus exstinctos, sed conluviem illam nationum comitate nimia coluisset: Hos enim esse Mithridatis adversus Sullam, Antonii adversus divum Augustum socios. Etiam vetera obiectabat, quae in Macedones inprospere,

Zweites Buch

die Griechen und schwatzten vom Schimmer ihrer Ahnen in Wort und Tat, hüllten den feilen Dirnenleib in Flitter. Von Euboia glitten die Schiffe nach Lesbos, wo Agrippinas Schoß Julia gebar und versiegte. Nach Asiens fernstem Strand, nach Perinthos und Byzanz in Thrakien, nach dem Schlund der Propontis und der pontischen Pforte trug ihn Sehnsucht nach den alten, sagenumsponnenen Stätten; und müden Provinzen half er vom Drucke der Beamten und von Zwist. Auf der Rückfahrt gelüstete ihn Samothrakes heiliges Geheimnis, doch wider ihn stürmte ein scheuchender Nord. Er stand auf Ilion und den Trümmern, wo die Laune des Schicksals, wo die Keime Roms zu schauerndem Gedächtnis luden. — An Asiens Strand nach Süden, gegen Kolophon lockte ihn Apolls Orakel zu Klaros. Nicht ein Weib, wie zu Delphi, — ein Priester aus Erbgeschlechtern und fast stets aus Milet, erlauscht nur der Waller Zahl und Namen, steigt in eine tiefe Grotte, von rätseldunklem Quell zu schlürfen, und die Verse eines Mannes, der meist um Schrift und Sang nicht weiß, lösen die Gedanken der Pilger. Man flüsterte: „Dämmernd, wie Götterspruch, flatterte zu Germanicus ein Rätsel von Tod im Lenz des Lebens."

Gnäus Piso raste zum Beginn der Tat. Stürmisch ritt er in das schreckensfahle Athen, und seine schäumenden Worte stichelten auch Germanicus' Tun: „Achtlos der Ehre Roms, lachte der Höfliche zum Auswurf der Völker, nicht zu Athenern, die sich in tödlichen Kriegen längst verbluteten: In Mithridates' Waffen focht Athen wider Sulla, für Antonius wider Augustus." Der Vergangenheit entriß er den Sieg Mazedoniens und heimische Gewalttat gegen Bürger:

LIBER SECUNDUS

violenter in suos fecissent, offensus urbi propria quoque ira, quia Theophilum quendam Areo iudicio falsi damnatum precibus suis non concederent. Exim navigatione celeri per Cycladas et compendia maris adsequitur Germanicum apud insulam Rhodum, haud nescium, quibus insectationibus petitus foret: Sed tanta mansuetudine agebat, ut, cum orta tempestas raperet in abrupta possetque interitus inimici ad casum referri, miserit triremis, quarum subsidio discrimini eximeretur. Neque tamen mitigatus Piso et vix diei moram perpessus linquit Germanicum praevenitque. Et postquam Syriam ac legiones attigit, largitione, ambitu, infimos manipularium iuvando, cum veteres centuriones, severos tribunos demoveret locaque eorum clientibus suis vel deterrimo cuique attribueret, desidiam in castris, licentiam in urbibus, vagum ac lascivientem per agros militem sineret, eo usque corruptionis provectus est, ut sermone vulgi parens legionum haberetur. Nec Plancina se intra decora feminis tenebat, sed exercitio equitum, decursibus cohortium interesse, in Agrippinam, in Germanicum contumelias iacere, quibusdam etiam bonorum militum ad mala obsequia promptis, quod haud invito imperatore ea fieri occultus rumor incedebat. Nota haec Germanico, sed praeverti ad Armenios instantior cura fuit.

LVI Ambigua gens ea antiquitus hominum ingeniis et situ terrarum, quoniam nostris provinciis late praetenta penitus ad Medos porrigitur; maximisque imperiis interiecti et saepius discordes sunt, adversus Romanos odio et in Parthum invidia. Regem illa tempestate non habebant, amoto Vonone;

Zweites Buch

Selbst seiner Bitte unerbittlich, verleidete des Areiopages Urteil gegen einen Fälscher Theophilos auch seiner gereizten Eigenliebe diese Stadt. — An den Kykladen vorüber flog sein Schiff auf kürzendem Pfad des Meers, und zu Rhodos holte er Germanicus auf, der von der heißen Treibjagd wußte. — Ein donnerndes Wetter riß den Feind in Seklipp, und sein Tod ließ sich unter den Zufall zählen. Doch den begehrlichen Wogen entwanden ihn die Schiffe eines milden Mannes. Nicht irr im Haß, ließ sich Piso einen Tag kaum lähmen, eilte Germanicus vor. In Syriens Legionen streute er Geld, bückte sich um Gunst und hob die niedrigsten Legionare. Seine Schützlinge und Schurken ersetzten graue Centurionen, strenge Tribunen. Im Lager schlief das Heer. Auf dem Lande streifend, in Städten flackerte heiß die Lust, und eine verderbte Masse scherzte vom „Vater der Legionen". Auch sein züchtiges Weib Plancina stellte sich bei Übungen zu Pferd und Fuß zur Schau, spie Schmach auf Agrippina und Germanicus. Selbst die Glieder treuer Soldaten rührte häßliches Geheiß: Die Sage von einem dazu lächelnden Kaiser war in den Sinn geschlichen. Germanicus war wissend; doch nach Armenien drängte ihn die Sorge.

Die Zwiegestalt des Geistes und der Lage jenes Volks, tief umstrickt von Roms Provinzen und Mediens Gebiet, ward von der Zeit nicht verschmolzen. Die Umarmung der Riesenreiche sät seinem Römerhaß und Partherneid oft die Zwietracht. In die Fremde war zu jener Zeit die Krone mit Vonones

LIBER SECUNDUS

sed favor nationis inclinabat in Zenonem, Polemonis regis Pontici filium, quod is prima ab infantia instituta et cultum Armeniorum aemulatus, venatu epulis et, quae alia barbari celebrant, proceres plebemque iuxta devinxerat. Igitur Germanicus in urbe Artaxata adprobantibus nobilibus, circumfusa multitudine insigne regium capiti eius imposuit. Ceteri venerantes regem Artaxiam consalutavere, quod illi vocabulum indiderant ex nomine urbis. At Cappadoces in formam provinciae redacti Q. Veranium legatum accepere; et quaedam ex regiis tributis deminuta, quo mitius Romanum imperium speraretur. Commagenis Q. Servaeus praeponitur, tum primum ad ius praetoris translatis.

LVII Cunctaque socialia prospere composita non ideo laetum Germanicum habebant ob superbiam Pisonis, qui iussus partem legionum ipse aut per filium in Armeniam ducere utrumque neglexerat. Cyrri demum apud hiberna decumae legionis convenere, firmato vultu, Piso adversus metum, Germanicus, ne minari crederetur; et erat, ut rettuli, clementior. Sed amici accendendis offensionibus callidi intendere vera, adgerere falsa ipsumque et Plancinam et filios variis modis criminari. Postremo paucis familiarium adhibitis sermo coeptus a Caesare, qualem ira et dissimulatio gignit, responsum a Pisone precibus contumacibus; discesseruntque apertis odiis. Post quae rarus in tribunali Caesaris Piso et, si quando adsideret, atrox ac dissentire manifestus. Vox quoque eius audita est in convivio, cum apud regem Nabataeorum coronae aureae magno pondere Caesari et Agrippi-

Zweites Buch

entführt. Doch Zenon, der Sohn des pontischen Königs Polemon, bezauberte Adel und Volk durch Jagd, Gelage, durch alle Freuden der Armenier. Schon der Knabe hatte sich in Armeniens Brauch und Putz gemüht, und dem Volk gefiel sein Schmeichler. In Germanicus' Hand gleißte zu Artaxata ein Diadem, schwebte auf Zenon, und der Adel klatschte; es wogte das Volk. „Heil König Artaxias!" Die Stadt Artaxata stand ihm Pate. — Kappadokiens Wandlung zur Provinz verlangte einen Statthalter in Quintus Veranius, und Milde in mancher Königssteuer warb für eine mildere Herrschaft Roms. Das neue Recht des Prätors folgte Quintus Servaus nach Kommagene.

Zu den Bundesvölkern war das Glück gegangen. Doch müde zuckten Germanicus' Lippen: Die Hoffahrt Pisos höhnte das Wort, das ihn oder seinen Sohn mit einem Teil der Legionen nach Armenien befahl. Am Winterlager der zehnten Legion, zu Kyrrhos trafen sich Germanicus und Piso, brütende Ruhe auf dem Antlitz. Piso zähmte die Furcht, und Germanicus zerstörte jeden Schein von herrischer Drohung, stets zur Milde neigend. Doch List der Freunde bauschte die Wahrheit, schüttete Lügen, auf daß die Augen heißer glühten, und rief Klage auf Klage wider Piso und Plancina, wider ihre Söhne. Nur wenige Vertraute lauschten: Im Schleier des Zorns bebten des Cäsars beginnende Worte kalt, und Pisos trotzende Bitten schrillten. Sie schieden — haßfunkelnden Auges. Nur selten saß in Zukunft Piso neben dem richtenden Cäsar, doch wenn er dort saß, — düster, in blankem Hohn. — Bei einem Gelage des Königs

LIBER SECUNDUS

nae, leves Pisoni et ceteris offerrentur, principis Romani, non Parthi regis filio eas epulas dari; abiecitque simul coronam et multa in luxum addidit, quae Germanico, quamquam acerba, tolerabantur tamen.

LVIII Inter quae ab rege Parthorum Artabano legati venere. Miserat amicitiam ac foedus memoraturos, et cupere renovari dextras, daturumque honori Germanici, ut ripam Euphratis accederet: Petere interim, ne Vonones in Syria haberetur neu proceres gentium propinquis nuntiis ad discordias traheret. Ad ea Germanicus de societate Romanorum Parthorumque magnifice, de adventu regis et cultu sui cum decore ac modestia respondit. Vonones Pompeiopolim, Ciliciae maritimam urbem, amotus est. Datum id non modo precibus Artabani, sed contumeliae Pisonis, cui gratissimus erat ob plurima officia et dona, quibus Plancinam devinxerat.

LIX M. Silano, L. Norbano consulibus Germanicus Aegyptum proficiscitur cognoscendae antiquitatis. Sed cura provinciae praetendebatur, levavitque apertis horreis pretia frugum multaque in vulgus grata usurpavit: Sine milite incedere, pedibus intectis et pari cum Graecis amictu, P. Scipionis aemulatione, quem eadem factitavisse apud Siciliam, quamvis flagrante adhuc Poenorum bello, accepimus. Tiberius cultu habituque eius lenibus

Zweites Buch

der Nabataier senkten sich die schweren, güldnen Kronen zum Cäsar und zu Agrippina, nur güldene Reife zu Piso und dem Hof. Ein Schrei: "Vor dem Sprossen des Fürsten Roms, nicht des Königs der Parther girrt das Gelage." Zu Pisos Füßen klirrte der Reif, und es geißelte sein Wort die Üppigkeit. Doch nur müde zuckten Germanicus' schweigende Lippen.

Eine Gesandtschaft des Königs der Parther murmelte von Artabanos' altem Freundesbündnis: "Des frischen Handschlags wartet der Fürst, und nach dem Strand des Euphrats reitet er für Germanicus' Ruhm. Doch ersehnt er Syrien dieses Vonones ledig und ein Gewebe zerhauen, das seine nahen Boten mit den Fürsten der eigenen Stämme zetteln." Berauschend tönte Germanicus' Antwort auf das Bündnis Roms und der Parther, doch auf den schmeichelnden Ritt des Königs klang sie nach bescheidenem Fürstenstolz. Ein Hafen Kilikiens, Pompeiupolis, lähmte Vonones. Artabanos hatte es erbeten, und Piso zerbiß sich die Lippe: Pisos Lächeln war Plancinas Lächeln, und Plancina hatte Vonones, ihrem Sklaven, und seinen bestrickenden Gaben oft gelächelt.

Im Jahre 19 lockte Ägyptens Urzeit Germanicus. Doch daß die Rede von Sorge um die Provinz nicht lüge, drückten die offnen Speicher den Preis des Korns, und es jauchzte der Pöbel zu gewinnendem Betragen, zu einem Manne, dessen Gang nicht Speere bahnten, um dessen nackten Fuß griechische Gewänder fluteten. Ihn begeisterte Publius Scipios Brauch, einst auf Sizilien, selbst im lodernden Kriege mit Karthago. Nur ein Stich, ritzte ihn Tiberius' Rüge des

LIBER SECUNDUS

verbis perstricto acerrime increpuit, quod contra instituta Augusti non sponte principis Alexandriam introisset. Nam Augustus inter alia dominationis arcana vetitis nisi permissu ingredi senatoribus aut equitibus Romanis inlustribus seposuit Aegyptum, ne fame urgueret Italiam, quisquis eam provinciam claustraque terrae ac maris quamvis levi praesidio adversum ingentes exercitus insedisset.

LX Sed Germanicus nondum comperto profectionem eam incusari Nilo subvehebatur, orsus oppido a Canopo. Condidere id Spartani ob sepultum illic rectorem navis Canopum, qua tempestate Menelaus Graeciam repetens diversum ad mare terramque Libyam deiectus est. Inde proximum amnis os dicatum Herculi, quem indigenae ortum apud se et antiquissimum perhibent eosque, qui postea pari virtute fuerint, in cognomentum eius adscitos; mox visit veterum Thebarum magna vestigia. Et manebant structis molibus litterae Aegyptiae, priorem opulentiam complexae; iussusque e senioribus sacerdotum patrium sermonem interpretari referebat habitasse quondam septingenta milia aetate militari, atque eo cum exercitu regem Rhamsen Libya Aethiopia Medisque et Persis et Bactriano ac Scytha potitum, quasque terras Suri Armeniique et contigui Cappadoces colunt, inde Bithynum, hinc Lycium ad mare imperio tenuisse. Legebantur et indicta gentibus tributa, pondus argenti et auri, numerus armorum equorumque et dona templis ebur atque odores, quasque copias frumenti et omnium utensilium quaeque natio penderet, haud minus magnifica, quam nunc vi Par-

Zweites Buch

Gewandes und Gebarens, doch der Groll eines ungefragten Fürsten sehrte schwer den Einritt in Alexandria entgegen Augustus' Ordnung: Unter den Geheimnissen des Kaisertumes ruhte sein Verbot für Senatoren und Edelritter, es eigenmächtig zu betreten; denn auch Riesenheere öffneten nicht Ägyptens Tore zu See und Land, selbst bei nur dürftigem Schutz, und so konnte die Teuerung Italien zerfressen. Ägypten ward verschlossen.

Doch Germanicus, vom Tadel seiner Reise noch nicht ereilt, wiegte der Nil von Canopos aufwärts. Sparta baute es an Canopos' Grab, eines Steuermanns von Menelaos, der seine Heimat suchte, den es in ferne Wasser und nach Libyen verschlug. Zur nächsten Mündung des Stroms lenkte ihn Herakles' Geist, nach den Mären der Bewohner der älteste Held, dort entsprossen, dessen Namen man für Recken der Nachwelt gestohlen habe. Und der Hauch des alten Theben wehte aus großen Trümmern zu Germanicus. Auf Hünenbauten rätselten noch die ägyptischen Zeichen, Schriften einstiger Blüte. Die Mutterlaute deutete ein greiser Priester seinem Gebot: „Waffen von siebenhunderttausend Kriegern dieses Gebiets warben vor alters um Libyen, Aithiopien, Medien, Persien, Baktrien und Skythien, spiegelten sich auf Syrien, Armenien und das nahe Kappadokien von Bithyniens See zu Lykiens Meer, strahlten zu König Rhamses." Es stand geschrieben von den Steuern der Völker; von Barren Goldes und Silbers, von Zahlen an Waffen und an Rossen; von Tempelgaben: Elfenbein und Räucherwerk; von der Fülle des Korns und Bedarfs, die einst die Völker zollten. So üppig, herrisch klang es, wie heute aus dem Mund der Parther und

LIBER SECUNDUS

thorum aut potentia Romana iubentur. LXI Ceterum Germanicus aliis quoque miraculis intendit animum, quorum praecipua fuere Memnonis saxea effigies, ubi radiis solis icta est, vocalem sonum reddens, disiectasque inter et vix pervias arenas instar montium eductae pyramides certamine et opibus regum, lacusque effossa humo, superfluentis Nili receptacula; atque alibi angustiae et profunda altitudo, nullis inquirentium spatiis penetrabilis. Exim ventum Elephantinen ac Syenen, claustra olim Romani imperii, quod nunc rubrum ad mare patescit.

LXII Dum ea aestas Germanico plures per provincias transigitur, haud leve decus Drusus quaesivit inliciens Germanos ad discordias, utque fracto iam Maroboduo usque in exitium insisteretur. Erat inter Gotones nobilis iuvenis nomine Catualda, profugus olim vi Marobodui et tunc dubiis rebus eius ultionem ausus. Is valida manu fines Marcomanorum ingreditur corruptisque primoribus ad societatem inrumpit regiam castellumque iuxta situm. Veteres illic Sueborum praedae et nostris e provinciis lixae ac negotiatores reperti, quos ius commercii, dein cupido augendi pecuniam, postremum oblivio patriae suis quemque ab sedibus hostilem in agrum transtulerat.

LXIII Maroboduo undique deserto non aliud subsidium quam misericordia Caesaris fuit. Transgressus Danuvium, qua Noricam provinciam praefluit, scripsit Tiberio non ut profugus aut supplex, sed ex memoria prioris fortunae: Nam multis nationibus clarissimum quondam regem ad se vocantibus Romanam amicitiam praetulisse. Respon-

Zweites Buch

Römer. Doch die Wunder sättigten Germanicus noch nicht: So bebten klingend die Lippen des steinern starren Memnon im Kuß der strahlenden Sonne. Hochgeschütteter, fast bahnloser Sand lagerte um ein Gebirge, um die Pyramiden, die der Ehrgeiz reicher Könige getürmt. Den überflutenden Nil sog ein See von Menschenfleiß, und wieder dort schlang sich der Strom in einem schmalen Bett, vom Senkblei eines Forschers nie ergründet. Man ritt nach Elephantine und Syene, alten Pforten des römischen Reichs, das jetzt am Roten Meere endet. Manche Provinz verkürzte Germanicus den Sommer.

Im Sommer schwang sich Drusus zu Ruhm: Er verführte Germanien zu Zwietracht und drang, den strauchelnden Marbod in die Tiefe zu schleudern. Marbods mächtige Acht hatte den jungen, edelbürtigen Katualda den Gotonen zugetrieben, und keck, stieß jetzt der Rächer nach Marbods wankender Krone. Markomannien zerstampften die gewaltigen Rotten. Sein Sold erkaufte im Adel die Waffentreue, und das Königsschloß wie die nahe Burg hallten von Siegesgeschrei. Es blinkte die uralte Beute der Sueben. Kaufherrn und Händler aus Roms Provinzen krochen hervor, die Handelsrecht und Geldgier, vergessende Gewöhnung in Feindesgauen gesiedelt hatten.

Nur auf einen gnädigen Cäsaren fiel Marbods hilflos starrer Blick. Rechts der Donau, wo sie die norische Provinz bespült, schrieb er an Tiberius — nicht wie ein geächteter Mann und nichts von Bitten — nur sinnend über sein verronnenes Glück: „Ein König des Sieges blendete viele Völker zu begehrlichem Antrag, doch Treue schwur ich Rom." „Italien ladet

LIBER SECUNDUS

sum a Caesare tutam ei honoratamque sedem in Italia fore, si maneret,; sin rebus eius aliud conduceret, abiturum fide, qua venisset. Ceterum apud senatum disseruit non Philippum Atheniensibus, non Pyrrum aut Antiochum populo Romano perinde metuendos fuisse. Extat oratio, qua magnitudinem viri, violentiam subiectarum ei gentium et, quam propinquus Italiae hostis, suaque in destruendo eo consilia extulit. Et Maroboduus quidem Ravennae habitus, si quando insolescerent Suebi, quasi rediturus in regnum ostentabatur; sed non excessit Italia per duodeviginti annos consenuitque multum imminuta claritate ob nimiam vivendi cupidinem.

Idem Catualdae casus neque aliud perfugium. Pulsus haud multo post Hermundurorum opibus et Vibilio duce receptusque, Forum Iulium, Narbonensis Galliae coloniam, mittitur. Barbari utrumque comitati, ne quietas provincias immixti turbarent, Danuvium ultra inter flumina Marum et Cusum locantur, dato rege Vannio gentis Quadorum.

LXIV Simul nuntiato regem Artaxian Armeniis a Germanico datum decrevere patres, ut Germanicus atque Drusus ovantes urbem introirent. Structi et arcus circum latera templi Martis Ultoris cum effigie Caesarum, laetiore Tiberio, quia pacem sapientia firmaverat, quam si bellum per acies confecisset. Igitur Rhescuporim quoque, Thraeciae regem, astu adgreditur.

Omnem eam nationem Rhoemetalces tenuerat; quo defuncto Augustus partem Thraecum Rhescu-

Zweites Buch

dich zu einer Zuflucht der Ehre. Und mußt du, willst du wieder wandern, so geh — behütet, wie du gekommen bist!" Des Cäsaren Antwort ergänzte sich vor dem Senat: "Vor Philipp graute Athen, Rom vor Pyrrhos, vor Antiochos. Rom, zittere jetzt vor Marbod!" Er sprach in noch bewahrten Worten von seinem Herrschergeist, von gärenden Sinnen seiner pflichtigen Stämme, von einem nahen Feind Italiens, — vom eigenen Todesnetz. In Ravenna mußte Marbod weilen, und das Gespenst der Rückkehr in sein Land schreckte die Kriegestaumel der Sueben. Doch achtzehn Jahre rannen, und er weilte noch in Italien. Für einen zu tiefen Trunk des Lebensdurstes zahlte der alternde Fürst mit Ruhm.

Wie Marbod litt und rettete sich Katualda. Die Hermunduren unter Vibilius scheuchten ihn zu den Römern, und Rom entließ ihn nach Forum Julium, einer Siedlerstadt in Gallien Narbonensis. Furcht vor Sturm in stillen Provinzen beschränkte Marbods und Katualdas germanisches Gefolge jenseits der Donau zwischen March und Waag. Seinen König stellten die Quaden: Vannius.

In jenen Tagen verlautete auch Artaxias' Krönung in Armenien durch Germanicus, und der Senat entschied: "Drusus und Germanicus beschreiten Rom auf dem Roß des Siegers!" An neuen Siegestoren links und rechts vom Tempel des rächenden Mars meißelte man Bilder der Cäsaren. Tiberius freute sich des geschmiedeten Friedens, des Werkes seiner Klugheit, nicht heißen Kriegs, und seine Tücke umgarnte Thrakiens König Rheskuporis.

Augustus hatte Thrakien nach Rhoimetalkes' Tod seinem Bruder Rheskuporis und seinem Sohne Kotys

LIBER SECUNDUS

poridi fratri eius, partem filio Cotyi permisit. In ea divisione arva et urbes et vicina Graecis Cotyi, quod incultum, ferox, adnexum hostibus, Rhescuporidi cessit; ipsorumque regum ingenia, illi mite et amoenum, huic atrox, avidum et societatis inpatiens erat. Sed primo subdola concordia egere: Mox Rhescuporis egredi fines, vertere in se Cotyi data et resistenti vim facere, cunctanter sub Augusto, quem auctorem utriusque regni, si sperneretur, vindicem metuebat. Enimvero audita mutatione principis inmittere latronum globos, excindere castella, causas bello. LXV Nihil aeque Tiberium anxium habebat, quam ne conposita turbarentur. Deligit centurionem, qui nuntiaret regibus, ne armis disceptarent; statimque a Cotye dimissa sunt, quae paraverat, auxilia.

Rhescuporis ficta modestia postulat, eundem in locum coiretur: Posse de controversiis conloquio transigi. Nec diu dubitatum de tempore, loco, dein condicionibus, cum alter facilitate, alter fraude cuncta inter se concederent acciperentque. Rhescuporis sanciendo, ut dictitabat, foederi convivium adicit, tractaque in multam noctem laetitia per epulas ac vinolentiam incautem Cotyn et, postquam dolum intellexerat, sacra regni, eiusdem familiae deos et hospitalis mensas obtestantem catenis onerat.

Thraeciaque omni potitus scripsit ad Tiberium structas sibi insidias, praeventum insidiatorem; simul bellum adversus Bastarnas Scythasque praetendens novis peditum et equitum copiis sese fir-

Zweites Buch

zerstückelt, die Städte und Saaten nah an griechischer Flur Kotys verliehen und rauhe Wüsten, stets von Kämpfen umheult, an Rheskuporis geworfen. Wie ihr Land, so die Fürsten. Hier sich schmiegende Güte, dort grausige Sinnenlust und ungeselliger Haß. Anfangs täuschte die Eintracht. Bald tummelte sich Rheskuporis auf Kotys' Ländereien, bröckelte den eigenen Äckern davon ab und schlug auf Widerstand — zögernd unter Augustus, dem Schöpfer der Reiche und drohenden Rächer einer Schmach. Doch der Wechsel in den Kaisern entfesselte Rotten von Räubern, schleuderte Feuer in die Burgen, den Krieg zu erzwingen. Nur wenn die Menschen des Friedens vergessen wollten, zerquälte sich Tiberius so irr. Ein Centurio sprach den Königen seinen Befehl: „Die Waffen nieder!" Kotys sprengte sofort die Bundestruppen seiner Rüstung.

Geschmeidig verwandte sich ein schüchterner Rheskuporis für die Zusammenkunft: „Worte lösen strittige Fragen." Ein langer Zweifel um Zeit und Ort, um die Punkte des Vertrags kürzte sich durch heitere Schmiegsamkeit des einen Mannes, durch willige Lügen seines Gegners. „Ich will das lose Bündnis knüpfen," liebte Rheskuporis zu äußern, und die ruhende Nacht fuhr auf im Jauchzen einer Schmauserei und trunkener Zecher. Ketten schlangen sich um Kotys. Arglos tafelnd, — schrie er, nun die Falle witternd, von heiligem Purpur und Gastrecht, schrie nach den Göttern ihres gleichen Geschlechts.

Der Gebieter des gesamten Thrakiens schrieb Tiberius: „Eine Schlange ringelte sich an meine Brust, doch ich konnte sie noch würgen." Und er wappnete sich mit neuen Rüstungen zu Fuß und Pferd. „Es

LIBER SECUNDUS

mabat. Molliter rescriptum, si fraus abesset, posse eum innocentiae fidere; ceterum neque se neque senatum nisi cognita causa ius et iniuriam discreturos: Proinde tradito Cotye veniret transferretque invidiam criminis. LXVI Eas litteras Latinius Pandusa pro praetore Moesiae cum militibus, quis Cotys traderetur, in Thraeciam misit. Rhescuporis inter metum et iram cunctatus maluit patrati quam incepti facinoris reus esse: Occidi Cotyn iubet mortemque sponte sumptam ementitur.

Nec tamen Caesar placitas semel artes mutavit, sed defuncto Pandusa, quem sibi infensum Rhescuporis arguebat, Pomponium Flaccum, veterem stipendiis et arta cum rege amicitia eoque accommodatiorem ad fallendum, ob id maxime Moesiae praefecit. LXVII Flaccus in Thraeciam transgressus per ingentia promissa quamvis ambiguum et scelera sua reputantem perpulit, ut praesidia Romana intraret. Circumdata hinc regi specie honoris valida manus, tribunique et centuriones monendo, suadendo et, quanto longius abscedebatur, apertiore custodia, postremo gnarum necessitatis in urbem traxere. Accusatus in senatu ab uxore Cotyis damnatur, ut procul regno teneretur. Thraecia in Rhoemetalcen filium, quem paternis consiliis adversatum constabat, inque liberos Cotyis dividitur; iisque nondum adultis Trebellenus Rufus praetura functus datur, qui regnum interim tractaret, exemplo, quo maiores M. Lepidum Ptolemaei liberis tutorem in Aegyptum miserant. Rhescuporis Alexandriam devectus atque illic fugam temptans an ficto crimine interficitur.

Zweites Buch

gilt dem Kampf mit Skythen und Bastarnern." Milde tönte es zurück: „Den Freund der Wahrheit wappnet die Unschuld. Doch nur ein Kenner deiner Sache, werde ich, wird der Senat in Rechten und Sünden sichten. Kotys gib heraus und komme! Vertausche selbst das Ziel dem häßlichen Serede!" Das Schreiben brachten nach Thrakien Soldaten des Proprätoren Mösiens, Latinius Pandusas, — die Begleiter für Kotys. In Rheskuporis schwankten Furcht und die Wut: „Es sei! Man zeihe mich der Tat, nicht des Versuchs! An Kotys den Tod!" Er log von Selbstmord.

Doch in Liebe zu den alten Ränken verloren, brütete der Cäsar fort. Nach Pandusas Tod eiferte Rheskuporis auf seine Feindschaft, und den alten Krieger Pomponius Flaccus berief nach Mösien fast nur sein besseres Geschick zu Trug: Er war dem König bereits ein trauter Freund. Flaccus ging nach Thrakien, und als der Fürst ratlos seine Sünden wog, warf er heilige Verheißung in die eine Schale und lockte ihn zu Schutz in römische Gemarkung. Waffen klirrten, einen König zu ehren. Tribunen und Centurionen drängten in mahnendem Rat. Er ritt, der Heimat immer ferner, und die Waffen klirrten laut und lauter, dröhnten. Er hörte es. Er war in Rom. Im Senat rief Kotys' Gattin Klage, und als Gefangener ward er aus seinem Reich geächtet. Zerkleinert, lohnte Thrakien seinem Sohne Rhoimetalkes den erwiesenen Streit mit den Plänen seines Vaters, fiel zum anderen Teil an Kotys' Kinder. Für ihre Jugend wurde ein Reichsverweser in dem Altprätoren Trebellenus Rufus betraut, wie Marcus Lepidus einst in Ägypten für Ptolemaios' Geschlecht. — Rheskuporis verschleppte man nach Alexandreia. Einen Fluchtversuch

LIBER SECUNDUS

LXVIII Per idem tempus Vonones, quem amotum in Ciliciam memoravi, corruptis custodibus effugere ad Armenios, inde Albanos Heniochosque et consanguineum sibi regem Scytharum conatus est. Specie venandi omissis maritimis locis avia saltuum petiit, mox pernicitate equi ad amnem Pyramum contendit, cuius pontes accolae ruperant audita regis fuga, neque vado penetrari poterat. Igitur in ripa fluminis a Vibio Frontone praefecto equitum vincitur, mox Remmius evocatus, priori custodiae regis adpositus, quasi per iram gladio eum transigit. Unde maior fides conscientia sceleris et metu indicii mortem Vononi inlatam.

LXIX At Germanicus Aegypto remeans cuncta, quae apud legiones aut urbes iusserat, abolita vel in contrarium versa cognoscit. Hinc graves in Pisonem contumeliae, nec minus acerba, quae ab illo in Caesarem temptabantur. Dein Piso abire Suria statuit. Mox adversa Germanici valetudine detentus, ubi recreatum accepit votaque pro incolumitate solvebantur, admotas hostias, sacrificalem apparatum, festam Antiochensium plebem per lictores proturbat. Tum Seleuciam degreditur, oppereiens aegritudinem, quae rursum Germanico acciderat. Saevam vim morbi augebat persuasio veneni a Pisone accepti; et reperiebantur solo ac parietibus erutae humanorum corporum reliquiae, carmina et devotiones et nomen Germanici plumbeis tabulis insculptum, semusti cineres ac tabo

Zweites Buch

sühnte er in Blut. Doch vielleicht entfloh er selbst in seinen Träumen nicht.

Seld betäubte Vonones' Wächter jener Tage, und den Bann in Kilikien brach er zur Flucht nach Armenien, Albanien, Heniochien und zu seinem Verwandten, dem Skythenkönig. Scheinbar versprengte ihn die Jagd vom Meere weg in pfadlose Schluchten. Es flog sein Roß zum Dscheihun. Noch rascher flog das Gerücht zu den Bewohnern, und die Brücken schwammen davon, und Furten fehlten. Am Ufer des Flusses schnitten ihn Fesseln des Reiterpräfekten Vibius Fronto. Doch das Schwert des neuentbotenen Veteranen Remmius, der einst der Wache um den König befohlen hatte, zückte sich blank. Er stieß wie ergrimmt, und so glaubt man eher: Ein Mann, der in ein Verbrechen verschlungen war, bebte vor dem Wort, das nur der tote Vonones nicht spricht.

Von Ägypten wandte sich Germanicus zurück. Zertrümmert war sein Befehl in Stadt und Legion oder zum Widerwort entstellt. Es gellte bitter zu Piso, so bitter wie sein verwegnes Tun wider den Cäsar, und Piso entschied sich zu einer Reise aus Syrien. Siech ward Germanicus. Piso stockte. „Er ist gesundet", klang es, und ob der Botschaft das Gelöbnis zu vollziehen, brüllten schon die Opfertiere, gürteten sich Priester, wogte heiter Antiocheias Volk. „Auseinander," herrschten Pisos Liktoren. Wieder schlich das Siechtum zu Germanicus, und in Seleukeia harrte Piso. „Er reichte Gift." Der Cäsar glaubte es und wand sich in Qual. Man stöberte auf in Wand und Fliesen Menschengebein, Zaubergesang und Verdammnis, auf bleiernen Platten Germanicus' Namen, verkohlte, halb faulende Knochen

LIBER SECUNDUS

obliti aliaque malefica, quis creditur animas numinibus infernis sacrari. Simul missi a Pisone incusabantur, ut valetudinis adversa rimantes.

LXX Ea Germanico haud minus ira quam per metum accepta. Si limen obsideretur, si effundendus spiritus sub oculis inimicorum foret, quid deinde miserrimae coniugi, quid infantibus liberis eventurum? Lenta videri veneficia: Festinare et urguere, ut provinciam, ut legiones solus habeat. Sed non usque eo defectum Germanicum, neque praemia caedis apud interfectorem mansura. Componit epistulas, quis amicitiam ei renuntiabat; addunt plerique iussum provincia decedere. Nec Piso moratus ultra navis solvit, moderabaturque cursui, quo propius regrederetur, si mors Germanici Suriam aperuisset.

LXXI Caesar paulisper ad spem erectus, dein fesso corpore, ubi finis aderat, adsistentes amicos in hunc modum adloquitur: 'Si fato concederem, iustus mihi dolor etiam adversus deos esset, quod me parentibus liberis patriae intra iuventam praematuro exitu raperent. Nunc scelere Pisonis et Plancinae interceptus ultimas preces pectoribus vestris relinquo: Referatis patri ac fratri, quibus acerbitatibus dilaceratus, quibus insidiis circumventus miserrimam vitam pessima morte finierim. Si quos spes meae, si quos propinquus sanguis, etiam quos invidia erga viventem movebat, inlacrimabunt quondam florentem et tot bellorum superstitem muliebri fraude cecidisse. Erit vobis locus querendi apud senatum, invocandi leges. Non

Zweites Buch

und Frevel über Frevel. Den Göttern der Schatten weiht der Aberglaube so die Seelen. Von Pisos Boten zischte man: "Sie lauern, ob es den Leib zerrüttet."

In bangem Groll ward Germanicus fahl: "Wenn sie schon an der Schwelle lauern, — wenn ich verröcheln muß, von ihren Augen verhöhnt — — — Wimmern sie noch nicht? — Sie werden schreien, armes Weib, gebrechliche Kinder. — — Wie für ihn das Gift so furchtsam schleicht! — — Und er fliegt und er hastet, — in der Provinz, den Legionen einsam zu gebieten! — Noch zuckt mein Leib. — Ich will dich lohnen, Mörder, — hörst du, — mit Undank — — —" Ein Brief sagte ihm die Freundschaft auf. "Auch die Provinz verbot ihm sein Befehl," ergänzen andere Berichte. Piso las den Brief und zerhieb das Tau. Doch sachte glitt das Schiff. An Rückfahrt wollte er sparen — nach Germanicus' Tod, der ihm Syrien erschloß.

Kurz atmete der Cäsar auf. Doch sein Leib zerfiel. Es war der Tod. Zu lauschenden Freunden flüsterte er schwer: "Das Schicksal will nicht meinen Tod. So könnte ich in gerechtem Schmerze selbst den Göttern fluchen: Zu zeitig für die Eltern und Kinder, für die Heimat bracht ihr die Frucht der Blüte. Doch Piso und Plancina gehrten nach Tod, nach Sünde, und tief in euerer Brust schlafe meine letzte Bitte: "Ich bin wund, von Dornen zerrissen; nur in lauernden Dornen schritt ich. Und nach einem Leben des Leids quoll im Tode das Blut — ehrlos — — Sagt es meinem Vater, dem Bruder! — — — Träumen nicht Römer von mir? Rinnt mein Blut nicht in Römern? Und wenn Römer mich neideten — einst — im Leben, — sie werden trauern, sie alle: Kriege jagten

LIBER SECUNDUS

hoc praecipuum amicorum munus est, prosequi defunctum ignavo questu, sed, quae voluerit, meminisse, quae mandaverit, exsequi. Flebunt Germanicum etiam ignoti: Vindicabitis vos, si me potius quam fortunam meam fovebatis. Ostendite populo Romano divi Augusti neptem eandemque coniugem meam, numerate sex liberos. Misericordia cum accusantibus erit, fingentibusque scelesta mandata aut non credent homines aut non ignoscent.' Iuravere amici, dextram morientis contingentes, spiritum ante quam ultionem amissuros.

LXXII Tum ad uxorem versus per memoriam sui, per communes liberos oravit, exueret ferociam, saevienti fortunae submitteret animum, neu regressa in urbem aemulatione potentiae validiores inritaret. Haec palam et alia secreto, per quae ostendere credebatur metum ex Tiberio.

Neque multo post extinguitur, ingenti luctu provinciae et circumiacentium populorum. Indoluere exterae nationes regesque: Tanta illi comitas in socios, mansuetudo in hostis; visuque et auditu iuxta venerabilis, cum magnitudinem et gravitatem summae fortunae retineret, invidiam et adrogantiam effugerat. LXXIII Funus sine imaginibus et pompa per laudes ac memoriam virtutum eius celebre fuit. Et erant, qui formam, aetatem, genus mortis, ob propinquitatem etiam locorum,

Zweites Buch

über die Eiche, es lähmte kein Blitz — und im Mark die weibische Tücke — — — Man wird euch knieen lassen, und vor dem Senate auf den Knieen, sollt ihr das Gesetz beschwören. — Im Wahn von höchster Pflicht jammern die Freunde gern. Es schrillt den Toten feig, doch die Toten segnen, wenn die Freunde an ihrem Willen sinnen, zur Tat ihn gestalten. — — Um Germanicus werden sie schluchzen, Menschen, die ich nicht kenne. Doch eurer Liebe entsteige die Rache! — — Nein, nein, — nicht den Cäsar liebt ihr in mir — — — Nicht wahr, meine Freunde: Augustus' Enkelin, mein Weib, und all meine Kinder treten vor Rom, und Rom wird sich in ihrem Vorwurf grämen. Von sündigem Geheiß wird man lügen. — Doch mein Rom wird es spotten oder — rächen — — —" In die Rechte, an die der Tod gegriffen, schwuren die Freunde: „Rache — oder Tod!"

Zu seinem Weibe rang es sich dumpf: „Vergiß mich nicht, vergiß nicht unsere Kinder: Stille die Sinne, — laß es rasen — das Schicksal — — und in Rom rühre nicht an brütende Macht, — sieh nicht in die Krone — — —" Nun wurde das Gemach dem fremden Ohr verschlossen; vor Tiberius schauerte er wohl schwer. Und er starb den alten Tod — — —

Die Provinz und nahe Stämme trauerten tief. Es trauerten fremde Völker, fremde Könige: Er hatte den Verbündeten, selbst seinem Feind gelächelt. Schlicht in großer, düsterer Würde eines Weltengottes, wich er vor dem Neid, und Ohr wie Auge schuldeten Ehrfurcht. Bei der prunklosen Bestattung schimmerten nicht die Masken der Ahnen, doch es adelte das ehrende Gedächtnis seines Werts. Auf den Vergleich mit dem Los des großen Alexander

LIBER SECUNDUS

in quibus interiit, magni Alexandri fatis adaequarent. Nam utrumque corpore decoro, genere insigni, haud multum triginta annos egressum, suorum insidiis externas inter gentes occidisse: Sed hunc mitem erga amicos, modicum voluptatum, uno matrimonio, certis liberis egisse, neque minus proeliatorem, etiam si temeritas afuerit praepeditusque sit perculsas tot victoriis Germanias servitio premere. Quod si solus arbiter rerum, si iure et nomine regio fuisset, tanto promptius adsecuturum gloriam militiae, quantum clementia, temperantia, ceteris bonis artibus praestitisset. Corpus, antequam cremaretur, nudatum in foro Antiochensium, qui locus sepulturae destinabatur, praetuleritne veneficii signa, parum constitit; nam ut quis misericordia in Germanicum et praesumpta suspicione aut favore in Pisonem pronior, diversi interpretabantur.

LXXIV Consultatum inde inter legatos, quique alii senatorum aderant, quisnam Suriae praeficeretur. Et ceteris modice nisis, inter Vibium Marsum et Cn. Sentium diu quaesitum: Dein Marsus seniori et acrius tendenti Sentio concessit. Isque infamem veneficiis ea in provincia et Plancinae percaram nomine Martinam in urbem misit, postulantibus Vitellio ac Veranio ceterisque, qui crimina et accusationem tamquam adversus receptos iam reos instruebant.

LXXV At Agrippina, quamquam defessa luctu et corpore aegro, omnium tamen, quae ultionem morarentur, intolerans, ascendit classem cum cineribus Germanici et liberis, miserantibus cunctis, quod femina nobilitate princeps, pulcherrimo modo

Zweites Buch

wiesen manchen Trauernden die nahen Todesstätten, die junge Schönheit und ihr Tod: „Mit ihrem Leib aus hehrem Geschlecht blühten nicht viele über dreißig Sommer, und in fremdem Land, aus den eignen Kreisen spähte der Tod. Doch der Cäsar zürnte nicht den Freunden, wohl der gierigen Lust, umfing sein einzig Weib, die seine Kinder vor Gesetz gebar. Er war ein Krieger, nicht von würfelnder Vermessenheit, doch man verhielt nur seinen Todesstoß auf Germanien, das er in Siegen entkräftet hatte. Er war nicht seines Tuns Herr; er trug nicht Königsrecht und Königsnamen, und so säumte im Krieg der Ruhm, der bereits in Milde, Selbstzucht, in seinem Seelenadel Alexander beschämte." — Bis die Flammen züngelten, lag nackt sein Leib auf Antiocheias Markt, der erkorenen Stätte seiner Äscherung. Die Spur des Giftes ist verwischt: Mitleid für Germanicus, argwöhnendes Vorurteil oder die Neigung zu Piso deuteten nicht gleich. —

Die Legaten und andern Senatoren erwogen Syriens Verwaltung. Matt glomm ihr Ehrgeiz. Nur zwischen Vibius Marsus und Gnäus Sentius schwankte man lange Stunden, und Marsus' Jugend entsagte für Sentius' stärkere Leidenschaft. — Plancinas teure Freundin Martina, deren Gifte in der Provinz entsetzten, forderten Vitellius, Veranius, die Freunde nach Rom, und Sentius vollzog es. Ihre Klage war noch nicht gewährt, und schon häuften sie Verbrechen und Klage. —

Neben Agrippina trippelten die Kinder an Bord. Wankend in Leid und Siechtum, ging die Trägerin der Asche. Doch über jeden Stein im Weg der Rache flammte ihr Auge. Die Menschen weinten. Es ging ein Weib von selten edlem Blut, um dessen reiches

LIBER SECUNDUS

matrimonio inter venerantis gratantisque aspici solita, tunc feralis reliquias sinu ferret, incerta ultionis, anxia sui et infelici fecunditate fortunae totiens obnoxia.

Pisonem interim apud Coum insulam nuntius adsequitur excessisse Germanicum. Quo intemperanter accepto caedit victimas, adit templa, neque ipse gaudium moderans et magis insolescente Plancina, quae luctum amissae sororis tum primum laeto cultu mutavit. LXXVI Adfluebant centuriones monebantque prompta illi legionum studia: Repeteret provinciam non iure ablatam et vacuam. Igitur, quid agendum, consultanti M. Piso filius properandum in urbem censebat: Nihil adhuc inexpiabile admissum, neque suspiciones inbecillas aut inania famae pertimescenda. Discordiam erga Germanicum odio fortasse dignam, non poena; et ademptione provinciae satis factum inimicis. Quod si regrederetur, obsistente Sentio civile bellum incipi; nec duraturos in partibus centuriones militesque, apud quos recens imperatoris sui memoria et penitus infixus in Caesares amor praevaleret. LXXVII Contra Domitius Celer, ex intima eius amicitia, disseruit utendum eventu: Pisonem, non Sentium Suriae praepositum; huic fasces et ius praetoris, huic legiones datas. Si quid hostile ingruat, quem iustius arma oppositurum, quam qui legati auctoritatem et propria mandata acceperit? Relinquendum etiam rumoribus tempus, quo senescant: Plerumque innocentes recenti invidiae inpares. At si teneat exercitum, augeat vires, multa, quae provideri non possint, fortuito in melius casura. 'An festinamus cum Germanici cineribus ad-

Zweites Buch

Eheglück noch jüngst nur Ehrung und Heilruf gejubelt hatten. Nun schlummerte an ihren Brüsten die Asche eines Toten. Es wankte die Rache; ihr bangte für sich selbst, und zu vervielfachtem Geschick hatte sich gebärend oft ihr unseliger Leib gekrümmt.

Bei der Insel Koos lief ein Bote vor Piso: „Germanicus ist tot." Er jauchzte — kreischend. Opfertiere stöhnten. Gebete dankten. Maßlos raste er in der Lust, und Plancina taumelte. Im Freudengewand erstrahlte sie, die um den Tod der Schwester getrauert hatte. — Mahnend strömten die Centurionen zu Piso: „Die Legionen lieben dich. Deine Provinz raubte dir Frevel. Komm! Sie ist verlassen." Seinen Rat erholenden Zweifel beschied sein Sohn Marcus Piso: „Nach Rom! Jeden Fehltritt stützt noch die Sühne, und schwächlich, straucheln Verdacht, Gerücht. Haß vielleicht, nie eine Strafe dankt dem Hader mit Germanicus, und dein Sturz in der Provinz befriedigt schon die Feinde. Doch an deiner Rückkunft und Sentius' Trotz entsprüht der Bürgerkrieg, und an deinen Centurionen wie Soldaten zerrt der Gedanke, der noch an ihrem Prinzen hängt, zerrt die bleierne Liebe zu Cäsaren." Sein trauter Freund Domitius Celer widersprach: „Greife dein Glück! An Piso, nicht Sentius reichte man die Ruten, Prätorenrecht und die Legionen; an Piso ist Syrien gelobt. Mit dem Rechte auf Waffen darf sich in einem Kampf ein Kaiserlegat umpanzern, den noch Sonderbefehl gewürdigt hat. An üppigen Gerüchten zehrt die Zeit, und meist erliegt die Unschuld dem jungen Haß. Wahre dein Heer, stärke deine Kräfte, und Zufall wird dir manch Dunkel lichten. Du drängst an Bord? Du wirst Germanicus' Asche zum Ufer schleppen

LIBER SECUNDUS

pellere, ut te inauditum et indefensum planctus Agrippinae ac vulgus imperitum primo rumore rapiant? Est tibi Augustae conscientia, est Caesaris favor, sed in occulto; et perisse Germanicum nulli iactantius maerent, quam qui maxime laetantur.'

LXXVIII Haud magna mole Piso, promptus ferocibus, in sententiam trahitur missisque ad Tiberium epistulis incusat Germanicum luxus et superbiae; seque pulsum, ut locus rebus novis patefieret, curam exercitus eadem fide, qua tenuerit, repetivisse. Simul Domitium inpositum triremi vitare litorum oram praeterque insulas alto mari pergere in Suriam iubet. Concurrentes desertores per manipulos conponit, armat lixas traiectisque in continentem navibus vexillum tironum in Suriam euntium intercipit, regulis Cilicum, ut se auxiliis iuvarent, scribit, haud ignavo ad ministeria belli iuvene Pisone, quamquam suscipiendum bellum abnuisset.

LXXIX Igitur oram Lyciae ac Pamphyliae praelegentes, obviis navibus, quae Agrippinam vehebant, utrimque infensi arma primo expediere: Dein mutua formidine non ultra iurgium processum est, Marsusque Vibius nuntiavit Pisoni, Romam ad dicendam causam veniret. Ille eludens respondit adfuturum, ubi praetor, qui de veneficiis quaereret, reo atque accusatoribus diem prodixisset. Interim Domitius Laodiciam urbem Suriae adpulsus, cum hiberna sextae legionis peteret, quod eam maxime novis consiliis idoneam rebatur, a Pacuvio legato praevenitur. Id Sentius Pisoni per litteras

Zweites Buch

helfen. Zu Rom wird Agrippina die Brüste peitschen, den blöde gaffenden Pöbel berücken, und ihr erster Schrei schleift einen Mann zu Tod, dessen Stottern verhallt. Augusta teilt deine Tat, der Cäsar lächelt dir — im schweigenden Gelaß, und nur ein toller Jubel zittert in prahlendem Wehgeschrei: ‚Tot ist Germanicus!'"

Mühelos betörte es die sehnende Wildheit Pisos. Ein Schreiben an Tiberius bezichtigte Germanicus des hochfahrenden Gepränges: „Seiner Sucht zu Neuerung sollte meine Acht die Lande öffnen. Doch die Treue alter Jahre zwang mich zurück, mein Heer zu betreuen." — „Fern vom Strand, auf freier See vorüber an den Inseln steuert unter Domitius eine Galeere nach Syrien," befahl es Piso. Fahnenflüchtige fingen sich zu neuen Manipeln. Troß des Lagers prunkte in Waffen. Zu Schiff nach dem Festland, haschte er einen Trupp Rekruten, der nach Syrien marschierte. Briefe flogen um Hilfe zu Kilikiens Fürsten. Tätig ruderte in den Wellen des Kriegs der junge Piso, der sich dem Entschluß zu Krieg gesträubt hatte.

Bei Lykiens und Pamphyliens Gestaden strich Pisos Geschwader an Agrippinas Schiffen vorbei. Blanke Waffen schüttelte der Zorn hier wie dort. Doch Schauder hier wie dort! Nur Worte tobten. Vibius Marsus schrie zu Piso: „Nach deinem Gerede schmachtet in Rom die Klage!" Piso höhnte: „Erst auf Entbot einer Frist an mich und die Kläger buckle ich vor dem Prätor, der nach Giften schnuppert." — Nach Domitius' Landung in Syriens Laodikeia eilte der Legat Pacuvius seinem Marsch zum Winterlager der sechsten Legion zuvor, wo sich Domitius das hastigste Gelüst nach neuerndem Einfluß versprochen

LIBER SECUNDUS

aperit monetque, ne castra corruptoribus, ne provinciam bello temptet. Quosque Germanici memores aut inimicis eius adversos cognoverat, contrahit, magnitudinem imperatoris identidem ingerens et rem publicam armis peti; ducitque validam manum et proelio paratam.

LXXX Nec Piso, quamquam coepta secus cadebant, omisit tutissima e praesentibus, sed castellum Ciliciae munitum admodum, cui nomen Celenderis, occupat. Nam admixtis desertoribus et tirone nuper intercepto suisque et Plancinae servitiis auxilia Cilicum, quae reguli miserant, in numerum legionis composuerat. Caesarisque se legatum testabatur provincia, quam is dedisset, arceri, non a legionibus (earum quippe accitu venire), sed a Sentio privatum odium falsis criminibus tegente. Consisterent in acie, non pugnaturis militibus, ubi Pisonem ab ipsis parentem quondam appellatum, si iure ageretur, potiorem, si armis, non invalidum vidissent. Tum pro munimentis castelli manipulos explicat, colle arduo et derupto; nam cetera mari cinguntur. Contra veterani ordinibus ac subsidiis instructi: Hinc militum, inde locorum asperitas, sed non animus, non spes, ne tela quidem nisi agrestia, ad subitum usum properata.

Ut venere in manus, non ultra dubitatum, quam dum Romanae cohortes in aequum eniterentur: Vertunt terga Cilices seque castello claudunt. LXXXI Interim Piso classem haud procul opperientem adpugnare frustra temptavit; regressusque et pro muris modo semet adflictando, modo

Zweites Buch

hatte. Sentius' Brief tat es Piso zu wissen und warnte: "Listige Zungen aus meinem Heer! Nichts von Krieg um meine Provinz!" Zu den Waffen schloß er die Germanicus' Treuen und die Feinde des Gegners: "Groß ist der Kaiser, und Waffen rütteln am Staat." Kampfgestählt, schimmerten seine starken Scharen.

So fehlte Piso die Würfe. Doch im Gewinn der wälleſtarrenden kilikischen Feſte Kelenderis sicherte er den härtesten Schutz des Augenblicks für sich. Mit Fahnenflüchtigen, der Truppe Rekruten und seinen, wie Plancinas Sklavenbanden hatte er die Rotten von Kilikiens Fürsten zu einer Legion an Zahl verschweißt und schwur: "Des Legaten des Kaisers, meiner, enthielt sich die Gabe des Kaisers, die Provinz. Nicht die Legionen, deren Kehlen der Hilfsschrei sprengt, doch Sentius enthielt sie mir, und seine Lügen von Verbrechen sollen den Eigenhaß nur weißer brennen. Reiht euch zur Schlacht! So werden dort die Krieger ihre Waffen senken — vor Piso, ihrem einst geliebten ‚Vater'. In ihr Auge strahlt siegend mein Recht, blitzt vor einem Gefecht mein Heer." — Aus den Schanzen der Festung wälzten sich seine Manipeln nach einem jähen, tiefen Hügel. Sonst kräuselte sich nur die See. Drüben starrten die eisernen Treffen der Legionare und ihr Rückhalt. Dort harte Waffen! Hier ein wildes Gelände, doch müde Hoffnung, ein stumpfer Mut, und nur an bäuerischen Waffen hatte rasch die Gefahr gehämmert.

Ächzend preßten sich die Leiber, lösten sich: Roms Kohorten rangen sich zum Hochland. Die fliehenden Kilikier verrammelten hurtig ihre Festung. Indes zerschellte Pisos Sturm auf die nahe ankernde Flotte. Zum Rand der Mauer lief er zurück, schlug seinen

LIBER SECUNDUS

singulos nomine ciens, praemiis vocans seditionem coeptabat, adeoque commoverat, ut signifer legionis sextae signum ad eum transtulerit. Tum Sentius occanere cornua tubasque et peti aggerem, erigi scalas iussit, ac promptissimum quemque succedere, alios tormentis hastas saxa et faces ingerere. Tandem victa pertinacia Piso oravit, ut traditis armis maneret in castello, dum Caesar, cui Syriam permitteret, consulitur. Non receptae condiciones, nec aliud quam naves et tutum in urbem iter concessum est.

LXXXII At Romae, postquam Germanici valetudo percrebruit cunctaque, ut ex longinquo, aucta in deterius adferebantur, dolor, ira, et erumpebant questus. Ideo nimirum in extremas terras relegatum, ideo Pisoni permissam provinciam; hoc egisse secretos Augustae cum Plancina sermones. Vera prorsus de Druso seniores locutos: Displicere regnantibus civilia filiorum ingenia, neque ob aliud interceptos, quam quia populum Romanum aequo iure complecti reddita libertate agitaverint. Hos vulgi sermones audita mors adeo incendit, ut ante edictum magistratuum, ante senatus consultum sumpto iustitio desererentur fora, clauderentur domus. Passim silentia et gemitus, nihil compositum in ostentationem; et quamquam neque insignibus lugentium abstinerent, altius animis maerebant. Forte negotiatores, vivente adhuc Germanico Suria egressi, laetiora de valetudine eius attulere. Statim credita, statim vulgata sunt: Ut quisque obvius, quamvis leviter audita in alios atque illi in plures cumulata gaudio transferunt. Cursant per urbem, moliuntur templorum fores; iuvat credu-

Zweites Buch

Leib und stöhnte Namen, von Lohn, den Aufruhr zu stacheln, und näher, näher zu ihm wehte ein Banner der sechsten Legion. Sentius gellte Befehle: „Es schmettern Hörner, Trompeten! Schutt in die Gräben! Leitern empor! Der Mut klimmt hinauf, und die Geschütze speien die Speere, Blöcke, Fackeln!" Zermalmt, murmelte Pisos Trotz: „Um die Waffen laß mir die Feste, bis der Cäsar sich über Syriens Gebieter geäußert hat!" Man verwarf sein Wort. Nur Schiffe und treues Geleit nach Rom wurden ihm gewährt.

In Rom flüsterten die Lüfte von Germanicus' Siechtum, vertieften sein Leid; denn weither waren sie geflogen. Es grämte sich der Groll und klagte schwer: „Darum also mußte er am fernen Weltenende nach seinem Rom sich sehnen, darum betrat noch Piso die Provinz, — und sie raunten einsam, Augusta und Plancina. Wahrheit kündeten die Väter von Drusus: ‚Es zittern die Herrscher vor den lächelnden Lippen ihrer Söhne, und wenn die Prinzen sinnen, für Rom von Gleichheit und der alten Freiheit den Schleier zu lüften, sie sinnen sich darob zu jungem Tod.'" So raunte das Volk, und die Lüfte flüsterten von seinem Tod. Es ward still — noch vor dem Amtserlaß, des Senats Beschluß. Auf den Plätzen ward es öde, und die Häuser schlossen sich. Und an die weite Stille schlug nur Schluchzen, eine keusche Trauer, gram dem Leidesprunk. Dunkel dämmerte ihr Gewand, doch in Nacht sank ihre Seele. — Als Germanicus noch atmete, hatten Handelsherren Syrien verlassen und freudig schwatzten die Lüfte. Vom Glauben des Herzens quollen die Worte. Wer da kam, hörte diesen hohlen Laut, und wer da kam, sagte

LIBER SECUNDUS

litatem nox et promptior inter tenebras adfirmatio. Nec obstitit falsis Tiberius, donec tempore ac spatio vanescerent: Et populus quasi rursum ereptum acrius doluit.

LXXXIII Honores, ut quis amore in Germanicum aut ingenio validus, reperti decretique: ut nomen eius Saliari carmine caneretur; senes curules sacerdotum Augustalium locis superque eas querceae coronae statuerentur; ludos circenses eburna effigies praeiret; neve quis flamen aut augur in locum Germanici nisi gentis Iuliae crearetur. Arcus additi Romae et apud ripam Rheni et in monte Suriae Amano, cum inscriptione rerum gestarum ac mortem ob rem publicam obisse. Sepulchrum Antiochiae, ubi crematus, tribunal Epidaphnae, quo in loco vitam finierat. Statuarum locorumve, in quis coleretur, haud facile quis numerum inierit. Cum censeretur clipeus auro et magnitudine insignis inter auctores eloquentiae, adseveravit Tiberius solitum paremque ceteris dicaturum: Neque enim eloquentiam fortuna discerni, et satis inlustre, si veteres inter scriptores haberetur. Equester ordo cuneum Germanici appellavit, qui iuniorum dicebatur, instituitque, uti turmae idibus Iuliis imaginem eius sequerentur. Pleraque manent: Quaedam statim omissa sunt aut vetustas oblitteravit.

Zweites Buch

seine Freude weiter, immer weiter, immer größer seine große Freude. Man raste durch die Stadt. Tempeltore sprangen auf. In der schwarzen Nacht lauscht so gern das Ohr dem leichteren Schwur der Lippen. Tiberius rang nicht mit den Lügen, ließ sie von der Zeit entblättern. Wie in der Wunde neuen Todes, schauerten die Römer wieder, und es ward noch stiller — — —

Für Germanicus tummelten sich die Liebe oder Scharfsinn um Ehrung, und man beschloß: „Im saliarischen Sang tönt sein Name. Jeden Ort der Sitze für Augustus' Priesterschaft ziert ein kurulischer Sessel, von Eichengewinde überschattet. Vor dem Zug der Zirkusspiele bleicht sein elfenbeinernes Bild. Auf den Eigenpriester und Augurn Germanicus folgt nur ein Sproß des julischen Geschlechts." In Siegestore zu Rom, am Rhein und auf Syriens Gebirge Amanos grub sich die Schrift seiner Taten und seines „Todes für das Reich". Zu Antiocheia ragte an der Stelle seines Todesfeuers ein Grab und zu Epidaphnes ein Hochsitz an der Todesstätte. Endlos ist die Reihe seiner Statuen und betender Städte. — Zum Antrag eines goldenen, größeren Brustbilds unter den Meistern der Rede beteuerte Tiberius: „Nur wie es bräuchlich ist! Zum Gefährten mag ich ihn den Meistern setzen. Der Prinz bessert ihm die Sprache nicht, und ein Platz bei den alten Meistern ehrt ihn laut genug." — Den Sitz der „Jungritter" im Theater nannten die Ritter nach Germanicus. Rittergefolge am 15. Juli hinter seinem Bildnis ward ihnen ein Gesetz. — Noch heute leben die Sitten. Doch manchen Brauchs entschlug man sich sofort, und manchen löschte die Zeit.

LIBER SECUNDUS

LXXXIV Ceterum recenti adhuc maestitia soror Germanici Livia, nupta Druso, duos virilis sexus simul enixa est. Quod rarum laetumque etiam modicis penatibus, tanto gaudio principem adfecit, ut non temperaverit, quin iactaret apud patres nulli ante Romanorum eiusdem fastigii viro geminam stirpem editam: Nam cuncta, etiam fortuita, ad gloriam vertebat. Sed populo tali in tempore id quoque dolorem tulit, tamquam auctus liberis Drusus domum Germanici magis urgueret.

LXXXV Eodem anno gravibus senatus decretis libido feminarum coërcita cautumque, ne quaestum corpore faceret, cui avus aut pater aut maritus eques Romanus fuisset. Nam Vistilia praetoria familia genita licentiam stupri apud aediles vulgaverat, more inter veteres recepto, qui satis poenarum adversum inpudicas in ipsa professione flagitii credebant. Exactum et a Titidio Labeone, Vistiliae marito, cur in uxore delicti manifesta ultionem legis omisisset. Atque illo praetendente sexaginta dies ad consultandum datos necdum praeterisse, satis visum de Vistilia statuere; eaque in insulam Seriphon abdita est.

Actum et de sacris Aegyptiis Iudaicisque pellendis factumque patrum consultum, ut quattuor milia libertini generis ea superstitione infecta, quis idonea aetas, in insulam Sardiniam veherentur, coërcendis illic latrociniis et, si ob gravitatem caeli interissent, vile damnum; ceteri cederent Italia, nisi certam ante diem profanos ritus exuissent.

LXXXVI Post quae rettulit Caesar capiendam virginem in locum Occiae, quae septem et quin-

Zweites Buch

Noch jung war die Trauer, und Germanicus' Schwester Livia, Drusus' Gattin, gebar in Qual zwei Knaben. Auch in Bürgerhäusern erfreut solch seltenes Glück, und einem jauchzenden Tiberius entschlüpfte es im Senat: "Römisches Fürstenblut säte seither noch kein Zwillingsreis." Auch den Zufall flocht er in seinen Lorbeer. Doch solche Zeit hört ein Volk nur klagen, und es klagte ob Drusus' Geschlechts, wuchernd über Germanicus' Stamm.

Herbe Beschlüsse des Senats aus jenem Jahre kühlten die Lüste der Frauen: "Geld entkleidet nicht den weißen Leib der Enkelin, Tochter oder Gattin von Rittern!" Vistilia, aus dem Blut eines Prätors, hatte sich bei den Ädilen zum Liebesgewerbe angesagt, und in der Ahnen Brauch und Glauben büßte ein gieriger Leib schon im Geständnis seiner Schmach. Man forschte in Vistilias Gatten Titidius Labeo: "Weshalb begrubst du die nackte Sünde deines Weibes nicht in der Rache des Gesetzes?" Er wich aus: "Die sechzig Tage der Bedenkzeit enteilten noch nicht." So strafte nur Vistilia der Bann nach der Insel Seriphos.

Den Antrag, Ägyptens und Judaias Ketzerei zu ächten, schwächte des Senats Entscheid: "Viertausend Freigelassene, deren frische Jugend der Wahn verseucht, zügeln Sardiniens räuberische Rotten. So kann nur feile Leben seine brütende Luft ersticken. Eine künftige Frist entzaubert ihre Stammgenossen des schmutzigen Wahns, oder Italien wird von ihnen gereinigt!"

"Die Würde Occias, der in Keuschheit begnadeten Priesterherrin Vestas in siebenundfünfzig Jahren, ist

LIBER SECUNDUS

quaginta per annos summa sanctimonia Vestalibus sacris praesederat; egitque grates Fonteio Agrippae et Domitio Pollioni, quod offerendo filias de officio in rem publicam certarent. Praelata est Pollionis filia, non ob aliud, quam quod mater eius in eodem coniugio manebat; nam Agrippa discidio domum imminuerat. Et Caesar quamvis posthabitam deciens sestertii dote solatus est.

LXXXVII Saevitiam annonae incusante plebe statuit frumento pretium, quod emptor penderet, binosque nummos se additurum negotiatoribus in singulos modios. Neque tamen ob ea parentis patriae delatum et antea vocabulum adsumpsit acerbeque increpuit eos, qui divinas occupationes ipsumque dominum dixerant. Unde angusta et lubrica oratio sub principe, qui libertatem metuebat, adulationem oderat.

LXXXVIII Reperio apud scriptores senatoresque eorundem temporum Adgandestrii principis Chattorum lectas in senatu litteras, quibus mortem Arminii promittebat, si patrandae neci venenum mitteretur; responsumque esse non fraude neque occultis, sed palam et armatum populum Romanum hostes suos ulcisci. Qua gloria aequabat se Tiberius priscis imperatoribus, qui venenum in Pyrrum regem vetuerant prodiderantque.

Ceterum Arminius abscedentibus Romanis et pulso Maroboduo regnum adfectans libertatem popularium adversam habuit, petitusque armis cum varia fortuna certaret, dolo propinquorum cecidit: Liberator haud dubie Germaniae et, qui non primordia populi Romani, sicut alii reges ducesque, sed florentissimum imperium lacessierit, proeliis

Zweites Buch

erledigt. Wählt!", meldete der Cäsar und dankte Fontejus Agrippa und Domitius Pollio: "Eure eifernde Liebe zum Reiche bot mir eure Mädchen." Zum Vorzug von Pollios Kind entschied nur die Gattenliebe ihrer Mutter; Agrippas Scheidung hatte sein Geschlecht entwertet. Doch die Kränkung seiner Tochter versüßten eine Million Sestertien an Cäsarenbrautgabe.

Des Volkes Notschrei ob grauser Teuerung erzwang vom Kaiser einen festen Satz des Preises für Korn: "Mit zwei Sestertien auf den Scheffel vergüte ich den Handelsherrn." Doch den Ruf "Vater Roms" verwies er, jetzt und einst, und bitter geißelte er die Sprecher des Worts "Dein göttlich Tun" und "Herr". So irrten ewig kreisend die Reden unter dem Fürsten, der, zitternd vor Freiheit, Schmeicheleien schmähte.

Senatoren, die zu jenen Zeiten schrieben, berichten: "Es hörte der Senat den Brief des Fürsten der Chatten, Adgandestrius, seinen Schwur zu Armins Tod und eine Bitte um das Gift zur Tat, und es sprach der Senat: "Nicht mit nächtigen Listen sticht das rächende Rom nach seinem Feind, — seine Klinge brandet hellauf." Tiberius sah sich im Ruhm versunkener Führer leuchten: hörte sich in ihrem Abscheu vor Gift und ihrer Warnung an König Pyrrhos.

Rom war gewichen, Marbod landesflüchtig. Armin suchte die Krone und fand die Freiheit seines Volks. Von Waffen gestellt, wehrte er sich in launischem Glück und fiel in Fallen seiner Sippe. Germanien erlöste er. Könige und Feldherrn hatten an das junge Rom getastet; er rüttelte den reifen Löwen auf, nicht stets der Sieger seiner Schlachten, doch Sieger seiner

LIBER SECUNDUS

ambiguus, bello non victus. Septem et triginta annos vitae, duodecim potentiae explevit, caniturque adhuc barbaras apud gentes, Graecorum annalibus ignotus, qui sua tantum mirantur, Romanis haud perinde celebris, dum vetera extollimus recentium incuriosi.

Zweites Buch

Kriege. In siebenunddreißig Jahren atmete er Leben, in zwölf die Gewalt, und von seinem Ruhme singen noch die Völker der Germanen. Der Griechen Griffel zeichnet ihn nicht, staunt nur über eigene Schöpfung, und Rom ist der Held nicht allzu kund, ist so fremd wie die Gegenwart, Rom, das nur im Altertume schwelgt.

ihil intermissa navigatione hiberni maris Agrippina Corcyram insulam advehitur, litora Calabriae contra sitam. Illic paucos dies conponendo animo insumit, violenta luctu et nescia tolerandi. Interim adventu eius audito intimus quisque amicorum et plerique militares, ut quique sub Germanico stipendia fecerant, multique etiam ignoti vicinis e municipiis, pars officium in principem rati, plures illos secuti, ruere ad oppidum Brundisium, quod naviganti celerrimum fidissimumque adpulsu erat. Atque ubi primum ex alto visa classis, complentur non modo portus et proxima maris, sed moenia ac tecta, quaque longissime prospectari poterat, maerentium turba et rogitantium inter se, silentione an voce aliqua egredientem exciperent. Neque satis constabat, quid pro tempore foret, cum classis paulatim successit, non alacri, ut adsolet, remigio, sed cunctis ad tristitiam compositis.

Postquam duobus cum liberis, feralem urnam tenens, egressa navi defixit oculos, idem omnium gemitus; neque discerneres proximos alienos, virorum feminarumve planctus, nisi quod comitatum Agrippinae longo maerore fessum obvii et recentes in dolore anteibant. II Miserat duas praetorias cohortes Caesar, addito, ut magistratus Calabriae Apulique et Campani suprema erga memoriam filii sui munia fungerentur. Igitur tribunorum centurionumque umeris cineres portabantur; praecedebant incompta signa, versi fasces; atque ubi colonias transgrederentur, atrata plebes, trabeati equites pro opibus loci vestem odores aliaque fune-

tetig in Stürmen des Winters furchten Agrippinas Schiffe die See zur Insel Korkyra vor Kalabriens Gestaden. Dort harrte sie wenig Tage, ihre wühlende Trauer zu stillen und Ergebenheit zu lernen. Die Botschaft rauschte voran, und es wälzte sich mit den trautesten Freunden eine Flut aus Soldaten, aus einstigen Kriegern von Germanicus. Fremde aus nahen Städten jagte der Glaube auf, es dem Fürsten zu schulden, oft nur der Trieb der Herde. Sie strömten nach Brundisium, das, Agrippina am nächsten, die sicherste Landung bot. Am Saum des Meeres schimmerten weiße Segel, und Menschen wogten nach Hafen und Bucht, auf Mauern und Dächer, dahin, wo die weite Ferne sich den Augen öffnete. Düster raunten die Massen: „Wird unser Ruf den Schritt zum Ufer grüßen? Sollen wir schweigen?" Sie raunten noch hin und wider, ihre Lage zu lösen, und langsam glitten die weißen Segel heran. Nicht lustig, wie sonst, tauchten die Ruder: Das Leben trauerte.

Sie gingen von Bord, zwei Kinder mit dem Weibe, das des Toten Urne trug, starr gesenkt die Lider. Die Menschen schluchzten auf. Es schluchzten Freunde und Fremde, Männer und Frauen. Doch der grüßende Schmerz war jung und laut, lauter als die alte, müde Klage im Gefolge Agrippinas. Zwei Kohorten Prätorianer brachten den Befehl des Cäsaren: „Kalabriens, Apuliens und Kampaniens Beamte hüllen das Gedächtnis meines Sohns in letzte Ehrung!" Es schwankte der Aschenkrug auf Schultern von Tribunen und Centurionen. Schmucklos hangende Fahnen voran und stumpfe Stiele der Ruten! In den Siedelungen ihres Wegs verzehrte Feuer Gewänder und

LIBER TERTIUS

rum sollemnia cremabant. Etiam quorum diversa oppida, tamen obvii et victimas atque aras dis Manibus statuentes lacrimis et conclamationibus dolorem testabantur. Drusus Tarracinam progressus est cum Claudio fratre liberisque Germanici, qui in urbe fuerant.

Consules M. Valerius et M. Aurelius (iam enim magistratum occeperant) et senatus ac magna pars populi viam conplevere, disiecti et, ut cuique libitum, flentes; aberat quippe adulatio, gnaris omnibus laetam Tiberio Germanici mortem male dissimulari. III Tiberius atque Augusta publico abstinuere, inferius maiestate sua rati, si palam lamentarentur, an ne omnium oculis vultum eorum scrutantibus falsi intellegerentur. Matrem Antoniam non apud auctores rerum, non diurna actorum scriptura reperio ullo insigni officio functam, cum super Agrippinam et Drusum et Claudium ceteri quoque consanguinei nominatim perscripti sint, seu valetudine praepediebatur, seu victus luctu animus magnitudinem mali perferre visu non toleravit. Facilius crediderim Tiberio et Augusta, qui domo non excedebant, cohibitam, ut par maeror et matris exemplo avia quoque et patruus attineri viderentur.

IV Dies, quo reliquiae tumulo Augusti inferebantur, modo per silentium vastus, modo ploratibus inquies; plena urbis itinera, conlucentes per campum Martis faces. Illic miles cum armis, sine insignibus magistratus, populus per tribus conci-

Drittes Buch

Gewürze und der Sitte Totengaben, hier reich, dort arm, wie der Ort, und blutrot glühte das Feuer die dunkeln Trachten der Menschen und den Scharlach der Rittertoga. Bürger fern entlegener Städte fluteten heran, und von neuen Altären zog der Dunst des Opferblutes zu den toten Seelen, und Tränen, Schreie entblößten ihren Schmerz. Drusus ritt nach Tarracina, im Geleit Germanicus' Bruder Claudius und seine Kinder, die in Rom verblieben waren.

Auf der Straße drängten sich die Senatoren mit den Konsuln Marcus Valerius und Marcus Aurelius, seit wenigen Tagen in der Tracht des Amtes, und ein wogendes Volk; und sie weinten, wie es sie quälte. Sie sannen nicht mehr knieend einem Fürsten nach, in dessen Augen die Welt es funkeln sah wie Freude am Tod. Tiberius und Augusta scheuchte die Würde von den Gassen, ihre Tränen zu entweihen. Oder bohrten sich die tausend Augen zu hellend in ihr Antlitz? Von einem hohen Totendienst Antonias an ihrem Sohn schweigen die Schriften der Geschichte und die Zeitung des Tages, sparen sich doch keinen Namen seines Geschlechts neben Agrippina, Drusus und Claudius. Lag sie krank? Bebte ihr siechs Herz, sich an der nackten Bitternis den Tod zu schauen? Tiberius und Augusta verführten sie wohl zu ihrer Gassenflucht, um als Ahne und Oheim in die Spur der Mutter zu treten — in Tränen wie sie.

Weite Öde brütete an jenem Tag, da man den Toten nach Augustus' Grabmal trug. Nun wieder zitterte die Luft in Schreien. Dumpfe Enge in den Straßen Roms! Auf dem Marsfeld flimmerten die Fackeln, blitzten in Waffen die Soldaten; schmucklos

LIBER TERTIUS

disse rem publicam, nihil spei reliquum clamitabant, promptius apertiusque, quam ut meminisse imperitantium crederes. Nihil tamen Tiberium magis penetravit quam studia hominum accensa in Agrippinam, cum decus patriae, solum Augusti sanguinem, unicum antiquitatis specimen appellarent versique ad caelum ac deos integram illi subolem ac superstitem iniquorum precarentur.

V Fuere, qui publici funeris pompam requirerent compararentque, quae in Drusum patrem Germanici honora et magnifica Augustus fecisset. Ipsum quippe asperrimo hiemis Ticinum usque progressum neque abscedentem a corpore simul urbem intravisse; circumfusas lecto Claudiorum Liviorumque imagines; defletum in foro; laudatum pro rostris; cuncta a maioribus reperta aut, quae posteri invenerint, cumulata: At Germanico ne solitos quidem et cuicumque nobili debitos honores contigisse. Sane corpus ob longinquitatem itinerum externis terris quoquo modo crematum: Sed tanto plura decora mox tribui par fuisse, quanto prima fors negavisset. Non fratrem nisi unius diei via, non patruum saltem porta tenus obvium. Ubi illa veterum instituta, propositam toro effigiem, meditata ad memoriam virtutis carmina et laudationes, et lacrimas vel doloris imitamenta?

VI Gnarum id Tiberio fuit; utque premeret vulgi sermones, monuit edicto multos inlustrium Roma-

Drittes Buch

harrten die Beamten, nach Bezirken das Volk. Aus ihren Reihen gellte es hier und dort: „Rom ist tot! Verzweifelt!" Es zuckte wie flammende Blitze, dachte wohl nicht der Herren. Tiberius schauerte. Doch schwerer schlug ihn die Liebe der Menschen: „Heil Agrippina, Stolz des Reiches! Heil Augustus' einzigem Kind! Heil ihr, in der noch die letzte Ehre unserer Väter zürnt!" Hoch zu den Göttern rangen sich die Hände: „Ihrem Geschlechte Leben und Sieg über Sünde!"

„Seltsam prunklos begräbt ihn das Reich," wurden Worte laut und schätzten, wie Drusus, Germanicus' Vater, von Augustus glitzernd geehrt: „Eiseskälte lähmte ihn nicht, bis Ticinum zu reiten, und Rom empfing den Toten und den Wächter des Toten. Um seine Bahre glänzte ein Meer von Masken der Claudier und Livier. Auf dem Marktplatz lastete das Leid. Von der Rednerbühne schwebte sein Ruhm, und der Ahnen und ihrer Nachwelt Schöpfergeist türmte ihm ihre Pracht. Doch Germanicus' Ehrung geizt an den Bräuchen, zahlt nicht die Schuld an einen schlichten Adligen. In fremden Landen mußte sein Leib nur irgend in Lohe zerfallen. Nun, der Weg war weit. Doch reichere Pracht sollte zu Rom mit der ersten Unbill des Zufalls versöhnen. Einen ganzen Tag lang ritt sein Bruder. Dem Oheim lagen die Tore Roms zu fern. Siehst du, Nachbar, dort an der Bahre seine Maske? Hörst du die Lieder, die Reden sich seines Werts erinnern? Siehst du, hörst du den Ruhm, wie es die Ahnen uns vererbten? — Sie jammern nicht, mühen sich nicht einmal um Gestöhn."

Man trug es Tiberius zu. Sein Erlaß dachte, Pöbelgeschwätz zu knebeln: „Edle Römer verbluteten oft

LIBER TERTIUS

norum ob rem publicam obisse, neminem tam flagranti desiderio celebratum. Idque et sibi et cunctis egregium, si modus adiceretur. Non enim eadem decora principibus viris et imperatori populo, quae modicis domibus aut civitatibus. Convenisse recenti dolori luctum et ex maerore solacia; sed referendum iam animum ad firmitudinem, ut quondam divus Iulius amissa unica filia, ut divus Augustus ereptis nepotibus abstruserint tristitiam. Nil opus vetustioribus exemplis, quotiens populus Romanus clades exercituum, interitum ducum, funditus amissas nobiles familias constanter tulerit. Principes mortales, rem publicam aeternam esse. Proin repeterent sollemnia et, quia ludorum Megalesium spectaculum suberat, etiam voluptates resumerent.

VII Tum exuto iustitio reditum ad munia, et Drusus Illyricos ad exercitus profectus est, erectis omnium animis petendae e Pisone ultionis et crebro questu, quod vagus interim per amoena Asiae atque Achaiae adroganti et subdola mora scelerum probationes subverteret. Nam vulgatum erat missam, ut dixi, a Cn. Sentio famosam veneficiis Martinam subita morte Brundisii extinctam, venenumque nodo crinium eius occultatum, nec ulla in corpore signa sumpti exitii reperta. — VIII At Piso praemisso in urbem filio datisque mandatis, per quae principem molliret, ad Drusum pergit, quem haud fratris interitu trucem quam remoto aemulo aequiorem sibi sperabat. Tiberius, quo integrum iudicium ostentaret, exceptum comiter iuvenem sueta erga filios familiarum nobiles liberalitate auget. Drusus Pisoni, si vera forent, quae iace-

Drittes Buch

für das Reich, und niemals loderte Sehnsucht so rot. Es ehrt die Römer wie mich, doch Maß, nur Maß! — Fürstengeblüt und Kaiservolk jammern nicht gleich niederem Geschlecht und Land. Aus jungem Schmerze strömt die Trauer und aus Trauer Trost. Doch stählern hart nach weichlicher Trauer! Um sein einziges Mädchen weinte Julius Cäsar, um seine Enkel Augustus, doch tränenlos. Muß ich in die Vorzeit gehen, euch sagen von geschlagenen Heeren Roms, Fall der Führer, edler Geschlechter Todessturz und euch sagen von Roms Schmerz? Edelinge sterben. Ewig lebt der Staat. Auf zur täglichen Arbeit, und — sie winken euch, die megalesischen Spiele, — auf zur Lust!"

Die Trauerzeit war verstummt. Der Alltag lärmte. Zu Illyriens Heeren ritt Drusus. Dumpfe Schwüle suchte an Piso nach lösender Rache, und es klagte gern: „Reisen entschleiern ihm Asiens und Achaias Liebreiz, stehlen in frechem Trug die Zeit, untergraben die Beweise seiner Frevel." Man munkelte: „An Gnäus Sentius' Sendung, an Martina, deren Gifte von Ruf, rührte zu Brundisium rascher Tod. Gift barg der Knoten ihrer Haare. Doch an ihrer Leiche spürte man umsonst nach einer Spur von Selbstmord. — Schmeichelnd strichen die Worte Pisos aus dem Mund des vorgesandten Sohnes um den Fürsten, und er selbst ritt noch zu Drusus. Piso hoffte ihn nicht zorngesträubt nach dem Tod des Bruders, dachte an den Fall des Nebenbuhlers und — Gunst. Tiberius' gnädiger Empfang des Jünglings und sein üblich reiches Geschenk an den Sprossen adligen Hauses

LIBER TERTIUS

rentur, praecipuum in dolore suum locum respondit: Sed malle falsa et inania nec cuiquam mortem Germanici exitiosam esse. Haec palam et vitato omni secreto; neque dubitabantur praescripta ei a Tiberio, cum incallidus alioqui et facilis iuventa senilibus tum artibus uteretur.

IX Piso Delmatico mari tramisso relictisque apud Anconam navibus per Picenum ac mox Flaminiam viam adsequitur legionem, quae e Pannonia in urbem, dein praesidio Africae ducebatur; eaque res agitata rumoribus, ut in agmine atque itinere crebro se militibus ostentavisset. Ab Narnia, vitandae suspicionis an, quia pavidis consilia in incerto sunt, Nare ac mox Tiberi devectus auxit vulgi iras, quia navem tumulo Caesarum adpulerat dieque et ripa frequenti magno clientium agmine ipse, feminarum comitatu Plancina et vultu alacres incessere. Fuit inter inritamenta invidiae domus foro inminens festa ornatu conviviumque et epulae et celebritate loci nihil occultum.

X Postera die Fulcinius Trio Pisonem apud consules postulavit. Contra Vitellius ac Veranius ceterique Germanicum comitati tendebant: Nullas esse partis Trioni; neque se accusatores, sed rerum indices et testes mandata Germanici perlaturos. Ille dimissa eius causae delatione, ut priorem vitam accusaret, obtinuit, petitumque est a principe, cognitionem exciperet. Quod ne reus quidem ab-

Drittes Buch

wollte nur in unbestochenem Urteil prahlen. Drusus erwiderte Piso: "Wahrheit in dem Geraune schreckt mich empor, schmerzender als die Menschheit. Doch ich wünsche es schale Lüge, kein Todesopfer für Germanicus." So schallte es vor der Welt, und verhohlenem Gespräche wich er aus. Man glaubte, Tiberius' Geheiß für den Jüngling zu wittern, dessen ehrliches, jung lebendiges Antlitz in der Larve eines Greises erstarrte.

In der dalmatischen See hatten Piso die Schiffe zu Ancona gelandet. Durch Picenum und auf der flaminischen Straße marschierte eine Legion Pannoniens über Rom nach Afrika zum Schutz, und von Pisos Vorbeiritt schwatzten Menschen: "An den Marsch, auf Gängen der Soldaten strich er heran." Ihn erschreckte der Argwohn, oder ein ängstlicher Mann schwankte im Entschluß: Zu Narnia vertraute er sich an die Nera, später der Tiber. Doch tiefer zürnte das Volk: Am Grabmal der Cäsaren geleiteten Piso viele Hörige, Plancina ihre Frauen zu rühriger Stunde aus dem Schiff nach volkreichem Strand, und es scherzten die Lippen. Aus seinem ragenden Haus am Markt, strahlend in Festesglanz, drang es wie Becherklang und Speisenduft, klirrend und strömend an den belebten Straßen, und kitzelte den Haß der Menschen.

Fulcinius Trio lud im neuen Tage Piso vor die Konsuln. Doch Vitellius, Veranius und Germanicus' andere Begleiter haderten: "Was ficht es Trio an? Auch wir klagen nicht, wir erzählen nur und schwören, und es klagt Germanicus." Trio ließ die Klage fallen, doch errang er seiner Klage das einstige Leben Pisos. "Verhöre du!" flehte es zum Fürsten. Auch Piso nickte der Bitte, zuckte vor Leidenschaft in Volk und

LIBER TERTIUS

nuebat, studia populi et patrum metuens: Contra Tiberium spernendis rumoribus validum et conscientiae matris innexum esse; veraque aut in deterius credita iudice ab uno facilius discerni, odium et invidiam apud multos valere. Haud fallebat Tiberium moles cognitionis, quaque ipse fama distraheretur. Igitur paucis familiarum adhibitis minas accusantium et hinc preces audit integramque causam ad senatum remittit.

XI Atque interim Drusus rediens Illyrico, quamquam patres censuissent, ob receptum Maroboduum et res priore aestate gestas ut ovans iniret, prolato honore urbem intravit.

Post quae reo L. Arruntium, P. Vinicium, Asinium Gallum, Aeserninum Marcellum, Sex. Pompeium patronos petenti iisque diversa excusantibus M'. Lepidus et L. Piso et Livineius Regulus adfuere, adrecta omni civitate, quanta fides amicis Germanici, quae fiducia reo; satin cohiberet ac premeret sensus suos Tiberius. Haud alias intentior populus plus sibi in principem occultae vocis aut suspicacis silentii permisit.

XII Die senatus Caesar orationem habuit meditato temperamento. Patris sui legatum atque amicum Pisonem fuisse adiutoremque Germanico datum a se auctore senatu rebus apud Orientem administrandis. Illic contumacia et certaminibus asperasset iuvenem exituque eius laetatus esset an scelere extinxisset, integris animis diiudicandum. 'Nam si legatus officii terminos, obsequium

Drittes Buch

Senat zurück: „Tiberius sollte sich dem Gerede nicht stolz verstocken können? Und noch verflochten in die Kenntnis der Mutter! Aus dem Glauben an Fäulnis schält ein einziger Richter die Wahrheit. In Haufen von Richtern richten Neid und Haß." Tiberius fühlte schon die Wucht der Sache, fühlte sich selbst vom Gerücht erbeutet. Vor tosenden Klägern, vor flehendem Widerspruch hielt er nur Rat mit wenig Freunden, und zum Senate ging die Sache — unbetastet.

Ob des Empfangs von Marbod und der Taten letzten Sommers hatte sich der Senat zu Drusus' Siegeseinzug entschieden, doch seiner Heimkehr aus Illyrien öffnete sich Rom sofort. Die Ehrung war vertagt.

Piso bestürmte Lucius Arruntius, Publius Vinicius, Asinius Gallus, Äserninus Marcellus und Sextus Pompejus: „Sprecht für mich!", doch in buntem Vorwand entglitten sie ihm. Manius Lepidus, Lucius Piso und Livinejus Regulus traten an ihre Stelle. Es lauschte Rom: „Wanken Germanicus' Freunde noch nicht? Will Piso noch trotzen? Und Tiberius? Wird er seine Gluten dämpfen, still verwinden?" Die nie so straffe Spannung des Volks entlud sich gegen den Fürsten öfter als sonst in verschleiertem Wort, in einem mißtrauenden Schweigen.

Am Sitzungstage feilte der Cäsar in zitternder Ruhe eine Rede: „Mein Vater liebte Piso, den Legaten und Freund. Durch mich lieh der Senat die Arme Pisos an Germanicus, den Osten zu steuern. Kein Hauch trübe das Urteil zwischen trotzig stachelndem Hader mit dem Prinzen, der bloßen Freude am Tod und zwischen frevlem Mord. Den Legaten, der Schranken seiner Pflicht und den Gehorsam vor dem obersten

LIBER TERTIUS

erga imperatorem exuit eiusdemque morte et luctu meo laetatus est, odero seponamque a domo mea et privatas inimicitias non vi principis ulciscar. Sin facinus in cuiuscumque mortalium nece vindicandum detegitur, vos vero et liberos Germanici et nos parentes iustis solaciis adficite. Simulque illud reputate, turbide et seditiose tractaverit exercitus Piso, quaesita sint per ambitionem studia militum, armis repetita provincia, an falsa haec in maius vulgaverint accusatores, quorum ego nimiis studiis iure suscenseo. Nam quo pertinuit nudare corpus et contrectandum vulgi oculis permittere differrique etiam per externos, tamquam veneno interceptus esset, si incerta adhuc ista et scrutanda sunt? Defleo equidem filium meum semperque deflebo; sed neque reum prohibeo, quo minus cuncta proferat, quibus innocentia eius sublevari aut, si qua fuit iniquitas Germanici, coargui possit, vosque oro, ne, quia dolori meo causa conexa est, obiecta crimina pro adprobatis accipiatis. Si quos propinquus sanguis aut fides sua patronos dedit, quantum quisque eloquentia et cura valet, iuvate periclitantem: Ad eundem laborem, eandem constantiam accusatores hortor. Id solum Germanico super leges praestiterimus, quod in curia potius quam in foro, apud senatum quam apud iudices de morte eius anquiritur: Cetera pari modestia tractentur. Nemo Drusi lacrimas, nemo maestitiam meam spectet, nec si qua in nos adversa finguntur.'

XIII Exim biduum criminibus obiciendis statuitur, utque sex dierum spatio interiecto reus per triduum defenderetur. Tum Fulcinius vetera et

Drittes Buch

Feldherrn gesprengt, den Witzling an der Bahre, vor meinem Schmerz, ich will ihn hassen, doch nur als Mensch, und solchen Haß wird nie der Spruch des Kaisers kühlen. Nur mein Haus will ich ihm sperren. Doch sprudelt es blutig zum Licht, rötet die Rache, wie bei jedem Mord am Menschen, so tröstet das Recht durch euch, tröstet Germanicus' Geschlecht und uns, seine Eltern. Wägt es, ob Piso das Heer verrottet, empört, ob er Ränke in die Liebe der Truppen versponnen, ob Waffen ihm die Provinz erbrochen, oder ob seine Kläger Lügen vergröbert! Mein gerechtes Gefühl versengt sich an ihrer überheißen Liebe: Was brauchte ein nackter Leib die gieren Augen des Pöbels zu beißen? Zu fremden Landen streuten die Freunde den Giftmord. Woher denn bereits die Kenntnis, solche Forschung? Um meinen Sohn trauere ich jetzt und ewig. Doch auch Piso will ich die Worte gönnen, die seine Unschuld härten, vielleicht von einem rauhen Germanicus murmeln und enthüllen. Ich bitte: Eines Kaisers Gram in solchem Verhör fälsche niemals in euch die Klage zu Beweis! — Sinn für Sippe und Treue gürtete Römer zu Pisos Schutz: Strafft eure Sorge, die Beredtheit, ihr lebt in der Stunde seines Schicksals! Auch das Feuer der Kläger wünsche ich flammen, nie verflackern. Der Saal des Senats, nicht der Markt, Senat, nicht Richter lauschen dem Zwist um Germanicus' Tod, und das verletzte Gesetz ist sein einzig Vorrecht. Sonst richtet gerecht! Drusus und ich schluchzen nicht dem Ohr der Richter, und hört sie nicht — tückische Lügen auf uns!"

Zwei Tage räumte man der Klage ein und nach einer Rast von sechs Tagen drei Tage der Verteidigung für Piso. Fulcinius stöberte in eitler Vergangenheit,

LIBER TERTIUS

inania orditur, ambitiose avareque habitam Hispaniam; quod neque convictum noxae reo, si recentia purgaret, neque defensum absolutioni erat, si teneretur maioribus flagitiis. Post quem Servaeus et Veranius et Vitellius consimili studio, et multa eloquentia Vitellius, obiecere odio Germanici et rerum novarum studio Pisonem vulgus militum per licentiam et sociorum iniurias eo usque conrupisse, ut parens legionum a deterrimis appellaretur; contra in optimum quemque, maxime in comites et amicos Germanici saevisse; postremo ipsum devotionibus et veneno peremisse; sacra hinc et immolationes nefandas ipsius atque Plancinae, petitam armis rem publicam, utque reus agi posset, acie victum.

XIV Defensio in ceteris trepidavit; nam neque ambitionem militarem neque provinciam pessimo cuique obnoxiam, ne contumelias quidem adversum imperatorem infitiari poterat. Solum veneni crimen visus est diluisse, quod ne accusatores quidem satis firmabant, in convivio Germanici, cum super eum Piso discumberet, infectos manibus eius cibos arguentes. Quippe absurdum videbatur inter aliena servitia et tot adstantium visu, ipso Germanico coram, id ausum; offerebatque familiam reus et ministros in tormenta flagitabat.

Sed iudices per diversa inplacabiles erant, Caesar ob bellum provinciae inlatum, senatus numquam satis credito sine fraude Germanicum interisse.*** scripsissent expostulantes, quod haud minus Tiberius quam Piso abnuere. Simul populi ante curiam voces audiebantur: Non temperaturos ma-

Drittes Buch

in Ehrsucht und Raubgier des spanischen Statthalters. Schuldlos des neuen Verbrechens, hätte es ihn nicht verurteilt, und ein Freispruch seiner Vergangenheit konnte nie die größeren Frevel der Gegenwart vergessen. Es leuchtete nur Vitellius' Wort, doch Feuer brannte auch in Serväus' und Veranius' Klagen. "Piso haßte Germanicus und liebte die Empörung. So mußte der Pöbel des Heers in Gelüst erkranken, Provinzen darob siechen, und Schurken ergötzten sich am ‚Vater der Legionen'. Er warf sich auf jede Treue, tollte wider Germanicus' Freunde und Gefolge. Und es starb ein Mann an Zauberfluch und Gift. ‚Dank den Göttern', spritzten Pisos und Plancinas blutige Opfer. Seine Waffen rissen an Rom, doch sie splitterten in der Schlacht. Nur so bequemte er sich zum Verhör."

Die Verteidigung hinkte. Die Buhlschaft um Soldaten, Schurkengeheiß in der Provinz, selbst den Hohn auf den obersten Feldherrn vermochte Piso nicht zu dunkeln. Nur das Geraune von Giftmord hatte er wohl zerstäubt. Auch die Kläger tasteten in ihrem Satz: "Bei Germanicus' Gelage träufelte die Hand des Nachbarn Piso in seine Speisen Gift." Die fremden Sklaven, die Blicke des großen Gefolges, Germanicus' Nähe selbst spiegelten das Wagnis als hohle Lüge. Piso bot seine Sklaven, für die Speisenträger die Folter fordernd.

Die Richter erschlossen sich der Gnade nicht. Am Cäsaren fraß der Kampf um die Provinz, und im Gedanken der Menschen, auch des Senats, hatte man stets Germanicus' Tod geholfen. *** ihre Briefe heischten. In einer Weigerung vereinten sich Tiberius und Piso. Des Volkes Getöse brauste in den

LIBER TERTIUS

nibus, si patrum sententias evasisset. Effigiesque Pisonis traxerant in Gemonias ac divellebant, ni iussu principis protectae repositaeque forent. Igitur inditus lecticae et a tribuno praetoriae cohortis deductus est, vario rumore, custos saluti an mortis exactor sequeretur. — XV Eadem Plancinae invidia, maior gratia; eoque ambiguum habebatur, quantum Caesari in eam liceret. Atque ipsa, donec mediae Pisoni spes, sociam se cuiuscumque fortunae et, si ita ferret, comitem exitii promittebat: Ut secretis Augustae precibus veniam obtinuit, paulatim segregari a marito, dividere defensionem coepit.

Quod reus postquam sibi exitiabile intellegit, an adhuc experiretur, dubitans hortantibus filiis durat mentem senatumque rursum ingreditur; redintegratamque accusationem, infensas patrum voces, adversa et saeva cuncta perpessus, nullo magis exterritus est, quam quod Tiberium sine miseratione, sine ira, obstinatum clausumque vidit, ne quo adfectu perrumperetur. Relatus domum, tamquam defensionem in posterum meditaretur, pauca conscribit obsignatque et liberto tradit; tum solita curando corpori exsequitur. Dein multam post noctem, egressa cubiculo uxore, operiri fores iussit; et coepta luce perfosso iugulo, iacente humi gladio, repertus est.

XVI Audire me memini ex senioribus visum saepius inter manus Pisonis libellum, quem ipse non vulgaverit; sed amicos eius dictitavisse litteras

Drittes Buch

Saal: "Einen Freispruch des Senats würzt ihm die Faust!" Fast zerschellten Bildnisse Pisos an der gemonischen Treppe. Nur ein Befehl des Fürsten rettete sie an ihre Stätten. Zur Seite einer Sänfte schritt ein Tribun der Prätorianer. Der Hüter seines Lebens? Des Todes Scherge? Die Lüfte sagten es nicht. — Plancina ward gehaßt wie er; noch tiefer ward sie geliebt, und so stritt man sich um die Grenze der Cäsarenmacht vor ihr. Noch schleppte sich die Hoffnung für Piso, und Plancinas Mund kämpfte mit jeder Zukunft, selbst mit dem Tod. Doch verstohlen mittelnd, neigte Augusta ihr die Gnade, und langsam legte Plancina ein Schwert zwischen sich und den Gatten, die Verteidigung lösend.

Und Piso witterte den Tod. Seinen Zweifel, es noch zu wagen, hoben die Söhne. Wieder trat er vor den Senat — kalten, starren Auges. Er hörte wieder die Klage, Senatoren ihn höhnen, hörte überall es grausam zischen, er selbst — kalt und starren Auges. Auf Tiberius' ehernen Zügen huschte nicht Mitleid, nicht der Groll. Wider jede Regung der Muskeln hatte er sich gestählt. Und Piso erblich. In sein Haus verbracht, schrieb er wenig Zeilen, wie brütend über sein Wort am morgigen Tag, und ein Freigelassener nahm sie versiegelt. Seinem Leibe gab er die gewohnte Pflege. Die Nacht war weit geschritten. Hinter seinem Weib ließ er die Türe seines Schlafgemachs verriegeln. Der Morgen warf sein graues Licht über Blut, das aus seiner Kehle tropfte, über ein Schwert am Estrich. So fanden sie ihn.

In meinem Ohre klingt noch die Rede alter Leute: "Oft klammerte sich Pisos Hand um eine Schrift, die er der Menschheit nicht entrollte. Doch seine Freunde

LIBER TERTIUS

Tiberii et mandata in Germanicum contineri, ac destinatum promere apud patres principemque arguere, ni elusus a Seiano per vana promissa foret; nec illum sponte extinctum, verum inmisso percussore. Quorum neutrum adseveraverim; neque tamen occulere debui narratum ab iis, qui nostram ad iuventam duraverunt.

Caesar flexo in maestitiam ore suam invidiam tali morte quaesitam apud senatum conquestus M. Pisonem vocari iubet crebrisque interrogationibus exquirit, qualem Piso diem supremum noctemque exegisset. Atque illo pleraque sapienter, quaedam inconsultius respondente recitat codicillos a Pisone in hunc ferme modum compositos: 'Conspiratione inimicorum et invidia falsi criminis oppressus, quatenus veritati et innocentiae meae nusquam locus est, deos inmortales testor vixisse me, Caesar, cum fide adversum te neque alia in matrem tuam pietate; vosque oro, liberis meis consulatis, ex quibus Cn. Piso qualicumque fortunae meae non est adiunctus, cum omne hoc tempus in urbe egerit, M. Piso repetere Syriam dehortatus est. Atque utinam ego potius filio iuveni quam ille patri seni cessisset. Eo inpensius precor, ne meae pravitatis poenas innoxius luat. Per quinque et quadraginta annorum obsequium, per collegium consulatus, quondam divo Augusto parenti tuo probatus et tibi amicus nec quicquam post haec rogaturus salutem infelicis filii rogo.' De Plancina nihil addidit. XVII Post quae Tiberius adulescentem crimine civilis belli purgavit, patris quippe iussa nec potuisse filium detrectare, simul nobilitatem domus, etiam ipsius quoquo modo meriti gravem

Drittes Buch

plauderten von ihrem Inhalt: Tiberius' Briefen und Befehlen wider Germanicus, plauderten von luftiger Verheißung Sejans, die mit Pisos Entschluß gespielt, im Senat es dem Fürsten vorzuhalten. Und nicht sein Wille, — ein gesandter Mörder stieß ihn nieder." Ich beschwöre nichts. Doch die Lippen mußte ich dem Wort der Greise unserer Jugend bieten.

Trauerfalten in der Stirn, jammerte der Cäsar im Senat: „Solcher Tod sollte mich verlästern", beschied sich Marcus Piso und fragte gern nach Pisos letztem Tag und Todesnacht. Die kluge, selten entblößende Antwort ergänzte der Cäsar durch Pisos Zeilen. Er las etwa: „Von verschworenen Feinden, in gehässigen Lügen ward ich stumm gewürgt, und schuldlos, pocht die Wahrheit an taube Pforten. So hört, ewige Götter, den Eid: ‚Dir ergeben war jeder Atemzug, mein Cäsar, dir wie deiner Mutter.' Und so erflehe ich eure Gnade meinem Geschlecht: Gnäus Piso lebte in Rom — zu jener Zeit; es knüpft ihn von meinem Schicksal los, sei es schuldfrei oder sühnend, und Marcus Piso riet die Rückkehr nach Syrien nicht. Warum faßte der weiße Kopf des Vaters nicht den Rat des jungen Sohns? Warum so anders? Jetzt muß ich mich heiser bitten: ‚Seine Unschuld büße nicht die fremde Torheit!' Fünfundvierzig Jahre war ich treu. Mit Tiberius trug ich den Purpur des Konsuls. Augustus, dein Vater, wertete mich hoch, und du selbst hörtest deinen Freund. Hörst du auch meine letzte Bitte: ‚Mein unseliger Sohn, er lebe glücklich!'" Von Plancina kein Wort. — Den Jüngling verschonte Tiberius mit dem Makel des Bürgerkampfes: „Nicht füglich sagt ein Sohn dem Vater Gehorsam auf," und er jammerte von adligem Geschlecht: „Und selbst

LIBER TERTIUS

casum miseratus. Pro Plancina cum pudore et flagitio disseruit, matris preces obtendens, in quam optimi cuiusque secreti questus magis ardescebant.

Id ergo fas aviae, interfectricem nepotis adspicere, adloqui, eripere senatui. Quod pro omnibus civibus leges obtineant, uni Germanico non contigisse. Vitellii et Veranii voce defletum Caesarem, ab imperatore et Augusta defensam Plancinam. Proinde venena et artes tam feliciter expertas verteret in Agrippinam, in liberos eius, egregiamque aviam ac patruum sanguine miserrimae domus exsatiaret. Biduum super hac imagine cognitionis absumptum, urguente Tiberio liberos Pisonis, matrem uti tuerentur. Et cum accusatores ac testes certatim perorarent respondente nullo, miseratio quam invidia augebatur.

Primus sententiam rogatus Aurelius Cotta consul (nam referente Caesare magistratus eo etiam munere fungebantur) nomen Pisonis radendum fastis censuit, partem bonorum publicandam, pars ut Cn. Pisoni filio concederetur isque praenomen mutaret; M. Piso exuta dignitate et accepto quinquagiens sestertio in decem annos relegaretur, concessa Plancinae incolumitate ob preces Augustae. XVIII Multa ex ea sententia mitigata sunt a principe: ne nomen Pisonis fastis eximeretur, quando M. Antonii, qui bellum patriae fecisset, Iuli Antonii, qui domum Augusti violasset, manerent. Et M. Pisonem ignominiae exemit concessit-

Drittes Buch

wenn Piso ein Verbrecher, — sein Sturz ist schroff."
Zur Gnade für Plancina fanden Tiberius' Scham
und sein Sinn für Schande den Vorwand in Bitten
seiner Mutter.

Doch in jedem rechtlichen Gefühl flammte die
schwelende Klage auf: „Die Mörderin des Enkels in
Blick und Wort zu begnaden, sie dem Senat zu ent=
rücken, — lautet der Ahne die Pflicht? Germanicus
lechzt nach dem Recht, das über jedem Römer in den
Gesetzen schattet. Um den Prinzen schluchzten Vi=
tellius und Veranius, für Plancina schrieen ein Kaiser
und Augusta. Plancina, du säumst noch? Agrippina
und die Kinder dürstet es, von deiner würzig befunde=
nen Kunst zu nippen, an Gift zu zucken und den Oheim,
die würdige Ahne am Blut unseligen Geschlechtes
zu berauschen." Zwei Tage verzehrte das wesenlose
Verhör, und Tiberius schmeichelte den Söhnen Pisos
den Schutz der Mutter vor. Kläger und Zeugen hetzten
wetteifernd die Worte, doch es blieb totenstill. Und
das Mitleid überströmte den Haß.

Ein Bericht des Cäsaren sparte den Beamten nicht
ihr Urteil, und so versetzte der Konsul Aurelius Cotta
zuerst: „Die Liste der Beamten verliert den Namen
‚Piso'. Dem Staat verfällt die Habe. Nur die Hälfte
tröstet seinen Sohn Gnäus Piso für die Änderung
des Vornamens. Fünf Millionen Sestertien mildern
Marcus Piso den Verlust der Würde und eine zehn=
jährige Acht. Von Plancina wehrt die flehende
Augusta ab." Manchen Punkt des Antrags glättete
der Fürst: „Das Verzeichnis bricht nicht unter Pisos
Namen. Es trägt den Namen von Marcus Anto=
nius, der seine Heimat mit Krieg geschlagen hat, von
Julus Antonius, des Schänders von Augustus' Blut."

LIBER TERTIUS

que ei paterna bona, satis firmus, ut saepe memoravi, adversum pecuniam et tum pudore absolutae Plancinae placabilior. Atque idem, cum Valerius Messalinus signum aureum in aede Martis Ultoris, Caecina Severus aram ultioni statuendam censuissent, prohibuit, ob externas ea victorias sacrari dictitans, domestica mala tristitia operienda.

Addiderat Messalinus Tiberio et Augustae et Antoniae et Agrippinae Drusoque ob vindictam Germanici grates agendas omiseratque Claudii mentionem. Et Messalinum quidem L. Asprenas senatu coram percontatus est, an prudens praeterrisset; ac tum demum nomen Claudii adscriptum est. Mihi, quanto plura recentium seu veterum revolvo, tanto magis ludibria rerum mortalium cunctis in negotiis observantur. Quippe fama spe veneratione potius omnes destinabantur imperio, quam quem futurum principem fortuna in occulto tenebat.

XIX Paucis post diebus Caesar auctor senatui fuit Vitellio atque Veranio et Servaeo sacerdotia tribuendi: Fulcinio suffragium ad honores pollicitus monuit, ne facundiam violentia praecipitaret. Is finis fuit ulciscenda Germanici morte, non modo apud illos homines, qui tum agebant, etiam secutis temporibus vario rumore iactata. Adeo maxima quaeque ambigua sunt, dum alii quoquo modo audita pro conpertis habent, alii vera in contrarium vertunt, et gliscit utrumque posteritate.

At Drusus urbe egressus repetendis auspiciis,

Drittes Buch

Auch überhob er Marcus Piso der Entehrung und des Verlustes seines Vaterguts, da Gold ihn ja nie betörte, da seine Scham ob Plancinas Freispruch in Güte büßen wollte. — Valerius Messalinus verhieß dem Tempel des rächenden Mars sein goldenes Bildnis, Cäcina Severus der Rache einen Altar. Doch der Fürst bedeutete wieder: „Dampfende Opfer nur dem Sieg im fremden Land! Die Wunden meines Geschlechts verhüllt die Trauer."

Messalinus hatte noch von Dank für Germanicus' Rache gejubelt, von Dank an Tiberius, Augusta, Antonia, Agrippina und Drusus. Von Claudius nichts, und nach Messalinus stichelte Lucius Asprenas im Senat: „Vergaß ihn dein Wille?" Der Name „Claudius" gesellte sich hinzu. — Aus den Blättern der verblühten und blühenden Tage, aus jeder Tat lächelt meinem schweren Blick nur grausiger ein höhnendes Menschenlos: Kaiser gestalteten sich schon in der schwatzenden Welt, in Wunsch und Ehrung, und nur den Kaiser der Zukunft barg der dunkle Schoß des Schicksals.

Nach wenigen Tagen stellte der Cäsar dem Senat Vitellius, Veranius und Serväus zu Priestern vor. Fulcinius beteuerte er sein Wort zu einer glatten Ruhmesbahn, warnte jedoch: „Stürmisches Gebaren zerstört die Blüte der Beredtheit." So endete des toten Germanicus' Rache. Jene Zeiten trieben in Worten ihr Spiel darob. Die Nachwelt trieb es fort, das alte Spiel. Diesem wird Wahrheit, was zu seinem Ohre zischt, jener verzerrt die Wahrheit zu Lüge, und in ihrem Geschlechte wuchert es fort, und ewig bohrt der Zweifel an gewichtiger Tat.

Um frische Machtbefugnis ritt Drusus aus Rom

LIBER TERTIUS

mox ovans introiit. Paucosque post dies **Vispania** mater eius excessit, una omnium Agrippae liberorum miti obitu: Nam ceteros manifestum ferro vel creditum est veneno aut fame extinctos.

XX Eodem anno Tacfarinas, quem priore aestate pulsum a Camillo memoravi, bellum in Africa renovat, vagis primum populationibus et ob pernicitatem inultis, dein vicos excindere, trahere graves praedas; postremo haud procul Pagyda flumine cohortem Romanam circumsedit. Praeerat castello Decrius impiger manu, exercitus militia et illam obsidionem flagitii ratus. Is cohortatus milites, ut copiam pugnae in aperto facerent, aciem pro castris instruit. Primoque impetu pulsa cohorte promptus inter tela occursat fugientibus, increpat signiferos, quod inconditis aut desertoribus miles Romanus terga daret; simul excepta vulnera et, quamquam transfosso oculo, adversum os in hostem intendit, neque proelium omisit, donec desertus suis caderet.

XXI Quae postquam L. Apronio (nam Camillo successerat) comperta, magis dedecore suorum quam gloria hostis anxius, raro ea tempestate et e vetere memoria facinore decumum quemque ignominiosae cohortis sorte ductos fusti necat. Tantumque severitate profectum, ut vexillum veteranorum, non amplius quam quingenti numero, easdem Tacfarinatis copias praesidium, cui Thala nomen, adgressas fuderint. Quo proelio Rufus

Drittes Buch

und im Siegeszug zurück. — Tage rannen, und zu seiner Mutter Vipsania trat ein lächelnder Tod, lächelnd nur zu ihr unter Agrippas Kindern: Man wußte noch von einem zuckenden Schwert, und nach der Menschen Meinung starben die andern hungernd, an Gift sich windend.

Im letzten Sommer war Tacfarinas vor Camillus geflohen, doch in diesem Jahr entfachte er Afrikas alten Krieg. Zuerst Flammen, flüchtig hier und dort, der Rache zu rasch verlöschend! Später rasselten aus Trümmern der Dörfer schwere Beutezüge. An der Pagyda legte sich ein Ring um eine römische Kohorte. In der Feste schaltete der kriegsbewährte Kämpe Decrius. Wie geschändet von der Umstrickung, reckte er sich in seinen Leuten auf: „Nur auf freier Erde ladet zur Schlacht!" Und vor dem Lager entfalteten sich die Linien. Der erste Sturm verwehte die Kohorte. Von Geschossen umtost, warf er sich gegen die Flucht, zürnte in die Fahnenträger hinein: „An römischen Nacken darf sich fahnenflüchtig, wirres Gesindel weiden?" Aus Wunden schäumte sein Blut. In Blut verschwamm das eine Auge. Doch das andere Auge blitzte zum Feind, und als er des Kampfes müde war, lag er tot, ein Opfer seiner Kameraden.

Lucius Apronius, Prokonsul nach Camillus, hörte es, und dumpf grollte er römischer Schmach, weniger dem Ruhm des Gegners. Den zehnten Mann der verfemten Kohorte zeichnete Zufall, und er verröchelte unter Peitschen. Ob einer Tat der Vergangenheit staunte jene Zeit. Seine Härte fruchtete: Eine Truppe Veteranen, kaum fünfhundert Mann, zerzauste die gleichen Truppen Tacfarinas', die sich an die Festung Thala gehangen hatten. Der Ruhm der Rettung eines

LIBER TERTIUS

Helvius gregarius miles servati civis decus rettulit donatusque est ab Apronio torquibus et hasta. Caesar addidit civicam coronam, quod non eam quoque Apronius iure proconsulis tribuisset, questus magis quam offensus. Sed Tacfarinas perculsis Numidis et obsidia aspernantibus spargit bellum, ubi instaretur, cedens ac rursum in terga remeans. Et dum ea ratio barbaro fuit, inritum fessumque Romanum impune ludificabatur: Postquam deflexit ad maritimos locos, inligatus praeda stativis castris adhaerebat, missu patris Apronius Caesianus cum equite et cohortibus auxiliariis, quis velocissimos legionum addiderat, prosperam adversum Numidas pugnam facit pellitque in deserta.

XXII At Romae Lepida, cui super Aemiliorum decus L. Sulla et Cn. Pompeius proavi erant, defertur simulavisse partum ex P. Quirinio divite atque orbo. Adiciebantur adulteria, venena quaesitumque per Chaldaeos in domum Caesaris, defendente ream Manio Lepido fratre. Quirinius post dictum repudium adhuc infensus quamvis infami ac nocenti miserationem addiderat. Haud facile quis dispexerit illa in cognitione mentem principis: Adeo vertit ac miscuit irae et clementiae signa. Deprecatus primo senatum, ne maiestatis crimina tractarentur, mox M. Servilium e consularibus aliosque testes inlexit ad proferenda, quae velut reicere voluerat. Idemque servos Lepidae, cum militari custodia haberentur, transtulit ad consules neque per tormenta interrogari passus est de iis, quae ad domum suam pertinerent. Exemit etiam Drusum consulem designatum dicendae

Drittes Buch

Bürgers umglänzte einen gemeinen Soldaten, Rufus Helvius, und Apronius gab ihm Halsgeschmeide und Lanze. Die Bürgerkrone gab der Cäsar: „Ein Prokonsul, Apronius, durfte sie schon schenken." Es klang bedauernd, doch war er kaum verletzt. — Es scheuchte die Numider von den Festen, und Tacfarinas stückelte den Krieg: Drohende Nähe drängte ihn ab, doch bog er hinter dem Heere zurück. So narrte sein Brauch das müde Römerheer spottend und ungerächt. Indes er wich an die Häfen der See. Seine Beute verstrickte ihn und band ihn an ein festes Lager. Die Reitergeschwader und verbündeten Kohorten Apronius Cäsianus', durch seinen Vater gesondert, dazu die behendesten Legionare, schlugen sich siegreich, und die Numider stoben in die Wüsten.

Über Lepida, die ihre Ämilier und ihre Urahnen Lucius Sulla und Gnäus Pompejus adelten, tuschelte in Rom die Klage: „Sie gebar nur in Lügen das Kind des reichen, kinderlosen Publius Quirinius." Man murmelte von Gift einer Buhlerin und „Fragen vor Chaldaiern ballten sich wider das Cäsarenschloß". Ihr Bruder Manius Lepidus ward ihr Anwalt. Quirinius' Haß dauerte über seine Scheidung fort, und die Welt erbarmte ihre sündige Schmach. In jenem Verhöre lag ein schwerer Dämmer um den Fürsten. In seinen Zügen zuckte es hitzig, lächelte Gnade in jähem Wechsel. „Nichts vom Frevel des Hochverrats", wand er sich vor dem Senat, und listete später dem Altkonsul Marcus Servilius und anderen Zeugen ein Bekenntnis ab, dessen Feind er eben geglichen hatte. — Auf Tiberius' Befehl nahmen die Konsuln aus Soldatenwacht Lepidas Sklaven in Haft. Doch bei der Folter durften die Fragen nicht zum Palaste der Cäsaren

LIBER TERTIUS

primo loco sententiae; quod alii civile rebantur, ne ceteris adsentiendi necessitas fieret, quidam ad saevitiam trahebant: Neque enim cessurum nisi damnandi officio.

XXIII Lepida ludorum diebus, qui cognitionem intervenerant, theatrum cum claris feminis ingressa, lamentatione flebili maiores suos ciens ipsumque Pompeium, cuius ea monimenta et adstantes imagines visebantur, tantum misericordiae permovit, ut effusi in lacrimas saeva et detestanda Quirinio clamitarent, cuius senectae atque orbitati et obscurissimae domui destinata quondam uxor L. Caesari ac divo Augusto nurus dederetur. Dein tormentis servorum patefacta sunt flagitia, itumque in sententiam Rubelli Blandi, a quo aqua atque igni arcebatur. Huic Drusus adsensit, quamquam alii mitius censuissent. Mox Scauro, qui filiam ex ea genuerat, datum, ne bona publicarentur. Tum demum aperuit Tiberius conpertum sibi etiam ex P. Quirinii servis veneno eum a Lepida petitum.

XXIV Inlustrium domuum adversa (etenim haud multum distanti tempore Calpurnii Pisonem, Aemilii Lepidam amiserant) solacio adfecit D. Silanus Iuniae familiae redditus. Casum eius paucis repetam. Ut valida divo Augusto in rem publicam fortuna, ita domi inprospera fuit ob inpudicitiam filiae ac neptis, quas urbe depulit adulterosque earum morte aut fuga punivit. Nam culpam inter viros ac feminas vulgatam gravi nomine laesarum religionum ac violatae maiestatis appellando clementiam maiorum suasque ipse leges egrediebatur. Sed aliorum exitus, simul cetera illius aetatis

Drittes Buch

streifen. Er enthob den erkornen Konsul Drusus der ersten Stimme. „Es befreit den Senat vom Druck des Beifalls", wähnten Menschen von Liebe, doch andere von finsterer Tücke: „So wälzte er ihm die Wucht des Spruches ab. Was sonst?"

Spiele vertagten es. Im Theater, in jenen Tagen klagten die Tränen Lepidas und adliger Frauen ihren Ahnen das Leid und vor Pompejus selbst, dessen Bau und Büsten auf sie niederstarrten. Das Mitleid weinte heiß und schwer, und wilde Flüche grollten zu Quirinius: „Dem morschen, samenlosen Greis aus dunklem Geschlecht opfert man ihre Brüste, die einst Augustus' Enkels, Lucius Cäsars, harren sollten." Gemarterte Sklaven keuchten von Frevel, und Rubellius Blandus stimmte für Acht. Der Senat schloß sich an. Den mildern Anträgen taub, trat auch Drusus bei. Die Rettung ihrer Güter vergönnte man Scaurus, dem sie ein Mädchen geboren hatte. — Jetzt zerriß Tiberius den Schleier: „Auch Publius Quirinius' Sklaven belehren mich: ,Ihm braute Lepida Gift.'"

Adlige Geschlechter liebte das Leid: In knapper Frist sank Piso den Calpurniern, Lepida den Ämiliern. Doch Decimus Silanus' Rückkehr in das Haus der Junier mochte trösten. Nur wenige Worte seinem Los! In Glück gebot der Kaiser Augustus, und am Mark des Menschen zehrte es: Der liebeslüsternen Tochter und Enkelin sperrte er Rom und stieß die Buhlen zu Acht und Tod. Beim Vergehen der Liebe, in dessen Zahl das Weib sich mit dem Manne teilt, zürnte er hier einem Götterfrevel und Hochverrat, achtete nicht der milden Ahnen, nicht der eigenen Gesetze. Wenn ich mein Ziel erklimmen werde, mein

LIBER TERTIUS

memorabo, si effectis, in quae tetendi, plures ad curas vitam produxero. D. Silanus in nepti Augusti adulter, quamquam non ultra foret saevitum, quam ut amicitia Caesaris prohiberetur, exilium sibi demonstrari intellexit nec nisi Tiberio imperitante deprecari senatum ac principem ausus est M. Silani fratris potentia, qui per insignem nobilitatem et eloquentiam praecellebat. Sed Tiberius gratis agenti Silano patribus coram respondit se quoque laetari, quod frater eius e peregrinatione longinqua revertisset; idque iure licitum, quia non senatus consulto, non lege pulsus foret: Sibi tamen adversus eum integras parentis sui offensiones, neque reditu Silani dissoluta, quae Augustus voluisset. Fuit posthac in urbe neque honores adeptus est.

XXV Relatum dein de moderanda Papia Poppaea, quam senior Augustus post Iulias rogationes incitandis caelibum poenis et augendo aerario sanxerat. Nec ideo coniugia et educationes liberum frequentabantur, praevalida orbitate; ceterum multitudo periclitantium gliscebat, cum omnis domus delatorum interpretationibus subverteretur, utque antehac flagitiis, ita tunc legibus laborabatur. Ea res admonet, ut de principiis iuris et, quibus modis ad hanc multitudinem infinitam ac varietatem legum perventum sit, altius disseram.

XXVI Vetustissimi mortalium, nulla adhuc mala libidine, sine probro, scelere eoque sine poena aut coërcitionibus agebant. Neque praemiis opus erat, cum honesta suopte ingenio peterentur; et ubi nihil contra morem cuperent, nihil per metum veta-

Drittes Buch

Leben zu neuen Zielen weitereilen darf, wird der Tod der anderen Buhlen, wird ihre Zeit verlauten. — Vor Decimus Silanus hatte sich Augustus' Enkelin entehrt, und nur aus dem Freundeskreis des Fürsten verwiesen, las er schon in der Kälte des Cäsaren die Acht. Erst unter dem Kaiser Tiberius verführte ihn der Einfluß seines Bruders Marcus Silanus, leuchtend an Adel und Beredtheit, zum Wagnis einer Bitte vor Fürsten und Senat. Dank stammelte Silanus im Senat, und Tiberius nahm es entgegen: „Die weite Fremde schenkt uns deinen Bruder. Auch ich, ich freue mich, ich darf mich freuen: Ihn ächtete nicht ein Entscheid des Senats, nicht das Gesetz. Doch der Schimpf auf meinen Vater sticht noch im Sohn, und Silanus' Heimkehr verrückt Augustus' Willen nicht." Die Zukunft sah ihn zu Rom, doch ohne Lorbeer.

Man trug auf Schwächung des Gesetzes Papius Poppäus an, das nach dem Erlasse Julius der alternde Augustus verordnet hatte, die Ehescheu härter zu geißeln und den Reichsschatz zu häufen. Doch der Zwang zu Ehe und Kindern verschliff sich an der Sehnsucht nach einsamer Lust. Das Verderben schoß nur üppiger auf, und alle Geschlechter zerrüttete die Deutung der Kläger. An der Sünde siechte die Vergangenheit, am Gesetze die Gegenwart. Mich drängt es, nach den Wurzeln des Rechts zu schürfen und nach ihrem Wachstum zur endlosen Form und Fülle der Erlasse.

Keusch, frevelfrei gelüstete es die ersten Menschen nicht in Häßlichkeit, und sie sühnten noch nicht in Qual und Zwang. Die Tugend lockte, es tat des Lohns nicht not, und man mußte nicht eine jenseits stürmende Gier durch die Furcht beschränken. Doch

LIBER TERTIUS

bantur. At postquam exui aequalitas et pro modestia ac pudore ambitio et vis incedebat, provenere dominationes multosque apud populos aeternum mansere. Quidam statim aut, postquam regum pertaesum, leges maluerunt. Hae primo rudibus hominum animis simplices erant; maximeque fama celebravit Cretensium, quas Minos, Spartanorum, quas Lycurgus, ac mox Atheniensibus quaesitiores iam et plures Solo perscripsit. Nobis Romulus, ut libitum, imperitaverat: Dein Numa religionibus et divino iure populum devinxit, repertaque quaedam a Tullo et Anco. Sed praecipuus Servius Tullius sanctor legum fuit, quis etiam reges obtemperarent. XXVII Pulso Tarquinio adversum patrum factiones multa populus paravit tuendae libertatis et firmandae concordiae, creatique decemviri et accitis, quae usquam egregia, compositae duodecim tabulae, finis aequi iuris.

Nam secutae leges, etsi aliquando in maleficos ex delicto, saepius tamen dissensione ordinum et apiscendi inlicitos honores aut pellendi claros viros aliaque ob prava per vim latae sunt. Hinc Gracchi et Saturnini turbatores plebis, nec minor largitor nomine senatus Drusus; corrupti spe aut inlusi per intercessionem socii. Ac ne bello quidem Italico, mox civili omissum, quin multa et diversa sciscerentur, donec L. Sulla dictator abolitis vel conversis prioribus, cum plura addidisset, otium eius rei haud in longum paravit, statim turbidis Lepidi rogationibus neque multo post tribunis reddita licentia, quoquo vellent, populum agitandi. Jamque non modo in commune, sed in singulos homines latae quaestiones, et corruptissima re publica

Drittes Buch

die Menschheit stufte sich, und vor ehrgeiziger Kraft entfloh die keusche Selbstzucht. Herrscher erwuchsen, und ewig beugen sich ihnen viele Völker. In manchem Lande herrschten nur die Gesetze, oft, wenn die Krone zerbrochen war, schlichte Gesetze aus schlichtem Menschensinn. So rühmte die Welt das Wort des Kreters Minos, des Spartaners Lykurgos und die höhere Zahl und den höheren Geist von Solons Erlassen für Athen. Mit Rom hatte Romulus noch gespielt. Der Götter Dienst und Recht schlang Numa um sein Volk, und Tullus wie Ancus knüpften es tiefer. Doch des größten Schöpfers, Servius Tullius' Gesetze wünschten selbst Königsgehorsam. Tarquinius wich. Für Freiheit und Eintracht schuf das Volk im Streit mit adligen Sippen, so die Wahl der Decemvirn, und die Erde gab ihrer edlen Steine alle zum Bau der zwölf Tafeln.

Nun starb das Recht im Rechte. Künftige Gesetze brachte nur selten die Sünde des Verbrechers ein, erzwang jedoch ein Zwist in den Ständen und frevles Ziel, wie die Sucht nach verschlossener Würde, die Acht von großen Römern. Es weckte dem Pöbel die Wühler in den Gracchen und Saturninen, in Drusus, lockend vergeudend, wie sie alle, doch „im Namen des Senats". Die Verbündeten berückte die Hoffnung, höhnte Einspruch, und viele Gesetze sah selbst der Italer= und Bürgerkampf entkeimen und sich befehden. Der Diktator Lucius Sulla zertrümmerte, änderte und gestaltete neu. Doch in die kurze Stille zitterten Lepidus' Wünsche wild herein. Wieder durften die Tribunen im Volke wühlen — schrankenlos rasend. Verhöre suchten den einzelnen, vergaßen des Staats.

LIBER TERTIUS

plurimae leges. XXVIII Tum Cn. Pompeius, tertium consul corrigendis moribus delectus, set gravior remediis, quam delicta erant, suarumque legum auctor idem ac subversor, quae armis tuebatur, armis amisit. Exim continua per viginti annos discordia, non mos, non ius; deterrima quaeque inpune ac multa honesta exitio fuere.

Sexto demum consulatu Caesar Augustus, potentiae securus, quae triumviratu iusserat, abolevit deditque iura, quis pace et principe uteremur. Acriora ex eo vincla, inditi custodes et lege Papia Poppaea praemiis inducti, ut, si a privilegiis parentum cessaretur, velut parens omnium populus vacantia teneret. Sed altius penetrabant urbemque et Italiam et, quod usquam civium, corripuerant, multorumque excisi status. Et terror omnibus intentabatur, ni Tiberius statuendo remedio quinque consularium, quinque e praetoriis, totidem e cetero senatu sorte duxisset, apud quos exsoluti plerique legis nexus modicum in praesens levamentum fuere.

XXIX Per idem tempus Neronem e liberis Germanici, iam ingressum iuventam, commendavit patribus, utque munere capessendi vigintiviratus solveretur et quinquennio maturius quam per leges quaesturam peteret, non sine inrisu audientium postulavit. Praetendebat sibi atque fratri decreta eadem petente Augusto. Sed neque tum fuisse dubitaverim, qui eius modi preces occulti inluderent: Ac tamen initia fastigii Caesaribus erant magisque in oculis vetus mos et privignis cum

Drittes Buch

Über einem eiternden Reiche lag der dichteste Mantel von Gesetzen. Gnäus Pompejus, im dritten Konsulate zum Retter der Sitten ersehen, schmerzte in seiner Hilfe bitterer als die Frevel, und seine Satzung schuf und zermürbte er selbst. Seine Ordnung, den Schützling seiner Waffen, mordeten die fremden Waffen. Zwanzig Jahre heckten die Zwietracht, verstießen Sitte und Recht. Das Todesverbrechen war gefeit, doch Ehre wurde zu Tod.

Erst das sechste Konsulat eines machtgewissen Cäsar Augustus riß den Bau seines Triumvirates nieder, und in seinen Erlassen lag der Friede und ein Fürst. Stetig straffte er die Fesseln, stellte Späher aus, und sein Gesetz Papius Poppäus züchtete Späher durch Lohn: „Dem Volk als der Menschheit Vater die Güter der Ehen, die in ihrem Vorrecht lässig!" Und es schlich an den Herd des Bürgers, nach Rom, Italien, zur Welt, zernagte zahllosen Reichtum. Es verfärbte sich die Menschheit. Heilend wies Tiberius das Gesetz vor fünf Altkonsuln, fünf Altprätoren und fünf Senatoren, die sein Los getroffen hatte, und manche Rettung lockerte der Gegenwart die brennenden Fesseln des Gesetzes.

Nero, Germanicus' Sohn, reifte heran, und vor dem Senat in jenen Tagen erwärmte sich für ihn Tiberius: „Das Vigintivirat und fünf Jahre des Gesetzes — geht darüber hinweg, und öffnet ihm eine Quästur!" Es witzelte der Hohn. „Auch mein Bruder und ich dankten es dem bittenden Augustus", schützte er vor. Auch damals mag an solchem Beter geheimer Hohn gespöttelt haben, und damals war die Cäsarengewalt noch jung, fiel der Brauch der Altvordern noch leuchtend in die Sinne, damals verband die Geburt den

LIBER TERTIUS

vitrico levior necessitudo quam avo adversum nepotem. Additur pontificatus et, quo primum die forum ingressus est, congiarium plebi admodum laetae, quod Germanici stirpem iam puberem aspiciebat. Auctum dehinc gaudium nuptiis Neronis et Iuliae Drusi filiae. Utque haec secundo rumore, ita adversis animis acceptum, quod filio Claudii socer Seianus destinaretur. Polluisse nobilitatem familiae videbatur suspectumque iam nimiae spei Seianum ultro extulisse.

XXX Fine anni concessere vita insignes viri L. Volusius et Sallustius Crispus. Volusio vetus familia neque tamen praeturam egressa: Ipse consulatum intulit, censoria etiam potestate legendis equitum decuriis functus opumque, quis domus illa inmensum viguit, primus adcumulator. Crispum equestri ortum loco C. Sallustius, rerum Romanarum florentissimus auctor, sororis nepotem in nomen adscivit. Atque ille, quamquam prompto ad capessendos honores aditu, Maecenatem aemulatus sine dignitate senatoria multos triumphalium consulariumque potentia anteiit, diversus a veterum instituto per cultum et munditias copiaque et afluentia luxu propior. Suberat tamen vigor animi ingentibus negotiis par, eo acrior, quo somnum et inertiam magis ostentabat. Igitur incolumi Maecenate proximus, mox praecipuus, cui secreta imperatorum inniterentur, et interficiendi Postumi Agrippae conscius, aetate provecta speciem magis in amicitia principis quam vim tenuit. Idque et Maecenati acciderat, fato potentiae raro sempiternae, an satias capit aut illos, cum omnia tribuerunt, aut hos, cum iam nihil reliquum est, quod cupiant.

Drittes Buch

Stiefvater und seine Söhne nicht so zäh wie den Ahn und seinen Enkel. — Nero ward auch Oberpriester, und am Tag seines ersten Schritts zum Markt erquickten Spenden den Pöbel, der um Germanicus' schon reifen Sprossen rastlos gejubelt hatte. Erneut jauchzten sie auf, hellauf: Nero freite Julia, Drusus' Tochter. Doch das Mädchen Sejans ward Claudius' Sohn versprochen, und in ihren Jubel zischte es schrill: „Auf ein adliges Geschlecht warf er Schmutz und Feuer in die schwelenden Träume Sejans."

Dem Jahr und zweien Großen nahte das Ende: Lucius Volusius und Sallustius Crispus. Volusius' altes Geschlecht war nur bis zur Prätur gestiegen. Doch er ward Konsul, seine Zensur sichtete aus den Rittern ihre Dekurien, und dem sich türmenden Reichtum seines Stammes schüttete er die erste Schicht. — Dem Ritter Crispus, dem Enkel von Gajus Sallustius' Schwester, schenkte der glänzendste Schöpfer römischer Geschichte seinen Namen. Mühlos breiteten sich für ihn die Stufen der Ämter, doch er lebte Mäcenas nach, ließ sich von Senatorenrang nicht reizen, und Träger von Siegesfeiern und Altkonsuln starrten auf zu seiner Gewalt. Er liebte zierliche Schönheit, nicht der Ahnen Sitte, und sein übergroßer Reichtum näherte ihn der Verschwendung. Unter der Maske von träger, schlaffer Ruhe loderte nur tätiger eine Kraft, die sich jedes Riesenwerks vermessen konnte. Nächst Mäcenas ihm und nach Mäcenas' Tod ihm zuerst raunten die Kaiser ihr düsteres Gelüst, so den Mord an Agrippa Postumus. Wie bei Mäcenas, verblich in alternder Zeit die Freundschaft seines Fürsten, doch nie ihr Glanz. Webt die Parze nur kargend ewige Macht? Stumpft der Ekel an dem

LIBER TERTIUS

XXXI Sequitur Tiberi quartus, Drusi secundus consulatus, patris atque filii collegio insignis. Nam triennio ante Germanici cum Tiberio idem honor neque patruo laetus neque natura tam conexus fuerat. Eius anni principio Tiberius, quasi firmandae valetudini, in Campaniam concessit, longam et continuam absentiam paulatim meditans, sive ut amoto patre Drusus munia consulatus solus impleret.

Ac forte parva res magnum ad certamen progressa praebuit iuveni materiem apiscendi favoris. Domitius Corbulo praetura functus de L. Sulla nobili iuvene questus est apud senatum, quod sibi inter spectacula gladiatorum loco non decessisset. Pro Corbulone aetas, patrius mos, studia seniorum erant: Contra Mamercus Scaurus et L. Arruntius aliique Sullae propinqui nitebantur. Certabantque orationibus, et memorabantur exempla maiorum, qui iuventutis inreverentiam gravibus decretis notavissent, donec Drusus apta temperandis animis disseruit; et satisfactum Corbuloni per Mamercum, qui patruus simul ac vitricus Sullae et oratorum ea aetate uberrimus erat. Idem Corbulo plurima per Italiam itinera fraude mancipum et incuria magistratuum interrupta et inpervia clamitando exsecutionem eius negotii libens suscepit; quod haud perinde publice usui habitum quam exitiosum multis, quorum in pecuniam atque famam damnationibus et hasta saeviebat.

XXXII Neque multo post missis ad senatum

Drittes Buch

Menschen, der sich verschenkte, oder dessen Sättigung ins Leere faßt?

Die Verbindung von Vater und Sohn zeichnete Tiberius' viertes und Drusus' zweites Konsulat. Tiberius' und Germanicus' Konsulat, drei Jahre zuvor, war durch Geburt nicht so eng verkittet, hatte dem Oheim in Leid geendet. Zu Beginn des Jahres stahl Tiberius von einer „Kränklichkeit" den Vorwand zur Reise nach Kampanien. Träumte er schon von dauernder, langer Ruhe in der Ferne? Wünschte er nur, dem Konsul Drusus den helfenden Vater zu entziehen?

Zufall schwellte ein Nichts zum Zwist, und Liebe konnte der Jüngling pflücken. Im Senate klagte der Altprätor Domitius Corbulo: „Der adlige Bursche Lucius Sulla trat nicht vor mir von seinem Platz im Fechterspiel zurück." Mit Corbulo murrten sein Alter, vererbte Sitte und der Greise Parteisinn, doch es stritten Mamercus Scaurus, Lucius Arruntius und Sullas andere Sippen. Reden eiferten. Und die Ahnen wurden beschworen: „Dreiste Jugend züchtigte peinvoll mancher Entscheid." Drusus' Wort ebnete die wogenden Sinne: Sullas Oheim und Stiefvater Mamercus, der reichste Redner jener Zeiten, bat es Corbulo ab. — „Italiens Straßen zerstückelt meist der Betrug von Unternehmern und fahrlässiges Beamtentum, hemmt den Verkehr", störte Corbulo auf und bürdete auf sich ein Richtertum. Selten den Staat belebend, vernichtete er viele, und oft erlagen Geld wie Ehre seinem Spruch und dem Hammer.

Tiberius' Brief verriet dem Senat: „Tacfarinas'

LIBER TERTIUS

litteris Tiberius motam rursum Africam incursu Tacfarinatis docuit, iudicioque patrum deligendum pro consule gnarum militiae, corpore validum et bello suffecturum. Quod initium Sex. Pompeius agitandi adversus Marcum Lepidum odii nanctus, ut socordem, inopem et maioribus suis dedecorum eoque etiam Asiae sorte depellendum incusavit, adverso senatu, qui Lepidum mitem magis quam ignavum, paternas ei angustias et nobilitatem sine probro actam honori quam ignominiae habendam ducebat. Igitur missus in Asiam, et de Africa decretum, ut Caesar legeret, cui mandanda foret.

XXXIII Inter quae Severus Caecina censuit, ne quem magistratum, cui provincia obvenisset, uxor comitaretur, multum ante repetito concordem sibi coniugem et sex partus enixam, seque, quae in publicum statueret, domi servavisse, cohibita intra Italiam, quamquam ipse pluris per provincias quadraginta stipendia explevisset. Haud enim frustra placitum olim, ne feminae in socios aut gentes externas traherentur: Inesse mulierum comitatui, quae pacem luxu, bellum formidine morentur et Romanum agmen ad similitudinem barbari incessus convertant. Non inbecillum tantum et inparem laboribus sexum, sed, si licentia adsit, saevum, ambitiosum, potestatis avidum; incedere inter milites, habere ad manum centuriones; praesedisse nuper feminam exercitio cohortium, decursu legionum. Cogitarent ipsi, quotiens repetundarum aliqui arguerentur, plura uxoribus obiectari: His statim adhaerescere deterrimum quemque provincialium, ab his negotia suscipi, transigi; duorum egressus coli, duo esse praetoria, pervicacibus magis

Drittes Buch

Sturm erschüttert wieder Afrika. Der Senat blicke nach einem schlachtenerprobten Prokonsul aus, zähen Leibes und fähig zu dem Krieg!" Doch Sextus Pompejus' Haß nutzte den Anlaß: "Der stumpfe Bettler Marcus Lepidus verunziert seine Väter, und man soll ihn des Rechts auf Asien entsetzen!" Der Senat widersprach: "Ein milder Lepidus ist nicht stumpf. Die Armut vererbte ihm sein Vater, und sein Leben in fleckenlosem Adel windet ihm nur Ehre, nicht die Schmach." Lepidus ging nach Asien, und in der Sendung für Afrika ward entschieden: "Die Wahl dem Cäsaren!"

Und Cäcina Severus erging sich: "Der Gattin eines Verwalters werde seine Provinz gesperrt", und er ging weit zurück: "Wir lieben uns, mein Weib und ich, und sechsmal hat sie mir geboren. Und doch — meinen Rat an das Reich vollzog ich selbst an mir. Vierzig Jahre Dienstes in mancher Provinz verriegelten mein Weib in Italien. Zu einem Zweck beschlossen es die Väter: ,In fremde Länder und verbündetes Gebiet verliert sich nicht das Weib!' Über der Verschwendung des Weibertrosses stolpert der Friede — und der Krieg ob ihrer Furcht, und ein römisches Heer vermummt sich zum Narrenzug des Auslands. Wenn das schwache, der Not biegsame Geschlecht die Zügel von sich geschüttelt, so jagt ein wütendes, buhlendes Machtgelüst. Man mischt sich unter Soldaten, kirrt sich seine Centurionen, und Befehle lachte ein Weib jüngst zu übenden Legionen und Verbündeten. Vergeßt es nicht: In jeder Klage verdienten sich die Erpressung fast voll die Weiber. An Weibern verfangen sich die Schurken der Provinz. Weiber spinnen schmutzige Fäden an und zu Ende. Zwei Menschen

LIBER TERTIUS

et inpotentibus mulierum iussis, quae Oppiis quondam aliisque legibus constrictae, nunc vinclis exsolutis domos, fora, iam et exercitus regerent. XXXIV Paucorum haec adsensu audita: Plures obturbabant neque relatum de negotio neque Caecinam dignum tantae rei censorem.

Mox Valerius Messalinus, cui parens Messalla ineratque imago paternae facundiae, respondit multa duritiae veterum in melius et laetius mutata; neque enim, ut olim, obsideri urbem bellis aut provincias hostilis esse. Et pauca feminarum necessitatibus concedi, quae ne coniugum quidem penates, adeo socios non onerent; cetera promisca cum marito nec ullum in eo pacis impedimentum. Bella plane accinctis obeunda; sed revertentibus post laborem quod honestius quam uxorium levamentum? At quasdam in ambitionem aut avaritiam prolapsas. Quid? Ipsorum magistratuum nonne plerosque variis libidinibus obnoxios? Non tamen ideo neminem in provinciam mitti. Corruptos saepe pravitatibus uxorum maritos: Num ergo omnis caelibes integros? Placuisse quondam Oppias leges, sic temporibus rei publicae postulantibus; remissum aliquid postea et mitigatum, quia expedierit. Frustra nostram ignaviam alia ad vocabula transferri: Nam viri in eo culpam, si femina modum excedat. Porro ob unius aut alterius inbecillum animum male eripi maritis consortia rerum secundarum adversarumque. Simul sexum natura invalidum deseri et exponi suo luxu, cupidinibus alienis. Vix praesenti custodia manere inlaesa coniugia: Quid fore, si per plures annos in

Drittes Buch

bückt man sich in den Gassen, zwei Menschen spielen den Statthalter. Einst kettete sie das oppische Gesetz und andere Erlasse. Doch jetzt der Fesseln frei, kreischen sie Befehl in Haus und Markt, in die Heere, — halsstarrig, maßlos." Den schüchternen Beifall übertoste wildes Lärmen: „Was soll es uns? „Zur Sache!" „Ein Zensor Cäcina lahmt ob der Last!"

Es erhob sich Valerius Messalinus, ein Sohn Messallas und Spiegel seiner Beredtheit: „Manche Härte der Ahnen schmolz zu sonnigem Glück; denn um Rom sind Kriegsruf und der Provinzen Kämpfe verstummt. Leicht beschwert den Satten das karge Vorrecht des Bedarfs der Frauen, noch leichter die Verbündeten. Ihr anderes Gepäck ist auch Mannesbesitz, und ‚der Friede stolpert nicht'. Krieg ist blitzendes Schwert. Doch kost in seinem Heim den müden Mann das Weib, — ist es Unzucht? ‚Ehrgeiz und Gier verstrickten Weiber', höre ich. Doch die vielgestaltigen Lüste, welche so viele der Beamten selbst zerrütten? Und so ‚riegelt' man wohl die Provinz vor dem Beamtentume ab? ‚Die Lüste der Weiber verderbten oft die Satten.' Und alle Ehescheuen sind wohl weiß wie eine Jungfrau? Zum oppischen Gesetz verstand sich nur die Not des Staates. Anderes Erfordernis der Nachzeit linderte, erließ. Verschleiere nur nackende Schlaffheit! Der Mann allein schuldet für ein lockeres Weib. Nur wenigen Satten mangelt das Mark, und jedem willst du den Freund in Glück und Unglück rauben, willst seinen von Geburt zerbrechlichen Freund zu Hause lassen, in Lüsten vor lüsternem Blick? Kaum dein Auge bändigt die Gier nach fremdem Männerleib, — und wenn sie Jahre einsam harrt, fast wie mit dir zerworfen? — Füllt

LIBER TERTIUS

modum discidii oblitterentur? Sic obviam irent iis, quae alibi peccarentur, ut flagitiorum urbis meminissent.

Addidit pauca Drusus de matrimonio suo; nam principibus adeunda saepius longinqua imperii. Quotiens divum Augustum in Occidentem atque Orientem meavisse comite Livia! Se quoque in Illyricum profectum et, si ita conducat, alias ad gentes iturum, haud semper aequo animo, si ab uxore carissima et tot communium liberorum parente divelleretur. Sic Caecinae sententia elusa est.

XXXV Proximo senatus die Tiberius per litteras, castigatis oblique patribus, quod cuncta curarum ad principem reicerent, M'. Lepidum et Iunium Blaesum nominavit, ex quis pro consule Africae legeretur. Tum audita amborum verba, intentius excusante se Lepido, cum valetudinem corporis, aetatem liberum, nubilem filiam obtenderet, intellegereturque etiam, quod silebat, avunculum esse Seiani Blaesum atque eo praevalidum. Respondit Blaesus specie recusantis, sed neque eadem adseveratione, et consensu adulantium haud iutus est.

XXXVI Exim promptum, quod multorum intimis questibus tegebatur. Incedebat enim deterrimo cuique licentia impune probra et invidiam in bonos excitandi arrepta imagine Caesaris; libertique etiam ac servi, patrono vel domino cum voces, cum manus intentarent, ultro metuebantur. Igitur C. Cestius senator disseruit principes quidem instar deorum esse, sed neque a dis nisi iustas supplicum preces audiri, neque quemquam in Capitolium aliave urbis templa perfugere, ut eo sub-

Drittes Buch

den Abgrund in Rom! So stopft ihr auch die fremden Wunden."

Drusus plauderte von seiner Ehe: „Zu fernen Grenzen treibt es oft die Fürsten. Osten und Westen sahen häufig Augustus, in seinem Geleite Livia. Auch ich reiste nach Illyrien, und zu manchem Volke wird die Lage mich führen. Von meinem lieben Weib, von der Mutter meines starken Stamms zu scheiden, ich trage es mitunter schwer." So lachten sie über Cäcinas Antrag.

In der nächsten Tagung des Senats ritzte tückischer Tadel aus Tiberius' Brief: „Euere Mühen gleiten stets zum Fürsten", und er empfahl Manius Lepidus' oder Junius Bläsus' Wahl zum Prokonsul Afrikas. Beide sprachen. Ernst murmelte Lepidus von schwächlichem Befinden, der Jugend seiner Kinder, von einer eherreifen Tochter, und man hörte ein ungesprochenes Wort von Bläsus' Neffen Sejan und die Folgerung. Bläsus' Abweis klang wie Necklust, und einig, stimmte die Schmeichelei nicht zu.

Zum Lichte brach sich der dunkle Schmerz so manchen Römers: Die Maske des Cäsaren dem neidvollen Schimpf auf rechtliche Römer vorzuhängen, ward dreisten Schurken oft und öfter ungeahndet, und schon entfärbten sich die Herren, wenn Freigelassene und Sklaven die Stimme, die Fäuste hoben. Es klagte der Senator Sajus Cestius: „Den Göttern gleichen die Fürsten. Doch zu den Göttern trägt die Bitten der Beter nur das Recht, und kein Knieender umfriedet sich im Kapitol, in den anderen Tempeln Roms zu

sidio ad flagitia utatur. Abolitas leges et funditus versas, ubi in foro, in limine curiae ab Annia Rufilla, quam fraudis sub iudice damnavisset, probra sibi et minae intendantur, neque ipse audeat ius experiri ob effigiem imperatoris oppositam. Haud dissimilia alii et quidam atrociora circumstrepebant, precabanturque Drusum, daret ultionis exemplum, donec accitam convictamque attineri publica custodia iussit. XXXVII Et Considius Aequus et Caelius Cursor equites Romani, quod fictis maiestatis criminibus Magium Caecilianum praetorem petivissent, auctore principe ac decreto senatus puniti.

Utrumque in laudem Drusi trahebatur: Ab eo in urbe, inter coetus et sermones hominum obversante secreta patris mitigari. Neque luxus in iuvene adeo displicebat: Huc potius intenderet, diem aedificationibus, noctem conviviis traheret, quam solus et nullis voluptatibus avocatus maestam vigilantiam et malas curas exerceret.

XXXVIII Non enim Tiberius, non accusatores fatiscebant. Et Ancharius Priscus Caesium Cordum pro consule Cretae postulaverat repetundis, addito maiestatis crimine, quod tum omnium accusationum complementum erat. Caesar Antistium Veterem e primoribus Macedoniae, absolutum adulterii, increpitis iudicibus ad dicendam maiestatis causam retraxit, ut turbidum et Rhescuporidis consiliis permixtum, qua tempestate Cotye interfecto bellum adversus nos volverat. Igitur aqua et igni interdictum reo, adpositumque, ut teneretur insula neque Macedoniae neque Thraeciae opportuna.

Drittes Buch

Schändlichkeit. Zermalmt ist das Gesetz: Auf dem Markte, an der Schwelle des Senats gellt mir das fluchende Drohwort Annia Rufillas nach, deren Betrug ich vor den Richter zerrte, und ich zittere vor einem Rechtsstreit: Ich zittere vor dem Gespenst des Kaisers." Stürmisch rauschte es im Saal von ähnlichem, von grauserem Tun, und es rauschte zu Drusus: „Räche! Schrecke!" Er berief sie, und in der Haft büßte ihre offenbare Schuld. — Auch die Lüge der Ritter Considius Äquus und Cälius Cursor, die Lüge von einem Hochverrat des Prätors Magius Cäcilianus, zog der Fürst vor den sühnenden Senat.

Die Taten brachten Drusus den Beifall ein: „Das düstere Brüten seines Vaters hellt der lachende Sohn, der zu Rom gesellig und im Gespräch die Menschen sucht." Die Verschwendung schmälerte es dem Jüngling kaum: „Den Tag erheitere ihm die Baulust, der Wein die Nacht! Mag er vergeuden! — In ihm glimmt es nicht wie einsames Feuer, verloren der Lust, finster spähend, häßlich flackernd in Sorge."

Denn Tiberius und die Kläger erschlafften nicht. Ancharius Priscus mischte noch Hochverrat in seinen Vorwurf der Erpressung gegen Kretas Prokonsul Cäsius Cordus, ergänzte es wie alle Klagen jener Tage. — Des mazedonischen Großen Antistius Vetus Freispruch wegen Ehebruchs belud seine Richter mit des Cäsaren Rüge und ihn selbst mit der Klage des Cäsaren wegen Hochverrats: Nach dem Mord an Kotys hatte Rheskuporis sich mit Krieg wider Rom getragen und „auch dieser Empörer trug daran". Es ächtete Antistius und „nach einer Insel, die für Mazedonien wie Thrakien einsam liegt":

LIBER TERTIUS

Nam Thraecia diviso imperio in Rhoemetalcen et liberos Cotyis, quis ob infantiam tutor erat Trebellenus Rufus, insolentia nostri discors agebat neque minus Rhoemetalcen quam Trebellenum incusans popularium iniurias inultas sinere. Coelaletae Odrusaeque et Dii, validae nationes, arma cepere, ducibus diversis et paribus inter se per ignobilitatem; quae causa fuit, ne in bellum atrox coalescerent. Pars turbant praesentia, alii montem Haemum transgrediuntur, ut remotos populos concirent; plurimi ac maxime compositi regem urbemque Philippopolim, a Macedone Philippo sitam, circumsidunt.

XXXIX Quae ubi cognita P. Vellaeo (is proximum exercitum praesidebat), alarios equites ac levis cohortium mittit in eos, qui praedabundi aut adsumendis auxiliis vagabuntur, ipse robur peditum ad exsolvendum obsidium ducit. Simulque cuncta prospere acta, caesis populatoribus et dissensione orta apud obsidentes regisque opportuna eruptione et adventu legionis. Neque aciem aut proelium dici decuerit, in quo semermi ac palantes trucidati sunt sine nostro sanguine.

XL Eodem anno Galliarum civitates ob magnitudinem aeris alieni rebellionem coeptavere, cuius exstimulator acerrimus inter Treveros Iulius Florus, apud Aeduos Iulius Sacrovir. Nobilitas ambobus et maiorum bona facta, eoque Romana civitas olim data, cum id rarum nec nisi virtuti pretium esset. Ii secretis conloquiis, ferocissimo quoque adsumpto aut, quibus ob egestatem ac metum ex flagitiis maxima peccandi necessitudo,

D r i t t e s B u ch

Unter Rhoimetalkes und für Kotys' junge Kinder unter ihren Verweser Trebellenus Rufus war Thrakien geteilt. Doch ungezähmt, lockte es noch stets wider Rom und schalt auf Rhoimetalkes und Trebellenus: „Die Schmach des Volkes wird nicht gerächt." Starke Stämme, die Koilaleten, Odrysen und Dier, rissen die Waffen herab. Indes ihre Führer duckte nicht der hohe Ruf eines einzigen Mannes. Es ward ein müder, zerrissener Krieg. Streifscharen wirbelten durch die Gegend. Streifscharen schwärmten über den Haimos, ferne Völker zu werben. Am strafffsten gegliedert, umpackte die Masse den König in Philippopolis, der Gründung des Mazedoniers Philipp.

Dem Führer des nächsten Heeres, Publius Velläus, wurde es gemeldet: Flankenreiter und leichte Kohorten scharmützelten mit den Banden, die nach Beute und Hilfsvolk flatterten. Zum Entsatz stürmte unter ihm selbst der Kern der Truppen zu Fuß. Glücklich und zugleich fielen seine Würfe: Blut stillte die Verheerung. Die Belagerer schwächte ein Zwist. Mit einem Ausfall des Königs verschmolz sich der Sturm der Legion. Ich heiße nicht Feldschlacht, nicht Streit, wo das Blut halb waffenloser Schwärme nicht nach römischem Blut begehrte.

Die Last der Schulden empörte in jenem Jahre Stämme Galliens, und schürend brauste Julius Florus unter die Treverer, zu den Äduern Julius Sacrovir. Von hohem Adel, hatten sie von Taten ihrer Ahnen das römische Bürgerrecht geerbt, — einst noch das seltene Geschenk an den Manneswert. An düstern Ort lockten sie fiebernden Trotz. Elend und das sündige Gewissen jagten dorthin, sich in Verbrechen zu retten, und dort verbürgte sich Florus zu Belgiens

LIBER TERTIUS

componunt Florus Belgas, Sacrovir propiores Gallos concire. Igitur per conciliabula et coetus seditiosa disserebant de continuatione tributorum, gravitate faenoris, saevitia ac superbia praesidentium; et discordare militem audito Germanici exitio. Egregium resumendae libertati tempus, si ipsi florentes, quam inops Italia, quam inbellis urbana plebes, nihil validum in exercitibus nisi, quod externum, cogitarent.

XLI Haud ferme ulla civitas intacta seminibus eius motus fuit: Sed erupere primi Andecavi ac Turoni. Quorum Andecavos Acilius Aviola legatus excita cohorte, quae Lugduni praesidium agitabat, coërcuit. Turoni legionario milite, quem Visellius Varro inferioris Germaniae legatus miserat, oppressi eodem Aviola duce et quibusdam Galliarum primoribus, qui tulere auxilium, quo dissimularent defectionem magisque in tempore efferrent. Spectatus et Sacrovir intecto capite pugnam pro Romanis ciens, ostentandae, ut ferebat, virtutis: Sed captivi, ne incesseretur telis, adgnoscendum se praebuisse arguebant. Consultus super eo Tiberius aspernatus est indicium aluitque dubitatione bellum.

XLII Interim Florus insistere destinatis, pellicere alam equitum, quae conscripta e Treveris militia disciplinaque nostra habebatur, ut caesis negotiatoribus Romanis bellum inciperet; paucique equitum corrupti, plures in officio mansere. Aliud vulgus obaeratorum aut clientium arma cepit; petebantque saltus, quibus nomen Arduenna, cum legiones utroque ab exercitu, quas Visellius et C. Silius adversis itineribus obiecerant, arcuerunt.

Drittes Buch

Empörung, Sacrovir zum Aufruhr des nahen Galliens. Beim Thing und, wo man sich traf, grollten sie wühlend von ewiger Steuer, beklemmendem Wucher, von stolzer Wildheit der Statthalter: „Im Heere meutert Germanicus' Sturz. Nach Freiheit schreien die Zeiten: Um Rat zergrübelt sich Italien; Roms Pöbel ist weibisches Gesindel; nur aus den Fremden ihrer Heere schwand die Kraft noch nicht, und — Recken seid ihr."

Wohl zu sämtlichen Völkern stahl sich das hetzende Wort, und in den Andecavern und Turonen gärte es auf. Die Kohorte, die der Legat Acilius Aviola aus ihrem Standort Lugdunum befahl, zertrat es in den Andecavern. Legionare des Legaten des nördlichen Germanien, Visellius Varros, zähmten wieder unter Aviola die Turonen. Doch die Aviola helfenden Großen Galliens hatten nur ihren Abfall vertuscht, lauerten auf ihre Zeit. Barhaupt war Sacrovir voran in die Schlacht gesprengt: „Hie Rom!", prahlte: „Ich entblöße meine Tapferkeit." Doch Gefangene murrten: „So meiden den Kenntlichen die Geschosse." Fragen gewannen sich nicht Tiberius' Beachtung, und seinen Zweifel nutzte der Krieg.

Zu unverrücktem Ziel bewarb sich indessen Florus um Reiterei aus Treverern im Solde Roms und seiner Zucht, sann, mit ihrem Mord an römischen Handelsherrn den Krieg zu eröffnen. Nur wenig Reiter vermochte er der Pflicht zu entfremden. — Doch zu den Waffen stürmten die Massen, hörig oder verschuldet, fluteten zu den Ardennenschluchten. Legionen der beiden Heere dämmten, die Visellius und Gajus Silius von Norden und Süden vorgeworfen hatten.

LIBER TERTIUS

Praemissusque cum delecta manu Iulius Indus e civitate eadem, discors Floro et ob id navandae operae avidior, inconditam adhuc multitudinem disiecit. Florus incertis latebris victores frustratus, postremo visis militibus, qui effugia insederant, sua manu cecidit. Isque Treverici tumultus finis.

XLIII Apud Aeduos maior moles exorta, quanto civitas opulentior et comprimendi procul praesidium. Augustodunum caput gentis armatis cohortibus Sacrovir occupaverat, ut nobilissimam Galliarum subolem, liberalibus studiis ibi operatam, et eo pignore parentes propinquosque eorum adiungeret; simul arma occulte fabricata iuventuti dispertit. Quadraginta milia fuere, quinta sui parte legionariis armis, ceteri cum venabulis et cultris, quaeque alia venantibus tela sunt. Adduntur e servitiis gladiaturae destinati, quibus more gentico continuum ferri tegimen: Cruppellarios vocant, inferendis ictibus inhabiles, accipiendis inpenetrabiles. Augebantur eae copiae vicinarum civitatum ut nondum aperta consensione, ita viritim promptis studiis, et certamine ducum Romanorum, quos inter ambigebatur utroque bellum sibi poscente. Mox Varro invalidus senecta vigenti Silio concessit.

XLIV At Romae non Treveros modo et Aeduos, sed quattuor et sexaginta Galliarum civitates descivisse, adsumptos in societatem Germanos, dubias Hispanias, cuncta, ut mos famae, in maius credita. Optumus quisque rei publicae cura maerebat; multi odio praesentium et cupidine mutationis suis quoque periculis laetabantur increpabantque Tiberium, quod in tanto rerum

Drittes Buch

Vor ihrem erlesenen Vortrupp unter Julius Indus, dessen tätige Hilfe ein Zank mit seinem Stammesbruder Florus erhitzte, zerstob die noch lockere Masse. Florus' verhehlte Verstecke spotteten der Sieger. Doch einmal vergitterten Waffen jede Öffnung. Ihn befreite sein Dolch. So verrann der Treverer Empörung.

Stürmischer brach es in den Äduern aus. Den rächenden Truppen ferner, blühender lebte das Volk. Sacrovirs waffenstarke Scharen hatten mit der Hauptstadt Augustodunum sich des adligsten Nachwuchses Galliens versichert, der dort den Geist zu bilden suchte: "Solches Pfand entscheidet bei Eltern und Sippen." In heimlich gehämmerten Waffen klirrte die Jugend. Achttausend unter vierzigtausend schwangen die Waffen der Legionare, der Rest nur Tierspeere, Messer, Waffen der Jagd. Den Sklaven wurden die Fechter entnommen, nach Stammessitte von Kopf zu Fuß in Erz: die "Kruppellarier", für eigene Hiebe starr, doch hart wie ein Fels. Die Macht Sacrovirs schwoll: Wo nicht lärmend die nahen Völker fluteten, sickerten ihm einzelne hitzige Streiter zu. Und Roms Feldherrn entzweite die Gier nach dem Krieg, entzweite die Truppen. Doch die Schwäche des greisen Varro wich vor Silius' Lebensfrische.

Nach Rom trug das Gerücht, wachsend wie stets, die Lüge zu Gläubigen: "In Treverern und Äduern, in Galliens vierundsechzig Stämmen rast der Sturm, rauscht in Germanien und reißt an Spanien." Treue Römer schmerzte das Reich zu Trauer. Doch wessen Haß auf die Gegenwart sich nach Umsturz sehnte, frohlockte der eignen Not und zürnte: "Rom wankt, und Tiberius zermartert sein Gehirn an Klageschriften?

LIBER TERTIUS

motu libellis accusatorum insumeret operam. An Sacrovirum maiestatis crimine reum in senatu fore? Extitisse tandem viros, qui cruentas epistulas armis cohiberent. Miseram pacem vel bello bene mutari. Tanto inpensius in securitatem conpositus, neque loco neque vultu mutato, sed, ut solitum, per illos dies egit, altitudine animi, an conpererat modica esse et vulgatis leviora.

XLV Interim Silius, cum legionibus duabus incedens, praemissa auxiliari manu vastat Sequanorum pagos, qui finium extremi et Aeduis contermini sociique in armis erant. Mox Augustodunum petit propero agmine, certantibus inter se signiferis, fremente etiam gregario milite, ne suetam requiem, ne spatia noctium opperiretur: Viderent modo adversos et aspicerentur; id satis ad victoriam. Duodecimum apud lapidem Sacrovir copiaeque patentibus locis apparuere. In fronte statuerat ferratos, in cornibus cohortes, a tergo semermos. Ipse inter primores equo insigni adire, memorare veteres Gallorum glorias, quaeque Romanis adversa intulissent; quam decora victoribus libertas, quanto intolerantior servitus iterum victis. XLVI Non diu haec nec apud laetos: Etenim propinquabat legionum acies, inconditique ac militiae nescii oppidani neque oculis neque auribus satis conpetebant. Contra Silius, etsi praesumpta spes hortandi causas exemerat, clamitabat tamen pudendum ipsis, quod Germaniarum victores adversum Gallos tamquam in hostem ducerentur. 'Una nuper cohors rebellem Turonum, una ala Treverum, paucae huius ipsius exercitus turmae profligavere

Drittes Buch

Sacrovir reist wohl nach Rom, und im Hochverrate rechtet der Senat? Menschen erstanden, in Blut die blutigen Briefe zu ertränken. Nur nicht diesen siechen Frieden, — lieber den Krieg, einen Krieg!" Der Cäsar brach nicht auf. Die Tage flossen hin wie andere Tage. Auf seinen Zügen zuckten nicht Blitze. Sie lagen nur heiterer geglättet in ihrer tiefen Maske. Oder wußte er von einem Gerücht, das einen Windstoß zu Sturm gefacht?

Zwei Legionen unter Silius und sein Vortrab aus Verbündeten zerstampften indessen Galliens Grenzland, die Saaten der Sequaner, die sich mit ihren Nachbarn, den Äduern, in die Waffen geworfen hatten. Nach Augustodunum lief im Sturmschritt das Heer, hinter der eifernden Hast der Fahnenträger die Truppen in wildem Tosen: „Wozu noch die Rasten? Wozu die Ruhe der Nacht? Wir werden unser Auge auf den stierenden Gegner heften, und es ist Sieg." Zwei reichliche Meilen später waren Sacrovirs Truppen auf weitem Feld entfaltet. Von vorn blinkten die Panzer, flankiert von Kohorten, dahinter spärliche Waffen. Vor dem Gefolge der Fürsten sprengte Sacrovir auf stolzem Roß: „Uralt ist Galliens Ruhm, und Gallier kerbten ihn auch in die Leiber Roms. Sieger verklärt die Freiheit. Ein zweiter Sturz ist eine Knechtschaft, bitter wie der Tod." Kurz sprach er, und nirgends Beifall: In ehern starrem Tritte nahten die Legionen, und Entsetzen befiel Auge und Ohr der friedlichen, plump geschulten Städter. Silius schrie — zwecklos zu Trunkenen des Siegs: „Schmach! Zum Feind der Sieger Germaniens erdreisten sich Gallier. Eine Kohorte zerknickte den Aufstand der Turonen, vor einer Handvoll Reiter zerstäubten die

LIBER TERTIUS

Sequanos. Quanto pecunia dites et voluptatibus opulentos, tanto magis inbelles Aeduos evincite et fugientibus consulite.'

Ingens ad ea clamor, et circumfudit eques frontemque pedites invasere, nec cunctatum apud latera. Paulum morae attulere ferrati, restantibus lamminis adversum pila et gladios; set miles correptis securibus et dolabris, ut si murum perrumperet, caedere tegmina et corpora; quidam trudibus aut furcis inertem molem prosternere, iacentesque nullo ad resurgendum nisu quasi exanimes linquebantur. Sacrovir primo Augustodunum, dein metu deditionis in villam propinquam cum fidissimis pergit. Illic sua manu, reliqui mutuis ictibus occidere: Incensa super villa omnes cremavit.

XLVII Tum demum Tiberius ortum patratumque bellum senatu scripsit; neque dempsit aut addidit vero, sed fide ac virtute legatos, se consiliis superfuisse. Simul causas, cur non ipse, non Drusus profecti ad id bellum forent, adiunxit, magnitudinem imperii extollens, neque decorum principibus, si una alterave civitas turbet, occurrere omissa urbe, unde in omnia regimen. Nunc, quia non metu ducatur, iturum, ut praesentia spectaret componeretque. Decrevere patres vota pro reditu eius supplicationesque et alia decora. Solus Dolabella Cornelius, dum anteire ceteros parat, absurdam in adulationem progressus, censuit, ut ovans e Campania urbem introiret. Igitur secutae Caesaris litterae, quibus se non tam vacuum gloria praedicabat, ut post ferocissimas gentes per-

Drittes Buch

Treverer, die Sequaner vor wenigen Reiterrotten eueres Heers. In Sold und Lüften vermorscht der Äduer Mut. Sieg — und Flüchtlingen Gnade!"

Ein brausender Schrei! Um die Flügel jagten die Reiter. Das Heer zu Fuß wälzte sich vorn heran, und die Flanken drängten. Hemmend prallten die Speere, das Schwert vom Erze der Geharnischten, doch Äxte, Hauen der Truppen krachten wie an Mauern, und rasselnd wankten Panzer und Leib. Auch Sabeln und Stangen stocherten in die spröden Massen. Ohne Regung, sich aufzuraffen, lagen die Gefällten, und um "Tote" sorgte man sich nicht. Von Augustodunum trieb das Gespenst "Verrat" Sacrovir und seine Getreuen nach einem nahen Landhaus. Er fiel, im Herzen den Dolch, und die Dolche seiner Kameraden suchten die Kameraden. Flammen sprühten empor, und alle Körper äscherte das Feuer.

Zu einem Bericht von Geburt und Tod des Krieges bequemte sich Tiberius' Schreiben an den Senat, ohne die Wahrheit zu schmälern und zu dehnen: "Der treue Mut der Legaten und mein Gedanke sicherten den Sieg." Er enthüllte: "Die Größe des Reichs verwehrte Drusus und mir die Reise in den Kampf. Auch verbietet Fürsten die Pflicht, bei eines, bei zweier Völkchen Streitlust herbeizustürmen und Rom, das Hirn der Welt, sich selbst zu lassen. Ich bin nicht feige. So werde ich jetzt selbst die Lage beschauen und entwirren." Seiner Heimkehr verhieß der Senat Gelöbnis, Dankfest und manche Ehrung. Nur Cornelius Dolabellas Ehrgeiz verstieg sich zum Wahnwitz in der Schmeichelei: "Sein Ritt aus Kampanien nach Rom verläuft in einen Siegeszug." "Mancher Sieg ob der trotzigsten Völker und manche Siegesfeier,

LIBER TERTIUS

domitas, tot receptos in iuventa aut spretos triumphos iam senior peregrinationis suburbanae inane praemium peteret.

XLVIII Sub idem tempus, ut mors Sulpicii Quirini publicis exsequiis frequentaretur, petivit a senatu. Nihil ad veterem et patriciam Sulpiciorum familiam Quirinius pertinuit, ortus apud municipium Lanuvium: Sed impiger militiae et acribus ministeriis consulatum sub divo Augusto, mox expugnatis per Ciliciam Homonadensium castellis insignia triumphi adeptus, datusque rector Gaio Caesari Armeniam optinenti Tiberium quoque Rhodi agentem coluerat. Quod tunc patefecit in senatu, laudatis in se officiis et incusato M. Lollio, quem auctorem Gaio Caesari pravitatis et discordiarum arguebat. Sed ceteris haud laeta memoria Quirini erat ob intenta, ut memoravi, Lepidae pericula sordidamque et praepotentem senectam.

XLIX Fine anni Clutorium Priscum equitem Romanum, post celebre carmen, quo Germanici suprema defleverat, pecunia donatum a Caesare, corripuit delator, obiectans aegro Druso composuisse, quod, si extinctus foret, maiore praemio vulgaretur. Id Clutorius in domo P. Petronii socru eius Vitellia coram multisque inlustribus feminis per vaniloquentiam legerat. Ut delator· extitit, ceteris ad dicendum testimonium exterritis sola Vitellia nihil se audivisse adseveravit. Sed arguentibus ad perniciem plus fidei fuit, sententiaque Haterii Agrippae consulis designati indictum reo ultimum supplicium.

Drittes Buch

der ich oft mich auch versagte, reichte mir einst den Lorbeer, und auf meine grauen Haare soll noch ein Ritt aus den Gegenden Roms den Lorbeer pressen?" So rühmte ein Cäsarenbrief.

In jenen Tagen bat er den Senat: „Prunkvoll bestattet das Reich den toten Sulpicius Quirinius." Quirinius, nicht den altadligen Sulpiciern entsprossen, war ein Sohn der Landstadt Lanuvium. Seiner rastlosen Tätigkeit in Krieg und Amt lohnte unter Augustus das Konsulat, seinem Sturm auf die homonadensischen Festungen Kilikiens ein Siegeszug, und der Berater Gajus Cäsars für Armenien scheute nicht die Ehrfurcht vor Tiberius zu Rhodos. Und es hörte der Senat das Lob des Fürsten ob solchen Pflichtgefühls und die Klage gegen Marcus Lollius: „Ihm danke ich Gajus Cäsars Kränkungen und Zwietracht." Doch im Gedächtnis der Menschheit löschten die Tränen Lepidas ein heiteres Bild von Quirinius, eines übergewaltigen, niedrig gesinnten Greises.

Das Jahr versank. Des Ritters Clutorius Priscus gefeiertes Lied, dessen Schmerzen ob Germanicus' Tod das Gold des Cäsaren getröstet hatte, zog auf ihn die Klage: „Drusus' Krankheit begeisterte ihn zu einem Sang, dessen Verbreitung der Tod von Drusus nur üppigeren Lohn versprach." In Publius Petronius' Haus hatten des Wirtes Schwiegermutter Vitellia und viele adlige Frauen dem Vortrag des prahlenden Clutorius gelauscht. Es zuckte die Klage. Erbleichend stotterten die Frauen ein Zeugnis, und nur Vitellia schwur: „Ich habe nichts gehört." Doch aus dem verderbenden Zeugnis sprach es nicht wie Lüge, und nach dem erkorenen Konsul Haterius Agrippa stimmte man für „Tod".

LIBER TERTIUS

L Contra M'. Lepidus in hunc modum exorsus est: 'Si, patres conscripti, unum id spectamus, quam nefaria voce Clutorius Priscus mentem suam et aures hominum polluerit, neque carcer neque laqueus, ne serviles quidem cruciatus in eum suffecerint. Sin flagitia et facinora sine modo sunt, suppliciis ac remediis principis moderatio maiorumque et vestra exempla temperant, et vana a scelestis, dicta a maleficiis differunt, est locus sententiae, per quam neque huic delictum impune sit et nos clementiae simul ac severitatis non paeniteat. Saepe audivi principem nostrum conquerentem, si quis sumpta morte misericordiam eius praevenisset. Vita Clutorii in integro est, qui neque servatus in periculum rei publicae neque interfectus in exemplum ibit. Studia illi, ut plena vaecordiae, ita inania et fluxa sunt; nec quicquam grave ac serium ex eo metuas, qui suorum ipse flagitiorum proditor non virorum animis, sed muliercularum adrepit. Cedat tamen urbe et bonis amissis aqua et igni arceatur: Quod perinde censeo, ac si lege maiestatis teneretur.' LI Solus Lepido Rubellius Blandus e consularibus adsensit: Ceteri sententiam Agrippae secuti, ductusque in carcerem Priscus ac statim exanimatus.

Id Tiberius solitis sibi ambagibus apud senatum incusavit, cum extolleret pietatem quamvis modicas principis iniurias acriter ulciscentium, deprecaretur tam praecipitis verborum poenas, laudaret Lepidum neque Agrippam argueret. Igitur factum senatus consultum, ne decreta patrum ante diem decimum ad aerarium deferrentur idque vitae spatium damnatis prorogaretur. Sed non senatui

Drittes Buch

Manius Lepidus verwahrte sich: „Senatoren, Clutorius Priscus' gräßlichen Sang, der seinen Geist und Menschenohr besudelte, ahnden kaum der Kerker und Strang, selbst nicht Martern wie an Sklaven. Doch für Maß in Sühne und Heilung maßlos frevler Tat sorgt der begütende Fürst, sorgt der Ahnen und euer Vorgang, und Torheit ist nicht Verbrechen, freules Wort nicht freule Tat, und so vermag der Senat seine Schuld zu richten — reulos in strenger Gnade. Oft hörte ich Roms Fürsten, schluchzend von einer raschen Hand, rascher als sein Mitleid. Clutorius ist noch frei. Sein Leben wird nicht Rom zertrümmern, sein Tod niemand bessern. Schwankend zerfällt der Wahnsinn seines Hirns, und eine ernsthafte Tat wird euch nie entsetzen. Nach den Brüsten der Weiber, nicht nach Beifall von Männern gierte sein eigener Verrat des Frevels. — Doch aus Rom sei er geächtet, seiner Güter ledig! So büßt auch Hochverrat." Nur der Altkonsul Rubellius Blandus schloß sich Lepidus an. Der Senat hörte noch Agrippas Stimme, und aus dem Kerker erlöste Priscus ein rascher Mord.

Vor dem Senat gefiel sich Tiberius in altem Rätselspiel, pries die feurig treue Rache für einen nur verstimmten Fürsten, murmelte von der Haft der Sühne für ein Wort, und Lepidus' Lob ward ihm nicht zu Agrippas Tadel. Der Senat beschloß: „Nach neun Tagen erst birgt das Schriftgewölbe einen Beschluß des Senats. Neun Tage schenkt es den Verdammten." Doch dem Senate ward es nicht zur

LIBER TERTIUS

libertas ad paenitendum erat, neque Tiberius interiectu temporis mitigabatur.

LII C. Sulpicius, D. Haterius consules sequuntur, inturbidus externis rebus annus, domi suspecta severitate adversum luxum, qui inmensum proruperat ad cuncta, quis pecunia prodigitur. Sed alia sumptuum, quamvis graviora, dissimulatis plerumque pretiis occultabantur; ventris et ganeae paratus adsiduis sermonibus vulgati fecerant curam, ne princeps antiquae parsimoniae durius adverteret. Nam incipiente C. Bibulo ceteri quoque aediles disseruerant sperni sumptuariam legem vetitaque utensilium pretia augeri in dies, nec mediocribus remediis sisti posse. Et consulti patres integrum id negotium ad principem distulerant. Sed Tiberius saepe apud se pensitato, an coërceri tam profusae cupidines possent, num coërcitio plus damni in rem publicam ferret, quam indecorum adtrectare, quod non obtineret vel retentum ignominiam et infamiam virorum inlustrium posceret, postremo litteras ad senatum composuit, quarum sententia in hunc modum fuit.

LIII 'Ceteris forsitan in rebus, patres conscripti, magis expediat me coram interrogari et dicere, quid e re publica censeam: In hac relatione subtrahi oculos meos melius fuit, ne denotantibus vobis ora ac metum singulorum, qui pudendi luxus arguerentur, ipse etiam viderem eos ac velut deprenderem. Quod si mecum ante viri strenui, aediles, consilium habuissent, nescio, an suasurus fuerim omittere potius praevalida et adulta vitia quam hoc adsequi, ut palam fieret, quibus flagitiis

Drittes Buch

Willkür in der Reue und Tiberius nicht die Frist der Gnade.

Im Jahre 22 waren die Länder still. Doch zu Rom erschreckte drohende Härte gegen den riesigen Aufwand, der sich jedes Ding von Geldwert unterworfen hatte. Verschwendungen, die schwerer sündigten, verhüllte die übliche Verschleierung des Preises. Aber von den Genüssen des Gaumens plauderten die Menschen gern und stets, und die Furcht vor des Fürsten sparsamen Ahnenbrauch erwachte. Gajus Bibulus folgten die anderen Ädilen: „Tot ist das Gesetz der Vergeudung. Verbotenen Preis für den Bedarf des Lebens schnellen die Tage wetteifernd empor, und die maßvollen Mittel werden zu stumpf." Befragt, schob der Senat den Fall zum Fürsten. Manche Stunde grübelte Tiberius: „Kann ich sie dämmen, die flutende Gier? Beengt ein Damm nicht den Atem des Staates? Mein Griff faßt nur in Schimpf, wenn er nicht packt, oder wenn er packt und große Römer in häßliche Schande zerrt."

Sein Schreiben brachte dem Senat die Lösung: „Senatoren, vielleicht verschlägt es glücklicher, wenn ich von Mund zu Mund den Frager von meinem Glauben über das Heil des Reichs bescheide. Doch in diesem Falle durfte mein Auge nicht in euerem Auge lesen, dessen Groll mir manch erblaßtes Antlitz weisen, es überraschen würde, das Scham ob seines Aufwands röten sollte. — Meinen Rat — zuvor, etwa in einem Austausch der Gedanken mit meinen trefflichen Ädilen, ich weiß ihn nicht. Doch entblößt

LIBER TERTIUS

impares essemus. Sed illi quidem officio functi sunt, ut ceteros quoque magistratus sua munia implere velim: Mihi autem neque honestum silere neque proloqui expeditum, quia non aedilis aut praetoris aut consulis partis sustineo. Maius aliquid et excelsius a principe postulatur; et cum recte factorum sibi quisque gratiam trahant, unius invidia ab omnibus peccatur. Quid enim primum prohibere et priscum ad morem recidere adgrediar? Villarumne infinita spatia? Familiarum numerum et nationes? Argenti et auri pondus? Aeris tabularumque miracula? Promiscas viris et feminis vestes atque illa feminarum propria, quis lapidum causa pecuniae nostrae ad externas aut hostilis gentes transferuntur?

LIV Nec ignoro in conviviis et circulis incusari ista et modum posci: Set si quis legem sanciat, poenas indicat, îdem illi civitatem verti, splendidissimo cuique exitium parari, neminem criminis expertem clamitabunt. Atqui ne corporis quidem morbos veteres et diu auctos nisi per dura et aspera coërceas: Corruptus simul et corruptor, aeger et flagrans animus haud levioribus remediis restinguendus est, quam libidinibus ardescit. Tot a maioribus repertae leges, tot, quas divus Augustus tulit, illae oblivione, hae, quod flagitiosius est, contemptu abolitae securiorem luxum fecere. Nam si velis, quod nondum vetitum est, timeas, ne vetere; at si prohibita impune transcenderis, neque metus ultra neque pudor est. Cur ergo olim parsi-

Drittes Buch

nicht der Wille, aus üppig entfalteter Krankheit zu retten, nur ihren überstarken Sieg? Ist Blindheit nicht besser? Die Ädilen fehlten nicht in ihrer Pflicht. Ich wünsche so das Beamtentum des Reichs. Doch mir deutet man Schweigen feig, und Worte werden mir schwer. Ich darf nicht den Ädilen, Prätoren oder Konsul spielen: Ein Fürst muß groß sein, ewig groß und stets erhaben, und, wenn den Dank für edle Taten sich jeder sichert, wuchtet die Menschheit dem Fürsten allein ihre Sünden. — Wohin soll ich greifen, es zu ersticken, es zur alten Sitte zu stutzen? Grenzenlos weiten sich Landsitze. In den völkergleichen Dienerschaften mischen sich die Völker der Erde. Berge häufen sich aus Gold und Silber. Es prickeln die Wunder in Bronze und Farbe. Mann wie Weib entehrt das Gewand, und Weibersinn hascht noch für römisches Geld die bunten Steine im fremden, im feindlichen Land.

„Ich höre Klagen bei Gastereien und Gesellschaft, den Ruf nach Maß, doch Gesetz und Strafe höre ich von den gleichen Gästen geschmäht: ‚Der Staat fällt ein. Den edelsten Glanz belauert der Tod. In die M e n s c h h e i t fressen sich die Klagen.‘ Nur rauhe, ätzende Mittel ertöten die alte, zeitgenährte Krankheit eines Leibes. Nur Mittel, sehrend wie die Leidenschaft, heilen den Geist, dessen kranker Same stets sich selbst befruchtet — im Siechtum lüstern. Gesetze der Ahnen modern in Vergessenheit, Augustus' Erlasse in schändender Verachtung, und in Ruhe wiegt sich die Vergeudung. Die unverbotene Gier fürchtet ein Verbot, doch in machtloser Strafe des Verbots schläfert es Scham und Furcht. Die Selbstzucht beschränkte einst die Kinder e i n e r Stadt in Sparsamkeit.

LIBER TERTIUS

monia pollebat? Quia sibi quisque moderabatur, quia unius urbis cives eramus; ne inritamenta quidem eadem intra Italiam dominantibus. Externis victoriis aliena, civilibus etiam nostra consumere didicimus.

Quantulum istud est, de quo aediles admonent! Quam, si cetera respicias, in levi habendum! At hercule nemo refert, quod Italia externae opis indiget, quod vita populi Romani per incerta maris et tempestatum cotidie volvitur. Ac nisi provinciarum copiae et dominis et servitiis et agris subvenerint, nostra nos scilicet nemora nostraeque villae tuebuntur. Hanc, patres conscripti, curam sustinet princeps; haec omissa funditus rem publicam trahet. Reliquis intra animum medendum est: Nos pudor, pauperes necessitas, divites satias in melius mutet. Aut si quis ex magistratibus tantam industriam ac severitatem pollicetur, ut ire obviam queat, hunc ego et laudo et exonerari laborum meorum partem fateor: Sin accusare vitia volunt, dein, cum gloriam eius rei adepti sunt, simultates faciunt ac mihi relinquunt, credite, patres conscripti, me quoque non esse offensionum avidum; quas cum graves et plerumque iniquas pro re publica suscipiam, inanes et inritas neque mihi aut vobis usui futuras iure deprecor.'

LV Auditis Caesaris litteris remissa aedilibus talis cura; luxusque mensae a fine Actiaci belli ad ea arma, quis Servius Galba rerum adeptus est, per annos centum profusis sumptibus exerciti paulatim exolevere.

Causas eius mutationis quaerere libet. Dites olim familiae nobilium aut claritudine insignes studio

Drittes Buch

Auch die Versuchung war für Italiens Beherrscher noch schwach. Doch der Sieg im Ausland warf die Fremde vor Rom, der Bürgerkampf römischen Besitz zur Beute.

"Nur eine Welle zeigen die Ädilen, und vor dem offenen Blicke liegt ein Meer. Will niemand mahnen? Das Ausland muß Italien speisen, und auf täglich trügenden Wogen, in täglich trügenden Stürmen schaukelt sich Roms Leben fort und fort. Schließen sich die strotzenden Provinzen den Herren und Knechten Roms, Italiens Gefilden, — uns sättigt wohl Hain und Landsitz? Senatoren, es martert den Fürsten, und wird die Qual übertäubt, so endet das Reich. Doch euere Leiden gesunden nur im Herzen: An der Scham gesunde ich — und ihr, Elend an der Not und der Reichtum am Ekel. — Dem Beamten, dessen herbe Tätigkeit bekämpfen will und kann, ihm gesteht mein Lob: ,Die Sorgen lasten minder schwer auf mir.' Doch Klagen gegen die Sünden ernten nur Ruhm den Rufern und Haß, doch mir allein den Haß, und Senatoren, auch ich, ich hasse den Haß. Ich trage seine Bürde oft, meist sein schweres Unrecht, trage es für das Reich. Darum — dem eitlen Haß, schal für mich und euch, weigert mich mein Recht." Die Deutung des Cäsarenbriefes erließ den Ädilen die Sorge. Der Aufwand an Speisen — seit dem Ende des Kriegs von Actium hundert Jahre überschwemmend — versiegte langsam nach Servius Galbas Kampf um das Kaisertum.

Nur einen Blick zum Anlaß des Wechsels! An Geschlechtern des Adels, einst des Reichtums oder

LIBER TERTIUS

magnificentiae prolabebantur. Nam etiam tum plebem socios regna colere et coli licitum; ut quisque opibus domo paratu speciosus, per nomen et clientelas inlustrior habebatur. Postquam caedibus saevitum et magnitudo famae exitio erat, ceteri ad sapientiora convertere. Simul novi homines e municipiis et coloniis atque etiam provinciis in senatum crebro adsumpti domesticam parsimoniam intulerunt et, quamquam fortuna vel industria plerique pecuniosam ad senectam pervenirent, mansit tamen prior animus. Sed praecipuus adstricti moris auctor Vespasianus fuit, antiquo ipse cultu victuque. Obsequium inde in principem et aemulandi amor validior quam poena ex legibus et metus. Nisi forte rebus cunctis inest quidam velut orbis, ut, quem ad modum temporum vices, ita morum vertantur; nec omnia apud priores meliora, sed nostra quoque aetas multa laudis et artium imitanda posteris tulit. Verum haec nobis in maiores certamina ex honesto maneant.

LVI Tiberius fama moderationis parta, quod ingruentis accusatores represserat, mittit litteras ad senatum, quis potestatem tribuniciam Druso petebat. Id summi fastigii vocabulum Augustus repperit, ne regis aut dictatoris nomen adsumeret ac tamen appellatione aliqua cetera imperia praemineret. Marcum deinde Agrippam socium eius potestatis, quo defuncto Tiberium Neronem delegit, ne successor in incerto foret. Sic cohiberi pravas aliorum spes rebatur; simul modestiae Neronis et suae magnitudini fidebat. Quo tunc exemplo Tiberius Drusum summae rei admovit,

Drittes Buch

Ruhmes Lieblingen, zehrte die Prunksucht. Vor Pöbel, Bundesvölkern und Königreichen durften sie noch wie Götter, wie Bettler sich gebärden, und der Glanz des Geldes und Hauses, der Lebenshaltung war der Glanz des Rufs und ihrer Gefolgschaft. Blut floß. Ruhm ward Tod, und die noch Lebenden wurden klug. Neue Männer im Senat aus Land- und Siedlerstädten, aus den Provinzen liebten die Schlichtheit der Heimat, selbst noch im Alter, das Tatkraft oder Glück fast stets bereicherten. Zu eiserner Sitte lenkte Vespasian, in Tracht und Kost selbst so schlicht wie die Ahnen. Der Gehorsam vor dem Fürsten und der Trieb seines Beispiels schreckten, nicht der Gesetze Strafe und die Furcht. — Doch vielleicht wallt die Geschichte in ewigem Kreislauf. Der Frühling verwelkt, und Sitten verdorren. Der Väter Werk war gut, nicht immer besser. Auch an der Gegenwart Künsten kann man rühmen, kann die Zukunft ein Vorbild finden. Doch ewig flamme aus uns zu den Ahnen der Edelsinn im Wettstreit!

Man sprach von einem zügelnden Tiberius, der den Spuk der Kläger beschworen hatte, und sein Brief an den Senat forderte für Drusus die Würde des Tribunen. Augustus' Scheu vor dem Namen „König" und „Diktator" hieß „Tribunat" eine Macht, die auch im Namen jede Gewalt entwerten sollte, die Marcus Agrippa teilte. Der Tod Agrippas gab sie an Tiberius und dem Reich den sichern Erben. Augustus vermeinte, fremde, frevle Träume zu zähmen, und „Tiberius ist ja schüchtern und meine Größe groß". So ward jetzt Drusus der Krone genähert. Zwischen ihm und dem lebenden Germanicus hatte sich Tibe-

LIBER TERTIUS

cum incolumi Germanico integrum inter duos iudicium tenuisset. Sed principio litterarum veneratus deos, ut consilia sua rei publicae prosperarent, modica de moribus adulescentis neque in falsum aucta rettulit. Esse illi coniugem et tres liberos eamque aetatem, qua ipse quondam a divo Augusto ad capessendum hoc munus vocatus sit. Neque nunc propere, sed per octo annos capto experimento, compressis seditionibus, compostiis bellis, triumphalem et bis consulem noti laboris participem sumi.

LVII Praeceperant animis orationem patres, quo quaesitior adulatio fuit. Nec tamen repertum, nisi ut effigies principum, aras deum, templa et arcus aliaque solita censerent, nisi quod M. Silanus ex contumelia consulatus honorem principibus petivit dixitque pro sententia, ut publicis privatisve monimentis ad memoriam temporum non consulum nomina praescriberentur, sed eorum, qui tribuniciam potestatem gererent. At Q. Haterius, cum eius diei senatus consulta aureis litteris figenda in curia censuisset, deridiculo fuit senex foedissimae adulationis tantum infamia usurus.

LVIII Inter quae provincia Africa Iunio Blaeso prorogata Servius Maluginensis flamen Dialis, ut Asiam sorte haberet, postulavit, frustra vulgatum dictitans non licere Dialibus egredi Italia, neque aliud ius suum quam Martialium Quirinaliumque flaminum: Porro, si hi duxissent provincias, cur Dialibus id vetitum? Nulla de eo populi scita, non in libris caerimoniarum reperiri. Saepe pontifices Dialia sacra fecisse, si flamen valetudine aut munere publico impediretur. Quinque et septuaginta

Drittes Buch

rius nicht erklärt. Der Eingang des Briefes betete zu den Göttern: „Segnet meinen Willen dem Reich!" Das Wesen des Jünglings verschönte er nicht in kargem Wort: „Er hat ein Weib und drei Kinder. In seinem Alter berief mich Augustus zu jener Würde. Zu zeitig ist es nicht. Acht Jahre prüfte ich. Er zerschmetterte Aufruhr, endete Kriege. Ihn ehrte Siegeszug und zweimal das Konsulat. Er trage mit mir die Sorgen, die er kennt!"

Die Rede des Senats war schon gefeilt und gefeilter ihre Schmeichelei. Doch sie erfanden bloß Bildnisse der Fürsten, Altäre der Götter und Tempel, Siegestore, Alltagsehrung. Nur Marcus Silanus entehrte das Konsulat, seine Fürsten zu ehren, und statt seiner Stimme gab er ein: „Auf jedem Denkmal des Reiches und der Bürger lese die Zukunft zum Gedächtnis der Jahre die Namen der Tribunen, nicht der Konsuln!" Quintus Haterius trug an: „Goldene Lettern im Saal den Senatsentscheiden dieses Tages!" Es grinste der Spott: „Nur Schande kann sich der Greis noch vor dem Tod erkrümmen."

Afrikas Erhaltung für Junius Bläsus regte in Jupiters Priester Servius Maluginensis die Forderung nach Asien an: „Das Gerede irrt: Der Priester Jupiters ist an Italien nicht gefesselt. Mein Recht ist das Recht der Priester von Mars und Quirinus, und sie erlosen sich Provinzen. Weshalb nicht ich? Beschlüsse des Volkes, die Schriften der Bräuche schweigen. Krankheit des Priesters, Hemmnis durch staatliche Pflicht betrauten oft die Oberpriester mit Jupiters Opfern. Fünfundsiebzig Jahre harrte das

LIBER TERTIUS

annis post Cornelii Merulae caedem neminem suffectum, neque tamen cessavisse religiones. Quod si per tot annos possit non creari nullo sacrorum damno, quanto facilius afuturum ad unius anni proconsulare imperium? Privatis olim simultatibus effectum, ut a pontificibus maximis ire in provincias prohiberentur: Nunc deum munere summum pontificum etiam summum hominum esse, non aemulationi, non odio aut privatis adfectionibus obnoxium. LIX Adversus quae cum augur Lentulus aliique varie dissererent, eo decursum est, ut pontificis maximi sententiam opperirentur.

Tiberius dilata notione de iure flaminis decretas ob tribuniciam Drusi potestatem caerimonias temperavit, nominatim arguens insolentiam sententiae aureasque litteras contra patrium morem. Recitatae et Drusi epistulae, quamquam ad modestiam flexae, pro superbissimis accipiuntur. Huc decidisse cuncta, ut ne iuvenis quidem tanto honore accepto adiret urbis deos, ingrederetur senatum, auspicia saltem gentile apud solum inciperet. Bellum scilicet, aut diverso terrarum distineri, litora et lacus Campaniae cum maxime peragrantem. Sic imbui rectorem generis humani, id primum e paternis consiliis discere. Sane gravaretur aspectum civium senex imperator fessamque aetatem et actos labores praetenderet: Druso quod nisi ex adrogantia impedimentum?

LX Sed Tiberius vim principatus sibi firmans imaginem antiquitatis senatui praebebat, postulata provinciarum ad disquisitionem patrum mittendo. Crebrescebat enim Graecas per urbes licen-

Drittes Buch

Amt auf einen Erben des blutüberströmten Cornelius Merula, und die Opfer brodelten doch. Fünfundsiebzig Jahre und doch Opfer! Und sie vertrocknen, wenn den Prokonsul ein einziges Jahr in der Ferne hält? Der Neid von Bürgern erschlich von den Meistern der Oberpriester das Verbot der Verwaltung. Jetzt schenkten uns die Götter den Fürsten der Oberpriester in der Menschheit Gott, der sich dem Neid und Haß, der Sonderliebe erhöht." Aus dem schillernden Widerspruch des Auguren Lentulus und manchen Senators flüchtete man zur Klärung durch den Meister.

Doch Tiberius vertagte die Prüfung des Priesterrechts. Die Ehrungen für den Tribunen Drusus beschnitt sein Tadel und hob heraus: „Die goldene Schrift eines wunderlichen Antrags befremdet die Ahnen." — In Drusus' Brief, der nach Schüchternheit rang, las der Senat von Stolz: „Rom sinkt. Auch diesen Knaben peitscht die Ehre nicht zu den Göttern Roms, nicht vor den Senat, nicht auf Heimaterde zu seinem ersten Opfer. Krieg und ferne Lande umwinden den heiteren Träumer an Kampaniens Strand und Seen. So verpflanzt man es in den werdenden Herrn der Menschheit; solche Lehre streut sein Vater zuerst. Die Neugier Roms will der greise Kaiser fliehen und spricht von müdem Alter und ausgelittener Tat. Doch Drusus zerrte die Hoffahrt zurück. Was sonst?"

Tiberius preßte die Krone fest, und den Schimmer des Altertums gab er dem Senat zum Spiel: Begehrende Provinzen wies er vor sein Verhör. In Griechenlands Städten sproßte wuchernd Freistatt

LIBER TERTIUS

tia atque impunitas asyla statuendi; conplebantur templa pessimis servitiorum; eodem subsidio obaerati adversum creditores suspectique capitalium criminum receptabantur. Nec ullum satis validum imperium erat coërcendis seditionibus populi, flagitia hominum ut caerimonias deum protegentis. Igitur placitum, ut mitterent civitates iura atque legatos. Et quaedam, quod falso usurpaverant, sponte omisere; multae vetustis superstitionibus aut meritis in populum Romanum fidebant. Magnaque eius diei species fuit, quo senatus maiorum beneficia, sociorum pacta, regum etiam, qui ante vim Romanam valuerant, decreta ipsorumque numinum religiones introspexit, libero, ut quondam, quid firmaret mutaretve.

LXI Primi omnium Ephesii adiere, memorantes non, ut vulgus crederet, Dianam atque Apollinem Delo genitos: Esse apud se Cenchreum amnem, lucum Ortygiam, ubi Latonam partu gravidam et oleae, quae tum etiam maneat, adnisam edidisse ea numina, deorumque monitu sacratum nemus, atque ipsum illic Apollinem post interfectos Cyclopas Iovis iram vitavisse. Mox Liberum patrem, bello victorem, supplicibus Amazonum, quae aram insederant, ignovisse. Auctam hinc concessu Herculis, cum Lydia poteretur, caerimoniam templo, neque Persarum dicione deminutum ius; post Macedonas, dein nos servavisse. LXII Proximi hos Magnetes L. Scipionis et L. Sullae constitutis nitebantur, quorum ille Antiocho, hic Mithridate pulsis fidem atque virtutem Magnetum decoravere, uti Dianae Leucophrynae perfugium inviolabile foret. Aphrodisienses posthac

Drittes Buch

auf Freistatt — straflos. In die Tempel staute sich der Sklaven Abschaum, wich der Schuldner vor dem Gläubiger, flohen Verdächtige vor einem Todesurteil des Gerichts, und kein Geheiß der Macht verrückte das taumelnde Volk, das die Götter und Frevel der Menschen mit seinem Leibe deckte. So entbot man Gesandte, die Rechte ihrer Gemeinden zu belegen. Der Trug entsagte oft seiner Beute, doch oft trotzte das Alter des Lügenglaubens oder eine Tat für Rom. Die Sonne erblich vor dem Glanz, da über der Ahnen Geschenk, über Vertrag der Bundesvölker, Erlasse von Königen, die erst Rom entkräftet hatte, selbst über Gelöbnis an Götter, da über den zitternden Glanz die Augen des Senates schweiften — wie einst in freier Wahl des Urteils und der Gnade.

Ephesos begann: "Artemis' und Apollons Heimat wähnt das Volk in Delos. Doch in unseren Auen rauscht ein Fluß Kenchreios, ein Hain Ortygia, — und hier stützte ein Ölbaum, noch heute grünend, Letos schwangeren Leib zu der Götter Geburt. Die Weihe des Hains entboten uns die Götter, und er feite den Mörder der Kyklopen, Apollon, vor dem zürnenden Zeus. Sein Altar trug die flehenden Amazonen, und ihnen lächelte der Sieger des Kampfs, Dionysos. Unter dem Beifall von Lydiens Beherrscher Herakles vertiefte sich die Würde des Tempels. Die Macht der Perser verwundete seine Rechte nicht, und Mazedonien achtete, wie Rom." Nach Ephesos trotzte Magnesia auf den Preis für getreuen Mut, auf Lucius Scipios und Lucius Sullas Entscheid nach Antiochos' und Mithridates' Flucht: "Ewig beten nur freie Menschen zu Artemis Leukophryne." Aphrodisias und Stratonikeia blätterten nach des Diktators

LIBER TERTIUS

et Stratonicenses dictatoris Caesaris ob vetusta in partis merita et recens divi Augusti decretum adtulere, laudati, quod Parthorum inruptionem nihil mutata in populum Romanum constantia pertulissent. Sed Aphrodisiensium civitas Veneris, Stratonicensium Iovis et Triviae religionem tuebantur. Altius Hierocaesarienses exposuere: Persicam apud se Dianam, delubrum rege Cyro dicatum; et memorabantur Perpennae, Isaurici multaque alia imperatorum nomina, qui non modo templo, sed duobus milibus passuum eandem sanctitatem tribuerant. Exim Cyprii tribus de delubris, quorum vetustissimum Paphiae Veneri auctor Aërias, post filius eius Amathus Veneri Amathusiae et Iovi Salaminio Teucer, Telamonis patris ira profugus, posuissent. LXIII Auditae aliarum quoque civitatium legationes. Quorum copia fessi patres et, quia studiis certabatur, consulibus permisere, ut perspecto iure et, si qua iniquitas involveretur, rem integram rursum ad senatum referrent.

Consules super eas civitates, quas memoravi, apud Pergamum Aesculapii conpertum asylum rettulerunt: Ceteros obscuris ob vetustatem initiis niti. Nam Zmyrnaeos oraculum Apollinis, cuius imperio Stratonicidi Veneri templum dicaverint, Tenios eiusdem carmen referre, quo sacrare Neptuni effigiem aedemque iussi sint. Propiora Sardianos: Alexandri victoris id donum. Neque minus Milesios Dareo rege niti; set cultus numinum utrisque Dianam aut Apollinem venerandi. Petere et Cretenses simulacro divi Augusti. Factaque senatus consulta, quis multo cum honore modus

Drittes Buch

Cäsar Erlaß: „Unentwegt setzt ihr das Leben für mich ein", und nach Augustus' jüngerer Schrift: „Unentwegt steht ihr bei Rom, hoch im Sturm der Parther." Aphrodisias stritt für Gebete zu Aphrodite, Stratonikeia für Zeus und Hekate. Hierokaisareia irrte zur Vergangenheit: „Wir flehen zu Persiens Artemis. Ihren Tempel weihte der König Kyros", und unter vielen Namen von „Heeresfürsten" fielen Perpenna und Isauricus. „Den Tempel und zweitausend Klafter im Kreise weihten sie heilig." Cypern vertrat drei Tempel: „In der Vorzeit ehrte Aërias, unser Ahnherr, die paphische Aphrodite, später die amathusische sein Sohn Amathus und den salaminischen Zeus Teukros, den der Groll seines Vaters Telamon verstieß." Gesandten vieler Städte lieh man Gehör. Im Schwall der Reden, den Zwisten der Gunst meinte müde der Senat: „Die Konsuln sichten die Rechte, schürfen ein Unrecht blank. Unberührt die Fälle wieder dem Senat!"

Den andern Städten zählten die Konsuln zu: „Pergamon erwies eine Freistatt von Asklepios. Sonst nur Geburten der nicht zu hellenden Urzeit: Zu Smyrna gebot Apollons Rätselspruch die Weihe eines Tempels für Aphrodite Stratonikis, zu Tenos die Weihe eines Tempels und Bildes für Poseidon. Sardeis steigt zu einem Geschenk des Siegers Alexander herab. Auch Milet preist laut den König Dareios. Die Götter der beiden Städte heißen Artemis oder Apollon. Kreta schluchzt für Augustus' Bildnis." In Ehrfurcht — befahlen die Beschlüsse des Senates Bescheidung und in den Tempeln eherne Tafeln: „So meißelt sich das

LIBER TERTIUS

tamen praescribebatur, iussique ipsis in templis figere aera sacrandam ad memoriam, neu specie religionis in ambitionem delaberentur.

LXIV Sub idem tempus Iuliae Augustae valetudo atrox necessitudinem principi fecit festinati in urbem reditus, sincera adhuc inter matrem filiumque concordia sive occultis odiis. Neque enim multo ante, cum haud procul theatro Marcelli effigiem divo Augusto Iulia dicaret, Tiberi nomen suo postscripserat, idque ille credebatur, ut inferius maiestate principis, gravi et dissimulata offensione abdidisse. Set tum supplicia dis ludique magni ab senatu decernuntur, quos pontifices et augures et quindecimviri septemviris simul et sodalibus Augustalibus ederent. Censuerat L. Apronius, ut fetiales quoque iis ludis praesiderent. Contra dixit Caesar, distincto sacerdotiorum iure et repetitis exemplis: Neque enim umquam fetialibus hoc maiestatis fuisse. Ideo Augustales adiectos, quia proprium eius domus sacerdotium esset, pro qua vota persolverentur.

LXV Exsequi sententias haud institui nisi insignes per honestum aut notabili dedecore; quod praecipuum munus annalium reor, ne virtutes sileantur, utque pravis dictis factisque ex posteritate et infamia metus sit. Ceterum tempora illa adeo infecta et adulatione sordida fuere, ut non modo primores civitatis, quibus claritudo sua obsequiis protegenda erat, sed omnes consulares, magna pars eorum, qui praetura functi, multique etiam pedarii senatores certatim exsurgerent foedaque et nimia censerent. Memoriae proditur Tiberium, quotiens curia egrederetur, Graecis ver-

Drittes Buch

heilige Gedächtnis ein, und Ehrgeiz irrlichtert nicht mehr im Brodem von Gottesfurcht."

In jenen Tagen zwang Julia Augustas wilde Krankheit den Fürsten eilends nach Rom. Noch küßten sich Mutter und Sohn — vielleicht in glimmendem Haß: Unlängst bei Julias Weihe von Augustus' Bildnis nah an Marcellus' Theater ritzte sie ihren Namen vor „Tiberius", und Menschen schwatzten: „In seinem Fürstenstolze schwer versehrt, lächelte Tiberius." Der Senat verkündete Tage zum Gebet und große Spiele aus Geldern der Oberpriester, Auguren, Quindecimvirn, der Septemvirn und Augustus' Priesterschaft. Lucius Apronius sprach auch von der Fetialen Vorsitz bei den Spielen. Der Cäsar runzelte die Brauen, trennte die Befugnis der Priester und schloß die Beweise der Vergangenheit: „So erhaben ehrten nie die Fetialen, und Augustus' Körperschaft gesellte man als Priester des Geschlechts, zu dessen Glück die Gelübde wallen."

Nicht Worte über Worte, nur leuchtenden Edelingssinn, nur die graue Schande will ich sagen. Glüht die Geschichte nicht, auf das Verdienst zu strahlen und vor verderbtem Wort, verderbter Tat das Schwert der Nachwelt zu hämmern? Damals floß die Zeit wie vergiftete Flut, von Schmeichelei geschwärzt: Die Großen des Staates duckte ihr Ruhm in den Schutz der Demut, doch selbst alle Altkonsuln, viele Altprätoren und Senatoren niederer Würde hasteten empor, überschlugen sich in Entwurf zu Wahnwitz und Schmach. Noch weiß die Sage: An der Tür des Tagungssaales, zum Abschied schürzte Tiberius die

LIBER TERTIUS

bis in hunc modum eloqui solitum: 'O homines ad servitutem paratos!' Scilicet etiam illum, qui libertatem publicam nollet, tam proiectae servientium patientiae taedebat.

LXVI Paulatim dehinc ab indecoris ad infesta transgrediebantur. C. Silanum pro consule Asiae repetundarum a sociis postulatum Mamercus Scaurus e consularibus, Iunius Otho praetor, Bruttedius Niger aedilis simul corripiunt obiectantque violatum Augusti numen, spretam Tiberii maiestatem, Mamercus antiqua · exempla iaciens, L. Cottam a Scipione Africano, Servium Galbam a Catone censorio, P. Rutilium a M. Scauro accusatos. Videlicet Scipio et Cato talia ulciscebantur aut ille Scaurus, quem proavum suum obprobrium maiorum Mamercus infami opera dehonestabat. Iunio Othoni litterarium ludum exercere vetus ars fuit; mox Seiani potentia senator obscura initia impudentibus ausis provolvebat. Bruttedium artibus honestis copiosum et, si rectum iter pergeret, ad clarissima quaeque iturum festinatio exstimulabat, dum aequalis, dein superiores, postremo suasmet ipse spes antire parat: Quod multos etiam bonos pessum dedit, qui spretis, quae tarda cum securitate, praematura vel cum exitio properant. LXVII Auxere numerum accusatorum Gellius Publicola et M. Paconius, ille quaestor Silani, hic legatus.

Nec dubium habebatur saevitiae captarumque pecuniarum teneri reum: Sed multa adgerebantur etiam insontibus periculosa, cum super tot senatores adversos facundissimis totius Asiae eoque ad accusandum delectis responderet solus et orandi

Drittes Buch

Lippen stets in griechischen Silben: „Wedelnde Hunde!" Den Verächter des freien Staates widerte des geschmeidigen Sklaventums.

Langsam ward aus der Schande eine Gefahr. Der Verbündeten Klage gegen Asiens Prokonsul Gajus Silanus wegen Erpressung griffen der Altkonsul Mamercus Scaurus, der Prätor Junius Otho und der Ädil Bruttedius Niger auf: „Augustus' Gottheit und Tiberius' Krone trübte sein Hohn." Mamercus schleppte sich mit Belegen aus dem Altertum: mit Scipio Africanus' Klage wider Lucius Cotta, des Zensors Cato gegen Servius Galba, mit Marcus Scaurus' Schreien wider Publius Rutilius. Doch Taten rächten Scipio, Cato, auch Scaurus, den nun die bübische Kunst seines Ahnen schändenden Urenkels Mamercus schändete. Seit langen Jahren lehrte Junius Otho zum Erwerb die Schrift- und Lesekunst. Doch Senator von Sejans Gewalt, taumelte er aus dunklem Anfang nur in schamlose Keckheit. — Bruttedius hätte sein Reichtum edler Kenntnisse auf offenem Wege in die Sterne getragen. Doch hastend, lüstern suchte er Vorsprung vor den Gefährten, dem Vormann, vor der eigenen Ehrsucht, stürzte hinab, wohin sogar manch edler Geist gestürzt, den sichern, zähen Schritt verachtend, blind gegen Tod, eine noch herbe Frucht zu brechen. — Ihrer Klage halfen Silanus' Quästor Gellius Publicola und sein Legat Marcus Paconius.

An die Erpressung eines rohen Silanus glaubte die Welt. Doch manche Verflechtung hätte auch die Unschuld verstrickt: Einsam sprach er nach einer Reihe hassender Senatoren und nach Männern, die ihre Redekunst, Asiens blühendste Redekunst, zur Klage

LIBER TERTIUS

nescius, proprio in metu, qui exercitam quoque eloquentiam debilitat, non temperante Tiberio, quin premeret voce vultu, eo, quod ipse creberrime interrogabat, neque refellere aut eludere dabatur, ac saepe etiam confitendum erat, ne frustra quaesivisset. Servos quoque Silani, ut tormentis interrogarentur, actor publicus mancipio acceperat; et ne quis necessariorum iuvaret periclitantem, maiestatis crimina subdebantur, vinclum et necessitas silendi. Igitur petito paucorum dierum interiectu defensionem sui déseruit, ausis ad Caesarem codicillis, quibus invidiam et preces miscuerat.

LXVIII Tiberius, quae in Silanum parabat, quo excusatius sub exemplo acciperentur, libellos divi Augusti de Voleso Messalla eiusdem Asiae pro consule factumque in eum senatus consultum recitari iubet. Tum L. Pisonem sententiam rogat. Ille multum de clementia principis praefatus aqua atque igni Silano interdicendum censuit ipsumque in insulam Gyarum relegandum. Eadem ceteri, nisi quod Cn. Lentulus separanda Silani materna bona, quippe Atia parente geniti, reddendaque filio dixit, adnuente Tiberio. LXIX At Cornelius Dolabella, dum adulationem longius sequitur, increpitis C. Silani moribus addidit, ne quis vita probrosus et opertus infamia provinciam sortiretur, idque princeps diiudicaret. Nam a legibus delicta puniri: Quanto fore mitius in ipsos, melius in socios, providei, ne peccaretur?

Adversum quae disseruit Caesar: Non quidem sibi ignara, quae de Silano vulgabantur, sed non ex rumore statuendum. Multos in provinciis con-

Drittes Buch

gesendet hatte. Er wußte nichts vom Tanz der Worte, und in der Stimme lähmte die Furcht, darob schon manch geschulter Mund gelallt. In Tiberius' Antlitz furchten sich Risse. Es grollte in Stimme und Fragen, deren hetzende Jagd List und Trotz betäubte, und ein Geständnis beugte sich oft nur dem Zweck der Frage. Für die Folter waren dem Vertreter des Reichsguts Silanus' Sklaven erkauft, und man rasselte mit Freveln des Hochverrats, ihm rettende Sippe zu verscheuchen, das Wort in die Brust zu schrecken. In den wenigen Tagen der erbetenen Rast ließ er die Verteidigung den Winden, und der Cäsar las in seinem Schreiben das Wagnis beschämenden Flehens.

Doch die Ränke gegen Silanus verhing der Fürst in die Flitter eines Beispiels, befahl den Vortrag von Augustus' Schrift wider Volesus Messalla, einst Prokonsul desselben Asiens, und Vortrag jenes Senatsentscheids und forschte: „Nun, Lucius Piso?" Piso badete sich in der Gnade eines Fürsten und sprang heraus: „Geächtet, büßt Silanus auf der Insel Gyaros!" Nur Gnäus Lentulus sonderte sich aus dem Beifall: „Die Geburt aus Atia zahlt Silanus' Muttererbe an den Sohn zurück!" Tiberius nickte. Cornelius Dolabella hungerte noch nach Schmeichelei, schmälte Gajus Silanus' Sitten: „Es richte der Fürst, wem Laster und Schande die Provinz verrammeln! Erst Taten rächt das Gesetz. Doch eine verwehrte Sünde schmerzt nicht die Täter, nicht die Bundesvölker."

Der Cäsar stritt: „Ich hörte Gerede über Silanus, doch Richter hören nicht Gerede. Manchen Römers Betragen in den Provinzen formten sich Hoffnung

LIBER TERTIUS

tra, quam spes aut metus de illis fuerit, egisse: Excitari quosdam ad meliora magnitudine rerum, hebescere alios. Neque posse principem sua scientia cuncta complecti, neque expedire, ut ambitione aliena trahatur. Ideo leges in facta constitui, quia futura in incerto sint. Sic a maioribus institutum, ut, si antissent delicta, poenae sequerentur. Ne verterent sapienter reperta et semper placita: Satis onerum principibus, satis etiam potentiae. Minui iura, quotiens gliscat potestas, nec utendum imperio, ubi legibus agi possit. Quanto rarior apud Tiberium popularitas, tanto laetioribus animis accepta. Atque ille prudens moderandi, si propria ira non inpelleretur, addidit insulam Gyarum inmitem et sine cultu hominum esse: Darent Iuniae familiae et viro quondam ordinis eiusdem, ut Cythnum potius concederet. Id sororem quoque Silani Torquatam, priscae sanctimoniae virginem, expetere. In hanc sententiam facta discessio.

LXX Post auditi Cyrenenses, et accusante Anchario Prisco Caesius Cordus repetundarum damnatur. L. Ennium equitem Romanum, maiestatis postulatum, quod effigiem principis promiscum ad usum argenti vertisset, recipi Caesar inter reos vetuit, palam aspernante Ateio Capitone quasi per libertatem. Non enim debere eripi patribus vim statuendi, neque tantum maleficium impune habendum. Sane lentus in suo dolore esset: Rei publicae iniurias ne largiretur. Intellexit haec Tiberius, ut erant, magis quam, ut dicebantur, perstititque intercedere. Capito insignitior infamia fuit, quod humani divinique iuris sciens egregium publicum et bonas domi artes dehonestavisset.

Drittes Buch

oder Furcht in Truggebilden. Hohe Pflichten können die Adern schwellen, gewiß, — auch erschlaffen. Der Fürst kann nicht jedes Sandkorn spalten, und zu Unheil spaltet es mir fremde Ehrsucht. Die Taten ahndet das Gesetz, weil die dunkle Zukunft — nicht licht. ‚Eine Sühne nach der Sünde, nicht zuvor‘, ordneten unsere Väter. Wendet den weisen Gedanken, die Übung der Zeiten nicht wie ein Gewand! Soll eine wachsende Macht die Fürsten noch wunder drücken? Eine wachsende Macht beschwert das Recht, und möglich, gehen Gesetze stets vor der Gewalt." Zu Tiberius seltener Menschenliebe lächelten die Menschen froher, und seine kluge Mäßigung, die nur sein menschlicher Haß verspülen konnte, fuhr fort: „Auf dem rauhen Syaros knirscht kein Pflug. Sein junisches Geschlecht und seine einstige Würde als Senator gewähre ihm Kythnos und vollziehe die Bitte seiner Schwester Torquata, einer Jungfrau Vestas, keusch wie unsere Mütter!" Der Senat sparte sich die Reden und dachte wie sein Fürst.

Kyrenes Wunsch und Ancharius Priscus' Klage gegen Cäsius Cordus erwirkten ein Urteil wegen Erpressung. — Einer Klage wider den Ritter Lucius Ennius, der des Fürsten Bild zu gemeinem Silbergeräte geschmolzen, „den Kaiser verraten" hatte, weigerte sich der Fürst. Doch nackten Freimut stellte Atejus Capito zur Schau: „Stiehlst du dem Senat das Beil zu Erlassen, strafst solchen Frevel mit Freiheit? Mein Kaiser, deine Gnade der Sünde am Menschen, nicht am Reich!" Der Fürst hörte in Worten den Geist und weigerte sich. Capitos Schmach verwunderte die Welt: „Ein Kenner des Menschen- und Götterrechts zertrat den Ruhm des Reiches und seine Bürgertugend."

LIBER TERTIUS

LXXI Incessit dein religio, quonam in templo locandum foret denum, quod pro valetudine Augustae equites Romani voverant equestri Fortunae: Nam etsi delubra eius deae multa in urbe, nullum tamen tali cognomento erat. Repertum est aedem esse apud Antium, quae sic nuncuparetur, cunstasque caerimonias Italicis in oppidis templaque et numinum effigies iuris atque imperii Romani esse. Ita donum apud Antium statuitur. Et quoniam de religionibus tractabatur, dilatum nuper responsum adversus Servium Maluginensem flaminem Dialem prompsit Caesar recitavitque decretum pontificum, quotiens non valetudo adversa flaminem Dialem incessisset, ut pontificis maximi arbitrio plus quam binoctium abesset, dum ne diebus publici sacrificii neu saepius quam bis eundem in annum; quae principe Augusto constituta satis ostendebant annuam absentiam et provinciarum administrationem Dialibus non concedi. Memorabaturque L. Metelli pontificis maximi exemplum, qui Aulum Postumium flaminem attinuisset. Ita sors Asiae in eum, qui consularium Maluginensi proximus erat, conlata.

LXXII Isdem diebus Lepidus ab senatu petivit, ut basilicam Pauli, Aemilia monumenta, propria pecunia firmaret ornaretque. Erat etiam tum in more publica munificentia; nec Augustus arcuerat Taurum, Philippum, Balbum hostiles exuvias aut exundantis opes ornatum ad urbis et posterum gloriam conferre, Quo tum exemplo Lepidus, quamquam pecuniae modicus, avitum decus recoluit. At Pompei theatrum igne fortuito haustum Caesar extructurum pollicitus est eo, quod nemo

Drittes Buch

Nach einem Tempel Fortunas Equestris suchte ein gottesfürchtiger Zweifel für die Gabe der Ritter, für ihr Gelübde in Augustas Krankheit. In ihren vielen Tempeln zu Rom trug die Göttin den Namen nicht. Zu Antium spürte man solch Heiligtum aus, und „in jedem Opferrauch von Italiens Städten, auf ihren Tempeln und Götterbildern schwebt das Recht und Gebot von Rom". Antium empfing das Geschenk. — Die heilige Tagung entlockte auch die gefristete Antwort für den Priester Jupiters, Servius Maluginensis. Der Cäsar verlas einen Entscheid der Oberpriester: „Jupiters Priester entbinden nur Siechheit und der Wille des obersten Meisters länger denn zwei Nächte, doch nur zweimal jährlich und nicht in Tagen staatlichen Opfers." Die Satzung, noch aus Augustus' Zeit, tat also kund: Jupiters Dienst teilt nicht mit einer Provinz, erträgt nicht ein Jahr im Ausland. Zu einem Beispiel nützte das Verbot des Meisters der Oberpriester, Lucius Metellus, an den Eigenpriester Aulus Postumius. Asien fiel an den Altkonsul nächst Maluginensis.

Der Senat jener Tage lauschte Lepidus' Bitte: „Meine Gelder stützen und schmücken Paulus' Halle, einen ämilischen Bau." Noch freuten sich die Zeiten der Prunkgeschenke an das Reich. Taurus, Philippus, Balbus schmälerte Augustus nicht in ihrer Zierdelust für Rom und in Unsterblichkeit, gezahlt mit Feindesbeute und überzähligem Gold. Ihr Vorgang reizte Lepidus' knappe Mittel an die bröckelnde Zierde seiner Väter. — Den Bau von Pompejus' Theater zu versprechen, in das ein Zufall die Lohe geschleudert hatte,

LIBER TERTIUS

e familia restaurando sufficeret, manente tamen nomine Pompei. Simul laudibus Seianum extulit, tamquam labore vigilantiaque eius tanta vis unum intra damnum stetisset, et censuere patres effigiem Seiano, quae apud theatrum Pompei locaretur. Neque multo post Caesar, cum Iunium Blaesum pro consule Africae triumphi insignibus attolleret, dare id se dixit honori Seiani, cuius ille avunculus erat. Ac tamen res Blaesi dignae decore tali fuere.

LXXIII Nam Tacfarinas, quamquam saepius depulsus, reparatis per intima Africae auxiliis huc adrogantiae venerat, ut legatos ad Tiberium mitteret sedemque ultro sibi atque exercitui suo postularet aut bellum inexplicabile minitaretur. Non alias magis sua populique Romani contumelia indoluisse Caesarem ferunt, quam quod desertor et praedo hostium more ageret. Ne Spartaco quidem post tot consularium exercituum clades inultam Italiam urenti, quamquam Sertorii atque Mithridatis ingentibus bellis labaret res publica, datum, ut pacto in fidem acciperetur; nedum pulcherrimo populi Romani fastigio latro Tacfarinas pace et concessione agrorum redimeretur. Dat negotium Blaeso, ceteros quidem ad spem proliceret arma sine noxa ponendi, ipsius autem ducis quoquo modo poteretur.

Et recepti ea venia plerique. Mox adversum artes Tacfarinatis haud dissimili modo belligeratum. LXXIV Nam quia ille robore exercitus inpar, furandi melior, pluris per globos incursaret eluderetque et insidias simul temptaret, tres incessus, totidem agmina parantur. Ex quis Cornelius Scipio legatus praefuit, qua praedatio in Leptitanos

Drittes Buch

rührte den Cäsaren das „Unvermögen der Glieder des Geschlechts", doch „ich tilge nicht Pompejus' Namen". Sein Lob dankte Sejans „tätiger Umsicht", als habe er die leckenden Flammen auf den Bau begrenzt, und der Senat verhieß Pompejus' Theater das Bildnis Sejans. Auch die Gewähr der Siegesfeier für Afrikas Prokonsul Junius Bläsus erläuterte der Cäsar: „Ich rühme seinen Neffen Sejan." Doch hatte sich Bläsus den Lorbeer erstritten.

Aus Afrikas Öden verjüngte der vielgeschlagene Tacfarinas die Truppen, und in überdreistem Stolz entrollten seine Gesandten vor Tiberius die Wahl zwischen Landgeschenk für ihn und sein Heer oder ewigen Krieg. In der Schande Roms und eigener Schmach soll das Antlitz des Cäsaren der Gedanke so dunkel wie nie gerötet haben: „Ein fahnenflüchtiger Räuber stampft den Fuß wie ein Feind. In Italiens Bränden verkohlten die Heere von Konsuln; am Reiche züngelten Mithridates' und Sertorius' Fackeln — riesenhaft, und Spartacus fand nicht die Rache, doch nie Vertrag und Gnade. Und heute, — wie der Olymp ragt Rom, und nur Friede, ertrotzte Fluren sollen ihm den Räuber Tacfarinas erfeilschen?" Bläsus befahl er: „Nur ihren Führer, — tot oder lebend! Doch in seine Leute träufle die Hoffnung auf straflose Waffengabe!"

Manchen erlistete die Gnade. Wider den verschlagenen Tacfarinas kämpfte sein eigener Krieg. Auf die Vorstöße seiner Trupps, ihre neckende Flucht und ihren Hinterhalt, wozu ihn die Schwäche seines Heeres und sein Geschick zum Kleinkrieg gezwungen, erwiderten jetzt drei Heere Roms gesondert: Zu Leptis, wo seine plündernden Züge an Garamantien einen

LIBER TERTIUS

et suffugia Garamantum; alio latere, ne Cirtensium pagi impune traherentur, propriam manum Blaesus filius duxit. Medio cum delectis, castella et munitiones idoneis locis inponens, dux ipse arta et infensa hostibus cuncta fecerat, quia, quoquo inclinarent, pars aliqua militis Romani in ore, in latere et saepe a tergo erat; multique eo modo caesi aut circumventi.

Tunc tripertitum exercitum pluris in manus dispergit praeponitque centuriones virtutis expertae. Nec, ut mos fuerat, acta aestate retrahit copias aut in hibernaculis veteris provinciae componit, sed ut in limine belli dispositis castellis per expeditos et solitudinum gnaros mutantem mapalia Tacfarinatem proturbabat, donec fratre eius capto regressus est, properantius tamen quam ex utilitate sociorum, relictis, per quos resurgeret bellum. Sed Tiberius pro confecto interpretatus id quoque Blaeso tribuit, ut imperator a legionibus salutaretur, prisco erga duces honore, qui bene gesta re publica gaudio et impetu victoris exercitus conclamabantur; erantque plures simul imperatores nec super ceterorum aequalitatem. Concessit quibusdam et Augustus id vocabulum ac tunc Tiberius Blaeso postremum.

LXXV Obiere eo anno viri inlustres Asinius Saloninus, M. Agrippa et Pollione Asinio avis, fratre Druso insignis Caesarique progener destinatus, et Capito Ateius, de quo memoravi, principem in civitate locum studiis civilibus adsecutus, sed avo centurione Sullano, patre praetorio. Consulatum ei adceleraverat Augustus, ut Labeonem

Drittes Buch

Rückhalt hatten, stand der Legat Cornelius Scipio. Der zweite Flügel unter dem jungen Bläsus drohte Kühlung den Bränden in Cirtas Gauen. Zwischen ihnen mauerten sich an gelegenen Punkten Burgen und Schanzen auf, schloß der Feldherr selbst mit dem Kern den dumpfen Gürtel um den Gegner: In Stirn und Flanken, oft im Rücken prallte er an römische Schilde, und mancher fiel in die Falle, in Tod.

Die drei Keile des Heeres splitterte Bläsus in Rotten unter mutbewährten Centurionen. Nicht wie sonst fegten die Tage des Herbstes seine Truppen zurück oder häuften sie in den Winterlagern der alten Provinz. Sie spähten an Blenden neuer Festen, an der Schwelle des Kriegs. Unstät schlug Tacfarinas die Hütten, doch leichte, wüstenvertraute Truppen stachen ihn stets empor, erbeuteten seinen Bruder. Und Bläsus zog sich zurück — für die Sache der Verbündeten zu rasch: Noch schimmerten Funken eines frischen Kampfs. — Tiberius sprach: „Es ist zu Ende", vergönnte Bläsus sogar den Gruß der Legionen „Heerfürst". Solch frohlockender Ruf des siegenden Heers umtoste in verstummten Tagen eine Ruhmestat des Feldherrn. Auch um mehrere „Fürsten" mochte es lärmen, und niemand zahlte es mit seiner Gleichheit. Häufiger unter Augustus, rauschte unter Tiberius jetzt die Ehrung zum letzten Mal.

In jenem Jahr erloschen leuchtende Geister: Asinius Saloninus, der Enkel Marcus Agrippas und Asinius Pollios, Drusus' Bruder, zum Schwiegerenkel des Cäsaren erkoren, und jener Atejus Capito, der Enkel eines Centurio unter Sulla und Sohn eines Prätors, den seine friedliche Tatkraft im Reich zu höchst ge= schwungen. Ihn hatte Augustus zum Konsulat ge=

LIBER TERTIUS

Antistium isdem artibus praecellentem dignatione eius magistratus anteiret. Namque illa aetas duo pacis decora simul tulit: Sed Labeo incorrupta libertate et ob id fama celebratior, Capitonis obsequium dominantibus magis probabatur. Illi, quod praeturam intra stetit, commendatio ex iniuria, huic, quod consulatum adeptus est, odium ex invidia oriebatur.

LXXVI Et Iunia sexagensimo quarto post Philippensem aciem anno supremum diem explevit, Catone avunculo genita, C. Cassii uxor, M. Bruti soror. Testamentum eius multo apud vulgum rumore fuit, quia in magnis opibus, cum ferme cunctos proceres cum honore nominavisset, Caesarem omisit. Quod civiliter acceptum neque prohibuit, quo minus laudatione pro rostris ceterisque sollemnibus funus cohonestaretur. Viginti clarissimarum familiarum imagines antelatae sunt, Manlii, Quinctii aliaque eiusdem nobilitatis nomina. Sed praefulgebant Cassius atque Brutus eo ipso, quod effigies eorum non visebantur.

Drittes Buch

schnellt, Antistius Labeos gleiche Fähigkeit um eine Würdestufe zu verkleinern. Zwei Blüten des Friedens reiften jener Zeit: Den blanken Freimut Labeos spiegelte sein breiter Ruf, doch Capitos Schmeidigkeit streichelten die Gebieter. Den Prätoren Labeo vergötterte die Kränkung, den Konsul Capito haßte der Neid.

Dreiundsechzig Jahre rannen seit dem Ringen zu Philippi, und Catos Nichte Junia, Gajus Cassius' Weib, die Schwester Marcus Brutus', starb. Es ging ein tiefes Raunen durch das Volk von ihrem Vermächtnis, wo goldenes Wort fast alle Edlen ehrte und keine Münze ihres Reichtums den Cäsaren traf. Der Kaiser dachte gnädig und griff nicht ein. Ihre Leiche ward bestattet, von Rednerwort umweht, in Prunk verwoben, wie sonst. Voran die weißen Masken der zwanzig strahlendsten Geschlechter: Manlier, Quinctier, der edlen Namen viel. Doch in den Menschen ward es noch heller im Glanz von Cassius' und Brutus' Masken, da in ihr Auge nicht der Glanz gefallen.

Erste Niederschrift der Übertragung Ostern 1908—Herbst 1909
Überzugspapier und Initialen, Titelzeichnung der Halbleinen,
Titelkupfer der Ganzleinen, Stempel zur plastischen Blind=
prägung des Ganzlederbandes von Ernst Penzoldt in München
Ganzlederhandbände von Max Schedl in München

TUSCULUM
BÜCHER

*

CORNELIUS TACITUS
TIBERIUS

LATEINISCH UND DEUTSCH

BEI ERNST HEIMERAN MÜNCHEN
1923

ANNALES
AB EXCESSU DIVI AUGUSTI
LIBER I–VI
ALTERA PARS · LIBER IV–VI

DRITTER BAND
DER TUSCULUM·BÜCHER

ROMS GESCHICHTE
SEIT AUGUSTUS TOD
I.–VI. BUCH
ZWEITER TEIL · IV.–VI. BUCH

ÜBERTRAGEN
VON
LUDWIG MAENNER

MEINER FRAU
DER SCHÜTZERIN DES WERKS

Asinio, C. Antistio consulibus nonus Tiberio annus erat compositae rei publicae, florentis domus (nam Germanici mortem inter prospera ducebat), cum repente turbare fortuna coepit, saevire ipse aut saevientibus vires praebere. Initium et causa penes Aelium Seianum cohortibus praetoriis praefectum, cuius de potentia supra memoravi: Nunc originem, mores et, quo facinore dominationem raptum ierit, expediam. Genitus Vulsiniis patre Seio Strabone equite Romano, et prima iuventa Gaium Caesarem divi Augusti nepotem sectatus, non sine rumore Apicio diviti et prodigo stuprum veno dedisse, mox Tiberium variis artibus devinxit, adeo ut obscurum adversum alios sibi uni incautum intectumque efficeret, non tam sollertia (quippe isdem artibus victus est) quam deum ira in rem Romanam, cuius pari exitio viguit ceciditque. Corpus illi laborum tolerans, animus audax; sui obtegens, in alios criminator; iuxta adulatio et superbia; palam compositus pudor, intus summa apiscendi libido, eiusque causa modo largitio et luxus, saepius industria ac vigilantia, haud minus noxiae, quotiens parando regno finguntur.

II Vim praefecturae modicam antea intendit, dispersas per urbem cohortes una in castra conducendo, ut simul imperia acciperent, numeroque et robore et visu inter se fiducia ipsis, in ceteros metus oreretur. Praetendebat lascivire militem diductum; si quid subitum ingruat, maiore auxilio

Im Jahre 23 herrschte Tiberius im neunten Jahre einer friedsamen Welt, und es blühte sein Geschlecht: Für einen toten Germanicus dankte er dem Glück. Heulend, wirbelnd flog das Schicksal. Ein Cäsar raste, oder die Wildheit sog sich aus ihm die Kraft. Das Schicksal weckte der Führer der Prätorianer, Älius Sejan. Der Leser kennt seine Macht, doch nicht seine Herkunft, Denkart und die Tat, die nach der Krone griff. Zu Vulsinii geboren, drängte sich in seiner frühen Jugend der Sohn des Ritters Sejus Strabo in das Gefolge Gajus Cäsars, des Enkels von Augustus. Man raunte von einem Leib, der um Geld die Lust des reichen Schwelgers Apicius gestillt. Tiberius fing sich in seinen buntgeknoteten Netzen, und in vertrauender Blöße, nicht verschleiert, wie den Menschen, lag ihm des Kaisers Seele. Aber solches Werk von Sejans Geschick, der sich doch in den gleichen Künsten verstrickte, mußten erst die Götter vollenden — im Groll mit Rom, dem die Kraft wie der Tod des Mannes zu Leide ward. Kühnheit peitschte den zähen Körper. Sich nicht enthüllend, raubte er den fremden Ruf. Sein Stolz verstand zu schmeicheln. Aus dem gestillten, sittsamen Antlitz schlug nicht eine weltvermessen flammende Ehrsucht, doch seiner Ehrsucht diente üppige Vergeudung, diente hart ein reges, wachsames Tun, das wie Vergeudung zerrüttet, wenn seine Lüge zu Kronenkampf geschliffen wird.

Eine machtarme Präfektur stärkten die Kohorten, die er aus den Vierteln Roms in ein einziges Lager sammelte. Geschlossen boten sie sich dem Befehl, selbstsicher im Blick auf ihre Massen, in Zahl und Kraft, furchtbar den Legionen der Welt. Sejan schützte vor: „Zerrissen, verwildert das Heer. Doch einen plötz-

LIBER QUARTUS

pariter subveniri; et severius acturos, si vallum statuatur procul urbis inlecebris. Ut perfecta sunt castra, inrepere paulatim militares animos adeundo, appellando; simul centuriones ac tribunos ipse deligere. Neque senatorio ambitu abstinebat clientes suos honoribus aut provinciis ornandi, facili Tiberio atque ita prono, ut socium laborum non modo in sermonibus, sed apud patres et populum celebraret colique per theatra et fora effigies eius interque principia legionum sineret.

III Ceterum plena Caesarum domus, iuvenis filius, nepotes adulti moram cupitis adferebant et, quia vi tot simul corripere intutum, dolus intervalla scelerum poscebat. Placuit tamen occultior via et a Druso incipere, in quem recenti ira ferebatur. Nam Drusus inpatiens aemuli et animo commotior orto forte iurgio intenderat Seiano manus et contra tendentis os verberaverat. Igitur cuncta temptanti promptissimum visum ad uxorem eius Liviam convertere, quae soror Germanici, formae initio aetatis indecorae, mox pulchritudine praecellebat. Hanc, ut amore incensus, adulterio pellexit et, postquam primi flagitii potitus est (neque femina amissa pudicitia alia abnuerit), ad coniugii spem, consortium regni et necem mariti impulit. Atque illa, cui avunculus Augustus, socer Tiberius, ex Druso liberi, seque ac maiores et posteros municipali adultero foedabat, ut pro honestis et praesentibus flagitiosa et incerta exspectaret. Sumitur in conscientiam Eudemus, amicus ac medicus Liviae, specie artis frequens secretis. Pellit domo Seianus uxorem Apicatam, ex qua tres liberos

Viertes Buch

lichen Alp erdrücken die geschlossenen Truppen, und ein festes Lager, fern vom berückenden Rom, festet ihr Gebaren." Nach dem Bau des Lagers betörten sein Besuch und Zuspruch langsam den Soldaten. Er wählte Tribunen und Centurionen, und sachte glitt er um den Senat, seine Schützlinge in Provinz und Amt zu heben. Und die gefällige Liebe des Cäsaren rühmte den „Kameraden seiner Sorgen" im Gespräch und dem Volk, dem Senat und litt Gebet vor seinem Bildnis in Theatern und auf Märkten, an den Fahnenstätten der Legionen.

Es blühte der Cäsaren Geschlecht; ein Mann war der Sohn, erwachsen die Enkel, und es stockte die Begierde: Stiere Gewalt an allen barg Gefahren, List erheischte nach jedem Frevel Zeit. Doch er trat zum dunkleren Weg, und auf Drusus wies sein junger Groll: Fiebrig, knirschte Drusus ob des Nebenbuhlers, und in einem ungewollten Zank brannte jäh die Faust auf der Wange Sejans, als die Hand Sejans sich auch geballt. Nun alle Wege überschauend, sah Sejan den kürzesten Pfad über Livia, Drusus' Gattin. Herrlich hatte sich Germanicus' Schwester entfaltet, deren Frühling wenig versprochen hatte. Als er ihr von trunkener Liebe girrte, brach sie die Ehe, und als er im ersten Frevel ihres Leibs genossen, schlichen die Worte sich ein, Worte von Ehe und Krone, von Mord am Gemahl; denn mit der Keuschheit zerbricht der Wille eines Weibes. Augustus' Großnichte, Tiberius Schwiegertochter, die Mutter von Drusus' Kindern befleckte der Bürger einer Landstadt. Sie schändete sich, ihre Ahnen und Enkel, in ehrenreicher Gegenwart sich nach der Schande von schwanker Zukunft zu härmen. Es ward zu Livias Freund und Arzt

LIBER QUARTUS

genuerat, ne paelici suspectaretur. Sed magnitudo facinoris metum, prolationes, diversa interdum consilia adferebat.

IV Interim anni principio Drusus ex Germanici liberis togam virilem sumpsit, quaeque fratri eius Neroni decreverat senatus, repetita. Addidit orationem Caesar, multa cum laude filii sui, quod patria benevolentia in fratris liberos foret. Nam Drusus, quamquam arduum sit eodem loci potentiam et concordiam esse, aequus adulescentibus aut certe non adversus habebatur.

Exim vetus et saepe simulatum proficiscendi in provincias consilium refertur. Multitudinem veteranorum praetexebat imperator et dilectibus supplendos exercitus: Nam voluntarium militem deesse ac, si suppeditet, non eadem virtute ac modestia agere, quia plerumque inopes ac vagi sponte militiam sumant. Percensuitque cursim numerum legionum et, quas provincias tutarentur. Quod mihi quoque exsequendum reor, quae tunc Romana copia in armis, qui socii reges, quanto sit angustius imperitatum.

V Italiam utroque mari duae classes, Misenum apud et Ravennam, proximumque Galliae litus rostratae naves praesidebant, quas Actiaca victoria captas Augustus in oppidum Foroiuliense miserat valido cum remige. Sed praecipuum robur Rhenum iuxta, commune in Germanos Gallosque subsidium, octo legiones erant. Hispaniae recens perdomitae tribus habebantur. Mauros Iuba rex acceperat

Viertes Buch

Eudemos gewispert, den seine unverdächtige Kunst in manches Geheimnis gezogen hatte. Von Hause verstieß Sejan die Mutter dreier Kinder, Apicata, sich eine lauernde Dirne zu ersparen. Doch der Größe des Plans entstiegen noch Furcht und Aufschub, entlegene Pläne.

Zu Beginn des Jahres schmückten Germanicus' Sohn Drusus die Mannestoga und die Senatsbeschlüsse wie für seinen Bruder Nero. Reich lobte eine Rede des Cäsaren die Vaterliebe des Sohnes zu den Neffen und den Nichten. Trotz der Mühe, Macht und Liebe zu einen, glaubte man Drusus der Jugend gerecht, gewiß nicht feind.

Ein Plan schillerte auf, der schon oft gespottet hatte: die Reise in die Provinzen. Die Masse der Veteranen und Ergänzung der Heere durch Rekruten hielt der Cäsar vor: „Selten waffnet sich der Wille, und wenn er sich waffnet, nicht zu tapferer Zucht. Fast nur Gesindel und Hungernde treibt es hinter den Harnisch." Seine Worte hafteten die Zahl der Legionen und die Provinzen ihres Schutzes ab. Auch ich muß künden von Roms Waffenmacht, von Königsbündnis und den knappen Grenzen jener Zeit.

Auf den Meeren, vor Misenum und Ravenna, bewehrten zwei Flotten Italien, und an Galliens nächstem Strande schaukelten Rammschiffe samt starker Ruderbesatzung, die Forum Julium als Siegesbeute Actiums von Augustus empfangen hatte. Die Kernmacht drückte vom Rheine aus auf Gallien wie Germanien: acht Legionen. Drei Legionen wahrten die frische Zähmung Spaniens. Mauretanien hatte Rom

LIBER QUARTUS

donum populi Romani. Cetera Africae per duas legiones parique numero Aegyptus, dehinc initio ab Suriae usque ad flumen Euphraten, quantum ingenti terrarum sinu ambitur, quattuor legionibus coërcita, accolis Hibero Albanoque et aliis regibus, qui magnitudine nostra proteguntur adversum externa imperia. Et Thraeciam Rhoemetalces ac liberi Cotyis, ripamque Danuvii legionum duae in Pannonia, duae in Moesia attinebant, totidem apud Delmatiam locatis, quae positu regionis a tergo illis ac, si repentinum auxilium Italia posceret, haud procul accirentur, quamquam insideret urbem proprius miles, tres urbanae, novem praetoriae cohortes, Etruria ferme Umbriaque delectae aut vetere Latio et coloniis antiquitus Romanis. At apud idonea provinciarum sociae triremes alaeque et auxilia cohortium, neque multo secus in iis virium: Sed persequi incertum fuit, cum ex usu temporis huc illuc mearent, gliscerent numero et aliquando minuerentur.

VI Congruens crediderim recensere ceteras quoque rei publicae partes, quibus modis ad eam diem habitae sint, quoniam Tiberio mutati in deterius principatus initium ille annus attulit. Iam primum publica negotia et privatorum maxima apud patres tractabantur, dabaturque primoribus disserere, et in adulationem lapsos cohibebat ipse; mandabatque honores, nobilitatem maiorum, claritudinem militiae, inlustres domi artes spectando, ut satis constaret non alios potiores fuisse. Sua consulibus, sua praetoribus species; minorum quoque magistratuum exercita potestas; legesque, si maiestatis quaestio eximeretur, bono in usu. At frumenta et

Viertes Buch

an König Juba verliehen. Sonst eigneten Afrika zwei Legionen, Ägypten zwei und vier Legionen den Landen zwischen Euphrat und Syriens Gestaden im weiten Gürtel des Meers. Den grenzenden Fürsten Iberiens, Albaniens, manchen Gaues sparte die römische Macht ein fremdes Joch. Thrakien hielten Rhoimetalkes und Kotys' Kinder, das Ufer der Donau zwei Legionen in Pannonien, zwei in Mösien, das glücklich gelegene Dalmatien zwei, gerüstet zum nahen Vorstoß nach Mösien und Pannonien wie zu plötzlichem Marsch nach einem nahen, Hilfe fordernden Italien. Doch Rom verschanzte sich noch mit eigenen Truppen, drei städtischen Kohorten, neun der Prätorianer, meist nur Söhnen Etruriens, Umbriens, des alten Latiums und altrömischer Siedlerstädte. Manchen günstigen Punkt der Provinzen deckten die Schiffe der Verbündeten, ihre Truppen zu Fuß und Pferd, fast so stark wie die Heere Roms. Doch die Lage, die sie nahm und gab, ihre steigende, sinkende Zahl zerstört den sicheren Bericht.

Die gesamten Bereiche des Staates muß ich wohl durchwandern und bis zu jenen Tagen schauen: Seit jenem Jahre gilbte sich der Glanz in Tiberius' Krone. Die Sorgen des Reichs und schwere Taten der Bürger stellten sich dem Senat, für die Großen ohne Verbot der Rede. Schmeichelsucht kältete der Fürst. Die Ämter vergab seine Rücksicht auf den Adel der Ahnen, den Ruhm in Frieden und Krieg, und man fühlte sich der besten Wahl fast gewiß. Auf Konsuln und Prätoren lag das eigene Gepräge, Macht selbst in niederen Beamten. Gütig straften die Gesetze, rauh nur das Gesetz des Hochverrats. Indes der Zölle und des Korns, der Erträge des Reichs walteten Körper-

LIBER QUARTUS

pecuniae vectigales, cetera publicorum fructuum societatibus equitum Romanorum agitabantur. Res suas Caesar spectatissimo cuique, quibusdam ignotis ex fama mandabat, semelque adsumpti tenebantur prorsus sine modo, cum plerique isdem negotiis insenescerent. Plebes acri quidem annona fatigabatur, sed nulla in eo culpa ex principe: Quin infecunditati terrarum aut asperis maris obviam iit, quantum impendio diligentiaque poterat. Et ne provinciae novis oneribus turbarentur utque vetera sine avaritia aut crudelitate magistratuum tolerarent, providebat: Corporum verbera, ademptiones bonorum aberant. Rari per Italiam Caesaris agri, modesta servitia, intra paucos libertos domus; ac si quando cum privatis disceptaret, forum et ius. VII Quae cuncta non quidem comi via, sed horridus ac plerumque formidatus retinebat tamen, donec morte Drusi verterentur:

Nam dum superfuit, mansere, quia Seianus incipiente adhuc potentia bonis consiliis notescere volebat et ultor metuebatur non occultus odii, set crebro querens incolumi filio adiutorem imperii alium vocari. Et quantum superesse, ut collega dicatur? Primas dominandi spes in arduo: Ubi sis ingressus, adesse studia et ministros. Exstructa iam sponte praefecti castra, datos in manum milites; cerni effigiem eius in monimentis Cn. Pompei; communes illi cum familia Drusorum fore nepotes: Precandam post haec modestiam, ut contentus esset. Neque raro neque apud paucos talia iaciebat, et secreta quoque eius corrupta uxore prodebantur. VIII Igitur Seianus maturan-

Viertes Buch

schaften der Ritter. Des Kronvermögens des Cäsaren schalteten nur erprobte Männer, auch Fremde, die allein ihr Ruf empfohlen hatte, und ungesichtet, ergrauten diese Beamten fast sämtlich im gleichen Amt. Ob der bitteren Teuerung stöhnte das Volk, doch schuldlos war der Fürst. Seine Gelder und Umsicht nährten fruchtlosen Boden, listeten mit Tücken der See. Die Provinzen befriedete er vor neuen Lasten und Sturm, und Ergebenheit in alte Bürden erlöste er von Härte und Habsucht der Beamten. Die Körper weigerte er der Peitsche, die Güter dem Staat. Wenige Felder des Cäsaren trug Italien. Bescheiden waren seine Sklaven. Nur einige Freigelassene zählte sein Gesinde. Mit Bürgern zwistig, ging er auf den Markt, beugte sich dem Recht. Seine Mittel schüttelten derb, meist verschüchternd, nicht in Güte, — und solcher Geist! Drusus starb, und es ward anders.

Da Drusus lebte, suchte der erst steigende Sejan den Ruhm in trefflichem Rat, strömte, noch beklemmend, der Haß des Rächers in heiße Klagen aus: „Ich, der Sohn, ich lebe, und ein Fremder faßt an Zügel des Reichs? Ist die Doppelkrone schon gestählt? Die ersten Versuche der Herrschsucht beben. An jedem künftigen Schritte zappeln noch andere Füße. Ein Lager stampfte der Präfekt. Das Heer ist kirre. Von Snäus Pompejus' Bau strahlt sein Bild, und Drusus' Stamm wird die Enkel mit ihm teilen. Zu den Göttern muß ich beten — um Sejans zufriedene Bescheidenheit." So konnten sich öfters viele Ohren sättigen, und ein Geheimnis ihres Gatten zerriß sein keusches Weib. Sejan wählte die Haft,

LIBER QUARTUS

dum ratus deligit venenum, quo paulatim inrepente fortuitus morbus adsimularetur. Id Druso datum per Lygdum spadonem, ut octo post annos cognitum est.

Ceterum Tiberius per omnes valetudinis eius dies, nullo metu an, ut firmitudinem animi ostentaret, etiam defuncto necdum sepulto, curiam ingressus est. Consulesque sede vulgari per speciem maestitiae sedentes honoris locique admonuit et effusum in lacrimas senatum victo gemitu, simul oratione continua erexit: Non quidem sibi ignarum posse argui, quod tam recenti dolore subierit oculos senatus: Vix propinquorum adloquia tolerari, vix diem aspici a plerisque lugentium. Neque illos inbecillitatis damnandos: Se tamen fortiora solacia e complexu rei publicae petivisse. Miseratusque Augustae extremam senectam, rudem adhuc nepotum et vergentem aetatem suam, ut Germanici liberi, unica praesentium malorum levamenta, inducerentur, petivit.

Egressi consules firmatos adloquio adulescentulos deductosque ante Caesarem statuunt. Quibus adprensis 'Patres conscripti, hos' inquit 'orbatos parente tradidi patruo ipsorum precatusque sum, quamquam esset illi propria suboles, ne secus quam suum sanguinem foveret. attolleret, sibique et posteris conformaret. Erepto Druso preces ad vos converto disque et patria coram obtestor: Augusti pronepotes, clarissimis maioribus genitos, suscipite, regite, vestram meamque vicem explete. Hi vobis, Nero et Druse, parentum loco. Ita nati estis, ut bona malaque vestra ad rem publicam pertineant.'
IX Magno ea fletu et mox precationibus faustis

Viertes Buch

wählte Gift: „Mit seinem trägen Fluß kann es sich wie Krankheit in die Adern lügen." Der Verschnittene Lygdos reichte es Drusus. Acht Jahre später wußte es die Welt.

In den Tagen des Siechtums, selbst vor der Bestattung des Toten schritt Tiberius zum Senat, sorglos oder den Ehernen spielend. Auf gemeinen Sitzen trauerten die Konsuln. Er wies auf ihre Würde, ihren Platz. Vor dem Senat, der in Tränen erstickte, rang er sich von Tränen frei, und tröstend, stetig tönten seine Worte: „Ich weiß: Man kann von dem jungen Schmerze flüstern, der sich schon den Augen des Senats entweiht. Trauernden verhallt der Sippe Trost ins Öde, ihre Augen scheuen die Sonne, und niemand darf von ihrer Schwäche murren. Doch ich, ich trank im Arm des Staates einen feurigen Trost." Er klagte: „Augusta wankt zu Grabe. Meine Enkel können noch nicht sehen, und mein Leben sinkt." Er bat: „Nur Germanicus' Söhne lindern mir die Qual der Gegenwart. Sie mögen kommen!"

Die Konsuln gingen. Ihr Zuspruch raffte die Knaben auf, und in ihrem Geleite traten sie vor den Cäsaren. Er berührte ihre Hand: „Senatoren, ihr Vater war tot, und ihrem Oheim gab sie meine Bitte: ‚Dir wuchs ein eigenes Geschlecht, doch trage auch sie, liebend wie den eigenen Stamm, auf daß sie einstens dich und unsere Enkel tragen!' Drusus ist tot. Götter und Rom! Ich bete heiß: ‚Der Urenkel von Augustus, der Knospen herrlichen Stammes, warte hütend der Senat, gehorsam dem Los für sich und mich!' Nero und Drusus, grüßt eure Väter! Ihr Reiser eines Geschlechts, in dem das Reich erblüht und welkt!" Tränen flossen. Innig schluchzten die Gebete. Im

LIBER QUARTUS

audita; ac si modum orationi posuisset, misericordia sui gloriaque animos audientium impleverat: Ad vana et totiens inrisa revolutus, de reddenda re publica, utque consules seu quis alius regimen susciperent, vero quoque et honesto fidem dempsit.

Memoriae Drusi eadem, quae in Germanicum, decernuntur, plerisque additis, ut ferme amat posterior adulatio. Funus imaginum pompa maxime inlustre fuit, cum origo Iuliae gentis Aeneas omnesque Albanorum reges et conditor urbis Romulus, post Sabina nobilitas, Attus Clausus ceteraeque Claudiorum effigies longo ordine spectarentur.

X In tradenda morte Drusi, quae plurimis maximaeque fidei auctoribus memorata sunt, rettuli: Set non omiserim eorundem temporum rumorem, validum adeo, ut nondum exolescat. Corrupta ad scelus Livia Seianum Lygdi quoque spadonis animum stupro vinxisse, quod is aetate atque forma carus domino interque primores ministros erat; deinde inter conscios ubi locus veneficii tempusque conposita sint, eo audaciae provectum, ut verteret et occulto indicio Drusum veneni in patrem arguens moneret Tiberium vitandam potionem, quae prima ei apud filium epulanti offerretur. Ea fraude captum senem, postquam convivium inierat, exceptum poculum Druso tradidisse; atque illo ignaro et iuveniliter hauriente auctam suspicionem, tamquam metu et pudore sibimet inrogaret mortem, quam patri struxerat.

XI Haec vulgo iactata super id, quod nullo

Viertes Buch

Saale klang es wie des Kaisers Preis, wie Mitleid mit ihm, doch seine Worte endeten noch nicht, zerrannen in den oft gehöhnten Nebel, und auch das Vertrauen zu seiner wahren, ehrenden Rede schwand bei dem Wort: „Die Konsuln, Fremde mögen sich am Steuer des Reiches reiben! Ich bin es müde."

Beschlüsse gedachten Drusus', wie einst Germanicus', doch reicher an Fülle; denn die Nachwelt veräftelt gern die Schmeichelei. Endlos, prunkend gleißten im Totenzug die fahlen Masken des Ahnherrn julischen Geschlechts, Aineias', der Könige Albas, Roms Gründers Romulus, des sabinischen Adels, eines Attus Clausus und des ganzen claudischen Stamms.

Wie ich berichten Drusus' Tod die Menge der Verfasser und die Verläßlichkeit. Doch in jenen Tagen blähte sich ein Gerücht, das noch nicht verfiel: „Bestrickt, träumte Livia an Mord, und Sejan warf sich betörend noch dem Verschnittenen Lygdos vor, den Liebreiz und Jugend seinem Herrn gewertet und in der Schar der Diener gehoben hatten. Die Verschworenen wußten Ort und Zeit der Tat, und leck es verkehrend, warnte Sejan geheim Tiberius vor Drusus' Mordgier: „Stoß den Trank zurück, der bei der Gasterei des Sohns dir zuerst entgegenschäumt!" In den Saal des Gelages trat der greise Fürst. Ein Becher ward gereicht, und der Betrogene bot ihn Drusus. Nichtsahnend, jugendheiter trank ihn Drusus bis zur Neige, und der Cäsar wähnte: „In zitternder Scham, sühnte mein Sohn in einer Tat, wie sie den Vater töten sollte", und so verdichtete sich sein Verdacht."

Leicht entkräftet sich das weite Gerede, das auch

LIBER QUARTUS

auctore certo firmantur, prompte refutaveris. Quis enim mediocri prudentia, nedum Tiberius tantis rebus exercitus, inaudito filio exitium offerret, idque sua manu et nullo ad paenitendum regressu? Quin potius ministrum veneni excruciaret, auctorem exquireret, insita denique etiam in extraneos cunctatione et mora adversum unicum et nullius ante flagitii conpertum uteretur? Sed quia Seianus facinorum omnium repertor habebatur, ex nimia caritate in eum Caesaris et ceterorum in utrumque odio quamvis fabulosa et immania credebantur, atrociore semper fama erga dominantium exitus. Ordo alioqui sceleris per Apicatam Seiani proditus tormentis Eudemi ac Lygdi patefactus est. Neque quisquam scriptor tam infensus extitit, ut Tiberio obiectaret, cum omnia alia conquirerent intenderentque. Mihi tradendi arguendique rumoris causa fuit, ut claro sub exemplo falsas auditiones depellerem peteremque ab iis, quorum in manus cura nostra venerit, ne divulgata atque incredibilia avide accepta veris neque in miraculum corruptis antehabeant.

XII Ceterum laudante filium pro rostris Tiberio senatus populusque habitum ac voces dolentum simulatione magis quam libens induebat, domumque Germanici revirescere occulti laetabantur. Quod principium favoris et mater Agrippina spem male tegens perniciem adceleravere. Nam Seianus, ubi videt mortem Drusi inultam interfectoribus, sine maerore publico esse, ferox scelerum et, quia prima provenerant, volutare secum, quonam modo Germanici liberos perverteret, quorum non dubia

Viertes Buch

die Wahrheitsliebe nicht beschwört. Reicht ein
Mensch, halbwegs noch bei Sinnen, ein Tiberius, der
mit solchen Sorgen spielt, dem Sohn im Trunke den
Tod — ohne Gehör, eigenhändig, und reißt ihn nicht
reuig zurück? Martern am Schenken des Gifts, Fra=
gen nach dem Verräter, sein eingefleischter Zweifel,
der selbst vor Fremden säumt, hätten dem einzigen
Sohn genutzt, den noch kein Fehl beschämte. Doch
in Sejan fand das Volk den Täter jedes Verbrechens,
und aus des Cäsaren üppiger Liebe zu ihm erwuchs
dem Haß der Welt auf beide ein riesiges, märchen=
schweres Wahngebilde: Im Tode der Gebieter wit=
tert stets das Gerücht von grauser Tat. Den Verlauf
des Verbrechens, den Apicata, das Weib Sejans,
verriet, bezeugten Eudemos und Lygdos auf der
Folter. Den Griffel keiner Hand führt der Haß zu
solchem Vorwurf gegen Tiberius, und trüge sie auch
jede Tat zu seinem Schimpf. — In Bericht und Tadel
des Geredes wollte das klare Beispiel den nichtigen
Glauben schwärzen und die Leser des Werkes bitten,
eine Wahrheit, die sich in keine Wunder putzt, nicht
über lüstern aufgelesenem, weit verstreutem Märchen=
glauben zu vergessen.

Auf der Rednerbühne rühmte Tiberius den Sohn.
Düster schauten Senat und Volk, murmelten düstres
Wort, — die Lippen hohl. Es jubelte in ihrem Sinn:
„Germanicus' Stamm erblüht." So keimte die Liebe;
die Hoffnung einer Mutter, Agrippinas, blitzte oft jäh
hervor, und rascher sirrte die Sense. Sejan sah nicht
die Rache auf Drusus' Mörder sprühen, die Welt
an Tränen arm, und nach dem ersten Sieg sann seine
wilde Sündenlust an Todesarten für Germanicus'
Söhne, die sichern Erben der Kaiserpracht. Die spröde

LIBER QUARTUS

successio. Neque spargi venenum in tres poterat, egregia custodum fide et pudicitia Agrippinae inpenetrabili. Igitur contumaciam eius insectari, vetus Augustae odium, recentem Liviae conscientiam exagitare, ut superbam fecunditate, subnixam popularibus studiis inhiare dominationi apud Caesarem arguerent. Atque haec callidis criminatoribus, inter quos delegerat Iulium Postumum, per adulterium Mutiliae Priscae, inter intimas aviae, consiliis suis peridoneum, quia Prisca in animo Augustae valida anum suapte natura potentiae anxiam insociabilem nurui efficiebat. Agrippinae quoque proximi inliciebantur pravis sermonibus tumidos spiritus perstimulare.

XIII At Tiberius nihil intermissa rerum cura, negotia pro solaciis accipiens, ius civium, preces sociorum tractabat; factaque auctore eo senatus consulta, ut civitati Cibyraticae apud Asiam, Aegiensi apud Achaiam, motu terrae labefactis, subveniretur remissione tributi in triennium. Et Vibius Serenus pro consule ulterioris Hispaniae, de vi publica damnatus, ob atrocitatem morum in insulam Amorgum deportatur. Carsidius Sacerdos reus, tamquam frumento hostem Tacfarinatem iuvisset, absolvitur, eiusdemque criminis C. Gracchus. Hunc comitem exilii admodum infantem pater Sempronius in insulam Cercinam tulerat. Illic adultus inter extorres et liberalium artium nescios, mox per Africam ac Siciliam mutando sordidas merces sustentabatur; neque tamen effugit magnae fortunae pericula. Ac ni Aelius Lamia et L. Apronius, qui Africam obtinuerant, insontem

Viertes Buch

Treue der Wächter versagte Gift für alle drei, und Agrippinas Keuschheit glitt nicht. So flößte er den Tadel ihres Trotzes in Augustas alten Haß, in Livias jüngst verstörtes Gewissen, sie vor dem Cäsaren zur Rede zu reizen: "Stolz auf die vielen Wehen, starrt sie in die Krone, wiegt sich auf den Schultern des Volks." Zur verschlagenen Verleumdung wählte er auch Julius Postumus, für seine Ränke taugend: Er war der Freund eines Frauenleibes, Mutilia Priscas, der Vertrauten der alten Fürstin, und — dank der tuschelnden Prisca griff der Greisin angeborene Angst um die Macht nach Haß wider das Weib des Enkels. Auch schlüpfte es zu Agrippinas Gefolge, hämisch ihren strotzenden Stolz zu sticheln.

Tiberius rastete nicht. Arbeit stumpfte seinen Schmerz, Arbeit im Gericht über Römer, in Gesuchen der Verbündeten, und er erwirkte den Senatsentscheid: "Erlaß der Steuern auf drei Jahre stärkt Kibyra in Asien und Aigion in Achaia, die eine schwankende Erde zerrüttet hat!" — Das Urteil über Vibius Serenus, den Prokonsul des südlichen Spanien, ob Mißbrauchs des Amtes schärften Serenus' blutige Gebräuche zu einem Banne auf die Insel Amorgos. — "Den Reichsfeind Tacfarinas fütterte sein Getreide." Von der Klage ward Carsidius Sacerdos freigesprochen wie Gajus Gracchus von gleicher Schuld. Der Knabe Gracchus, kaum geboren, teilte die Ächtung seines Vaters Sempronius auf der Insel Cercina. Den Zögling wissensbarer Geächteter nährte später in Afrika und Sizilien ein niedriges Tauschgewerbe. Und doch: Die hohe Geburt wob ihm Verderben. Nur Afrikas einstige Statthalter Älius Lamia und

LIBER QUARTUS

protexissent, claritudine infausti generis et paternis adversis foret abstractus.

XIV Is quoque annus legationes Graecarum civitatium habuit, Samiis, Iunonis, Cois, Aesculapii delubro vetustum asyli ius ut firmaretur, petentibus. Samii decreto Amphictyonum nitebantur, quis praecipuum fuit rerum omnium iudicium, qua tempestate Graeci conditis per Asiam urbibus ora maris potiebantur. Neque dispar apud Coos antiquitas, et accedebat meritum ex loco: Nam cives Romanos templo Aesculapii induxerant, cum iussu regis Mithridatis apud cunctas Asiae insulas et urbes trucidarentur.

Variis dehinc et saepius inritis praetorum questibus, postremo Caesar de inmodestia histrionum rettulit: Multa ab iis in publicum seditiose, foeda per domos temptari; Oscum quondam ludicrum, levissimae apud vulgum oblectationis, eo flagitiorum et virium venisse, ut auctoritate patrum coërcendum sit. Pulsi tum histriones Italia.

XV Idem annus alio quoque luctu Caesarem adfecit, alterum ex geminis Drusi liberis extinguendo, neque minus morte amici. Is fuit Lucilius Longus, omnium illi tristium laetorumque socius unusque e senatoribus Rhodii secessus comes. Ita, quamquam novo homini, censorium funus, effigiem apud forum Augusti publica pecunia patres decrevere, apud quos etiam tum cuncta tractabantur, adeo ut procurator Asiae Lucilius Capito accusante provincia causam dixerit, magna

Viertes Buch

Lucius Apronius lösten den Schuldlosen aus der Not, in die sein unheilschweres, schimmerndes Geschlecht und seines Vaters Leid ihn bannten.

Auch zu jenem Jahre flehten Gesandte griechischer Städte, das greise Recht von Sühnestätten zu verjüngen: eines Tempels der Hera zu Samos und des Asklepios zu Koos. Samos gürtete sich mit einem Erlaß der Amphiktyonen, — dem höchsten Gesetz für jedes Tun, als die Söller griechischer Städte sich auf Asien über den Strand des Meeres reckten. Auch Koos grub die Urzeit auf, spann noch den Zauber eigener Tat: „Im Blute wateten die Häscher des Königs Mithridates durch alle Inseln und Städte Asiens, und wir entrückten die Römer im Tempel von Asklepios."

Der Prätoren wechselnde Beschwerden waren oft verhallt. Nun erst murrte der Cäsar von Frechheit der Schauspieler: „Ihre Händel lärmen zu laut im Reich, von ihren Lüsten flüstern Ehegelasse. Einst schäkerte die Unschuld des Volks zum oskischen Spiel, und heute muß der hohe Senat ein sündhaft schwellendes Gebaren stauen." Man fegte die Künstler aus Italien.

Des Cäsaren Trauer in jenem Jahre düsterten der Tod des einen Drususzwillings und sein sterbender Freund Lucilius Longus, sein steter Gefährte in Not und Lust, der einzige Senator, dem die Einsamkeit von Rhodos nicht zu einsam war: Das Reich geleitete den Niederbürtigen zur Gruft und entäußerte sich des Geldes zu seinem Bildnis auf Augustus' Markt. So wünschte es der Senat, vor den jene Zeit noch jedes Geschehnis breitete. — Vor dem Senate stemmte sich sogar ein Kronverwalter Asiens, Lucilius

LIBER QUARTUS

cum adseveratione principis non se ius nisi in servitia et pecunias familiares dedisse: Quod si vim praetoris usurpasset manibusque militum usus foret, spreta in eo mandata sua: Audirent socios. Ita reus cognito negotio damnatur. Ob quam ultionem et, quia priore anno in C. Silanum vindicatum erat, decrevere Asiae urbes templum Tiberio matrique eius ac senatui. Et permissum statuere; egitque Nero grates ea causa patribus atque avo, laetas inter audientium adfectiones, qui recenti memoria Germanici illum aspici, illum audiri rebantur. Aderantque iuveni modestia ac forma principe viro digna, notis in eum Seiani odiis ob periculum gratiora.

XVI Sub idem tempus de flamine Diali in locum Servi Maluginensis defuncti legendo, simul roganda nova lege disseruit Caesar. Nam patricios confarreatis parentibus genitos tres simul nominari, ex quis unus legeretur, vetusto more; neque adesse, ut olim, eam copiam, omissa confarreandi adsuetudine aut inter paucos retenta (pluresque eius rei causas adferebat, potissimam penes incuriam virorum feminarumque; accedere ipsius caerimoniae difficultates, quae consulto vitarentur) et, quod exiret e iure patrio, qui id flamonium apisceretur quaeque in manum flaminis conveniret. Ita medendum senatus decreto aut lege, sicut Augustus quaedam ex horrida illa antiquitate ad praesentem usum flexisset. Igitur tractatis religionibus placitum instituto flaminum nihil demutari: Sed lata lex, qua flaminica Dialis sacrorum causa in potestate viri, cetera promisco feminarum

Viertes Buch

Capito, gegen die Klage der Provinz, und herb eidete der Fürst: "Nur der Sklaven und Gelder meines Hauses darf er schalten. Ein Griff nach den Beilen des Prätors und Entbot von Soldaten zerreißen seine Vollmacht. Hört den Vorwurf!" Nach dem Verhör ward er verurteilt. Solche Ahndung und die Ahndung des vergangenen Jahres gegen Gajus Silanus weckten in Asiens Städten den Wunsch nach einem Tempel für Tiberius, seine Mutter und den Senat. Der Bau ward gewährt. Nero dankte Ahn und Senat, und Freude stahl sich in seine Hörer: Trügend spiegelte das junge Gedächtnis ihrem Ohr und Auge Germanicus. Des schönen Jünglings stilles Wort verkörperte Träume von Kaisergestalten und bezauberte die bangen Herzen, die Sejan ihm widrig wußten.

Von der Wahl des Jupiterpriesters nach Servius Maluginensis' Tod, von einem neuen Gesetz ließ der Cäsar in jenen Tagen verlauten: "Drei Adelssprossen aus ‚Adelsehe' stellt ein alter Brauch zur Wahl. Doch der Gegenwart ist solche Zahl unzählbar. Nur wenige werten noch die verlorene Sitte einer ‚Adelsehe'"; er wußte an Gründen: "Nur von Genuß zu Genüssen flattern Mann und Weib; auch fröstelt die Menschen jener steifen, bindenden Feier. — Und über einen Träger solchen Priestertums, sein angelobtes Weib zersetzt sich den eignen Vätern die Gewalt. Senatsbeschluß oder Gesetz glätte gleich Augustus, der manchen alten Auswuchs zur Gegenwart zurückgeschnitten hat!" Die Tagung über die frommen Bräuche gefiel sich: "Wir rütteln nicht an Satzungen der Priester." Doch ein Gesetz vergab das Weib des Jupiterpriesters nur in der Opferfeier dem Gemahl zu Füßen, sonst dem Recht der Frauen Roms. Ma-

LIBER QUARTUS

iure ageret. Et filius Maluginensis patri suffectus. Utque glisceret dignatio sacerdotum atque ipsis promptior animus foret ad capessendas caerimonias, decretum Corneliae virgini, quae in locum Scantiae capiebatur, sestertium viciens et, quotiens Augusta theatrum introisset, ut sedes inter Vestalium consideret.

XVII Cornelio Cethego, Visellio Varrone consulibus pontifices eorumque exemplo ceteri sacerdotes, cum pro incolumitate principis vota susciperent, Neronem quoque et Drusum isdem dis commendavere, non tam caritate iuvenum quam adulatione, quae moribus corruptis perinde anceps, si nulla et ubi nimia est. Nam Tiberius, haud umquam domui Germanici mitis, tum vero aequari adulescentes senectae suae inpatienter indoluit; accitosque pontifices percontatus est, num id precibus Agrippinae aut minis tribuissent. Et illi quidem, quamquam abnuerent, modice perstricti; etenim pars magna e propinquis ipsius aut primores civitatis erant: Ceterum in senatu oratione monuit in posterum, ne quis mobiles adulescentium animos praematuris honoribus ad superbiam extolleret. Instabat quippe Seianus incusabatque diductam civitatem ut civili bello: Esse, qui se partium Agrippinae vocent, ac, ni resistatur, fore pluris; neque aliud gliscentis discordiae remedium, quam si unus alterve maxime prompti subverterentur.

XVIII Qua causa C. Silium et Titium Sabinum adgreditur. Amicitia Germanici perniciosa utrique, Silio et quod, ingentis exercitus septem per annos

Viertes Buch

luginensis' Sohn ging in das Amt des Vaters ein. Auf gleißendere Würde der Priester, auf ihren stärkeren Drang zum Götterdienst zielten zwei Millionen Sestertien an Vestas Jungfrau Cornelia, die auf Scantia folgte, und im Theater ward Augusta unter die Plätze der Mädchen Vestas geführt.

Aus den Gebeten der Oberpriester und nach ihrem Vorgang auch der Priesterschaft stiegen im Jahre 24 zu den gleichen Göttern Gelöbnis für des Fürsten Glück, wie Wünsche für Nero und Drusus. Für die Prinzen kniete neben der Liebe mehr die brünstige Fürstenfurcht. Doch zu brünstig oder nicht entblößt, entströmt sie zu verderbten Zeiten den Tod. Todwund lauschte Tiberius' alter Groll auf Germanicus' Geschlecht: „Knaben reiht man mit dem Alter auf", und er berief die Oberpriester: „Wart ihr den Tränen Agrippinas oder der Drohung gefällig?" Sie leugneten, wurden jedoch nur zagend gerügt: Viele kamen aus seinem Stamm oder waren Große des Landes. Doch im Senate streifte seine Rede ein künftiges Verhalten: „Aus verfrühten Ehren kostet die schwanke Jugend den Hochmut." Denn Sejan raunte stürmisch dem Cäsaren: „Wie Bürgerzwist furcht es sich im Reich. Ich höre Schreie:,Hie Agrippina!', sehe drüben eine sprossende Saat, wenn nicht Gewalt sie niederstampft, und stetig weitet sich der Spalt, füllt sich nur mit einer Lese der frechsten Leiber."

Und seine Klage langte nach Gajus Silius und Titius Sabinus. Zu ihrem Leide liebten sie Germanicus, und Silius, der Feldherr eines Riesenheeres in

LIBER QUARTUS

moderator partisque apud Germaniam triumphalibus Sacroviriani belli victor, quanto maiore mole procideret, plus formidinis in alios dispergebatur. Credebant plerique auctam offensionem ipsius intemperantia, immodice iactantis suum militem in obsequio duravisse, cum alii ad seditiones prolaberentur; neque mansurum Tiberio imperium, si iis quoque legionibus cupido novandi fuisset. Destrui per haec fortunam suam Caesar inparemque tanto merito rebatur. Nam beneficia eo usque laeta sunt, dum videntur exsolvi posse: Ubi multum antevenere, pro gratia odium redditur. XIX Erat uxor Silio Sosia Galla, caritate Agrippinae invisa principi. Hos corripi dilato ad tempus Sabino placitum, inmissusque Varro consul, qui paternas inimicitias obtendens odiis Seiani per dedecus suum gratificabatur. Precante reo brevem moram, dum accusator consulatu abiret, adversatus est Caesar: Solitum quippe magistratibus diem privatis dicere; nec infringendum consulis ius, cuius vigiliis niteretur, ne quod res publica detrimentum caperet. Proprium id Tiberio fuit scelera nuper reperta priscis verbis obtegere. Igitur multa adseveratione, quasi aut legibus cum Silio ageretur, aut Varro consul aut illud res publica esset, coguntur patres.

Silente reo, vel si defensionem coeptaret, non occultante, cuius ira premeretur, conscientia belli Sacrovir diu dissimulatus, victoria per avaritiam foedata et uxor Sosia arguebantur. Nec dubie repetundarum criminibus haerebant, sed cuncta quaestione maiestatis exercita, et Silius imminentem damnationem voluntario fine praevertit. XX Sae-

Viertes Buch

sieben Jahren und Träger einer Siegesfeier ob Germaniens, der Sieger in Sacrovirs Ringen, stürzte dröhnend vom Gipfel. Und die Erde sollte zittern. Man erging sich viel: "Er blies in den Haß — maßlos prahlend: ,Abtrünnig brandeten die Legionen, und ruhig lag mein Heer. Zu meinen Legionen irrte das Fieber nach Umsturz nicht, und so leuchtet sie noch, Tiberius' Krone.'" Der Cäsar wähnte vor seinem Glanz die Krone flecken, verarmen: Wenn vor der Größe einer Tat ihr Lohn verzweifeln muß, verzerrt sich das Lächeln zu Haß. Auch prickelte den Fürsten die Liebe von Silius' Gattin Sosia Galla, ihre Liebe zu Agrippina. Mann und Weib heckte man Klage, Sabinus wurde es gefristet, und der Konsul Varro ward verhetzt, in der Maske seines hassenden Vaters den schmählichen Knecht des hassenden Sejan zu spielen. Es über das Konsulat des Klägers kurz zu vertagen, brachte Silius ein, doch der Cäsar trotzte: "Die Sitte ladet doch den Bürger dem Beamten vor. Und eisern sei das Recht des Konsuls, des Wächters, ,auf daß dem Staate nichts zuleid geschehe'." Tiberius liebte uralte Worte um junge Sünden, und schwere Würde schleppte an seinem Entbot des Senats. Doch zürnte in Silius' Sache das Gesetz? War Varro ein Konsul? War es ein Staat?

Silius schwieg oder gestand zu seiner Wehr: "Ein Kaiser grollt mir." Man sprang ihn an: "Deine Kenntnis unterschlug geraume Zeit die Empörung Sacrovirs", und knurrte vom Makel seines Siegs, von Raffgier, und den Sünden seiner Gattin Sosia. Die Klage wegen beider Erpressung gründete wohl in Schuld. Aber das ganze Verhör verlief wie nach

LIBER QUARTUS

vitum tamen in bona, non ut stipendiariis pecuniae redderentur, quorum nemo repetebat, sed liberalitas Augusti avulsa, conputatis singillatim, quae fisco petebantur. Ea prima Tiberio erga pecuniam alienam diligentia fuit. Sosia in exilium pellitur Asinii Galli sententia, qui partem bonorum publicandam, pars ut liberis relinqueretur, censuerat. Contra M'. Lepidus quartam accusatoribus secundum necessitudinem legis, cetera liberis concessit.

Hunc ego Lepidum temporibus illis gravem et sapientem virum fuisse comperior: Nam pleraque ab saevis adulationibus aliorum in melius flexit. Neque tamen temperamenti egebat, cum aequabili auctoritate et gratia apud Tiberium viguerit. Unde dubitare cogor, fato et sorte nascendi, ut cetera, ita principum inclinatio in hos, offensio in illos, an sit aliquid in nostris consiliis liceatque inter abruptam contumaciam et deforme obsequium pergere iter ambitione ac periculis vacuum. At Messalinus Cotta haud minus claris maioribus, sed animo diversus, censuit cavendum senatus consulto, ut quamquam insontes magistratus et culpae alienae nescii provincialibus uxorum criminibus proinde quam suis plecterentur.

XXI Actum dehinc de Calpurnio Pisone, nobili ac feroci viro. Is namque, ut rettuli, cessurum se urbe ob factiones accusatorum in senatu clamitaverat et spreta potentia Augustae trahere in ius

Viertes Buch

Hochverrat, und Silius wußte sein Urteil. Ihm half sein Dolch. Es nicht achtend, stürzte man sich auf die Güter, indes man vergeudete die erpreßten Steuern nicht den schüchtern schweigenden Bürgern der Provinz zurück. Doch man löste Augustus' Geschenke ab, und an solchen Forderungen der Krone rechnete Geiz. Zum ersten Male zählte Tiberius sorgsam fremdes Geld. Asinius Gallus' Antrag verhängte über Sosia die Acht und wollte die Hälfte ihrer Güter zum Reiche schlagen: „Die Hälfte den Kindern!" Manius Lepidus lenkte ein: „Das Gesetz verbindet zur Zahlung eines Viertels an die Kläger. Der Rest den Kindern!"

Nach meiner Erfahrnis zierte Lepidus die Zeiten in weiser Gemessenheit: Schmeichelnde Grausamkeit der Berater schmolz er oft in Güte, und doch — sein Gefühl sprudelte die Worte, von denen Tiberius, stets ihm gnädig, sich treiben ließ. Wirft das Schicksal und das Los der Geburt Menschen in Fürstenliebe und Menschen in Fürstenhaß wie in das Leben? Können die Menschen ihr Wesen biegen — nicht zu verschlissenem Sklaventum, nicht zu felsenstarrem Trotz, doch für ein Leben, das hoch und fern von Ehrsucht und Gefahr? Das Rätsel quält. — Messalinus Cotta, adlig wie Lepidus und ungleich geartet, vertrat es, in einem Beschluß des Senates zu versteinern: „Der Beamten Unschuld in Sünden und ihrer Kenntnis enthebt nicht der Sünden ihrer Frauen in den Provinzen. Es gilt wie eigene Sünde."

Man verhandelte den verwegnen Edlen Calpurnius Piso. Im Senate hatte er wild gestöhnt: „Den Staub dieser Stadt schüttle ich ab. Ich hasse die Ränke dieser Kläger", und über eine Augusta schreitend, schreckte

LIBER QUARTUS

Urgulaniam domoque principis excire ausus erat. Quae in praesens Tiberius civiliter habuit; sed in animo revolvente iras, etiam si impetus offensionis languerat, memoria valebat. Pisonem Q. Granius secreti sermonis incusavit adversum maiestatem habiti, adiecitque in domo eius venenum esse eumque gladio accinctum introire curiam. Quod ut atrocius vero tramissum; ceterorum, quae multa cumulabantur, receptus est reus, neque peractus ob mortem opportunam. Relatum et de Cassio Severo exule, qui sordidae originis, maleficae vitae, sed orandi validus, per immodicas inimicitias, ut iudicio iurati senatus Cretam amoveretur, effecerat; atque illic eadem actitando recentia veteraque odia advertit, bonisque exutus, interdicto igni atque aqua, saxo Seripho consenuit.

XXII Per idem tempus Plautius Silvanus praetor incertis causis Aproniam coniugem in praeceps iecit, tractusque ad Caesarem ab L. Apronio socero turbata mente respondit, tamquam ipse somno gravis atque eo ignarus, et uxor sponte mortem sumpsisset. Non cunctanter Tiberius pergit in domum, visit cubiculum, in quo reluctantis et impulsae vestigia cernebantur. Refert ad senatum, datisque iudicibus Urgulania Silvani avia pugionem nepoti misit. Quod perinde creditum, quasi principis monitu, ob amicitiam Augustae cum Urgulania. Reus frustra temptato ferro venas praebuit exsolvendas. Mox Numantina, prior uxor eius, accusata iniecisse carminibus et veneficiis vaecordiam marito, insons iudicatur.

Viertes Buch

er kühn Urgulania aus dem Palast des Fürsten vor den Richter. Gelassen hatte Tiberius jene Wochen gelebt. Doch die Lohe des ersten Tages war nur in den ruhlos brütenden Dämmer gesunken, und Schlaf ist noch Leben. Quintus Granius murmelte von Pisos Geheimwort wider den Cäsaren: „Und sein Haus hehlt Gift, und hier im Saale bauscht sich seine Toga über ein Schwert." Zu grausig, verklang es ihrem Glauben, und viele Bürden andern Vorwurfs hob ihm vor dem Urteil lachend der Tod. — Man erörterte Cassius Severus, dessen dunkle Geburt und sündendunkles Leben nur die Beredtheit hellte, den ein Eid des Senates ob zu bissiger Händelsucht nach Kreta gekettet hatte. Doch sein dortiges, gleiches Leben häufte jungen auf alten Haß, und seiner Güter verlustig, tastete sich noch der Greis an Seriphos' Felsentrümmern.

In jenen Tagen stürzte des Prätoren Plautius Silvanus' rätseltiefe Lust sein Weib Apronia zu Tod. Vor den Cäsaren zerrte Lucius Apronius den Eidam, und hier stammelte sein trüber Geist von einem Manne, der, aus schwülem Schlaf erwachend, sich erst besinnen mußte, stammelte von Selbstmord seines Weibs. Hastig ging Tiberius nach dem Haus und Schlafgelaß, und Spuren raunten von heißem Ringen, von einem Sturz. An den Senat erklärte es der Fürst. Richter wurden gesondert. Silvanus' Ahne Urgulania sandte dem Enkel einen Dolch. Von ihrer Freundschaft zu Augusta riet man auf den Wink des Fürsten. Es flimmerte der Stahl. Er ließ ihn fallen, bot die Adern. Seine erste Gattin Numantina rettete Freispruch von der Klage: „In Lied und Trank zauberte sie Wahnsinn im Gatten."

LIBER QUARTUS

XXIII Is demum annus populum Romanum longo adversum Numidam Tacfarinatem bello absolvit. Nam priores duces, ubi impetrando triumphalium insigni sufficere res suas crediderant, hostem omittebant; iamque tres laureatae in urbe statuae, et adhuc raptabat Africam Tacfarinas, auctus Maurorum auxiliis, qui Ptolemaeo Iubae filio iuventa incurioso libertos regios et servilia imperia bello mutaverant. Erat illi praedarum receptor ac socius populandi rex Garamantum, non ut cum exercitu incederet, sed missis levibus copiis, quae ex longinquo in maius audiebantur; ipsaque e provincia, ut quis fortunae inops, moribus turbidus, promptius ruebant, quia Caesar post res a Blaeso gestas, quasi nullis iam in Africa hostibus, reportari nonam legionem iusserat, nec pro consule eius anni P. Dolabella retinere ausus erat, iussa principis magis quam incerta belli metuens.

XXIV Igitur Tacfarinas disperso rumore rem Romanam aliis quoque ab nationibus lacerari eoque paulatim Africa decedere, ac posse reliquos circumveniri, si cuncti, quibus libertas servitio potior, incubuissent, auget vires positisque castris Thubuscum oppidum circumsidet. At Dolabella contracto, quod erat militum, terrore nominis Romani et, quia Numidae peditum aciem ferre nequeunt, primo sui incessu solvit obsidium locorumque opportuna permunivit; simul principes Musulamiorum defectionem coeptantes securi percutit. Dein, quia pluribus adversum Tacfarinatem expeditionibus cognitum non gravi nec uno incursu

Viertes Buch

Rom atmete auf: Das Jahr entschied den zähen Krieg wider den Numider Tacfarinas. Die früheren Feldherrn blendete nur die Siegesfeier, und Hoffnung darauf vergaß des Gegners, jeder weiteren Tat. Auf drei Standbildern Roms grünte der Lorbeer, und Afrika schwärzte noch der Brand. Krieg und Tacfarinas' Waffe wählten Truppen der Mauren, überdrüssig des Leichtsinns von Jubas Knaben Ptolemaios, des Gebarens seiner Freigelassnen und ihres dirnenhaften Krongetändels. Saramantiens König vergrub ihm die Beute und lieh den Raubzügen leichte Truppen, die ein fernes Gerücht vergrößerte, lieh kein schweres Heer. Lustig schenkten selbst Bürger aus der Provinz ihre Armut und einen gärenden Kopf an seine Fahne, seit nach Bläsus' Erfolg den afrikanischen Krieg der Befehl des Cäsaren zerschmettert hatte: „Die neunte Legion zieht ab", und seit der Prokonsul des Jahres, Publius Dolabella, bänglich sie nicht gehemmt: „Der Krieg mag schwanken, doch die Brauen steift der Fürst."

Tacfarinas rief in die Lande: „Auch andere Völker wachen auf, langsam streifen sie Rom von Afrika ab, und den letzten Römer quetschen die Mannen, die aus der Knechtschaft die singende Freiheit wirbt." Die Truppen strömten an, und ihr Lager spannte sich um Thubuscum. Dolabella ballte, was sich ballen ließ, und sprengte im ersten Anlauf den Ring der Numider, die sich vor dem Namen „Rom", dem Tritt der Legionare verkrochen. Zu Schanzen wandelte er Plätze um, und das Beil ersparte den Köpfen von Musulamiens Fürsten die Tat des Abfalls. — Wucht und Einheit des Heeres waren auf manchem Kriegsmarsch am flüchtigen Tacfarinas erlahmt, und nach

LIBER QUARTUS

consectandum hostem vagum, excito cum popularibus rege Ptolemaeo quattuor agmina parat, quae legatis aut tribunis data; et praedatorias manus delecti Maurorum duxere: Ipse consultor aderat omnibus.

XXV Nec multo post adfertur Numidas apud castellum semirutum, ab ipsis quondam incensum, cui nomen Auzea, positis mapalibus consedisse, fisos loco, quia vastis circum saltibus claudebatur. Tum expeditae cohortes alaeque, quam in partem ducerentur, ignarae, cito agmine rapiuntur. Simulque coeptus dies, et concentu tubarum ac truci clamore aderant semisomnos in barbaros, praepeditis Numidarum equis aut diversos pastus pererrantibus. Ab Romanis confertus pedes, dispositae turmae, cuncta proelio provisa: Hostibus contra omnium nesciis non arma, non ordo, non consilium, sed pecorum modo trahi, occidi, capi. Infensus miles memoria laborum et adversum eludentis optatae totiens pugnae se quisque ultione et sanguine explebant. Differtur per manipulos, Tacfarinatem omnes, notum tot proeliis, consectentur: Non nisi duce interfecto requiem belli fore. At ille deiectis circum stipatoribus vinctoque iam filio et effusis undique Romanis ruendo in tela captivitatem haud inulta morte effugit. Isque finis armis impositus.

XXVI Dolabellae petenti abnuit triumphalia Tiberius, Seiano tribuens, ne Blaesi avunculi eius laus obsolesceret. Sed neque Blaesus ideo inlustrior, et huic negatus honor gloriam intendit: Quippe minore exercitu insignis captivos, caedem ducis bellique confecti famam deportarat. Sequebantur

Viertes Buch

dem Entbot des Königs Ptolemaios und seiner Völker teilten sich die Legaten und Tribunen in vier Knäuel der Truppen. Unter erlesenen Mauren strichen Rotten nach Beute. Dem ganzen Heere war Dolabella gewärtig.

Man meldete: „Die Hütten der Numider wölben sich an der verfallenden Festung Auzea, die sie selbst einst äscherten, und die rings düsternden, weiten Schluchten raunen ihnen von Sieg." Leichte Kohorten und Reiter huschten zu dunklem Ziel. Der Tag dämmerte auf. Es gellten Trompeten. Kampfrufe brausten. Trunken von Schlaf, taumelten Numider. Ihre Rosse rissen noch an den Fesseln, tummelten sich auf den fernen Weiden. Dicht starrte das römische Erz, da und dort lauerten die Reiter, überall die Klingen gezückt. Doch die Gegner trog der Überfall um die Waffen, ihre Truppe, um den Befehl, und eine stumpfe Herde schlachteten, fingen, zerrten die Römer. Heiß brannte den Soldaten seine alte Not und ein Lachen auf seine Sehnsucht nach Kampf. Er kühlte sich in Blut. Durch die Manipeln sprang der Schrei: „Vorwärts! Nur Tacfarinas! Ihn zeichneten zahllose Schlachten. Nur im Führer endet der Krieg." Sein Gefolge stürzte. In Ketten sein Sohn! Römer fluteten hier, da und überall. Er bäumte sich auf in die Speere, und im Tod sich rächend, entschlüpfte er der Fessel. Mit ihm verblutete der Krieg.

Dolabellas Bitte um einen Siegeszug verhallte vor Tiberius. Seinen Sejan ergötzte die blanke Ehrung des Oheims Bläsus, doch ward die Ehrung nicht blanker, und Tiberius' Weigerung blinkte nur zu Dolabellas Ruhm: Schwächer an Truppen, hatte er hohe Adlige, das Leben des Führers und den Krieg

LIBER QUARTUS

et Garamantum legati, raro in urbe visi, quos Tacfarinate caeso perculsa gens et culpae socia ad satis faciendum populo Romano miserat. Cognitis dehinc Ptolemaei per id bellum studiis repetitus ex vetusto mos missusque e senatoribus, qui scipionem eburnum, togam pictam, antiqua patrum munera, daret regemque et socium atque amicum appellaret.

XXVII Eadem aestate mota per Italiam servilis belli semina fors oppressit. Auctor tumultus T. Curtisius, quondam praetoriae cohortis miles, primo coetibus clandestinis apud Brundisium et circumiecta oppida, mox positis propalam libellis ad libertatem vocabat agrestia per longinquos saltus et ferocia servitia, cum velut munere deum tres biremes adpulere ad usus commeantium illo mari. Et erat isdem regionibus Cutius Lupus quaestor, cui provincia vetere ex more Cales evenerant. Is disposita classiariorum copia coeptantem cum maxime coniurationem disiecit. Missusque a Caesare propere Staius tribunus cum valida manu ducem ipsum et proximos audacia in urbem traxit, iam trepidam ob multitudinem familiarum, quae gliscebat inmensum minore in dies plebe ingenua.

XXVIII Isdem consulibus miseriarum ac saevitiae exemplum atrox, reus pater, accusator filius (nomen utrique Vibius Serenus) in senatum inducti sunt. Ab exilio retractus inluvieque ac squalore obsitus et tum catena vinctus peroranti filio pater comparatur. Adulescens multis munditiis, alacri vultu, structas principi insidias, missos in Galliam

Viertes Buch

gebunden. — Rom empfing seltene Gäste, Garamantiens Gesandte, die Tacfarinas' leidiger Fall und das sündige Bündnis ihres Stamms dem Zorne Roms gebracht. Die Kunde von Ptolemaios' Rührigkeit im Kriege frischte eine vergilbte Sitte. Ein Senator trug zu ihm die alte Gabe des Senates: den Stab aus Elfenbein und die gestickte Toga, und grüßte den „König, Waffenbruder, Freund".

Ein Zufall des Sommers welkte den Keim eines Sklavenkampfes zu Italien. Einst Prätorianer, sammelte Titus Curtisius Menschen zu Gespräch in verriegelten Räumen Brundisiums und naher Städte. Wie Brände, loderten später Schriften die Freiheit fern in die tiefen Triften zu schwelenden, bäurischen Sklavenhorden. Doch es fügten die Götter: Drei Zweidecker legte der Schutz der Reisenden an das Ostgestade, und in jenen Triften, zu jenen Stunden reiste der Quästor Cutius Lupus, dem die verschollene Sitte Cales als Bezirk gewürfelt hatte. Die Matrosen schwärmten aus, und Lupus zertrat das schon zuckende Feuer. Des Cäsaren starke Truppen unter dem Tribunen Stajus flogen heran, kehrten nach Rom zurück, in Schellen den Häuptling und die kecksten Gefährten seiner Kühnheit. Rom entfärbte sich: Im Wuchs mit den Tagen, verschlangen die Gesinde der Sklaven das freie Volk.

Vor grausam gepeinigter Not schauderte es das Jahr: In den Senat schleifte die Klage eines Sohns den Vater, beide Vibius Serenus geheißen. In Ketten, verwildert in Schmutz wankte der Vater aus der Acht. Neben ihm, in der zierlichen Tracht des Manns von Welt, lächelnden Auges bezeugte der junge Sohn zugleich die Klage: „In tödlichen Rätseln lebte der

LIBER QUARTUS

concitores belli index idem et testis dicebat, adnectebatque Caecilium Cornutum praetorium ministravisse pecuniam; qui taedio curarum et, quia periculum pro exitio habebatur, mortem in se festinavit. At contra reus nihil infracto animo obversus in filium quatere vincla, vocare ultores deos, ut sibi quidem redderent exilium, ubi procul tali more ageret, filium autem quandoque supplicia sequerentur. Adseverabatque innocentem Cornutum et falso exterritum; idque facile intellectu, si proderentur alii: Non enim se caedem principis et res novas uno socio cogitasse. XXIX Tum accusator Cn. Lentulum et Seium Tuberonem nominat, magno pudore Caesaris, cum primores civitatis, intimi ipsius amici, Lentulus senectutis extremae, Tubero defecto corpore, tumultus hostilis et turbandae rei publicae accerserentur. Sed hi quidem statim exempti: In patrem ex servis quaesitum, et quaestio adversa accusatori fuit. Qui scelere vaecors, simul vulgi rumore territus, robur et saxum aut parricidarum poenas minitantium, cessit urbe.

Ac retractus Ravenna exsequi accusationem adigitur, non occultante Tiberio vetus odium adversum exulem Serenum. Nam post damnatum Libonem missis ad Caesarem litteris exprobraverat suum tantum studium sine fructu fuisse, addideratque quaedam contumacius quam tutum apud aures superbas et offensioni proniores. Ea Caesar octo post annos rettulit, medium tempus varie arguens, etiam si tormenta pervicacia servorum contra evenissent. XXX Dictis dein sententiis, ut Serenus more maiorum puniretur, quo

Viertes Buch

Fürst, und Sendlinge nach Gallien fronten dem Krieg." Er endete: „Es floß das Geld des Altprätors Cäcilius Cornutus." In Verhören glaubte man als Richter nur den Tod, und sorgenmatt, warf Cäcilius rasch sein Leben ab. Doch ungebrochen, ballte Vibius seine fesselschwere Faust dem Sohn: „Götter der Rache! Mir graut vor solchen Gebräuchen Roms, und fern, geächtet will ich sterben. Doch einst dem Sohn einen Blitz!" Er schwur: „Nur Irrwahn lähmte Cornutus' Unschuld. Wollt ihr mir nicht unsere Helfer stellen? Zwei Riesen, spielten wir wohl allein in Fürstenblut und Kronensturz?" „Gnäus Lentulus und Sejus Tubero", rühmte der Kläger. Der Cäsar zerbiß sich in Scham: In Empörung des Feinds und Wirren des Lands verknoteten sie die Edelsten seines Reichs, seine trautesten Freunde, den todesnahen Lentulus und einen siechen Tubero. — Sogleich ward ihnen Verhör erlassen. Doch der Sklaven Zeugnis über den Vater belud den Kläger. Dumpf rollte es im Volk: „Kerker und Fels! Oder die Sühne des Vatermords!", und irr im Fluche seines Frevels, floh er aus Rom.

Von Ravenna zwang es ihn zurück zur Klage. Tiberius' versunkener Haß auf den geächteten Vater wühlte empor: Nach Libos Verdammnis hatte Vibius' Brief sich vor dem Cäsaren ausgelassen: „Ohne Ernte säte nur ich", und eine stolze Sprache war auf Stolz getroffen, der zudem gern in Schimpf verhörte. Acht Jahre in Schlaf, besann sich jetzt des Cäsaren Haß auf Vibius' bunte Sünden in diesen Jahren: „Sklaventrotz in Foltern lügt." Anträge rieten für Serenus' Sühne die Sitte der Ahnen. Doch Tiberius' Einspruch schwächte die Gehässigkeit. „Bann auf

LIBER QUARTUS

molliret invidiam, intercessit. Gallus Asinius cum Gyaro aut Donusa claudendum censeret, id quoque aspernatus est, egenam aque utramque insulam referens dandosque vitae usus, cui vita concederetur. Ita Serenus Amorgum reportatur. Et quia Cornutus sua manu ceciderat, actum de praemiis accusatorum abolendis, si quis maiestatis postulatus ante perfectum iudicium se ipse vita privavisset. Ibaturque in eam sententiam, ni durius contraque morem suum palam pro accusatoribus Caesar inritas leges, rem publicam in praecipiti conquestus esset: Subverterent potius iura quam custodes eorum amoverent. Sic delatores, genus hominum publico exitio repertum et ne poenis quidem umquam satis coërcitum, per praemia eliciebantur.

XXXI His tam adsiduis tamque maestis modica laetitia intericitur, quod C. Cominium equitem Romanum, probrosi in se carminis convictum, Caesar precibus fratris, qui senator erat, concessit. Quo magis mirum habebatur gnarum meliorum et, quae fama clementiam sequeretur, tristiora malle. Neque enim socordia peccabat; nec occultum est, quando ex veritate, quando adumbrata laetitia facta imperatorum celebrentur. Quin ipse, conpositus alias et velut eluctantium verborum, solutius promptiusque eloquebatur, quotiens subveniret. At P. Suillium, quaestorem quondam Germanici, cum Italia arceretur convictus pecuniam ob rem iudicandam cepisse, amovendum in insulam censuit, tanta contentione animi, ut iure iurando obstringeret e re publica id esse. Quod aspere acceptum ad praesens, mox in laudem vertit regresso Suillio; quem vidit sequens aetas prae-

Viertes Buch

Gyaros oder Donussa!", entschied sich Asinius Gallus. Er verwies es: „Auf den Inseln rinnt nicht Wasser, und einem Leben, das leben soll, schulden wir die Kost." Von neuem weilte Serenus auf Amorgos. — Cornutus' Selbstmord schürzte die Frage: „Ein Verhör ob Hochverrats, dessen Ende der Wille zum Leben spottet, spottet des Lohns der Kläger?" „Gewiß!" „Ja doch!" Indes der Cäsar nagte selten hart an seiner Lippe, trat aus seinem Brauch heraus und im Lichte schützend vor die Kläger: „Die Gesetze sinken. Der Staat erbebt. Dem Rechte Tod! Warum erst Tod den Hütern?" Einer Brut, die zum Tod der Welt gebrütet war, spitzte Lohn die Dolche, die selbst Strafen niemals tief verborgen hatten.

Aus dem Meer des Leides tropfte die Freude: Für den Ritter Gajus Cominius, dessen Schmachgesang auf den Cäsaren sich nicht mehr leugnen ließ, rührten den Kaiser die Bitten seines Bruders, eines Senatoren. Die Erde grübelte: „Die Tränen der Menschheit liebt ein Mann, dem Hochsinn doch naht, der vom Ruf der Güte weiß." Am Gedanken gebrach es seinen Freveln nicht, und in einem Preis der Kaiser siebt sich die Wahrheit von der Spreu des Jubels. Auch quälten sich sonst aus den gekniffenen Lippen die Worte, doch in seiner Gnade glitten sie froh. — „Unter seinem Richterspruch tönte es wie Geld." Erwiesen, verbot es Germanicus' altem Quästor Publius Suillius Italien. Heiß schrie der Cäsar auf: „Die Acht auf einer Insel!" und schwur: „Soll das Reich verenden?" Die Gegenwart, nicht die Zukunft murrte: Suillius kehrte wieder und nutzte die Freundschaft des Kaisers Claudius zu feiler Gewalt — lange,

LIBER QUARTUS

potentem, venalem et Claudii principis amicitia diu prospere, numquam bene usum. Eadem poena in Catum Firmium senatorem statuitur, tamquam falsis maiestatis criminibus sororem petivisset. Catus, ut rettuli, Libonem inlexerat insidiis, deinde indicio perculerat. Eius operae memor Tiberius, sed alia praetendens, exilium deprecatus est: Quo minus senatu pelleretur, non obstitit.

XXXII Pleraque eorum, quae rettuli quaeque referam, parva forsitan et levia memoratu videri non nescius sum: Sed nemo annales nostros cum scriptura eorum contenderit, qui veteres populi Romani res conposuere. Ingentia illi bella, expugnationes urbium, fusos captosque reges aut, si quando ad interna praeverterent, discordias consulum adversum tribunos, agrarias frumentariasque leges, plebis et optimatium certamina libero egressu memorabant: Nobis in arto et inglorius labor; immota quippe aut modice lacessita pax, maestae urbis res et princeps proferendi imperi incuriosus erat. Non tamen sine usu fuerit introspicere illa primo aspectu levia, ex quis magnarum saepe rerum motus oriuntur.

XXXIII Nam cunctas nationes et urbes populus aut primores aut singuli regunt: Delecta ex iis et consociata rei publicae forma laudari facilius quam evenire vel, si evenit, haud diuturna esse potest. Igitur ut olim plebe valida vel, cum patres pollerent, noscenda vulgi natura et, quibus modis temperanter haberetur, senatusque et optimatium ingenia qui maxime perdidicerant, callidi temporum et sapientes credebantur, sic converso statu neque alia re Romana, quam si unus imperitet,

Viertes Buch

segenslose Jahre. — Nicht anders büßte des Senatoren Firmius Catus „Lüge von einem Hochverrate seiner Schwester". Catus' Gewebe und sein Verrat hatten Libo verfangen. Unter einer Ausflucht bat ihn Tiberius' Erinnerung jetzt von der Ächtung los, doch litt er die Sperrung des Senats.

Ich irre nicht: Kleinlich vielleicht, dem Gedächtnis schal schilt man oft meine Worte — und auch die späteren Worte, und es enttäuscht der Vergleich mit Werken der alten Geschichte Roms. Ihre freien, strömenden Laute kündeten gigantische Kämpfe, den Sturz von Städten, der Könige Flucht und Haft und, wenn heimisches Geschehnis lockte, den Hader der Konsuln mit den Tribunen, Feld- und Korngesetz, das Ringen von Adel und Volk. Dunkel, eng gesäumt flutet mein Werk. Selten und leise grollt ein Krieg in starren Frieden. Rom jammert, und lachend bescheidet sich ein Fürst mit der Größe seines Reichs. Doch lohnt ein Blick in scheinbar matt sich kräuselnde Wellen, wo in der Tiefe sich oft die Stürme der Zukunft sehnen.

Die Staaten und die Städte der Erde fügen sich Adel, Volk oder Fürsten. Aus solchen, doch gesichteten Formen ein einziges Steuer zu bauen, verführt den Gedanken, selten die Tat und nie die Ewigkeit. Die Zeit des Volkes rühmte in der Witterung des Pöbeltriebes und der zähmenden Mittel das weise Ahnen des Weltenwillens, die Zeit des Senats rühmte es an tiefer Verschmelzung mit Senat und Adel. Die Vergangenheit fiel; in einem Mann lebt Rom, und meinem Werk muß ich wohl diese Steinchen

LIBER QUARTUS

haec conquiri tradique in rem fuerit, quia pauci prudentia honesta ab deterioribus, utilia ab noxiis discernunt, plures aliorum eventis docentur. Ceterum ut profutura. ita minimum oblectationis adferunt. Nam situs gentium, varietates proeliorum, clari ducum exitus retinent ac redintegrant legentium animum: Nos saeva iussa, continuas accusationes, fallaces amicitias, perniciem innocentium et easdem exitii causas coniungimus, obvia rerum similitudine et satietate. Tum quod antiquis scriptoribus rarus obtrectator, neque refert cuiusquam, Punicas Romanasve acies laetius extuleris: At multorum, qui Tiberio regente poenam vel infamias subiere, posteri manent, utque familiae ipsae iam extinctae sint, reperies, qui ob similitudinem morum aliena malefacta sibi obiectari putent. Etiam gloria ac virtus infensos habet, ut nimis ex propinquo diversa arguens. Sed ad inceptum redeo.

XXXIV Cornelio Cosso, Asinio Agrippa consulibus Cremutius Cordus postulatur, novo ac tunc primum audito crimine, quod editis annalibus laudatoque M. Bruto C. Cassium Romanorum ultimum dixisset. Accusabant Satrius Secundus et Pinarius Natta, Seiani clientes. Id perniciabile reo, et Caesar truci vultu defensionem accipiens, quam Cremutius, relinquendae vitae certus, in hunc modum exorsus est: 'Verba mea, patres conscripti, arguuntur: Adeo factorum innocens sum. Sed neque haec in principem aut principis parentem, quos lex maiestatis amplectitur: Brutum et Cassium

Viertes Buch

suchen und kitten; denn nur einer kargen, prüfenden Schar verfließt die Ehre nicht mit Schmach, der Vorteil nicht mit Verderben. Mit fremdem Urteil urteilt die Welt. Es nutzt mein Werk, doch die Freude ist gestorben. Frei atmet der Leser in der fesselnden, stets sich steigernden Botschaft von der Völker Landen, von des Krieges Würfeln, von herrlichem Fall der Führer. Doch ich, ich reihe wildes Geheiß an ewige Schreie der Kläger, die trügende Treue an schuldlosen Tod und todesschweres Verhör, wie endlos gleiche Glieder einer Kette, und ich werde müde. — Der Neid sehrt kaum die alten Schriften, und niemand fragt nach einem frohen Vorzug der Waffen Karthagos oder Roms. Doch manchem Römer, den Tiberius' Zeit in Sühne, in Schande trat, dauert jetzt ein Geschlecht, und falls sein Stamm erlosch, spiegelt der sich gleichende Strom der Sitten seinen Fehl vor fremden Gewissen. Auch reizen den Haß die Geistesgröße, der Ruhm in allzu nahem, grellem Gegenspiel. Ich kehre zurück.

Das Jahr 25 befremdete ein niemals ersonnener Vorwurf: „In seiner Geschichte Roms erhöht Cremutius Cordus einen Marcus Brutus und zählt Gajus Cassius als letzten Römer." Es schrie der Tod; denn die Hörigen Sejans, Satrius Secundus und Pinarius Natta, klagten, und das Auge des Cäsaren dunkelte sich: Aus Cremutius' Antwort höhnte der Wille zu Tod: „Senatoren, nur Worte, nicht Taten stoßen mich in den Saal, also Worte, nicht Worte wider den Fürsten, auf seine Mutter schleppen einen Hochverräter, — Worte von Brutus und Cassius, Helden in all den hunderten Schriften ihres Tuns.

LIBER QUARTUS

laudavisse dicor, quorum res gestas cum plurimi composuerint, nemo sine honore memoravit. Titus Livius, eloquentiae ac fidei praeclarus in primis, Cn. Pompeium tantis laudibus tulit, ut Pompeianum eum Augustus appellaret; neque id amicitiae eorum offecit. Scipionem, Afranium, hunc ipsum Cassium, hunc Brutum nusquam latrones et parricidas, quae nunc vocabula inponuntur, saepe ut insignis viros nominat. Asinii Pollionis scripta egregiam eorundem memoriam tradunt; Messalla Corvinus imperatorem suum Cassium praedicabat: Et uterque opibus atque honoribus perviguere. Marci Ciceronis libro, quo Catonem caelo aequavit, quid aliud dictator Caesar quam rescripta oratione, velut apud iudices, respondit? Antonii epistulae, Bruti contiones falsa quidem in Augustum probra, set multa cum acerbitate habent; carmina Bibaculi et Catulli referta contumeliis Caesarum leguntur: Sed ipse divus Iulius, ipse divus Augustus et tulere ista et reliquere, haud facile dixerim, moderatione magis an sapientia. Namque spreta exolescunt: Si irascare, adgnita videntur. XXXV Non attingo Graecos, quorum non modo libertas, etiam libido impunita; aut si quis advertit, dictis dicta ultus est. Sed maxime solutum et sine obtrectatore fuit prodere de iis, quos mors odio aut gratiae exemisset Num enim armatis Cassio et Bruto ac Philippenses campos obtinentibus belli civilis causa populum per contiones incendo? An illi quidem septuagensimum ante annum perempti, quo modo imaginibus suis noscuntur, quas ne victor quidem abolevit, sic partem memoriae apud scriptores retinent? Suum cuique decus posteritas rependit; nec

Viertes Buch

Auf Titus Livius, gewaltig in Wort und Wahrheitssinn, in seinem Lob auf Gnäus Pompejus, schalt Augustus sogar ‚Pompejaner' und liebte den Freund. In Livius' Urteil über Scipio, Afranius, einen Cassius und Brutus schmerzt es nicht von Raub, nicht von Mord an Rom, wie heute, doch es jubelt von Größe. Aus Asinius Pollios Schrift funkelt ihr Gedächtnis in die Welt, und für Messala Corvinus war Cassius Kaiser; doch sie lebten reich, in Glanz. Vor Marcus Ciceros Buch von seinem Gotte Cato wuschen sich die Zeilen des Diktators Cäsar blank, wie vor Gericht. In Antonius' Briefen und Brutus' Reden zum Volk lügt die schwüle Bitterkeit Sünden von Augustus, und Schimpf singen den Cäsaren Bibaculus und Catull. Doch in ihr Leben und Werk griffen nicht Julius Cäsar, nicht Augustus — in Selbstzucht oder klug? Verachtung tötet, des Lebens würdigt der Haß. Sühnlos blitzte Freimut, selbst Frechheit in Griechenland, und die äußerste Rache rächte das Wort mit dem Wort. Ich schweife ab. Doch neidlos in Freiheit lebte ein Werk, dessen Gestalten der Tod von Haß und Liebe gelöst. Flimmern Cassius' und Brutus' Waffen auf Philippis Gefilden, und zünden meine Reden im Volk? Wird es noch Bürgerkrieg? Oder leben die Helden nur noch im Gedächtnis der Geschichte, wie in den Büsten, die selbst der Sieger nicht zerschlug, sie, die vor siebzig Jahren starben? Die Zukunft mißt dem Menschen seinen Ruhm, und ein Urteil gegen mich verflicht mich einst in die Gedanken an Cassius und Brutus." Er ging aus dem Saal, sträubte sich jedem Mahl und starb. „Die Ädilen äschern sein Werk!", entschied der Senat. Doch im Dunkel verbreitet, flammte es. Und des stumpfen

LIBER QUARTUS

deerunt, si damnatio ingruit, qui non modo Cassii et Bruti, set etiam mei meminerint.' Egressus dein senatu vitam abstinentia finivit. Libros per aediles cremandos censuere patres; set manserunt, occultati et editi. Quo magis socordiam eorum inridere libet, qui praesenti potentia credunt extingui posse etiam sequentis aevi memoriam. Nam contra punitis ingeniis gliscit auctoritas, neque aliud externi reges aut, qui eadem saevitia usi sunt, nisi dedecus sibi atque illis gloriam peperere.

XXXVI Ceterum postulandis reis tam continuus annus fuit, ut feriarum Latinarum diebus praefectum urbis Drusum, auspicandi gratia tribunal ingressum, adierit Calpurnius Salvianus in Sextum Marium: Quod a Caesare palam increpitum causa exilii Salviano fuit. Obiecta publice Cyzicenis incuria caerimoniarum divi Augusti, additis violentiae criminibus adversum cives Romanos. Et amisere libertatem, quam bello Mithridatis meruerant, circumsessi nec minus sua constantia quam praesidio Luculli pulso rege. At Fonteius Capito, qui pro consule Asiam curaverat, absolvitur, conperto ficta in eum crimina per Vibium Serenum. Neque tamen id Sereno noxae fuit, quem odium publicum tutiorem faciebat. Nam ut quis destrictior accusator, velut sacrosanctus erat: Leves, ignobiles poenis adficiebantur.

XXXVII Per idem tempus Hispania ulterior missis ad senatum legatis oravit, ut exemplo Asiae delubrum Tiberio matrique eius exstrueret. Qua occasione Caesar, validus alioqui spernendis honoribus et respondendum ratus iis, quorum rumore arguebatur in ambitionem flexisse, huiusce modi

Viertes Buch

Wahnes sollte ich nicht lächeln? Am Gedanken der Zukunft zerstäubt sich die Gewalt der Gegenwart. Aus dem Blut des Geistes glüht nur sein Ruhm, und Träger solch grausen Triebs, gleich den Fürsten der Fremde, opferten dem Ruhm der Opfer nur den eigenen Ruhm.

Klage an Klage knüpfte noch das Jahr. Selbst in den Tagen der latinischen Feier, da Drusus als Stadtpräfekt zum Antritt der Würde den Richtersitz beschritt, stürzte Calpurnius Salvianus die Klage auf Sextus Marius in den Weg. Der Cäsar grollte vor der Welt, und Salvianus ward geächtet. — An den Vorwurf gegen Kyzikos: „Ihr säumt in Gebeten zu Augustus", hing sich die Klage: „Ihr packtet Bürger Roms zu derb." Ihre Freiheit mußte welken, die Frucht aus Mithridates' Krieg, als sein Ring um die Stadt in ihrem Trotze brüchig und vor Lucullus' Entsatz zerbrochen war. — Asiens einstigen Prokonsul Fontejus Capito entbanden offenbare Lügen in Vibius Serenus' Klage. Doch Serenus hütete der Haß der Welt: Schnittiges Wort befriedete den Kläger stets wie einen Gott; nur flache Hiebe und namenlose Fechter büßten.

Gesandte des südlichen Spanien baten in jenen Tagen den Senat, einen Tempel für Tiberius und seine Mutter, wie in Asien, zu erlauben, und lösten die Sprache des Cäsaren. Seine zähe Verachtung von Ehrung meinte, sich noch vor den Menschen belichten zu müssen, die von seinen Trieben zu Ehrgeiz lästerten:

LIBER QUARTUS

orationem coepit: 'Scio, patres conscripti, constantiam meam a plerisque desideratam, quod Asiae civitatibus nuper idem istud petentibus non sim adversatus. Ergo et prioris silentii defensionem et, quid in futurum statuerim, simul aperiam. Cum divus Augustus sibi atque urbi Romae templum apud Pergamum sisti non prohibuisset, qui omnia facta dictaque eius vice legis observem, placitum iam exemplum promptius secutus sum, quia cultui meo veneratio senatus adiungebatur. Ceterum ut semel recepisse veniam habuerit, ita per omnes provincias effigie numinum sacrari ambitiosum, superbum et vanescet Augusti honor, si promiscis adulationibus vulgatur. XXXVIII Ego me, patres conscripti, mortalem esse et hominum officia fungi satisque habere, si locum principem impleam, et vos testor et meminisse posteros volo; qui satis superque memoriae meae tribuent, ut maioribus meis dignum, rerum vestrarum providum, constantem in periculis, offensionum pro utilitate publica non pavidum credant. Haec mihi in animis vestris templa, hae pulcherrimae effigies et mansurae. Nam quae saxo struuntur, si iudicium posterorum in odium vertit, pro sepulchris spernuntur. Proinde socios cives et deos ipsos precor, hos, ut mihi ad finem usque vitae quietam et intellegentem humani divinique iuris mentem duint, illos, ut, quandoque concessero, cum laude et bonis recordationibus facta atque famam nominis mei prosequantur.' Perstititque posthac secretis etiam sermonibus aspernari talem sui cultum. Quod alii modestiam, multi, quia diffideret, quidam ut degeneris animi interpretaban-

Viertes Buch

"Senatoren, ich weiß auf der Erde Sehnsucht nach meinem Starrsinn rege, woran sich die gleiche Bitte von Asiens Städten jüngst zerstoßen hätte. Mein Schweigen in der Vergangenheit, meinen Entschluß für die Zukunft will ich deuten. Zu Pergamon zertrümmerte Augustus nicht den Tempel für sich und Rom. Und ich, ich liege doch vor seinem Wort und Werk wie vor Gesetz, und in seine Schritte bannte mich noch tiefer die Einheit der Ehrung für den Kaiser und Senat. Nun, das einzige Mal verzeiht es sich. Doch nach Götterbild in allen Provinzen buhlt nur Stolz, und eine wahllose Schmeichelei erniedrigt den Gott Augustus. Senatoren, so schwöre ich und will das künftige Gedächtnis: Ich bin ein Mensch, ich trage Menschenpflicht und will es mir genügen lassen, den Fürsten gut zu spielen. Überhoch hebt mich ein solcher Ruhm der Zukunft: ‚Er war ein Enkel seiner Ahnen, ein Vater jenes Lebens, stählern in Not, und auch inmitten von Gezänk lohte sein Opfer für sein Land.‘ In eurem Herzen die Tempel, solch Götterbild — so träume ich von ewigem Glück. Das Urteil der Nachwelt trübt sich oft zu Haß, und sie fliehen steinerne Götzen wie ein Grab. Ihr Götter! Gelassen laßt mich zu meinem Tode gehen! Mir nur Licht im Recht des Schicksals und der Menschen! Und ihr, meine Länder und Römer: Ich sterbe einst, und nicht wahr, mein Werk und Name weben in euch nur rühmenden, milden Traum — — —"
Auch im einsamen Gespräch, schauerte er künftig starr vor dem Gebet, und die Welt raunte von seiner Zagheit, oft auch von Zweifel an sich selbst, sogar von Entartung: "Die Helden der Erde gelüstet in die Sonne, und Götter wurden dem Griechen Herakles

LIBER QUARTUS

tur. Optumos quippe mortalium altissima cupere: Sic Herculem et Liberum apud Graecos, Quirinum apud nos deum numero additos: Melius Augustum, qui speraverit. Cetera principibus statim adesse: Unum insatiabiliter parandum: prosperam sui memoriam; nam contemptu famae contemni virtutes.

XXXIX At Seianus nimia fortuna socors et muliebri insuper cupidine incensus, promissum matrimonium flagitante Livia, componit ad Caesarem codicillos: Moris quippe tum erat quamquam praesentem scripto adire. Eius talis forma fuit: Benevolentia patris Augusti et mox plurimis Tiberii iudiciis ita insuevisse, ut spes votaque sua non prius ad deos quam ad principum aures conferret. Neque fulgorem honorum umquam precatum: Excubias ac labores, ut unum e militibus, pro incolumitate imperatoris malle. Ac tamen, quod pulcherrimum, adeptum, ut coniunctione Caesaris dignus crederetur: Hinc initium spei. Et quoniam audiverit Augustum in conlocanda filia non nihil etiam de equitibus Romanis consultavisse, ita, si maritus Liviae quaereretur, haberet in animo amicum sola necessitudinis gloria usurum. Non enim exuere inposita munia: Satis aestimare firmari domum adversum iniquas Agrippinae offensiones, idque liberorum causa; nam sibi multum superque vitae fore, quod tali cum principe explevisset.

XL Ad ea Tiberius laudata pietate Seiani suisque in eum beneficiis modice percursis, cum tempus tamquam ad integram consultationem petivisset, adiunxit: Ceteris mortalibus in eo stare consilia,

Viertes Buch

und Dionysos, für Rom Quirinus. Und Sehnsucht veredelt doch Augustus. Vor den Fürstenknaben breitet sich bereits die Welt, und nur zu dem einen Ziele müssen sie jagen, in unstillbarem Durst: nach Liebe in den Geistern. Hohn des Ruhmes höhnt auch die Tugend."

Taumelnd erblindete Sejan in seinem Glück, und ihn hetzte ein lüsternes Weib, Livia, nach der verheißenen Ehe lüstern. So schrieb er also dem Cäsaren. Jene Zeit ersuchte ihn schriftlich, selbst wenn er in Rom gewärtig war: „Deines Vaters Augustus Liebe, meines Kaisers Lob an Lob entwöhnten den Gedanken und sein Gebet den Göttern, trugen sie zugleich an Fürsten. Ehren füllten niemals mein Gebet. Ich liebe zu wachen und zu mühen, wie ein Soldat in Rom, — meinen Kaiser zu schirmen. Doch mir lohnte das hehrste Geschenk: Ich ward gewürdigt, in das Geschlecht der Cäsaren zu treten, — und ich hoffte. Und ich hörte es flüstern: ‚Augustus' Gedanken an einen Gatten seiner Tochter neigten sich auch zu Rittern.' Du schaust nach Livias Gemahl? Als dein Sippe sucht dein Freund nur Ruhm, sucht nicht, die Bürde abzustreifen. Ich werte es schwer, wenn ich dein Geschlecht vor Agrippinas hämischem Haß behüten darf, wenn es sich an meinen Kindern lohnt. Ich, — ich lebte reich, allzu reich, wenn ich mit einem solchen Kaiser sterbe."

Auf Tiberius' Lob von Sejans Treue, die gelassene Liste seines Lohns, auf eine Bitte zu Frist, wie um den Gedanken zu frischen, folgte sein Brief: „An den Plänen der Menschheit rechnet nur Gewinn. Doch

LIBER QUARTUS

quid sibi conducere putent; principum diversam esse sortem, quibus praecipua rerum ad famam derigenda. Ideo se non illuc decurrere, quod promptum rescriptu, posse ipsam Liviam statuere, nubendum post Drusum an in penatibus isdem tolerandum haberet; esse illi matrem et aviam, propiora consilia. Simplicius acturum, de inimicitiis primum Agrippinae, quas longe acrius arsuras, si matrimonium Liviae velut in partes domum Caesarum distraxisset. Sic quoque erumpere aemulationem feminarum, eaque discordia nepotes suos convelli: Quid si intendatur certamen tali coniugio? 'Falleris enim, Seiane, si te mansurum in eodem ordine putas et Liviam, quae Gaio Caesari, mox Druso nupta fuerit, ea mente acturam, ut cum equite Romano senescat. Ego ut sinam, credisne passuros, qui fratrem eius, qui patrem maioresque nostros in summis imperiis videre? Vis tu quidem istum intra locum sistere: Sed illi magistratus et primores, qui te invitum perrumpunt omnibusque de rebus consulunt, excessisse iam pridem equestre fastigium longeque antisse patris mei amicitias non occulti ferunt perque invidiam tui me quoque incusant. At enim Augustus filiam suam equiti Romano tradere meditatus est. Mirum hercule, si, cum in omnis curas distraheretur immensumque attolli provideret, quem coniunctione tali super alios extulisset, C. Proculeium et quosdam in sermonibus habuit insigni tranquillitate vitae, nullis rei publicae negotiis permixtos. Sed si dubitatione Augusti movemur, quanto validius est, quod Marco Agrippae, mox mihi conlocavit? Atque ego haec pro

Viertes Buch

die höchsten Fragen des Fürsten legt das Schicksal dem Rufe vor. So feilsche ich nicht mit billigem Bescheid: ‚Geh zu Livia, ob sie nach Drusus lieben kann, ob die Hallen ihr zu öde. Auch gehst du näher um Rat für sie bei ihrer Mutter, ihrer Ahne.' So nicht. Ein Wort ohne Falsch! An Livias Ehe, einem Keil im Haus der Cäsaren, zündet sich Agrippinas glimmender Haß zu Brand. — Die Weiber wechseln schon scheele Blicke, und meine Enkel kranken in solchem Brodem an Zwist. Spürt der Gemahl nicht den Sturm? Sejan, deine Hoffnung verkennt es: Livia, Gajus Cäsars, Drusus' Weib, zerbricht deinen Stand, gefällt sich nicht ein Leben lang als Weibchen eines Ritters. Nun, mag ich es auch gewähren, — und die Welt, die vor ihrem Bruder, ihrem Vater, unseren Ahnen in Schauern verging? — — Du ziehst einen Kreis um deinen Stand. Doch die Beamten und Großen stürmen hinweg und zu dir, auf den Lippen Fragen nach dem Weltenlauf und die nackten Worte: ‚In der Tiefe ließ er längst die Ritter und die Freunde von Tiberius' Vater.' Und ihr Neid auf dich verstummt nicht vor mir. — ‚Augustus' Gedanke verband seine Tochter mit einem Ritter.' — Es wundert dich? In Sorgen zermartert, sah er den Günstling solcher Ehe sich in die Sonne schwingen, und von Gajus Proculejus und anderen plauderte seine Schwäche für ihr Leben, in dessen schwere Stille nicht der Dienst des Reiches lärmte. Augustus' Zweifel erstaunt uns. Sein Entschluß bezwingt: jene Ehe mit Marcus Agrippa, mit mir. Ich liebe dich und schwieg nicht. Doch dein und Livias Wille befiehlt. In meinem Geiste wölbte sich eine stolze Brücke zwischen dir und meinem Geschlecht. Für heute möge es noch ruhen!

LIBER QUARTUS

amicitia non occultavi: Ceterum neque tuis neque Liviae destinatis adversabor. Ipse quid intra animum volutaverim, quibus adhuc necessitudinibus inmiscere te mihi parem, omittam ad praesens referre: Id tantum aperiam, nihil esse tam excelsum, quod non virtutes istae tuusque in me animus mereantur, datoque tempore vel in senatu vel in contione non reticebo.'

XLI Rursum Seianus, non iam de matrimonio, sed altius metuens, tacita suspicionum, vulgi rumorem, ingruentem invidiam deprecatur. Ac ne adsiduos in domum coetus arcendo infringeret potentiam aut receptando facultatem criminantibus praeberet, huc flexit, ut Tiberium ad vitam procul Roma amoenis locis degendam impelleret. Multa quippe providebat: Sua in manu aditus litterarumque magna ex parte se arbitrum fore, cum per milites commearent; mox Caesarem vergente iam senecta secretoque loci mollitum munia imperii facilius tramissurum: Et minui sibi invidiam adempta salutantum turba, sublatisque inanibus veram potentiam augeri. Igitur paulatim negotia urbis, populi adcursus, multitudinem adfluentium increpat, extollens laudibus quietem et solitudinem, quis abesse taedia et offensiones ac praecipua rerum maxime agitari.

XLII Ac forte habita per illos dies de Votieno Montano, celebris ingenii viro, cognitio cunctantem iam Tiberium perpulit, ut vitandos crederet patrum coetus vocesque, quae plerumque verae et graves coram ingerebantur. Nam postulato Votieno ob contumelias in Caesarem dictas, testis Aemilius e

Viertes Buch

Nur ein Wort: Der Adel deiner Treue und Taten darf um Welten werben, und ein künftiger Tag eignet sich zu meiner Rede vor dem Senate oder Volk."

Sejan bebte, nicht um die Ehe, er zitterte tief und warnte Tiberius vor verhohlenem Verdacht, Pöbel=
geschwätz und schleichendem Neid. Ein Verbot, in seine Säle zu fluten, vermochte an seiner Macht zu zehren, Duldung die Verleumdung zu schärfen, und er entschied sich zu Tiberius' Betörung, an lauschigen Winkeln der Erde, weit von Rom, das Leben zu er=
tragen. Er wußte von der Zukunft, wußte sich Wäch=
ter des Tors und Richter von vielen Briefen dank den mittelnden Soldaten. „Der altersmorsche Cäsar, den die verschwiegne Stille der Fluren entmannt, entbürdet leichter sich der Last des Staates. Der Neid kann nicht grüßende Scharen mehr zählen, muß ver=
sinken, und der Fall der Flitter befreit die nackte Gewalt." Leise, lauter schalt er auf die Jagd der Ge=
schäfte in Rom, den Auflauf des Volkes und die Masse lästiger Bekannten: „An toter Einsamkeit ver=
hallt der Haß. Der Ekel stirbt. Nicht kleinlich —, in Muße führst du das Steuer."

Und in jenen Tagen zerschnitt der Zufall, das Ver=
hör ob eines gerühmten Geistes, Votienus Monta=
nus', den Zweifel in Tiberius: „Fort aus des Senates Tagung! Weg von den Worten, die so selten lügen, die so gell mein Ohr zersprengen können!": Von Votienus' Schimpf auf den Cäsaren zeugte ein Sol=

LIBER QUARTUS

militaribus viris dum studio probandi cuncta refert et, quamquam inter obstrepentes, magna adseveratione nititur, audivit Tiberius probra, quis per occultum lacerabatur, adeoque perculsus est, ut se vel statim vel in cognitione purgaturum clamitaret precibusque proximorum, adulatione omnium aegre componeret animum. Et Votienus quidem maiestatis poenis adfectus est:

Caesar obiectam sibi adversus reos inclementiam eo pervicacius amplexus, Aquiliam adulterii delatam cum Vario Ligure, quamquam Lentulus Gaetulicus consul designatus lege Iulia damnasset, exilio punivit Apidiumque Merulam, quod in acta divi Augusti non iuraverat, albo senatorio erasit.

XLIII Auditae dehinc Lacedaemoniorum et Messeniorum legationes de iure templi Dianae Limnatidis, quod suis a maioribus suaque in terra dicatum Lacedaemonii firmabant annalium memoria vatumque carminibus, sed Macedonis Philippi, cum quo bellassent, armis ademptum ac post C. Caesaris et M. Antonii sententia redditum. Contra Messenii veterem inter Herculis posteros divisionem Peloponnesi protulere, suoque regi Denthaliatem agrum, in quo id delubrum, cessisse; monimentaque eius rei sculpta saxis et aere prisco manere. Quod si vatum, annalium ad testimonia vocentur, plures sibi ac locupletiores esse; neque Philippum potentia, sed ex vero statuisse: Idem regis Antigoni, idem imperatoris Mummii iudicium; sic Milesios permisso publice arbitrio, postremo Atidium Geminum praetorem Achaiae decrevisse. Ita secundum Messenios datum.

Viertes Buch

dat, Ämilius, und peinlich treu plapperte sein Eifer im Beweis. Im Saale brandeten Schreie, doch er schwur nur fort und fort. Der Haß auf Tiberius stieg aus seiner Nacht, und der Kaiser wankte: "Hört mich — jetzt, — hört mich im Verhör!" Rings nur gerungene Hände, und im Saale kniete Schmeichelei: Mühsam glättete sich seine Stirn. Als Hochverräter litt Votienus.

Die Schmähung seiner Strenge verstockte den Cäsaren nur härter den Opfern von Klagen, und des erkorenen Konsuls Lentulus Gätulicus Urteil kraft julischen Gesetzes erschwerte er für Aquilias Ehebruch mit Varius Ligur in Acht. Aus der Liste des Senates strich er Apidius Merula und seinen Trotz, auf Augustus' Werk zu schwören.

Spartas und Messeniens Gesandte zankten um den Tempel der Artemis Limnatis. Sparta eidete: "Die Geschichte und der Dichter Sänge vertrauen seine Weihe an Spartas Ahnen und Spartas Erde, und den Kriegsraub des Mazedoniers Philipp löste Julius Cäsars und Marcus Antonius' Schiedsspruch ein." Messenien holte aus: "Vom Peloponnes, zerteilt unter Herakles' Geschlecht, fiel an Messeniens König der Gau Denthaliois, das Land des Tempels. So schlug der Meißel in Felsen und verwittertes Erz. Spartas Sänge und Geschichte verstummen vor ihrer Zahl und Kraft in Messenien. Und Philipp zerhieb nicht den Knoten, — er prüfte die Wahrheit, und wie er der König Antigonos, der Heerfürst Mummius. Zu gleichem Urteil willfahrte unsrer Kür ein Volksgericht Milets, bekannte sich Achaias Prätor Atidius Geminus." Messenien siegte.

LIBRE QUARTUS

Et Segestani aedem Veneris montem apud Erycum, vetustate dilapsam, restaurari postulavere, nota memorantes de origine eius et laeta Tiberio. Suscepit curam libens ut consanguineus. Tunc tractatae Massiliensium preces probatumque P. Rutilii exemplum; namque eum legibus pulsum civem sibl Zmyrnaei addiderant. Quo iure Vulcatius Moschus exul in Massilienses receptus bona sua rei publicae eorum ut patriae reliquerat.

XLIV Obiere eo anno viri nobiles Cn. Lentulus et L. Domitius. Lentulo super consulatum et triumphalia de Getis gloriae fuerat bene tolerata paupertas, dein magnae opes innocenter partae et modeste habitae. Domitium decoravit pater civili bello maris potens, donec Antonii partibus, mox Caesaris misceretur. Avus Pharsalica acie pro optumatibus ceciderat. Ipse delectus, cui minor Antonia, Octavia genita, in matrimonium daretur, post exercitu flumen Albim transcendit longius penetrata Germania, quam quisquam priorum, easque ob res insignia triumphi adeptus est. Obiit et L. Antonius, multa claritudine generis, sed inprospera. Nam patre eius Iullo Antonio ob adulterium Iuliae morte punito hunc admodum adulescentulum, sororis nepotem, seposuit Augustus in civitatem Massiliensem, ubi specie studiorum nomen exilii tegeretur. Habitus tamen supremis honor, ossaque tumulo Octaviorum inlata per decretum senatus.

XLV Isdem consulibus facinus atrox in citeriore Hispania admissum a quodam agresti nationis

Viertes Buch

"Füllt die Risse des Alters am Tempel der Venus nah dem Eryx!" An die Forderung flötete Segesta die vielgehörte Sage seines Ursprungs, erfreuend für Tiberius, und als "Enkel" nahm er lächelnd ihre Bürde. — Massilias Gesuch billigte man das Beispiel Publius Rutilius' zu, dessen Bann durch Roms Gesetz vom Bürgerrechte Smyrnas getröstet worden. Für Massilias Bürgerrecht hatte der verfemte Vulcatius Moschus "seine Heimat" mit der Erbschaft bedacht.

Das Jahr verlor die Edlen Gnäus Lentulus und Lucius Domitius. Lentulus' Konsulat und Siegeszug ob der Seten adelte sein Sinn, den Armut nicht verbitterte, dessen stilles Leben dann ein sündenlos gehäufter Reichtum nicht verlockte. — Auf Domitius lag Glanz. Seines Vaters Gewalt auf den Meeren im Bürgerkampf entrollte erst dem Streiter für Antonius, für Octavian. Der Ahn verblutete sich auf Pharsalos' Fluren für die Ziele des Adels. Domitius selbst war Octavias Tochter, der jüngeren Antonia, versprochen. Zu einer Siegesfeier führte ihn sein Marsch jenseits der Elbe, tiefer nach Germanien, als es einem älteren Feldherrn beschieden war. — Auch Lucius Antonius verschied, dessen Geschlecht durch hohen Ruhm und hohes Leid gegangen war. Seinen Vater Jullus Antonius kostete Julias sündige Brunst in den Tod, und die Acht des Knaben, des Enkels der Schwester, zu Massilia verzierte Augustus zu einer Bildungsreise. Doch dem Toten ward Gepränge, und der Senat beschloß: "Seine Glieder ruhen in der Gruft der Octavier!"

Im nördlichen Spanien, noch in jenem Jahre rauchte Blut. Nach dem reisenden Prätoren der Provinz,

LIBER QUARTUS

Termestinae. Is praetorem provinciae L. Pisonem, pace incuriosum, ex inproviso in itinere adortus uno vulnere in mortem adfecit; ac pernicitate equi profugus, postquam saltuosos locos attigerat, dimisso equo per derupta et avia sequentis frustratus est. Neque diu fefellit: Nam prenso ductoque per proximos pagos equo, cuius foret, cognitum. Et repertus cum tormentis edere conscios adigeretur, voce magna sermone patrio frustra se interrogari clamitavit: Adsisterent socii ac spectarent; nullam vim tantam doloris fore, ut veritatem eliceret. Idemque cum postero ad quaestionem retraheretur, eo nisu proripuit se custodibus saxoque caput adflixit, ut statim exanimaretur. Sed Piso Termestinorum dolo caesus habetur; quippe pecunias e publico interceptas acrius, quam ut tolerarent barbari, cogebat.

XLVI Lentulo Gaetulico, C. Calvisio consulibus decreta triumphi insignia Poppaeo Sabino contusis Thraecum gentibus, qui montium editis incultu atque eo ferocius agitabant. Causa motus super hominum ingenium, quod pati dilectus et validissimum quemque militiae nostrae dare aspernabantur, ne regibus quidem parere nisi ex libidine soliti aut, si mitterent auxilia, suos ductores praeficere nec nisi adversum accolas belligerare. Ac tum rumor incesserat fore, ut disiecti aliisque nationibus permixti diversas in terras traherentur. Sed antequam arma inciperent, misere legatos amicitiam obsequiumque memoraturos, et mansura haec, si nullo novo onere temptarentur: Sin

Viertes Buch

Lucius Piso, in Frieden eingelullt, dolchte jäh ein Bauer aus Termes' Gau — einmal, tödlich. Das Pferd des Bauern stob zu bergigen Landen, raste ins Weite — reiterlos, und Kluft und Wüsten verschlangen eine Flucht. Doch die Wahrheit war rasch. Das Pferd ward gebracht, durch die Nachbargaue geführt, und man wußte den Herrn. Er ward gestellt. Zu Verrat an Kameraden versuchten ihn die Martern. Doch heimische Laute schrillten: „Es schmerzt mich noch nicht. Kameraden, her doch und schaut! Nie, nicht im Krampfe der Qual betäubt es mich zur Wahrheit." Die neue Sonne strahlte auf seinen neuen Weg zur Folter. Ein Ruck entrang ihn den Schergen, schlug schwer den Kopf auf einen Fels. Er brach zusammen. Man folgert: Nach einem Unterschleif in Termes' Vermögen drückte Piso hart auf Ersatz, und es bäumte sich der Stamm, ihn tückisch zu stürzen.

Zu einer Siegesfeier im Jahre 26 hob sich Poppäus Sabinus durch einen tödlichen Hieb auf Thrakiens Völker, deren rohes Leben auf zackigem Gebirge den Starrsinn gehärtet hatte. In Aufruhr warf eine solche Rasse ihr Trotz, sich fremdem Truppenbezug zu stellen und die Kraft des Stammes in Panzer Roms zu fügen. Nur ihre Laune achtete eigener Fürsten, und ihrem seltenen Hilfstrupp sonderten sie eigene Führer, zu Feinden nur die eigenen Nachbarn. Jene Tage streuten Gerüchte: „Euch sollen entlegene Lande splittern und mit fremden Völkern vermengen." Noch v o r ihren Waffen mahnten Gesandte: „Nur neue Pflichten kürzen ewige Freundschaft und den Gehorsam. Und kein herrisches Wort, wie zu geschlagenem Volk!

LIBER QUARTUS

ut victis servitium indiceretur, esse sibi ferrum et iuventutem et promptum libertati aut ad mortem animum. Simul castella rupibus indita conlatosque illuc parentes et coniuges ostentabant bellumque impeditum arduum cruentum minitabantur.

XLVII At Sabinus, donec exercitus in unum conduceret, datis mitibus responsis, postquam Pomponius Labeo e Moesia cum legione, rex Rhoemetalces cum auxiliis popularium, qui fidem non mutaverant, venere, addita praesenti copia ad hostem pergit, compositum iam per angustias saltuum. Quidam audentius apertis in collibus visebantur, quos dux Romanus acie suggressus haud aegre pepulit, sanguine barbarorum modico ob propinqua suffigia. Mox castris in loco communitis valida manu montem occupat angustum et aequali dorso continuum usque ad proximum castellum, quod magna vis armata, at incondita tuebatur. Simul in ferocissimos, qui ante vallum more gentis cum carminibus et tripudiis persultabant, mittit delectos sagittariorum. Ii dum eminus grassabantur, crebra et inulta vulnera fecere: Propius incedentes eruptione subita turbati sunt receptique subsidio Sugambrae cohortis, quam Romanus promptam ad pericula nec minus cantuum et armorum tumultu trucem haud procul instruxerat.

XLVIII Translata dehinc castra hostem propter, relictis apud priora munimenta Thraecibus, quos nobis adfuisse memoravi. Iisque permissum vastare, urere, trahere praedas, dum populatio lucem intra sisteretur noctemque in castris tutam et vigilem capesserent. Id primo servatum: Mox versi in luxum et raptis opulenti omittere stationes lascivia

Viertes Buch

In jungen Fäusten funkelt der Stahl zu Freiheit, zu Tod." Sie rühmten ihre Felsen, von Burgen gekrönt, die Zuflucht ihrer Eltern und Frauen, und drohten schweren, mühsamen Kampf und Blut.

Sabinus' ruhige Antworten verschleierten nur den Aufmarsch seines Heers. Zu seinen Truppen zog Pomponius Labeo eine Legion aus Mösien und König Rhoimetalkes die noch getreuen Mannen. Sabinus brach auf. In engen Pässen waldiger Berge lag der Feind. Auf baumlosen Höhen tummelten sich dreiste Scharen, doch spielend warf sie die Wucht von Roms Legionen. Die nahen Unterschlupfe sparten den Thrakiern Blut. — Auf den Höhen dehnte sich Roms Lager, und seine starke Truppenkette nistete auf einem schmalen Bergkamm, stetig flach bis zur nächsten Burg, wo es wirr von zahllosen Waffen flimmerte. Vor den römischen Schanzen tanzten die kühnsten Gegner singend den Waffentanz in der Sitte ihres Stamms. Erlesene römische Schützen streiften aus; doch nur von fern rissen ihre Schüsse Wunde auf Wunde — ungerächt. Über ihren plänkelnden Angriff fegte ein jäher Ausfall, schleuderte sie auf die sugambrische Kohorte, deren Mut in Gefahr, deren wildes Lied und Waffengetöse der Feldherr Roms in der Nähe gerüstet hatte.

Dem Feinde ward das Lager genähert. Das alte Verhack sicherte nur die thrakischen Truppen Roms, — vorerst noch gehorsam: "Euer wüstender Brand und Raub weichen vor der Nacht zurück! Im Dunkel hüllt euch in das Lager, und Wachen kreisen!" Doch später berauschte Beute zu Schwelgerei. Die Posten verschwanden zu gellen Gelagen. Man taumelte nie-

LIBER QUARTUS

epularum aut somno et vino procumbere. Igitur hostes incuria eorum conperta duo agmina parant, quorum altero populatores invaderentur, alii castra Romana adpugnarent, non spe capiendi, sed ut clamore, telis suo quisque periculo intentus sonorem alterius proelii non acciperet. Tenebrae insuper delectae augendam ad formidinem. Sed qui vallum legionum temptabant, facile pelluntur; Thraecum auxilia repentino incursu territa, cum pars munitionibus adiacerent, plures extra palarentur, tanto infensius caesi, quanto perfugae et proditores ferre arma ad suum patriaeque servitium incusabantur. XLIX Postera die Sabinus exercitum aequo loco ostendit, si barbari successu noctis alacres proelium auderent. Et postquam castello aut coniunctis tumulis non degrediebantur, obsidium coepit per praesidia, quae opportune iam muniebat; dein fossam loricamque contexens quattuor milia passuum ambitu amplexus est.

Tum paulatim, ut aquam pabulumque eriperet, contrahere claustra artaque circumdare; et struebatur agger, unde saxa hastae ignes propinquum iam in hostem iacerentur. Sed nihil aeque quam sitis fatigabat, cum ingens multitudo bellatorum inbellium uno reliquo fonte uterentur; simulque armenta, ut mos barbaris, iuxta clausa, egestate pabuli exanimari; adiacere corpora hominum, quos vulnera, quos sitis peremerat; pollui cuncta sanie, odore, contactu. L Rebusque turbatis malum extremum discordia accessit, his deditionem, aliis mortem et mutuos inter se ictus parantibus; et erant, qui non inultum exitium, sed eruptionem suaderent. Neque ignobiles tantum his diversi sen-

Viertes Buch

der — trunken von Schlaf und Wein. Ihren Leichtsinn erfuhr der Feind. Zwei Heeressäulen wälzten sich auf die Plünderer und an das Lager der Römer, ohne sich zu schmeicheln: „Der Römer Lager erstürmen wir nicht, doch der Lärm des zweiten Kampfes versinkt den Sinnen in tödlichen Schreien, tödlichen Speeren, und wir wählen das Dunkel, steigern die Furcht." Matt zerspellte ihr Sturm auf den Wall der Legionen. Doch Thrakiens Truppen zitterten in dem jähen Sprung. Sie lungerten an den Wällen, schlenderten vor den Toren, und an dumpfem Grimm starben „die fahnenflüchtigen Verräter, deren Waffe sie selbst und die Heimat zu Sklaven schlägt". Es tagte. Sabinus' Heer ergoß sich hinaus, die Thrakier im Taumel des Nachtsiegs zum Wagnis einer Schlacht zu kitzeln. Doch sie sprangen nicht aus der Burg, nicht daneben von den Hügeln nieder.

Umstrickend, warf Sabinus Schanzen auf, an bedrohtem Gelände schon im Bau. Fast eine Meile weit zog sich dann ein Graben stets an Wehren hin. Immer dichter schnürte er den dumpfen Raum, schmälerte Wasser und Futter. Von einem frischen Walle prasselten Felsen, Speere und Fackeln unfern auf den Feind. Er litt, doch bitter sengte ihn Durst. Nur eine Quelle tränkte noch die Riesenmasse der Kämpfer und Kampfeslosen. Futter fehlte, und das Vieh fiel um, das ihre Sitte hineingepfercht. Auf der Erde fahle Leichen, verröchelt an Durst und Wunde. In Eiter und Seuche, in Moderdünsten schwängerten sich Land und Luft. — An den wirren Menschen wühlte die herbste Not, die Zwietracht: „Ergebt euch!", schluchzte

LIBER QUARTUS

tentiis, verum e ducibus Dinis, provectus senecta et longo usu vim atque clementiam Romanam edoctus, ponenda arma, unum adflictis id remedium disserebat, primusque se cum coniuge et liberis victori permisit. Secuti aetate aut sexu inbecilli et, quibus maior vitae quam gloriae cupido. At iuventus Tarsam inter et Turesim distrahebatur. Utrique destinatum cum libertate occidere, sed Tarsa properum finem, abrumpendas pariter spes ac metus clamitans dedit exemplum demisso in pectus ferro; nec defuere, qui eodem modo oppeterent.

Turesis sua cum manu noctem opperitur, haud nescio duce nostro; igitur firmatae stationes densioribus globis. Et ingruebat nox nimbo atrox, hostisque clamore turbido, modo per vastum silentium, incertos obsessores effecerat, cum Sabinus circumire, hortari, ne ad ambigua sonitus aut simulationem quietis casum insidiantibus aperirent, sed sua quisque munia servarent immoti telisque non in falsum iactis. LI Interea barbari catervis decurrentes nunc in vallum manualia saxa, praeustas sudes, decisa robora iacere, nunc virgultis et cratibus et corporibus exanimis complere fossas, quidam pontis et scalas ante fabricati inferre propugnaculis eaque prensare, detrahere et adversum resistentis comminus niti. Miles contra deturbare telis, pellere umbonibus, muralia pila, congestas lapidum moles provolvere. His partae victoriae spes et, si cedant, insignitius flagitium,

Viertes Buch

es hier. „Tod! Gefährten, zum letzten Dienst der Liebe!", so schrie es dort, und wieder dort: „Nur Tod in der Rache! Brecht aus!" Doch auch im Adel schwankte der Wille. Aus einem Führer, Dinis, riet das Alter, das durch weite Zeit die Gewalt und Gnade Roms geatmet hatte: „Die Waffen nieder! Es ist der letzte Sprung zum Strand." Ihn zuerst samt seinem Weib und seinen Kindern empfing der Sieger. Hinter ihnen schleppten sich die Greise und Frauen und die Menschen, vor deren roter Lebensglut der Ruhm verblaßte. Die Jugend scharte sich um Turesis und Tarsa. Beide kürten den Tod der Freiheit im Tod. Doch es jubelte Tarsa: „Träumst du noch, Tod? Furcht, wie Hoffnung sollen zerschmettern!" Lockend zerschlitzte die Klinge seine Brust. Wie er zerriß sich mancher Mann.

Turesis und seine Schar harrten der Nacht. Roms Feldherr war gewarnt, und dichter schweißten sich die Postentrupps. Regen verfinsterte das Dunkel. Heulend zitterten Schreie. Wieder eine weite Stille! Flackernden Auges spähten die Belagerer. Auf der Ronde mahnte Sabinus: „Lärm und Ruhe lügen. Auf Bangnis lauert der Feind. Euere Pflicht — nur regungslos! Kein Speer verirrt sich auf Gespenster!" In Rotten stürmten die Thrakier herab. Zum Walle zischten handgeschleuderte Steine, Stämme, feuergehärtete Pflöcke. Die Gräben füllten Geflecht und Gestrüpp, tote Leiber. Schon gefügt, schmiegten sich Brücken und Leitern an die Zinnen, und Fäuste rissen die Zinnen ab, preßten sich eisern auf den Trotz der Wächter. Aus der Hand des Römers schwirrten die Speere, stießen Buckel von Schilden, flogen Mauerbrecher, dröhnten steinerne Berge. Die Römer peitschte ihr Sieg und Furcht, sich durch Flucht un-

… illis extrema iam salus et adsistentes plerisque matres et coniuges earumque lamenta addunt animos. Nox aliis in audaciam, aliis ad formidinem opportuna; incerti ictus, vulnera inprovisa; suorum atque hostium ignoratio et montis anfractu repercussae velut a tergo voces adeo cuncta miscuerant, ut quaedam munimenta Romani quasi perrupta omiserint. Neque tamen pervasere hostes nisi admodum pauci: Ceteros, deiecto promptissimo quoque aut saucio, adpetente iam luce trusere in summa castelli, ubi tandem coacta deditio. Et proxima sponte incolarum recepta: Reliquis, quo minus vi aut obsidio subigerentur, praematura montis Haemi et saeva hiems subvenit.

LII At Romae commota principis domo, ut series futuri in Agrippinam exitii inciperet, Claudia Pulchra sobrina eius postulatur accusante Domitio Afro. Is recens praetura, modicus dignationis et quoquo facinore properus clarescere, crimen inpudicitiae, adulterum Furnium, veneficia in principem et devotiones obiectabat. Agrippina semper atrox, tum et periculo propinquae accensa, pergit ad Tiberium ac forte sacrificantem patri repperit. Quo initio invidiae non eiusdem ait mactare divo Augusto victimas et posteros eius insectari. Non in effigies mutas divinum spiritum transfusum: Se imaginem veram, caelesti sanguine ortam, intellegere discrimen, suscipere sordes. Frustra Pulchram praescribi, cui sola exitii causa sit, quod Agrippinam stulte prorsus ad cultum delegerit, oblita Sosiae ob eadem adflictae. Audita haec

Viertes Buch

tilgbar zu schänden, und drüben lockte das Leben, lockte zum letzten Mal. Drüben drängten sich die Mütter und Frauen, und ihr Jammer gellte. Die Nacht berauschte zu Mut, betäubte zu Furcht. Ziellos schwankten Speere. Plötzlich das dunkle Blut! Das Auge schied den Römer nicht vom Feind. An dem gewölbten Berge brachen sich Schreie — hohl, wie ein Laut von rückwärts, und so ließen von mancher Schanze die Römer, verwirrt, im Wahn: „Durchstürmt!" Doch nur selten wenige Gegner schlugen sich durch. Die Kühnheit sank verwundet oder tot, und der Morgen graute auf eine Treibjagd nach den Zinnen der Burg, auf eine müde Waffengabe. — Die Nachbargaue beugte ihr Wille. Aus Gewalt, aus Belagerung enthob den letzten Trotz der zeitige, schneidende Winter auf dem Haimos.

In Rom wankte des Fürsten Geschlecht, und zu Agrippinas Sturz knotete Domitius Afers Klage auf ihre Muhme Claudia Pulchra die erste Masche. Jüngst erst Prätor, murmelte Domitius, dessen verknitterte Größe in hastiger Tat sich irgend strecken wollte: „Eine Gattin wand den lüsternen Leib um Furnius, grübelte an Tränken und Fluch dem Fürsten." Blitze glühten aus Agrippinas stets nur flammendem Auge ob der Muhme Not. Sie lief zu Tiberius, der seinem Vater gerade Weihrauch räucherte, und sein Opfer gab ihrem Schmerz das erste Wort: „Der Beter zu Augustus hetzt Augustus' Geschlecht wie das Wild? Nach seiner Götterseele suchst du in blöden Götzen, und Tod ahnt dem Leib, der in seinem Blut, dem Blute eines Gottes, ihm gleicht, und mein Gewand muß ich dunkeln. Du lächelst von Pulchra? Sie verendet nur an der Torheit, die sich vor einer Agrip=

LIBER QUARTUS

raram occulti pectoris vocem elicuere, correptamque Graeco versu admonuit non ideo laedi, quia non regnaret. Pulchra et Furnius damnantur. Afer primoribus oratorum additus, divulgato ingenio et secuta adseveratione Caesaris, qua suo iure disertum eum appellavit. Mox capessendis accusationibus aut reos tutando prosperiore eloquentiae quam morum fama fuit, nisi quod aetas extrema multum etiam eloquentiae dempsit, dum fessa mente retinet silentii inpatientiam.

LIII At Agrippina pervicax irae et morbo corporis implicata, cum viseret eam Caesar, profusis diu ac per silentium lacrimis, mox invidiam et preces orditur: Subveniret solitudini, daret maritum; habilem adhuc iuventam sibi, neque aliud probis quam ex matrimonio solacium; esse in civitate, qui divi Augusti neptem, Germanici coniugem ac liberos eius recipere dignarentur. Sed Caesar non ignarus, quantum ex re publica peteretur, ne tamen offensionis aut metus manifestus foret, sine responso quamquam instantem reliquit. Id ego, a scriptoribus annalium non traditum, repperi in commentariis Agrippinae filiae, quae Neronis principis mater vitam suam et casus suorum posteris memoravit.

LIV Ceterum Seianus maerentem et inprovidam altius perculit, immissis, qui per speciem amicitiae monerent paratum ei venenum, vitandas soceri epulas. Atque illa simulationum nescia, cum propter discumberet, non vultu aut sermone flecti, nullos attingere cibos, donec advertit Tiberius,

Viertes Buch

pina neigte und der wimmernden Sofia vergaß." Tief aus seiner Brust rang sich eines seiner seltenen Worte. Hart griff er sie an, und ein Vers der Griechen warnte: „Du blutest, da die Krone dich nicht scheuert?" — Pulchra und Furnius büßten. Zu den ersten Rednern entführten Afer sein Geist, von dem jetzt das Pflaster hallte, und des Cäsaren Schwur: „Seine Rednerschaft ist nicht aus Rauschegold." Den Ruf, den er sich in Klage wie Schutzwort sprach, lebten seine Sitten nicht, doch mit den greisen Jahren schwand auch die Beredt= heit, da sein müder Geist im Schweigen nicht zu ruhen wußte.

Trotzend in Groll, ward Agrippina krank. Der Cäsar trat in ihr Gemach. In einer schweren, langen Stille zerquälte sich ihr heißes Schluchzen, und ihre Bitte beschämte: „Töte sie, die bange Öde! Gib einen Gatten! Noch blüht mir der Leib, und nur eine Dirne spart sich die Ehe. Bückt sich kein Römer nieder zu Augustus' Enkelin, zu Germanicus' Stamm und Ge= mahl?" „Nur die Krone zahlt den Preis der Ehe," wußte der Cäsar, und Worte konnten zittern — wie verwundet, wie in Furcht. Er schwieg, wehrte lässig ihrer Hand und ging. So liest es sich nicht in Zeilen der Geschichte, doch in den Tagebüchern ihrer Tochter Agrippina, des Fürsten Nero Mutter, die ihr Leben und das Schicksal ihrer Sippe der Zukunft verriet.

Tiefer bohrte Sejan am leicht sich zündenden Grame Agrippinas: Menschen hüllten sich in Liebe: „Es brütet Gift. Achte der Gastereien deines Schwieger= vaters!" Agrippina meisterte die Lüge nicht, und neben ihm auf Polstern des Mahles, erstarrte Kälte ihre Züge, die Sprache. Sie weigerte Speisen. Tibe=

LIBER QUARTUS

forte an quia audiverat; idque quo acrius experiretur, poma, ut erant adposita, laudans nurui sua manu tradidit. Aucta ex eo suspicio Agrippinae, et intacta ore servis tramisit. Nec tamen Tiberii vox coram secuta, sed obversus ad matrem non mirum ait, si quid severius in eam statuisset, a qua veneficii insimularetur. Inde rumor parari exitium, neque id imperatorem palam audere, secretum ad perpetrandum quaeri.

LV Sed Caesar, quo famam averteret, adesse frequens senatui legatosque Asiae ambigentes, quanam in civitate templum statueretur, pluris per dies audivit. Undecim urbes certabant, pari ambitione, viribus diversae. Neque multum distantia inter se memorabant de vetustate generis, studio in populum Romanum per bella Persi et Aristonici aliorumque regum. Verum Hypaepeni Trallianique Laodicenis ac Magnetibus simul tramissi ut parum validi; ne Ilienses quidem, cum parentem urbis Romae Troiam referrent, nisi antiquitatis gloria pollebant. Paulum addubitatum, quod Halicarnasii mille et ducentos per annos nullo motu terrae nutavisse sedes suas vivoque in saxo fundamenta templi adseveraverant. Pergamenos (eo ipso nitebantur) aede Augusto ibi sita satis adeptos creditum. Ephesii Milesiique, hi Apollinis, illi Dianae caerimonia occupavisse civitates visi.

Ita Sardianos inter Zmyrnaeosque deliberatum. Sardiani decretum Etruriae recitavere ut consanguinei: Nam Tyrrhenum Lydumque Atye rege genitos ob multitudinem divisisse gentem; Lydum

Viertes Buch

rius schaute es, vielleicht dank leisem Wort, und die Schwiegertochter schwerer zu versuchen, bot seine Hand das Obst, das vor ihm aufgebaut: „Das Obst ist gut." Agrippinas Ahnung schauerte, die Lippen preßten sich, und Sklaven trugen es hinweg. Doch Tiberius' Worte grollten nicht herüber; er äußerte nur zu seiner Mutter: „Da gaffen sie noch auf meine rauhe Faust an dem Püppchen, das mir von Giftmord zischt." Und die Lüfte gestalteten es: „Der Tod geht um; doch vor der grellen Sonne sucht der Kaiser zur Tat die Nacht."

Wider das Gerücht setzte sich der Cäsar gern in den Senat, wo er manchen Tag den Gesandten Asiens lebte, die sich die Stätte seines Tempels bestritten. Elf Städte zankten begierig, doch ungleich an Gehalt. Eintönig rauschte ihr Lied vom Alter ihres Geschlechts und, wie sie gegen Perseus, Aristonikos, manchen König für Rom die Reisigen gerüstet. Hypaipa und Tralleis, Laodikeia und Magnesia sanken in Nichtigkeit zusammen. Auch Ilion verklärte sich nur in Vergangenheit: „Rom entstieg der Asche Troias." Man horchte auf bei Halikarnassos' Eid: „In tausend zweihundert Jahren grollte die Erde nicht unserer Flur, und auf echtem Gestein wird der Tempel ruhen." Pergamons Begründung, sein Tempel für Augustus, begründete den Hörern eher Genügsamkeit. Ephesos wandte man ein: „Euere Gedanken füllt schon Artemis' Feier", und zu Milet: „Und euch das Gebet vor Apollon."

So handelte man um Sardeis oder Smyrna. Sardeis verlas einen Erlaß Etruriens, seiner „Schwester": „Denn König Atys' Söhne, Tyrrhenos und Lydos, spalteten ihr ungeheures Volk. An die Heimat schloß

LIBER QUARTUS

patriis in terris resedisse, Tyrrheno datum, novas ut conderet sedes; et ducum e nominibus indita vocabula illis per Asiam, his in Italia; auctamque adhuc Lydorum opulentiam missis in Graeciam populis, cui mox a Pelope nomen. Simul litteras imperatorum et icta nobiscum foedera bello Macedonum ubertatemque fluminum suorum, temperiem caeli ac dites circum terras memorabant.
LVI At Zmyrnaei repetita vetustate, seu Tantalus Iove ortus illos, sive Theseus divina et ipse stirpe, sive una Amazonum condidisset, transcendere ad ea, quis maxime fidebant, in populum Romanum officiis, missa navali copia non modo externa ad bella, sed quae in Italia tolerabantur; seque primos templum urbis Romae statuisse, M. Porcio consule, magnis quidem iam populi Romani rebus, nondum tamen ad summum elatis, stante adhuc Punica urbe et validis per Asiam regibus. Simul L. Sullam testem adferebant, gravissimo in discrimine exercitus ob asperitatem hiemis et penuriam vestis, cum id Zmyrnam in contionem nuntiatum foret, omnes, qui adstabant, detraxisse corpori tegmina nostrisque legionibus misisse. Ita rogati sententiam patres Zmyrnaeos praetulere. Censuitque Vibius Marsus, ut M'. Lepido, cui ea provincia obvenerat, super numerum legaretur, qui templi curam susciperet. Et quia Lepidus ipse deligere per modestiam abnuebat, Valerius Naso e praetoriis sorte missus est.

LVII Inter quae diu meditato prolatoque saepius consilio tandem Caesar in Campaniam, specie dedicandi templa apud Capuam Iovi, apud Nolam Augusto, sed certus procul urbe degere.

Viertes Buch

sich Lydos; die Öffnung neuer Lande erloste sich Tyrrhenos, und die Fürsten schenkten zwei Völkern in Asien und Italien die Namen. Weiter breitete sich das mächtige Lydien: Seine Mannen segelten nach der Griechen Land, das Pelops' Name umranken sollte." Und sie erzählten von Schriften der Feldherrn, Roms Verträgen im mazedonischen Krieg, ihren tausend Strömen, der linden Sonne und ihrem lachenden, weiten Gefild. — Smyrna ging zur Vergangenheit, schwankte in seiner Schöpfung zwischen Tantalos aus Jupiters Blut, einem anderen Göttersprossen, Theseus, und einer Amazone, spielte seine Taten für Rom, die Flotten, aus, die zu den Kriegen des Auslands und selbst nach Italien gejagt. „Smyrna wagte den ersten Tempel Romas im Jahre des Konsuls Marcus Porcius Cato, da auf dem Wege Roms zum Gipfel sich noch Karthagos Türme und Asiens Königtümer spreizten." Lucius Sulla gab einen Zeugen ab: „Die nackten Leiber der Legionen stumpfte der Frost des Winters und zerfraß sein Heer. Und die Botschaft riß die Gewänder von Smyrnas dicht geschartem Volk, von ihnen allen, Roms Legionen zu erwärmen." Die Zahl der Stimmen zog Smyrna vor. — „Die Sorge um den Tempel mehrt das Gefolge für Asiens Statthalter Manius Lepidus um einen überzähligen Legaten", trug Vibius Marsus an. Bescheiden, sträubte sich Lepidus vor einer Wahl, und der Altprätor Valerius Naso ward erlost.

Oft zu scheu, schuf der Cäsar den alten Gedanken zur Tat: die Reise nach Kampanien. „Jupiter zu Capua, Augustus zu Nola will ich Tempel weihen", scherzte er und wußte von der Flucht aus Rom. Wie

LIBER QUARTUS

Causam abscessus quamquam secutus plurimos auctorum ad Seiani artes rettuli, quia tamen caede eius patrata sex postea annos pari secreto coniunxit, plerumque permoveor, num ad ipsum referri verius sit, saevitiam ac libidinem cum factis promeret, locis occultantem. Erant, qui crederent in senectute corporis quoque habitum pudori fuisse: Quippe illi praegracilis et incurva proceritas, nudus capillo vertex, ulcerosa facies ac plerumque medicaminibus interstincta; et Rhodi secreto vitare coetus, recondere voluptates insuerat. Traditur etiam matris inpotentia extrusum, quam dominationis sociam aspernabatur neque depellere poterat, cum dominationem ipsam donum eius accepisset. Nam dubitaverat Augustus Germanicum, sororis nepotem et cunctis laudatum, rei Romanae imponere, sed precibus uxoris evictus Tiberio Germanicum, sibi Tiberium adscivit. Idque Augusta exprobrabat, reposcebat.

LVIII Profectio arto comitatu fuit: Unus senator consulatu functus, Cocceius Nerva, cui legum peritia, eques Romanus praeter Seianum ex inlustribus Curtius Atticus, ceteri liberalibus studiis praediti, ferme Graeci, quorum sermonibus levaretur. Ferebant periti caelestium iis motibus siderum excessisse Roma Tiberium, ut reditus illi negaretur. Unde exitii causa multis fuit properum finem vitae coniectantibus vulgantibusque; neque enim tam incredibilem casum providebant, ut undecim per annos libens patria careret. Mox patuit breve confinium artis et falsi, veraque quam

Viertes Buch

in den meisten Schriften, ließ auch ich nur Sejan listig zur Reise drängen. Doch der Mord an ihm löste der kaiserlichen Einsamkeit nicht ihren Zauber — sechs lange Jahre und oft taste ich irr. Vielleicht verhing es in ihm selbst der Wille, den Ausbruch seiner Sinne und Kronenlust in den Dämmer des fernen Orts zu tauchen. Stimmen flüsterten: „Dem Greise glomm auch die Scham ob seiner Gestalt": Der hagere, gekrümmte Leib trug ein kahles Haupt, das Gesicht in Schwären schwer gefurcht, selten ohne Pflaster, und in Rhodos' Weltverlorenheit versank die Freude an Menschenlauten, gewöhnte sich die Lust an Dunkel. Man raunt sogar: „Er floh seine Mutter, aus deren flackernder Glut er stolz auch die Splitter der Krone raffen wollte, und die er doch nicht verjagen konnte, da sie ihm die Krone zugeschoben hatte": In Augustus' Traum von der Krone des Schwesterenkels, Germanicus', des Lieblings der Welt, keifte die Bitte seines Weibs, und Augustus ward Tiberius' Vater, Germanicus Tiberius' Sohn. Und jetzt zerrte Augusta das „Geschenk ihrer Gnade" zurück.

Der Cäsar geizte am Gefolge der Reise: ein einziger Senator, bereits Altkonsul, Coccejus Nerva, des Gesetzes mächtig; nebst Sejan ein Edelritter, Curtius Atticus; sonst Geister der Kunst und Wissenschaft, fast nur Griechen, deren Plaudereien ihn zerstreuen sollten. Wissende lasen: „Der Sterne Gestalt bei Tiberius' Abschied aus Rom verneint die Rückkehr." „So stirbt er", schwatzte sich manche Deutung in Tod. Ein wundersames Geschehnis, sein Wille, der elf Jahre die Heimat meiden konnte, ließ sich nicht raten, und die verwachsene Grenze zwischen Wissenschaft und Lüge säuberte erst die Zukunft, teilte den Nebel

LIBER QUARTUS

obscuris tegerentur. Nam in urbem non regressurum haud forte dictum: Ceterorum nescii egere, cum propinquo rure aut litore et saepe moenia urbis adsidens extremam senectam compleverit.

LIX Ac forte illis diebus oblatum Caesari anceps periculum auxit vana rumoris praebuitque ipsi materiem, cur amicitiae constantiaeque Seiani magis fideret. Vescebantur in villa, cui vocabulum Speluncae, mare Amunclanum inter et Fundanos montes, nativo in specu. Eius os lapsis repente saxis obruit quosdam ministros: Hinc metus in omnes et fuga eorum, qui convivium celebrabant. Seianus genu vultuque et manibus super Caesarem suspensus opposuit sese incidentibus atque habitu tali repertus est a militibus, qui subsidio venerant.

Maior ex eo, et quamquam exitiosa suaderet, ut non sui anxius, cum fide audiebatur. Adsimulabatque iudicis partes adversum Germanici stirpem, subditis, qui accusatorum nomina sustinerent maximeque insectarentur Neronem proximum successioni et, quamquam modesta iuventa, plerumque tamen, quid in praesentiarum conduceret, oblitum, dum a libertis et clientibus, apiscendae potentiae properis, exstimulatur, ut erectum et fidentem animum ostenderet: Velle id populum Romanum, cupere exercitus, neque ausurum contra Seianum, qui nunc patientiam senis et segnitiam iuvenis iuxta insultet. LX Haec atque talia audienti nihil quidem pravae cogitationis, sed interdum voces procedebant contumaces et inconsultae, quas adpositi custodes exceptas auctasque cum deferrent neque Neroni defendere daretur,

Viertes Buch

vor der Wahrheit. „Er grüßt sein Rom nicht wieder", verriet die Wahrheit ihr einzig Wissen, und ein hohes Alter verrann dem Greise auf dem nahen Land, an nahem Gestade, oft Rom fast auf dem Nacken.

In jenen Tagen verstrickte ein Zufall den Cäsaren in Gefahr, regte die Märchen an und vermochte es wohl, seine Treue auf die zähe Liebe Sejans zu tiefen. — Tiberius' Landhaus Spelunca schmiegt sich zwischen das Meer Amunclās und die Fundanerberge, und in einer Grotte wölbte die Natur den Speisesaal. Plötzlich prasselten Blöcke los, und Diener begrub der stürzende Schlund der Höhle. Man starrte fahl, und die witzigen Gäste jagten hinweg. Doch über den Cäsaren beugte Sejan sein Antlitz, beugte seinen Leib auf Hand und Kniee, bot sich dem Sturz. So halfen ihm rettende Soldaten auf.

Es hob ihn hoch, und sein selbstloses Heldentum erzwang auch seinem Unheilsrat Vertrauen. Er gefiel sich als Richter ob Germanicus' Geschlechts und klagte zugleich in den Worten seiner Geschöpfe an, stier nach Nero suchend: Schüchtern, entschlug sich der junge Kaisererbe doch oft des Zwangs der Lage, wenn ihn die hastende Machtgier seiner Hörigen, seiner Freigelassenen brannte: „Selbstsicher spanne den Mut! Rom und Heer sind brünstig, und in Ohnmacht knirscht Sejan, dessen Hohn jetzt des schlaffen Greises, des versonnenen Jungherrn lacht." Solche Sprache heckte nicht ein dumpfes Gelüst, doch in seinen Worten zitterte oft ein achtloser Trotz, und Worte sogen ihm Spione von den Lippen, gaben sie vergröbert aus. Schützender Widerspruch ward Nero vereitelt, und so peinigte das Leid ihn vielgestaltig: Menschen wichen seinem Wege aus, andere grüßten

LIBER QUARTUS

diversae insuper sollicitudinum formae oriebantur. Nam alius occursum eius vitare, quidam salutatione reddita statim averti, plerique inceptum sermonem abrumpere, insistentibus contra inridentibusque, qui Seiano fautores aderant. Enimvero Tiberius torvus aut falsum renidens vultu: Seu loqueretur seu taceret iuvenis, crimen ex silentio, ex voce. Ne nox quidem secura, cum uxor vigilias somnos suspiria matri Liviae atque illa Seiano patefaceret; qui fratrem quoque Neronis Drusum traxit in partes, spe obiecta principis loci, si priorem aetate et iam labefactum demovisset. Atrox Drusi ingenium super cupidinem potentiae et solita fratribus odia accendebatur invidia, quod mater Agrippina promptior Neroni erat. Neque tamen Seianus ita Drusum fovebat, ut non in eum quoque semina futuri exitii meditaretur, gnarus praeferocem et insidiis magis opportunum.

LXI Fine anni excessere insignes viri Asinius Agrippa, claris maioribus quam vetustis vitaque non degener, et Q. Haterius, familia senatoria, eloquentiae, quoad vixit, celebratae: Monimenta ingeni eius haud perinde retinentur. Scilicet impetu magis quam cura vigebat; utque aliorum meditatio et labor in posterum valescit, sic Haterii canorum illud et profluens cum ipso simul extinctum est.

LXII M. Licinio, L. Calpurnio consulibus ingentium bellorum cladem aequavit malum inprovisum: Eius initium simul et finis exstitit. Nam coepto apud Fidenam amphitheatro Atilius quidam libertini generis, quo spectaculum gladia-

Viertes Buch

haftig, und haftig kehrten sie sich weg; viele brachen plötzlich in dem Satze ab, und höhnisch grinsend verhielten die Gönner Sejans den Schritt. Tiberius' Auge loderte dunkel oder lächelnd in Tücke. Schweigsam, plaudernd sündigte der Jüngling. Selbst im keuschen Dunkel der Nächte spähte sein Weib nach seiner Qual, nach Schlaf und Wachen, und ihre Mutter Livia verriet es Sejan. — Auch Drusus, den Bruder, gewann sich Sejan: „Der Erbprinz wankt. Stoß zu! Seine Krone stürzt auf dich." Und Eifersucht auf Nero, den Liebling der Mutter, stach in des wilden Drusus Herrscherlust, in üblichen Bruderhaß. Doch die heiße Sorge Sejans um Drusus braute auch ihm bereits den Tod. Er wußte: „Kindlicher entblößt sich sein Jähzorn meiner List."

Mit dem Jahre schieden große Römer: Asinius Agrippa, den junge, doch edle Ahnen und sein nicht entartetes Leben adelten, und Quintus Haterius, aus einem Senatorengeschlecht, dessen Beredtheit im Leben umfeiert wurde. Doch die Arbeit seines Geistes zerbröckelt; denn niemals glättete er die brandende Rede, und wenn manch anderen, schwer geborenen Gedanken erst die Nachwelt würdigt, — mit Haterius verschäumte sein klingendes, perlendes Wort.

Im Jahre 27 verwundete ein Unglück wie Riesenkämpfe ohne Sieg und schwand, — ein zackiger Blitz aus wolkenloser Luft. Ein Rundtheater in Fidena zum Spiel der Fechter zimmerte ein Freigelassener, Atilius, beschwerte auf schwanker Erde den Grund-

LIBER QUARTUS

torum celebraret, neque fundamenta per solidum subdidit, neque firmis nexibus ligneam compagem superstruxit, ut qui non abundantia pecuniae nec municipali ambitione, sed in sordidam mercedem id negotium quaesivisset. Adfluxere avidi talium, imperitante Tiberio procul voluptatibus habiti, virile ac muliebre secus, omnis aetas, ob propinquitatem loci effusius; unde gravior pestis fuit, conferta mole, dein convulsa, dum ruit intus aut in exteriora effunditur inmensamque vim mortalium, spectaculo intentos aut, qui circum adstabant, praeceps trahit atque operit.

Et illi quidem, quos principium stragis in mortem adflixerat, ut tali sorte, cruciatum effugere: Miserandi magis, quos abrupta parte corporis nondum vita deseruerat; qui per diem visu, per noctem ululatibus et gemitu coniuges aut liberos noscebant. Iam ceteri fama exciti, hic fratrem, propinquum ille, alius parentes lamentari. Etiam quorum diversa de causa amici aut necessarii aberant, pavere tamen; nequedum comperto, quos illa vis perculisset, latior ex incerto metus. LXIII Ut coepere dimoveri obruta, concursus ad exanimos complectentium, osculantium; et saepe certamen, si confusior facies, sed par forma aut aetas errorem adgnoscentibus fecerat. Quinquaginta hominum milia eo casu debilitata vel obtrita sunt; cautumque in posterum senatus consulto, ne quis gladiatorium munus ederet, cui minor quadringentorum milium res, neve amphitheatrum imponeretur nisi solo firmitatis spectatae. Atilius in exilium actus est. Ceterum sub recentem cladem patuere procerum domus, fomenta et medici pas-

Viertes Buch

bau mit einem schwächlich gefügten Holzgerüst, — ein Werk, um das sich nicht Reichtum, nicht der Ehrgeiz eines Bürgers, nur schmutzige Gewinnlust beworben hatte. Der Menschen Begehr nach Freude, von Tiberius gedämpft, lohte empor. Mann und Weib, Kind und Greis strömten herbei, zahllos ob der Nähe des Theaters, zur reicheren Ernte des Todes. Dicht gefüllt, wankte der Bau, stürzte dröhnend nach innen und außen, riß der Menschen Massen, Zuschauer, Gaffer in die Tiefe, fiel wie Schollen auf ein Grab.

Wer sich zu Tode stürzte, war qualenlos, wenn der Tod nicht quält. Doch in manch zersetzte Glieder hing sich das Leben, und nach dem Gatten, den Kindern suchten im Sonnenlichte bange Augen, Gestöhn und Schreie in der Nacht. Weithin schreckte das Gerücht empor, und der Schmerz schrie nach dem Bruder, den Eltern, Sippen, und wessen Freunde und Lieben ein anderer Anlaß fern verhielt, er bebte doch: Die Opfer kannten sie noch nicht, und es zitterten weite Lande. Die Trümmer wurden geräumt, und der flutenden Menschen Hand und Lippen kosten an den Toten. Zankwort schrillte um den Leib, dessen Alter oder Gestalt in verzerrten Zügen das Auge wirrten. — Fünfzigtausend Menschen hatte das Unglück ver= krüppelt, zerquetscht, und ein Beschluß des Senates mühte sich um die Zukunft: „Nur ein Vermögen von vierhundert tausend Sestertien erträgt ein Spiel der Fechter, und nach Prüfung der Erde mauert man ein Rundtheater." Atilius ward geächtet. Die Paläste des Adels riegelten sofort sich auf, und ihre Ärzte, ihr Verband kühlten weithin die noch brennende

LIBER QUARTUS

sim praebiti, fuitque urbs per illos dies, quamquam maesta facie, veterum institutis similis, qui magna post proelia saucios largitione et cura sustentabant.

LXIV Nondum ea clades exoleverat, cum ignis violentia urbem ultra solitum adfecit, deusto monte Caelio; feralemque annum ferebant et ominibus adversis susceptum principi consilium absentiae, qui mos vulgo, fortuita ad culpam trahentes, ni Caesar obviam isset tribuendo pecunias ex modo detrimenti. Actaeque ei grates apud senatum ab inlustribus famaque apud populum, quia sine ambitione aut proximorum precibus ignotos etiam et ultro accitos munificentia iuverat. Adduntur sententiae, ut mons Caelius in posterum Augustus appellaretur, quando cunctis circum flagrantibus sola Tiberii effigies, sita in domo Iunii senatoris, inviolata mansisset. Evenisse id olim Claudiae Quintae, eiusque statuam vim ignium bis elapsam maiores apud aedem matris deum consecravisse. Sanctos acceptosque numinibus Claudios et augendam caerimoniam loco, in quo tantum in principem honorem di ostenderint. — LXV Haud fuerit absurdum tradere montem eum antiquitus Querquetulanum cognomento fuisse, quod talis silvae frequens fecundusque erat, mox Caelium appellitatum a Caele Vibenna, qui dux gentis Etruscae, cum auxilium tulisset, sedem eam acceperat a Tarquinio Prisco, seu quis alius regum dedit: Nam scriptores in eo dissentiunt. Cetera non ambigua sunt, magnas eas copias per plana etiam ac foro propinqua habitavisse, unde Tuscum vicum e vocabulo advenarum dictum.

Viertes Buch

Wunde. In jenen Tagen ging die Trauer in den Straßen Roms, doch hinter ihr der Geist der Ahnen, deren Gaben und Sorge das Blut gewaltiger Schlachten stillten.

Die Wunde war noch nicht vernarbt, und Feuer prasselte zehrender als sonst zu Rom. Rings auf dem Cälius qualmte die Asche. Man raunte: „Das Jahr schwängerte der Tod, und dem Entschluß des Fürsten zur Reise kündete sich das Leid." So raunt es stets in den Massen und entstellt den Zufall zur Schuld. Doch des Cäsaren Gelder paßten sich den Verlusten an, beugten vor. Im Senate dankte ihm der Adel und im Volke sein Ruhm: Nicht Vorzug der Macht, nicht die Bitte des Hofes stahlen sein reiches Geschenk dem Fremden, selbst nicht der stummen Not. Im Senate wurde es laut: „Der Cälius heißt ‚erhaben' wie ‚Augustus': Vor Tiberius' weißer Büste im Haus des Senatoren Junius schied sich das glühende Meer, und in den Tempel der Göttermutter trugen die Ahnen Claudia Quintas Standbild, vor dem die wogende Lohe zweimal gewichen war. Die Götter grüßten die heiligen Claudier, und die Menschen heiligen die hehre Stätte, wo Götter den Fürsten küßten!" — Nur ein Wort zu dem Hügel! Als „Eichenhöhe" deutete er einst auf seinen weiten, üppigen Forst. Den Namen Cälius lieh ihm ein Fürst der Etrusker, Cäles Vibenna, dessen Hilfe Tarquinius Priscus oder sonst ein König Roms mit der Gegend abgefunden hatte. Hierin zwistig, einen sich die Schriften: „Auch in der Ebene bis an den Markt nisteten die fremden, großen Horden, prägten den Namen des Tuskerviertels."

LIBER QUARTUS

LXVI Sed ut studia procerum et largitio principis adversum casus solacium tulerant, ita accusatorum maior in dies et infestior vis sine levamento grassabatur; corripueratque Varum Quintilium, divitem et Caesari propinquum, Domitius Afer, Claudiae Pulchrae matris eius condemnator, nullo mirante, quod diu egens et parto nuper praemio male usus plura ad flagitia accingeretur. P. Dolabellam socium delationis extitisse miraculo erat, quia claris maioribus et Varo conexus suam ipse nobilitatem, suum sanguinem perditum ibat. Restitit tamen senatus et opperiendum imperatorem censuit, quod unum urgentium malorum suffugium in tempus erat.

LXVII At Caesar dedicatis per Campaniam templis, quamquam edicto monuisset, ne quis quietem eius inrumperet, concursusque oppidanorum disposito milite prohiberentur, perosus tamen municipia et colonias omniaque in continenti sita, Capreas se in insulam abdidit, trium milium freto ab extremis Surrentini promunturii diiunctam. Solitudinem eius placuisse maxime crediderim, quoniam inportuosum circa mare et vix modicis navigiis pauca subsidia; neque adpulerit quisquam nisi gnaro custode. Caeli temperies hieme mitis obiectu montis, quo saeva ventorum arcentur; aestas in favonium obversa et aperto circum pelago peramoena; prospectabatque pulcherrimum sinum, antequam Vesuvius mons ardescens faciem loci verteret. Graecos ea tenuisse Capreasque Telebois habitatas fama tradit. Sed tum Tiberius duodecim villarum nominibus et molibus insederat, quanto intentus olim publicas ad curas,

Viertes Buch

An das Unglück trat der Adel, verschwendete der Fürst, doch mit den Stunden schwollen die Klagen vor Gericht zu nie gedämmter Qual. Den reichen Quintilius Varus aus dem Stamme der Cäsaren fing sich Domitius Afer, über den auch Varus' Mutter Claudia Pulchra gestrauchelt war. Es erstaunte nirgends. Nach langer Armut schleifte der Mißbrauch der frischen Beute Afer nur tiefer in die Sünde. Doch Publius Dolabellas Brüderschaft mit ihm befremdete, an die Dolabella, verwandt mit Varus und von Ahnen umstrahlt, Adel und Sippe vergeuden wollte. „Man warte auf den Kaiser!", rang der Senat; auf die steigende Not war es die letzte, nur vertagende Wehr des Augenblicks.

Die Weihe der Tempel in Kampanien endete ein Erlaß: „Stürmt nicht in die Ruhe des Cäsaren!" Auflauf der Städter zersprengten Truppen. Und dennoch: Den Cäsaren schauderte vor einer Stadt und Siedlerorten, vor der ganzen festen Welt, und er floh nach Capri, wo über eine halbe Meile breit bis zur letzten Klippe Sorrents die Woge leuchtet. Er verfiel wohl Capris totenhafter Ruhe, dem hafenarmen Meer, das kaum Boote zu kargen Buchten des Strandes wiegt, wo ein Wächter die Landungen zählen kann. In seine Winter glitzern lindernde Lüfte, und eisige Stürme zerschellen an den Bergen. Frei spielen im Sommer die Winde fern aus Westen, und in den weiten, nackten Fluten schläft ein liebliches Eiland. Doch auf die Reize einer Bucht, die sich den schweifenden Augen entschleierten, rieselte nach Jahren die graue Asche des glühenden Vesuv. Von der siedelnden Griechen Liebe zu Capris Anblick, vom Sitz der Teleboer auf Capri selbst flüstert die Sage,

LIBER QUARTUS

tanto occultiores in luxus et malum otium resolutus. Manebat quippe suspicionum et credendi temeritas, quam Seianus augere etiam in urbe suetus acrius turbabat non iam occultis adversum Agrippinam et Neronem insidiis. Quis additus miles nuntios, introitus, aperta secreta velut in annales referebat, ultroque struebantur, qui monerent perfugere ad Germaniae exercitus vel celeberrimo fori effigiem divi Augusti amplecti populumque ac senatum auxilio vocare. Eaque spreta ab illis, velut pararent, obiciebantur.

LXVIII Iunio Silano et Silio Nerva consulibus foedum anni principium incessit tracto in carcerem inlustri equite Romano, Tito Sabino, ob amicitiam Germanici: Neque enim omiserat coniugem liberosque eius percolere, sectator domi, comes in publico, post tot clientes unus eoque apud bonos laudatus et gravis iniquis. Hunc Latinius Latiaris, Porcius Cato, Petilius Rufus, M. Opsius praetura functi adgrediuntur, cupidine consulatus, ad quem non nisi per Seianum aditus; neque Seiani voluntas nisi scelere quaerebatur. Compositum inter ipsos, ut Latiaris, qui modico usu Sabinum contingebat, strueret dolum, ceteri testes adessent, deinde accusationem inciperent. Igitur Latiaris iacere fortuitos primum sermones, mox laudare constantiam, quod non, ut ceteri, florentis domus amicus adflictam deseruisset; simul honora de

Viertes Buch

und jetzt düsterten auf Capri die Quadern und die
Namen von zwölf Schlössern eines Tiberius. — Der
Geist, der spähend um die Welt gewacht, verglomm
in nächtiger Lust, sann schläfernd an Tod. Seine Ge=
danken, deren Unrast in Argwohn und gläubigem
Vertrauen Sejan selbst in Rom zu stacheln sich er=
götzte, hier — riß er sie hin und wider, zerriß das
Dunkel seines Trugs um Nero und Agrippina: Ein
Posten strich um sie herum, lauerte nach Boten und
Besuch, trug Geheimnis zu hellem Geschehen wie
für ein Werk der Geschichte, und erkaufte Menschen
mußten sie versuchen: „Flieht in Germaniens Heere!
Küßt Augustus' Bildnis im heißesten Gedränge des
Markts; zur Rache entbietet Senat und Volk!" Sie
achteten es nicht, doch es galt, als hätten sie geachtet.

Den ersten Tag des Jahres 28 befleckte Blut. In
den Kerker verschloß den Edelritter Titius Sabinus
seine Liebe zu Germanicus, seine harte Treue zum
Weib des Prinzen und seinen Kindern, eine Treue,
die ihr Haus nicht mied, die in den Gassen nicht von
ihnen wich. Und der Letzte ihrer zahllosen Gefolg=
schaft ward von der Rechtlichkeit gerühmt und den
Gegnern lästig. Die Sucht nach dem Konsulat wies
auf ihn die Altprätoren Latinius Latiaris, Porcius
Cato, Petilius Rufus und Marcus Opsius. Sejans
Wille warf die Konsulate zu, und um Sejans Willen
durfte nur Sünde werben. Und es ward abgeredet:
„Latiaris nutzt den kärglichen Verkehr mit Sabinus
zur Falle. Wir, wir kleiden uns als Zeugen, später
als Kläger." Latiaris streute Floskeln in das Ge=
spräch, pries zuletzt seine Treue: „Nur du liebtest
das leuchtende Geschlecht und hassest das bleichende

LIBER QUARTUS

Germanico Agrippinam miserans disserebat. Et postquam Sabinus, ut sunt molles in calamitate mortalium animi, effudit lacrimas, iunxit questus, audentius iam onerat Seianum, saevitiam, superbiam, spes eius; ne in Tiberium quidem convicio abstinet. Iique sermones, tamquam vetita miscuissent, speciem artae amicitiae fecere. Ac iam ultro Sabinus quaerere Latiarem, ventitare domum, dolores suos quasi ad fidissimum deferre.

LXIX Consultant, quos memoravi, quonam modo ea plurium auditu acciperentur. Nam loco, in quem coibatur, servanda solitudinis facies; et si pone fores adsisterent, metus visus, sonitus aut forte ortae suspicionis erat. Tectum inter et laquearia tres senatores, haud minus turpi latebra quam detestanda fraude, sese abstrudunt, foraminibus et rimis aurem admovent. Interea Latiaris repertum in publico Sabinum, velut recens cognita narraturus, domum et in cubiculum trahit; praeteritaque et instantia, quorum adfatim copia, ac novos terrores cumulat. Eadem ille et diutius, quanto maesta, ubi semel prorupere, difficilius reticentur. Properata inde accusatio, missisque ad Caesarem litteris ordinem fraudis suumque ipsi dedecus narravere. Non alias magis anxia et pavens civitas, tegens adversum proximos; congressus, conloquia, notae ignotaeque aures vitari; etiam muta atque inanima, tectum et parietes circumspectabantur.

LXX Sed Caesar sollemnia incipientis anni kalendis Ianuariis epistula precatus, vertit in

Viertes Buch

nicht", und in Germanicus' Ehrung flocht er sein Mitleid für Agrippina. Den Sterblichen schmilzt das Herz im Leid, und Sabinus stöhnte auf und weinte heiße Klagen, und Latiaris zürnte kühn und kühner Sejans grausem Stolz und grausen Träumen, geißelte Tiberius. Wie um Geheimnis der Sünde, legte sich um ihre Reden der Dämmer trauter Freundschaft. Auch Sabinus suchte Latiaris, eilte oft zu seinem Haus und klagte seinen Schmerz wie an der Brust der Treue.

Die Verschworenen berechneten die Mittel, in Mehrzahl ihm zu lauschen. Öde Stille sollte der Raum des Gespräches atmen, und ihren Posten hinter Türen konnte ein Blick, ein Laut, ein keimender Verdacht verraten. Zwischen das Dach und Getäfel der Decke krochen drei Senatoren in einen dunkeln Winkel zu einer dunkeln List und klebten die Ohren an Löcher und an Ritzen. Latiaris spürte Sabinus in den Straßen auf, und sein rätselndes Wort von frischer Erfahrnis lockte ihn zu seinem Haus und Gemach. Dort hetzte er die Fülle der Vergangenheit und Gegenwart hindurch, türmte neues Schrecknis auf, und Sabinus schwieg nicht, lange stöhnend wie der Schmerz, dem sich die erste, keusche Träne erpreßt. — Hastig wurde die Klageschrift gefertigt, und ihr Brief entdeckte dem Cäsaren im Verlauf des Truges ihre eigene Schmach. Selten, niemals so fahl zitterte Rom. Den Freund graute vor dem Freund. Es schreckten Gesellschaft und Plauderei, und die Lippen verstummten vor trautem und vor fremdem Ohr. Nach den stummen, toten Dingen, nach der Decke, den Wänden spähte der Argwohn.

Es war am ersten Januar. Das Glück des Jahres erflehte des Cäsaren Brief und tobte gegen Sabinus:

LIBER QUARTUS

Sabinum, corruptos quosdam libertorum et petitum se arguens, ultionemque haud obscure poscebat. Nec mora, quin decerneretur; et trahebatur damnatus, quantum obducta veste et adstrictis faucibus niti poterat, clamitans sic inchoari annum, has Seiano victimas cadere. Quo intendisset oculos, quo verba acciderent, fuga vastitas, deseri itinera fora. Et quidam regrediebantur ostentabantque se rursum, id ipsum paventes, quod timuissent. Quem enim diem vacuum poena, ubi inter sacra et vota, quo tempore verbis etiam profanis abstineri mos esset, vincla et laqueus inducantur? Non inprudentem Tiberium tantam invidiam adisse, set quaesitum meditatumque, ne quid impedire credatur, quo minus novi magistratus, quo modo delubra et altaria, sic carcerem recludant. Secutae insuper litterae grates agentis, quod hominem infensum rei publicae punivissent, adiecto trepidam sibi vitam, suspectas inimicorum insidias, nullo nominatim conpellato; neque tamen dubitabatur in Neronem et Agrippinam intendi.

LXXI Ni mihi destinatum foret suum quaeque in annum referre, avebat animus antire statimque memorare exitus, quos Latinius atque Opsius ceterique flagitii eius repertores habuere, non modo postquam Gaius Caesar rerum potitus est, sed incolumi Tiberio, qui scelerum ministros ut perverti ab aliis nolebat, ita plerumque satiatus et oblatis in eandem operam recentibus veteres et praegraves adflixit: Verum has atque alias sontium poenas in tempore trademus.

Viertes Buch

„Freigelassene wurden verführt. Mord zuckte auf mich." Und seine Maske sank: „Rache, die Rache!" Rasch wie der Tod traf der Entscheid, und auf Sabinus' letztem Wege rissen sich aus der zerschnürten Kehle, dem erstickenden Gewand schrille Schreie empor: „Das Jahr hebt grausig an, und Menschen spritzen zum Opfer Sejans ihr Blut!" Eine Wüste gähnte vor seinem Auge, hallte die Worte wieder. Kalte Straßen! Tote Plätze! Und einige Menschen kamen zurück, sich in den Blick zu drängen — in Angst, da sie in Angst geflohen waren: „Welchen Tag darf Blut nicht ertränken, wenn in Opfer und Gebet, in Stunden, da die Sitte sogar das Tageswort verstummt, die Ketten knirschen, Schlingen erdrosseln? Haß funkelt auf. Und doch war Tiberius klug. Sein Gedanke brütete aus, den Glauben zu zerschlagen: Vor neuen Beamten breiten sich Tempel und Altar, und ihnen sollten sich die Verließe sperren?" Es dankte sein Brief: „Euere Sühne wischte einen Feind vom Reiche." Und es verklang: „Mein Leben wankt. Ich wittere Tücke in Haß." Kein Name fiel; doch glaubte die Welt, es nicht zu fehlen: Nero und Agrippina.

Nur das Geschehnis Jahr um Jahre dachte ich zu künden. Und mein Herz pocht wild der Zeit voran, sehnt sich nach der Botschaft von Latinius', Opsius' und aller Frevler Fall, — noch unter Tiberius, teils erst unter dem Kaisertum Caligulas. Von den Helfern zu seinen Sünden wehrte der Cäsar die fremde Axt, aber wenn junge Kraft sich zu gleichem Werke feilhielt, fällte sein Ekel meist ihre alte, lästige Macht. — Doch die Sühne jeden Verbrechens sei ihrer Zeit gewahrt!

LIBER QUARTUS

Tum censuit Asinius Gallus, cuius liberorum Agrippina matertera erat, petendum a principe, ut metus suos senatui fateretur amoverique sineret. Nullam aeque Tiberius, ut rebatur, ex virtutibus suis quam dissimulationem diligebat: Eo aegrius accepit recludi, quae premeret. Sed mitigavit Seianus, non Galli amore, verum ut cunctationes principis opperiretur, gnarus lentum in meditando, ubi prorupisset, tristibus dictis atrocia facta coniungere.

Per idem tempus Iulia mortem obiit, quam neptem Augustus convictam adulterii damnaverat, proieceratque in insulam Trimerum, haud procul Apulis litoribus. Illic viginti annis exilium toleravit Augustae ope sustentata, quae florentes privignos cum per occultum subvertisset, misericordiam erga adflictos palam ostentabat.

LXXII Eodem anno Frisii, transrhenanus populus, pacem exuere, nostra magis avaritia quam obsequii inpatientes. Tributum iis Drusus iusserat modicum pro angustia rerum, ut in usus militares coria boum penderent, non intenta cuiusquam cura, quae firmitudo, quae mensura, donec Olennius e primipilaribus regendis Frisiis inpositus terga urorum delegit, quorum ad formam acciperentur. Id aliis quoque nationibus arduum apud Germanos difficilius tolerabatur, quis ingentium beluarum feraces saltus, modica domi armenta sunt. Ac primo boves ipsos, mox agros, postremo corpora coniugum aut liberorum servitio tradebant.

Hinc ira et questus et, postquam non subveniebatur, remedium ex bello. Rapti, qui tributo

Viertes Buch

Afinius Gallus, deffen Weib die Schwefter Agrippinas war, trug an: „Es kniee der Senat: ‚Mein Fürft, von deinen Sorgen fprich! Unfer fei die Rache!'" Tiberius fchätzte die Verftellung als Tugend, liebte fie als feine fchönfte Tugend, und Licht, das durch feine Schleier ftrahlte, zehrte an ihm wie Qual. Sejan dämpfte. Er liebte Gallus nicht, doch er liebte einen zaudernden Fürften. Er kannte feines Gedankens zähen Fluß, der überfchäumend in feine Worte die Tat zum Tanze wirbelte, todgebärend.

In jener Zeit ftarb Julia, Auguftus' Enkelin, die fein Spruch ob ihres nackten Ehebruchs auf die Infel Trimerus nah Apuliens Strand verworfen hatte. Ihre zwanzigjährige Acht erheiterten Auguftas Gelder. Wenn die Stiefahne Blüten entblätterte, fcheute fie die Welt. Doch weinend um die welken Blumen, bot fie fich dar.

In jenem Jahre fchüttelte ein oftrheinifches Volk, die Friefen, den Frieden ab, des gierigen Roms, kaum des Gehorfams müde. Drufus hatte die Steuer dem kargen Leben angeglichen: Stierhäute zum Bedarf der Truppen, und zum Maß der Stärke und Größe hatte man das Auge nie gefchärft. Doch nun erlas der Statthalter Frieslands, der Primipilar Olennius, die Häute von Uren und fandte fie zu Muftern. Solche Härte, auch für andere Völker, laftete fchwerer auf den Germanen, in deren Schluchten riefiges Raubtier wildert, an deren Hütten Vieh nur klein und dürftig graft. Sie gaben die Rinder, die Felder, reichten den Leib von Weib und Kind der Sklavenpeitfche.

Tief ftöhnte die Wut, und ungelindert, verlaffen, griff fie nach Waffen. Soldaten, die nach der Steuer

LIBER QUARTUS

aderant, milites et patibulo adfixi: Olennius infensos fuga praevenit, receptus castello, cui nomen Flevum; et haud spernenda illic civium sociorumque manus litora Oceani praesidebat. LXXIII Quod ubi L. Apronio inferioris Germaniae pro praetore cognitum, vexilla legionum e superiore provincia peditumque et equitum auxiliarium delectos accivit ac simul utrumque exercitum Rheno devectum Frisiis intulit, soluto iam castelli obsidio et ad sua tutanda degressis rebellibus.

Igitur proxima aestuaria aggeribus et pontibus traducendo graviori agmini firmat. Atque interim repertis vadis alam Canninefatem et, quod peditum Germanorum inter nostros merebat, circumgredi terga hostium iubet, qui iam acie compositi pellunt turmas sociales equitesque legionum subsidio missos. Tum tres leves cohortes ac rursum duae, dein tempore interiecto alarius eques inmissus: Satis validi, si simul incubuissent, per intervallum adventantes neque constantiam addiderant turbatis et pavore fugientium auferebantur. Cethego Labeoni legato quintae legionis, quod reliquum auxiliorum, tradit. Atque ille dubia suorum re in anceps tractus missis nuntiis vim legionum inplorabat. Prorumpunt quintani ante alios et acri pugna hoste pulso recipiunt cohortis alasque fessas vulneribus.

Neque dux Romanus ultum iit aut corpora humavit, quamquam multi tribunorum praefec-

Viertes Buch

forschten, nagelte man an Kreuzen fest. Doch den Haß betrog Olennius' Flucht nach der Feste Flevum, deren römische und verbündete Truppen das Gestade des Ozeans drohend schirmten. Dem Proprätor des nördlichen Germanien, Lucius Apronius, ward es berichtet. Legionentrupps, verbündete Sonderrotten zu Fuß und Pferd, der südlichen Provinz entboten, und sein eigenes Heer glitten auf dem Rhein nach Friesland. Indes der Gürtel um die Feste war schon geöffnet und die Empörer zum Schutz der Heimatgaue gestoben.

In die nächsten Lachen des Meeres keilten sich Dämme und Brücken, die schweren Massen zu tragen. „Durch die erspähten Furten die Reiter der Canninefaten und die germanischen Truppen zu Fuß dem Feinde in den Rücken", hetzte sofort ein Befehl. Doch an schon gereihten Schilden zerschellten die verbündeten Rotten zu Pferd, zerschellte die Rettung der Reiter der Legionen. Drei leichte Kohorten plänkelten vor, und wieder zwei, und nach einer Spanne Zeit dröhnte die Bundesreiterei. Ein geballter Sturmritt hätte verweht; zerstückelt, vermochte er die Flut nicht zu stauen, ward vom treibenden Entsetzen geschwemmt. Der Legat der fünften Legion, Cethegus Labeo, empfing den Befehl über die Trümmer der Bundestruppen. Doch tiefer sank die Wage, dem Tode zu. Seine Boten sprengten herbei: „Die Legionen!" Die fünfte Legion stürmte voran, weit voran. Hoch wogte die Schlacht, und die Pranken des Feindes löften sich von den wundenmürben Reiterscharen und Kohorten.

Roms Feldherr rächte nicht, und die Leichen verfielen an der Luft, Leichen vieler Tribunen und Prä-

LIBER QUARTUS

torumque et insignes centuriones cecidissent. Mox compertum a transfugis nongentos Romanorum apud lucum, quem Baduhennae vocant, pugna in posterum extracta confectos, et aliam quadringentorum manum occupata Cruptorigis quondam stipendiarii villa, postquam proditio metuebatur, mutuis ictibus procubuisse.

LXXIV Clarum inde inter Germanos Frisium nomen, dissimulante Tiberio damna, ne cui bellum permitteret. Neque senatus in eo cura, an imperii extrema dehonestarentur: Pavor internus occupaverat animos, cui remedium adulatione quaerebatur. Ita, quamquam diversis super rebus consulerentur, aram clementiae, aram amicitiae effigiesque circum Caesaris ac Seiani censuere, crebrisque precibus efflagitabant, visendi sui copiam facerent. Non illi tamen in urbem aut propinqua urbi degressi sunt: Satis visum omittere insulam et in proximo Campaniae aspici. Eo venire patres, eques, magna pars plebis, anxii erga Seianum, cuius durior congressus, atque eo per ambitum et societate consiliorum parabatur. Satis constabat auctam ei adrogantiam foedum illud in propatulo servitium spectanti; quippe Romae sueti discursus et magnitudine urbis incertum, quod quisque ad negotium pergat: Ibi campo aut litore iacentes nullo discrimine noctem ac diem iuxta gratiam aut fastus ianitorum perpetiebantur, donec id quoque vetitum: Et revenere in urbem trepidi, quos non sermone, non visu dignatus erat, quidam male alacres, quibus infaustae amicitiae gravis exitus imminebat.

Viertes Buch

fekten, ehrbedeckter Centurionen. Später trugen es Fahnenflüchtige zu: „Ein Hain der ‚Baduhenna‘ überschattet neunhundert Römer, die erst ein zweiter Tag des Gefechts getötet hat, und im Gehöft des alten Söldners Cruptoriges zerschnitt die Furcht vor Verrat mit römischen Klingen vierhundert Leben Roms."

Germanien wob um Friesland den Ruhm. Tiberius verschwieg den Verlust, der nach einem Führer des Kriegs gerufen hätte, und am Senate nagte nicht die Schmach der fernsten Marken des Reichs: Im Herzen der Erde kreiste das Entsetzen, und in Schmeichelei irrte man nach Hilfe. Der Gnade und Freundschaft setzte eine Tagung ob anderer Dinge zwei Altäre und links und rechts die Büsten des Cäsaren und Sejans. Brünstig gellten oft ihre Bitten: „Die Sehnsucht tötet uns." Doch jene nahten nicht Rom, nicht seinem Weichbild, ließen es genügen, in einem Strich Kampaniens nah der Insel sich von Menschen bestarren zu lassen. Sie strömten hin, Senat und Ritterschaft und Scharen des Volks, zitternd vor Sejan, dessen Ton so herrisch und selten klang, zu dem nun schmeichelnder Umweg und der Gemeinsinn für ihr Ziel verhelfen mußten. Und aus seinem Auge, das Sklaven auf offenem Felde wimmeln sah, las man heißeren Stolz. Auf und nieder quellender Zulauf befremdet nicht zu Rom, und in der Riesenstadt verwischt sich des Schrittes Ziel. Dort lagen sie in Äckern, am Strand, in bunter Wahl, in der Sonne, unter Sternen, in Demut vor barschem, vor geneigtem Wort der Torwacht. Auch hier brach ein Verbot es ab. Die Menschen fluteten nach Rom zurück — fahl im

LIBER QUARTUS

LXXV Ceterum Tiberius neptem Agrippinam Germanico ortam cum coram Cn. Domitio tradidisset, in urbe celebrari nuptias iussit. In Domitio super vetustatem generis propinquum Caesaribus sanguinem delegerat; nam is aviam Octaviam et per eam Augustum avunculum praeferebat.

Viertes Buch

Antlitz, wen seine Worte, seine Augen nicht gewürdigt hatten. Und Lachen stand in manchen Zügen, die seine Freundschaft mit den Schatten des Todes dunkeln sollte.

„Die Hochzeit jubelt zu Rom", vollendete Tiberius' Befehl den eigenhändigen Verspruch von Germanicus' Kind, seiner Enkelin Agrippina, an Gnäus Domitius. In Domitius bestachen ihn das Alter des Geschlechts und das Cäsarenblut: Domitius rühmte Octavia als Ahne und so Augustus seinen Großoheim.

ubellio et Fufio consulibus, quorum utrique Geminus cognomentum erat, Iulia Augusta mortem obiit, aetate extrema, nobilitatis per Claudiam familiam et adoptione Liviorum Iuliorumque clarissimae. Primum ei matrimonium et liberi fuere cum Tiberio Nerone, qui bello Perusino profugus, pace inter Sex. Pompeium ac triumviros pacta in urbem rediit. Exin Caesar cupidine formae aufert marito, incertum an invitam, adeo properus, ut ne spatio quidem ad enitendum dato penatibus suis gravidam induxerit. Nullam posthac subolem edidit, sed sanguini Augusti per coniunctionem Agrippinae et Germanici adnexa communes pronepotes habuit. Sanctitate domus priscum ad morem, comis ultra, quam antiquis feminis probatum, mater inpotens, uxor facilis et cum artibus mariti, simulatione filii bene composita. Funus eius modicum, testamentum diu inritum fuit. Laudata est pro rostris a Gaio Caesare pronepote, qui mox rerum potitus est.

II At Tiberius, quod supremis in matrem officiis defuisset, nihil mutata amoenitate vitae magnitudinem negotiorum per litteras excusavit, honoresque memoriae eius ab senatu large decretos quasi per modestiam imminuit, paucis admodum receptis et addito, ne caelestis religio decerneretur: Sic ipsam maluisse. Quin et parte eiusdem epistulae increpuit amicitias muliebres, Fufium consulem oblique perstringens. Is gratia Augustae floruerat, aptus alliciendis feminarum animis, dicax idem et Tiberium acerbis facetiis inridere

m Jahre 29 starb Julia Augusta, hoch= betagt, von selten schwerem Adel: Die Claudierin ward das Kind des livischen und julischen Stamms. Früchte trug die erste Ehe mit Tiberius Nero, den der Krieg um Perusia geflüchtet hatte, den der Friede zwischen den Trium= virn und Sextus Pompejus nach Rom entließ. Nach ihrem schönen Leibe zitterte Cäsarengier, riß ihn hastend vom Gatten, vielleicht ein sich sträubendes Weib, so hastig, daß der schwangere Schoß sich erst in seinem Haus entlasten konnte. Es war die letzte Frucht. Indes Germanicus' und Agrippinas Ehe verschmolz die Fürstin mit Augustus' Geschlecht, glich sie in gleichen Urenkeln mit Augustus aus. Sie liebte einen keuschen Leib, wie die Frau des Altertums, doch zu lächelnd für Römerinnen alter Zucht. Die Liebe der Mutter drängte zur Krone, die Liebe der Gattin schmiegte sich, und die Ränke des Gemahls, die Lügen des Sohnes hallten in ihr wieder. — Kein Gepränge lag auf ihrem letzten Weg. Ihres letzten Willens spottete mancher Tag. Auf der Redner= bühne rühmte sie ihr Urenkel Caligula, der Gebieter der Zukunft.

Tiberius vollzog der Mutter nicht die Pflicht der Liebe, trank am berauschenden Zauber seines Lebens, und es klagte sein Brief: „Die Pflichten eines Kaisers wuchten." Den Senat, der ihrem Gedächtnis üppig Ehren schüttete, stieß seine „Schüchternheit" zurück, ließ sich nur zu kargen Zierden herbei und endete: „Nicht den Weihrauch einer Göttin! So wollte sie es selbst." Und Worte des Briefes schalten von Weiberfreundschaft, rieben sich tückisch an Konsul Fusius. Fusius, zu dem die Frauenherzen flatterten, sonnte auch die Gunst Augustas, ihn, den Spötter,

LIBER QUINTUS

solitus, quarum apud praepotentes in longum memoria est.

III Ceterum ex eo praerupta iam et urgens dominatio. Nam incolumi Augusta erat adhuc perfugium, quia Tiberio inveteratum erga matrem obsequium, neque Seianus audebat auctoritati parentis antire: Tunc velut frenis exsoluti proruperunt, missaeque in Agrippinam ac Neronem litterae, quas pridem allatas et cohibitas ab Augusta credidit vulgus: Haud enim multum post mortem eius recitatae sunt. Verba inerant quaesita asperitate: Sed non arma, non rerum novarum studium, amores iuvenum et inpudicitiam nepoti obiectabat.

In nurum ne id quidem confingere ausus, adrogantiam oris et contumacem animum incusavit, magno senatus pavore ac silentio, donec pauci, quis nulla ex honesto spes (et publica mala singulis in occasionem gratiae trahuntur), ut referretur, postulavere, promptissimo Cotta Messalino cum atroci sententia. Sed aliis a primoribus maximeque a magistratibus trepidabatur: Quippe Tiberius, etsi infense invectus, cetera ambigua reliquerat. IV Fuit in senatu Iunius Rusticus, conponendis patrum actis delectus a Caesare, eoque meditationes eius introspicere creditus. Is fatali quodam motu (neque enim ante specimen constantiae dederat) seu prava sollertia, dum imminentium oblitus incerta pavet, inserere se dubitantibus ac

Fünftes Buch

dessen schneidender Hohn sich gern Tiberius zerlegte, und langhin ätzt ein Hohn die Sinne der Gewaltigen.

Aus dem Palaste quoll es schwer, die Nahenden versengend. Die lebende Augusta vermochte noch zu schirmen. Tiberius konnte sich den kindlichen Gehorsam nicht aus dem Herzen reißen, und der ratenden Mutter zuvor zu raten, wich Sejan zurück. Nun schäumten sie auf wie Rosse mit zersetztem Zügel. Auf Nero und Agrippina zuckte ein Schreiben, das „längst geschleudert, doch von Augusta aufgefangen war", zischelte das Volk: Rasch nach ihrem Tode wurde es verlesen und darin so manch erlesen hartes Wort, doch nichts von Waffenlärm, von Umsturzgelüst, nur von blühenden Jünglingsbuhlen und einem schamlosen Enkel. Und gegen die Schwiegertochter verstieg sich sein Mut auch nicht zu solcher Lüge, und er murrte nur von Dünkel der Lippe und einem störrigen Sinn.

Stille lastete auf dem zitternden Senat. „Man berichte", schrie es, wo die Ehre nichts verhieß, wo man noch in Wunden des Reichs nach gnädigen Gaben zu stochern pflegt, und Cotta Messalinus heischte es tobend für seinen blutigen Spruch. Ratlos erblich der übrige Adel, und die Beamten wurden fahl: Des hassenden Tiberius Blitze hatten nur seinen Haß erhellt. Im Saale weilte Junius Rusticus, vom Cäsaren zum Verzeichnis der Senatestagungen befohlen, darob im Rufe der Cäsarenkenntnis. Und verhängnisschwer vergaß sich Junius, der nie zuvor stählern sich erwiesen hatte, oder ihm versank die Gegenwart in überweiser Klugheit, in der Furcht vor einer launischen Zukunft. In den wogenden Zweifel warf er seine Warnung an die Konsuln: „Nichts von Bericht!

LIBER QUINTUS

monere consules, ne relationem inciperent; disserebatque brevibus momentis summa verti: Posse quandoque domus Germanici exitium paenitentiae esse seni. Simul populus effigies Agrippinae ac Neronis gerens circumsistit curiam faustisque in Caesarem ominibus falsas litteras et principe invito exitium domui eius intendi clamitat. Ita nihil triste illo die patratum. Ferebantur etiam sub nominibus consularium fictae in Seianum sententiae, exercentibus plerisque per occultum atque eo procacius libidinem ingeniorum.

Unde illi ira violentior et materies criminandi: Spretum dolorem principis ab senatu, descivisse populum; audiri iam et legi novas contiones, nova patrum consulta: Quid reliquum, nisi ut caperent ferrum et, quorum imagines pro vexillis secuti forent, duces imperatoresque deligerent? V Igitur Caesar repetitis adversum nepotem et nurum probris increpitaque per edictum plebe, questus apud patres quod fraude unius senatoris imperatoria maiestas elusa publice foret, integra tamen sibi cuncta postulavit. Nec ultra deliberatum, quo minus non quidem extrema decernerent (id enim vetitum), sed paratos ad ultionem vi principis impediri testarentur . . . .

Fünftes Buch

In Stunden kann das Weltrad rollen, und Germanicus' totes Geschlecht wird morgen, wird in Jahren der Greis bereuen können." Vor dem Saale toste das Volk um Träger von Büsten Neros und Agrippinas. Heilruf hob sich dem Cäsaren. Schreie flogen: „Der Brief ist gefälscht! Der Fürst, er will nicht Mord an seinem Stamm." So schied die Sonne jenes Tags noch heiter. Und man dichtete an Sprüchen von Altkonsuln gegen Sejan, und das Gerücht sprengte sie aus. Kecker im Dunkel, hing so mancher seinem Witze in Willkür nach.

Wilder ergrimmte Sejan, konnte sich an einem Geschehnis laben: „Den Schmerz des Fürsten höhnte der Senat; das Volk steht auf; in Reden seiner Rottung und den Beschlüssen des Senats erwachen nie gedachte Gedanken. Zückt noch den Stahl und schreit die Menschen, deren Bilder euch wie Banner locken, zu Führern, schreit sie zu Kaisern aus!" Es erneute sich die Schmähung des Cäsaren gegen den Enkel und die Schwiegertochter. Ein Erlaß fiel auf das Volk, und dem Senate klagte er: „Eines einzigen Senatoren Trug zerschliß den Purpur des Kaisers vor den Menschen. Doch nirgends Wandel! Ich werde selbst es richten." Und man zerhieb die Zweifel: „Eine letzte Tat beschließen wir nicht": es war verboten, — „doch nur die Faust des Fürsten begräbt die Rache des Senates noch im Gurt". . . . .*)

---

*) Die Lücke zwischen dem Anfang des fünften und dem überkommenen Teil des sechsten Buchs enthielt die Ächtung Agrippinas und ihres Sohnes Nero, sowie seinen Tod und die Gefangenschaft seines Bruders Drusus, ferner im Jahre 31 den Sturz Sejans und seines Anhangs, endlich die Sühne Livias, der verwitweten Schwiegertochter von Tiberius.

uattuor et quadraginta orationes super ea re habitae, ex quis ob metum paucae, plures adsuetudine ...
... 'Mihi pudorem aut Seiano invidiam allaturum censui. Versa est fortuna, et ille quidem, qui collegam et generum adsciverat, sibi ignoscit: Ceteri, quem per dedecora fovere, cum scelere insectantur. Miserius sit ob amicitiam accusari an amicum accusare, haud discreverim. Non crudelitatem, non clementiam cuiusquam experiar, sed liber et mihi ipsi probatus antibo periculum. Vos obtestor, ne memoriam nostri per maerorem quam laeti retineatis, adiciendo me quoque iis, qui fine egregio publica mala effugerunt.' V, 7 Tunc singulos, ut cuique adsistere, adloqui animus erat, retinens aut dimittens partem diei absumpsit, multoque adhuc coetu et cunctis intrepidum vultum eius spectantibus, cum superesse tempus novissimis crederent, gladio, quem sinu abdiderat, incubuit. Neque Caesar ullis criminibus aut probris defunctum insectatus est, cum in Blaesum multa foedaque incusavisset.

V, 8 Relatum inde de P. Vitellio et Pomponio Secundo. Illum indices arguebant claustra aerarii, cui praefectus erat, et militarem pecuniam rebus novis obtulisse; huic a Considio praetura functo obiectabatur Aelii Galli amicitia, qui punito Seiano in hortos Pomponii quasi fidissimum ad subsidium perfugisset. Neque aliud periclitantibus auxilii quam in fratrum constantia fuit, qui vades exstitere. Mox crebris prolationibus spem ac metum iuxta gravatus Vitellius petito per speciem stu-

ierundvierzig Reden klärten es, selten in Bangnis, meist in Gewöhnung...

...*) „Ich dachte für mich an Schmach oder für Sejan an Haß. Launisch würfelte das Schicksal. Ein Mensch verzeiht sich die Teilung des Reichs mit seinem Enkeleidam, und schmählich schnauben die anderen Menschen nach dem einstigen Liebling ihrer Schmach. Als Freund gerichtet, ein Freund, der richtet — ich mag nicht ihr Elend wägen. Ich will nicht auf die Härte eines Menschen, nicht auf seine Gnade lauern, nicht vor mir selbst erröten: Ich will fallen — frei, noch frei! Freunde, mein Gedächtnis ehren nicht Tränen, nur die Freude: Heldentod hat manchem Manne den Schmerz seines Staats gespart, — und ich, ich grüße ihn." Und Freunde kamen nach Freunden, wollten trösten, und er hielt ihre Hand, ließ sie scheiden, — wie es ihnen gefiel. Es glitt der Tag. Noch viele Menschen standen um ihn, starrten in den Trotz der Augen und hörten noch nicht des Todes Flügel. Es riß das Gewand. Die Klinge leuchtete auf. — Kein Scheltwort, keine Schmähung des Cäsaren störten des Toten Ruhe, wie einst sein lästernder Nachruf Bläsus.

Man tagte über Publius Vitellius und Pomponius Secundus. Verräter ziehen Vitellius: „Der Präfekt des Reichsschatzes reichte seine Schlüssel und die Gelder des Heeres zu Empörung dar." Der Altprätor Considius murrte von einem Freunde Pomponius: „Nach der Sühne Sejans kauerte sich Älius Gallus in Pomponius' Park wie in die dunkelste Höhle." Nur die Bürgschaft treuer Brüder stellte sich vor

---

*) Es spricht ein Anhänger Sejans.

LIBER SEXTUS

diorum scalpro levem ictum venis intulit vitamque aegritudine animi finivit. At Pomponius multa morum elegantia et ingenio inlustri, dum adversam fortunam aequus tolerat, Tiberio superstes fuit.

V, 9 Placitum posthac, ut in reliquos Seiani liberos adverteretur, vanescente quamquam plebis ira ac plerisque per priora supplicia lenitis. Igitur portantur in carcerem, filius imminentium intellegens, puella adeo nescia, ut crebro interrogaret, quod ob delictum et quo traheretur; neque facturam ultra, et posse se puerili verbere moneri. Tradunt temporis eius auctores, quia triumvirali supplicio adfici virginem inauditum habebatur, a carnifice laqueum iuxta conpressam; exim oblisis faucibus id aetatis corpora in Gemonias abiecta.

V, 10 Per idem tempus Asia atque Achaia exterritae sunt acri magis quam diuturno rumore, Drusum Germanici filium apud Cycladas insulas, mox in continenti visum. Et erat iuvenis haud dispari aetate, quibusdam Caesaris libertis velut algnitus; per dolumque comitantibus aliciebantur ignari fama nominis et promptis Graecorum animis ad nova et mira. Quippe elapsum custodiae pergere ad paternos exercitus, Aegyptum aut Suriam invasurum, fingebant simul credebantque. Iam iuventutis concursu, iam publicis studiis frequentabatur, laetus praesentibus et inani spe, cum audi-

Sechstes Buch

ihre Not. Vitellius' Verhör verzog sich oft, und ihn wirrte der Wirbel von Furcht und Hoffnung. Um ein Federmesser bat er, von Schreibereien lächelnd. Leicht ritzte er an seinen Adern. Er starb in umnachtetem Gemüt. Einen Pomponius, dessen lichter Geist sich in erlesen edles Betragen kleidete, trübte sein wildes Schicksal nicht, und er lebte länger als Tiberius.

Über die letzten Kinder Sejans verhängte man die Rache. Doch der Groll des Volkes versiegte, war fast überall vom vollzogenen Gericht gestillt. In den Kerker schwankte sein Knabe, der wissend schauerte, sein Mädchen, das kindlich die steten Fragen stammelte: „Was habe ich denn getan? Wohin bringt ihr mich? Ich will es ja nicht wieder tun, ich will mich so gerne schlagen lassen." Die Schriften jener Zeit berichten: „Triumvirnstrick an einer Jungfrau — es fröstelte die Menschen. So legte der Henker sich auf ihren nackten Leib, daneben den Strang. — Erdrosselt, auf den gemonischen Stufen moderten die blühenden Leiber."

In jenen Tagen strich über Asien und Achaia ein schreckender Sturm, der sich rasch verlor: „Drusus, Germanicus' Sohn, schaute man auf den Kykladen und dort schon auf festem Land." Vor einem Jüngling seines Alters dienerten heuchelnde Freigelassene des Cäsaren. An seine Fersen klammerten sie sich listig, und der Ruhm des Namens lockte nichts Ahnende in ihrem Griechensinn, der gern den neuen Wundern verfällt. „Aus den gelösten Fesseln schwingt er sich zu den Heeren des Vaters, nach Syrien und Ägypten zum Sieg." Der eigenen Lüge glaubten sie es selbst. Die Jugend strömte ihm zu, Städte liehen Begeiste-

LIBER SEXTUS

tum id Poppaeo Sabino. Is Macedoniae tum intentus Achaiam quoque curabat. Igitur quo vera seu falsa antiret, Toronaeum Thermaeumque sinum praefestinans, mox Euboeam Aegaei maris insulam et Piraeum Atticae orae, dein Corinthiense litus angustiasque Isthmi evadit; marique Ionio Nicopolim Romanam coloniam ingressus, ibi demum cognoscit sollertius interrogatum, quisnam foret, dixisse M. Silano genitum et multis sectatorum dilapsis ascendisse navem, tamquam Italiam peteret. Scripsitque haec Tiberio, neque nos originem finemve eius rei ultra comperimus.

V, 11 Exitu anni diu aucta discordia consulum erupit. Nam Trio, facilis capessendis inimicitiis et foro exercitus, ut segnem Regulum ad opprimendos Seiani ministros oblique perstrinxerat: Ille, nisi lacesseretur, modestiae retinens, non modo rettudit collegam, sed ut noxium coniurationis ad disquisitionem trahebat. Multisque patrum orantibus, ponerent odia in perniciem itura, mansere infensi ac minitantes, donec magistratu abirent.

I Cn. Domitius et Camillus Scribonianus consulatum inierant, cum Caesar tramisso, quod Capreas et Surrentum interluit, freto Campaniam praelegebat, ambiguus, an urbem intraret, seu, quia contra destinaverat, speciem venturi simulans. Et saepe in propinqua degressus, aditis iuxta Tiberim hortis saxa rursum et solitudinem maris repetiit, pudore scelerum et libidinum, quibus adeo

Sechstes Buch

rung, und in freudiger Gegenwart gaukelte er sich die Zukunft. Auch Achaias Verwalter, sorgte Poppäus Sabinus in Mazedonien. Die Nachricht störte ihn auf. Im Wettlauf flog er mit Wahrheit oder Lüge, vorbei an der Bucht Torones und Thermes, vorbei an Euboia in der aigaiischen See, am Piräus an Attikas Strand, über Korinths Gestade und des Isthmos Enge, und erst in der römischen Siedelung Nikopolis am westlichen Meere wehte ihm die Botschaft zu: „Verschlagneren Fragen bekannte er als Vater Marcus Silanus. Viel Gefolge verschwand, und ihn entführt ein Schiff, das in der Richtung Italiens steuert." Sabinus meldete es dem Fürsten. Doch Anlaß und Ende der Tat vermochte ich nicht zu lichten.

Das Jahr verging. Ein lang sich häufender Hader der Konsuln floß über. Verstohlen hatte die Händelsucht Trios, der vor Gericht nicht stolperte, von Regulus gestichelt, „säumig in dem Sturz der Helfer Sejans". Regulus, den nur Reizung aus seiner Ruhe stach, dehnte den Zurückweis bis zum Verhör des Amtsgenossen: „Er schenkte sich der Verschwörung." Im Senate flehte es: „Verschüttet den Haß! Haß wird Tod!" Doch bis zum Ende ihres Amts umwölkten sie sich in schwülem Groll.

Zu Anfang des Jahres 32 huschte ein Segel über die Flut zwischen Capri und Sorrent, an Kampanien vorüber, an Bord den Cäsaren, der den Schritt nach Rom nicht tat, nicht mied oder die starre Weigerung nur mit dem Scheine seines Einzugs verbrämte. Er irrte gern in die nahe Gegend, in die Gärten längs der Tiber. Doch an seine Felsen jagte es ihn zurück, an das öde brausende Meer — flammend in Scham:

LIBER SEXTUS

indomitis exarserat, ut more regio pubem ingenuam stupris pollueret. Nec formam tantum et decora corpora, set in his modestam pueritiam, in aliis imagines maiorum incitamentum cupidinis habebat. Tuncque primum ignota antea vocabula reperta sunt sellariorum et spintriarum ex foeditate loci ac multiplici patientia; praepositique servi, qui conquirerent pertraherent, dona in promptos, minas adversum abnuentis et, si retinerent propinquus aut parens, vim raptus suaque ipsi libita velut in captos exercebant.

II At Romae principio anni, quasi recens cognitis Liviae flagitiis ac non pridem etiam punitis, atroces sententiae dicebantur in effigies quoque ac memoriam eius et, bona Seiani ablata aerario ut in fiscum cogerentur, tamquam referret. Scipiones haec et Silani et Cassii isdem ferme aut paulum inmutatis verbis adseveratione multa censebant, cum repente Togonius Gallus, dum ignobilitatem suam magnis nominibus inserit, per deridiculum auditur. Nam principem orabat deligere senatores, ex quis viginti sorte ducti et ferro accincti, quotiens curiam inisset, salutem eius defenderent. Crediderat nimirum epistulae subsidio sibi alterum ex consulibus poscentis, ut tutus a Capreis urbem peteret. Tiberius tamen, ludibria seriis permiscere solitus, egit gratis benevolentiae patrum: Sed quos omitti posse, quos deligi? Semperne eosdem an subinde alios? Et honoribus perfunctos an iuvenes, privatos an e magistratibus? Quam deinde speciem fore sumentium in limine

Sechstes Buch

Seine Sünden und Lüste brachen sich lodernde Bahn, und wie ein römischer König, warf er freigeborenen Jünglingsleib vor sein schändendes Spiel. An geschmeidig schwellenden Gliedern peitschten sich seine Sinne empor, an Keuschheit der Jugend wie an der Pracht der Ahnen. Die Schmach des Ortes und Vielgestalt der Wollust bereicherten jene Zeiten um die Worte: „Sesselgeselle" und „Kettenwüstling". Erlesene Sklaven spürten, schleppten die Opfer. Geschenk ward der Schwachheit, dem Trotze Drohung; umschlingenden Sippen und Eltern entwand, entraffte sie die Gewalt, und die Sklaven sättigten ihre Sinne wie an Sklaven.

Livias Frevel lagen längst entblößt, waren längst gesühnt. Doch in Rom, zu Beginn des Jahres wurden gierige Stimmen gehört: „Was sollen die Büsten? Was soll ihr Gedächtnis? Und die Güter Sejans gönne das Reich dem Schatze des Cäsaren!" Wie wenn es viel verschlüge —, doch wünschte es der Ernst der Scipionen, Silanier und Cassier, fast ohne Wechsel der Sprache oder karg sie ändernd, und jäh drängte Togonius Gallus den dunklen Namen in ihren hellen Adel, und man lachte lustig der Bitte: „Mein Fürst! Wähle dir Senatoren, und zwanzig Senatoren aus deiner Wahl gebietet das Los, deinen Schritt in den Saal mit dem Schwerte zu geleiten." In die Seele eines Kindes war ein Brief gefallen, der für die Reise von Capri nach Rom sich um die Wache eines Konsuls mühte. Tiberius, dessen Ernst sich gern im Hohne würzte, dankte dem gütigen Senat: „Doch wen soll ich wählen, wen verwerfen? Soll ich beharren? Soll ich wechseln? Männer, welche die Ehren abgelaufen? Junge Kräfte? Bürger oder Beamte? Und in wel-

LIBER SEXTUS

curiae gladios? Neque sibi vitam tanti, si armis tegenda foret. Haec, adversus Togonium verbis moderans, neque ut ultra abolitionem sententiae suaderet.

III At Iunium Gallionem, qui censuerat, ut praetoriani actis stipendiis ius apiscerentur in quattuordecim ordinibus sedendi, violenter increpuit, velut coram rogitans, quid illi cum militibus, quos neque dicta nisi imperatoris neque praemia nisi ab imperatore accipere par esset. Repperisse prorsus, quod divus Augustus non providerit: An potius discordiam et seditionem a satellite Seiani quaesitam, qua rudes animos nomine honoris ad corrumpendum militiae morem propelleret? Hoc pretium Gallio meditatae adulationis tulit, statim curia, deinde Italia exactus; et quia incusabatur facile toleraturus exilium delecta Lesbo, insula nobili et amoena, retrahitur in urbem custoditurque domibus magistratuum.

Isdem litteris Caesar Sextium Paconianum praetorium perculit, magno patrum gaudio, audacem, maleficum, omnium secreta rimantem delectumque ab Seiano, cuius ope dolus Gaio Caesari pararetur. Quod postquam patefactum, prorupere concepta pridem odia, et summum supplicium decernebatur, ni professus indicium foret. IV Ut vero Latinium Latiarem ingressus est, accusator ac reus iuxta invisi gratissimum spectaculum praebebant. Latiaris, ut rettuli, praecipuus olim circumveniendi Titii Sabini et tunc luendae poenae primus fuit.

Inter quae Haterius Agrippa consules anni

Sechstes Buch

chen Gebärden werden an der Schwelle des Saales meine Knappen nach den Schwertern faffen? Indes, ein Leben, das nur noch die Waffen hüten, ich achte es nicht." So stutzte er an den Silben auf Togonius, wollte, gemeffen, nur den Antrag reuten.

Doch Junius Gallios Wort: „Die Prätorianer werden mit dem Recht des Sitzes in den vierzehn Reihen entlaffen", geißelten stürmisch seine Fragen, als höre es Gallios Ohr: „Was drückt dich das Heer? Befehl erläßt nur der Kaifer, und nur der Kaifer lohnt. Du bist ein findiger Kopf, findiger als Augustus' Voraussicht! Oder erhitzt ein Helfer Sejans durch meuterischen Hader und den Lockruf ‚Ehre' die Einfalt zum Bruch der Zucht?" Den Bann aus dem Senat, später aus Italien klügelte sich Gallios Schmeichelei. Doch es ward laut: „Die Wahl von Lesbos' edler Schönheit verträumt ihm die Acht." Es verbrachte ihn nach Rom zur Haft in die Häuser von Beamten.

Es jubelte der Senat dem Strahle zu, der aus dem gleichen Schreiben des Cäfaren zum Altprätoren Sextius Paconianus gesprüht. Den verwegnen Schurken, der sich in jedes Geheimnis wühlte, hatte Sejan gewürdigt, ein Netz um Caligula mit ihm zu stricken. Die Offenbarung entkettete jetzt den alten Haß, und das Gespenst des Todes schwand nur vor seinem Schrei: „Ich verrate." Auf Latinius Latiaris brach er aus und bot dem Haß für Kläger und Opfer ein Gelächter. So stieß die Rache Latiaris zuerst in ein Grab, woran er einst für Titius Sabinus am hurtigsten geschaufelt hatte.

Und Haterius Agrippa fiel die Konsuln des letzten

LIBER SEXTUS

prioris invasit, cur mutua accusatione intenta nunc silerent: Metum prorsus et noxae conscientiam pro foedere haberi; at non patribus reticenda, quae audivissent. Regulus manere tempus ultionis, seque coram principe exsecuturum; Trio aemulationem inter collegas et, si qua discordes iecissent, melius oblitterari respondit. Urgente Agrippa Sanquinius Maximus e consularibus oravit senatum, ne curas imperatoris conquisitis insuper acerbitatibus augerent: Sufficere ipsum statuendis remediis. Sic Regulo salus et Trioni dilatio exitii quaesita. Haterius invisior fuit, quia somno aut libidinosis vigiliis marcidus et ob segnitiam quamvis crudelem principem non metuens inlustribus viris perniciem inter ganeam ac stupra meditabatur.

V Exim Cotta Messalinus, saevissimae cuiusque sententiae auctor eoque inveterata invidia, ubi primum facultas data, arguitur pleraque: Gaiam Caesarem quasi incestae virilitatis et, cum die natali Augustae inter sacerdotes epularetur, novendialem eam cenam dixisse; querensque de potentia M'. Lepidi ac L. Arruntii, cum quibus ob rem pecuniariam disceptabat, addidisse: ‚Illos quidem senatus, me autem tuebitur Tiberiolus meus.' Quae cuncta a primoribus civitatis revincebatur, iisque instantibus ad imperatorem provocavit. Nec multo post litterae adferuntur, quibus in modum defensionis repetito inter se atque Cottam amicitiae principio crebrisque eius officiis commemoratis, ne verba prave detorta neu convivialium fabularum simplicitas in crimen duceretur, postu-

Sechstes Buch

Jahres an: „Euere Klagen hingen in der Luft. Und jetzt — die Schweigsamkeit? Furcht und Verstrickung in des Anderen Sünde knoten wohl den Bund? Der Senat hörte die Worte und spricht." Regulus trotzte: „Die Rache hüpft nicht davon. Ich räche vor dem Fürsten." Doch Trio: „Die Eifersucht von Amtesbrüdern, ihr überhitztes Gezänk, es lischt in der Vergessenheit." Agrippa stichelte fort. Der Altkonsul Sanquinius Maximus wandte sich an den Senat: „Soll Gier nach Zank die Sorgen des Kaisers verbittern? Ist der Geist des Senats für eine Heilung zu stumpf?" Regulus gewann sein Leben, Trio den Aufschub seines Todes, und frischen Haß Haterius, dessen welker Leib sich nur zu Wollust aus dem Schlafe riß, der nur aus Trägheit in ein grauses Auge des Fürsten blickte und zwischen einem Trunke Weins und einem Dirnenkuß strahlenden Geistern Unheil brütete.

Cotta Messalinus züngelte stets die wildesten Wünsche, und der Haß, den er sich tief verzweigte, holte in gelegener Stunde zu Vorwurf aus: „Sein Spottruf ‚Gaja Cäsar' kicherte wie von Weibesliebe, und von einem ‚Leichentrunk' schwatzte er beim Priestermahl an Augustas Geburtstag. Mit Manius Lepidus und Lucius Arruntius in einem Geldstreit befangen, schalt er auf ihren Einfluß: ‚Sie verzärtelt der Senat, doch mich, mich deckt mein Liebling Tiberius.'" Das Zeugnis aus dem Adel des Reiches schrie ihn nieder, und ihr Stürmen drängte ihn an den Kaiser. Wie vor einem Richter, forschte ein rascher Brief des Cäsaren in den Gründen seiner Freundschaft zu Cotta, zählte seine vielen Verdienste auf: „Ich liebe es nicht, am Wort zu deuteln, solches Wort und einen schlichten Tafelwitz zum Laster aufzublähen." Seltsam lautete

LIBER SEXTUS

lavit. VI Insigne visum est earum Caesaris litterarum initium; nam his verbis exorsus est: 'Quid scribam vobis, patres conscripti, aut quo modo scribam aut quid omnino non scribam hoc tempore, di me deaeque peius perdant, quam perire me cotidie sentio, si scio.' Adeo facinora atque flagitia sua ipsi quoque in supplicium verterant. Neque frustra praestantissimus sapientiae firmare solitus est, si recludantur tyrannorum mentes, posse aspici laniatus et ictus, quando, ut corpora verberibus, ita saevitia, libidine, malis consultis animus dilaceretur. Quippe Tiberium non fortuna, non solitudines protegebant, quin tormenta pectoris suasque ipse poenas fateretur.

VII Tum facta patribus potestate statuendi de C. Caeciliano senatore, qui plurima adversum Cottam prompserat, placitum eandem poenam inrogari, quam in Aruseium et Sanquinium, accusatores L. Arruntii; quo non aliud honorificentius Cottae evenit, qui nobilis quidem, set egens ob luxum, per flagitia infamis, sanctissimis Arruntii artibus dignitate ultionis aequabatur.

Q. Servaeus posthac et Minucius Thermus inducti, Servaeus praetura functus et quondam Germanici comes, Minucius equestri loco, modeste habita Seiani amicitia; unde illis maior miseratio. Contra Tiberius praecipuos ad scelera increpans admonuit C. Cestium praetorem dicere senatui, quae sibi scripsisset, suscepitque Cestius accusationem. Quod maxime exitiabile tulere illa tempora, cum primores senatus infimas etiam delationes exercerent, alii propalam, multi per occultum; neque discerneres alienos a coniunctis, amicos ab

Sechstes Buch

der Eingang des Cäsarenbriefes: „Senatoren, wenn ich weiß, was ich in dieser Stunde schreiben soll, wie ich schreiben soll, was ich nicht schreiben darf, so mögen die Götter und Göttinnen mich zu Tode quälen — schwerer, als die Qual mich täglich schmerzt." So glühend brannten auch ihn die flackernden Frevel, und das häufige Wort des größten Weisen ging nicht irr: „Wenn die Herrscher ihr Herz entblößen, ist es blutende Pein. Wie ein Leib unter der Peitsche zuckt, zerschlitzen Wildheit und Lüste, die dumpfen Gedanken ihre Seele." Nicht der Purpur, nicht die Öde erstickten in einem Tiberius das Wort von seinem gequälten Geist, von der zerrüttenden Rache.

An den Senat verwies er die Sache des Senators Cäcilianus, der die meisten Vorwürfe gegen Cotta ergossen hatte, und man erneute die Strafe von Lucius Arruntius' Klägern, Arusejus und Sanquinius. Zum Gipfel seines Lebens schnellte diese Strafe des Senates Cotta, dessen Adel die Armut seiner Üppigkeit und seine verrufenen Gelüste beschmutzten, eine Strafe wie für Arruntius' lautere Tätigkeit.

Der Altprätor Quintus Serväus, einst in Germanicus' Gefolge, und der Ritter Minucius Thermus standen vor dem Senat, und ihre laue Gewinnlust in der Freundschaft Sejans lockerte tiefer das Bedauern. Doch Tiberius' Worte krallten sich an die „Rädelsführer" und winkten dem Prätoren Gajus Cestius: „Dem Senat die Gedanken meines Briefes zu Gehör!", und Cestius ward der Kläger. — Zu einer Welt des Todes selbst wurden jene Tage. Die Führer des Senates sanken tief hinab, und manche riefen, viele raunten die häßlichsten Klagen. Sippen und Fremde,

LIBER SEXTUS

ignotis, quid repens aut vetustate obscurum: Perinde in foro, in convivio, quaqua de re locuti incusabantur, ut quis praevenire et reum destinare properat, pars ad subsidium sui, plures infecti quasi valetudine et contactu. Sed Minucius et Servaeus damnati indicibus accessere. Tractique sunt in casum eundum Iulius Africanus e Santonis Gallica civitate, Seius Quadratus: Originem non repperi.

Neque sum ignarus a plerisque scriptoribus omissa multorum pericula et poenas, dum copia fatiscunt aut, quae ipsis nimia et maesta fuerant, ne pari taedio lecturos adficerent, verentur: Nobis pleraque digna cognitu obvenere, quamquam ab aliis incelebrata. VIII Nam ea tempestate, qua Seiani amicitiam ceteri falso exuerant, ausus est eques Romanus M. Terentius, ob id reus, amplecti, ad hunc modum apud senatum ordiendo: 'Fortunae quidem meae fortasse minus expediat adgnoscere crimen quam abnuere; sed utcumque casura res est, fatebor et fuisse me Seiano amicum et, ut essem, expetisse et, postquam adeptus eram, laetatum. Videram collegam patris regendis praetoriis cohortibus, mox urbis et militiae munia simul obeuntem. Illius propinqui et adfines honoribus augebantur; ut quisque Seiano intimus, ita ad Caesaris amicitiam validus: Contra quibus infensus esset, metu ac sordibus conflictabantur. Nec quemquam exemplo adsumo: Cunctos, qui novissimi consilii expertes fuimus, meo unius discrimine defendam. Non enim Seianum Vulsiniensem, set Claudiae et Iuliae domus partem,

Sechstes Buch

Fremde wie Freunde, Gegenwart, dunkle Vergangenheit, es floß in den Wirbel. Auf dem Markte, an Gelagen eiferte Gier, selbst nach arglosem Wort zu jagen und einen Menschen mit seinem Wort zu zeichnen. Es war die Begierde nach dem eigenen Leben, oft nur das Fieber einer schleichenden Pest. — Nach ihrem Urteil bargen sich Minucius und Serväus in Verrat, und in den strudelnden Tod rissen sie auch den gallischen Santonen Julius Africanus und Sejus Quadratus, dessen Geburt ich nicht entwirrte.

Die meisten Verfasser wenden sich schweigend von Verhör und Sühne manchen Römers. Sie wurden es müde oder suchen ihren Ekel und die Schmerzen in den Lesern wieder. So weiß ich; doch in meiner Seele rauscht es von vielen Dingen an, die vor fremdem Ohr vorbeigeklungen. In jenen Tagen, da die Lüge stets sich der Liebe zu Sejan entsträubte, waffnete sich kühn der Ritter Marcus Terentius vor solcher Klage mit seiner Liebe und fiel vor dem Senate aus: „Die Lüge möchte mir frommen, nicht das Geständnis: ‚Ihr bewerft mich mit Wahrheit.' Doch mag ich verspielen, — ich kann nicht anders: ‚Sejan war ich freund, nach seiner Liebe habe ich getrachtet, seine Liebe war mein Glück.' Auf den Amtsgenossen seines Vaters, den Führer der Prätorianer, streifte sich vor meinem Auge der Dienst der Stadt und des Heeres. Ehren fluteten zum fernsten Gliede seines Hauses. Sejans Freundschaft maß die Freundschaft des Cäsaren, und sein Haß verstieß in Bangnis und Leid. Ich rufe keinen Römer auf. Uns alle, die wir seinen letzten Plan nicht taten, will mein Wort entsühnen, nur mich gefährden: Nicht einen Sejan aus Vulsinii, mein Cäsar, wir ehrten den jungen Trieb am

LIBER SEXTUS

quas adfinitate occupaverat, tuum, Caesar, generum, tui consulatus socium, tua officia in re publica capessentem colebamus. Non est nostrum aestimare, quem supra ceteros et quibus de causis extollas: Tibi summum rerum iudicium di dedere, nobis obsequii gloria relicta est. Spectamus porro, quae coram habentur, cui ex te opes honores, quis plurima iuvandi nocendive potentia; quae Seiano fuisse nemo negaverit. Abditos principis sensus, et, si quid occultius parat, exquirere inlicitum, anceps; nec ideo adsequare. Ne, patres conscripti, ultimum Seiani diem, sed sedecim annos cogitaveritis. Etiam Satrium atque Pomponium venerabamur; libertis quoque ac ianitoribus eius notescere pro magnifico accipiebatur. Quid ergo? Indistincta haec defensio et promisca dabitur? Immo iustis terminis dividatur. Insidiae in rem publicam, consilia caedis adversum imperatorem puniantur: De amicitia et officiis idem finis et te, Caesar, et nos absolverit.' IX Constantia orationis et, quia repertus erat, qui efferret, quae omnes animo agitabant, eo usque potuere, ut accusatores eius, additis, quae ante deliquerant, exilio aut morte multarentur.

Secutae dehinc Tiberii litterae in Sex. Vistilium praetorium, quem Druso fratri percarum in cohortem suam transtulerat. Causa offensionis Vistilio fuit, seu composuerat quaedam in Gaium Caesarem ut impudicum, sive ficto habita fides. Atque ob id convictu principis prohibitus cum senili manu ferrum temptavisset, obligat venas; precatusque per codicillos, immiti rescripto venas resolvit.

Sechstes Buch

claudischen und julischen Stamm, deinen Eidam, den Gefährten deines Konsulats, den Doppelgänger des Kaisers. Deine tiefen Gründe, den Menschen deiner Gunst zu werten sind wir nicht geboren. Dir schenkten die Götter eine Erde zum Ball. Um uns mag nur noch der Gehorsam flimmern. Unser ist nur die Sorge, was sich in die Sinne preßt, wen du beglückst, umschmückst, wem Leben und Tod sich beugt? ‚Sejan' mußte es uns entgegenbrausen. — Nacht verhüllt des Fürsten Gefühl, und durch die Nacht zur wirkenden Kraft zu dringen, dringt in Verbot, Gefahr, und doch — wir greifen es nie. Senatoren, was wiegt der letzte Tag Sejans gegen sechzehn Jahre? — Und knieten wir nicht vor Satrius und Pomponius? Berauschte sich die Menschheit nicht am Gruß seiner Freigelassenen, der Torwacht? Nun? Wahllos sollt ihr stets so schützende Worte meutern lassen, sie nicht sichten dürfen mit gerechtem Maß? Mord auf das Reich, er büße! Mord auf den Kaiser büße! Doch ein Ende zur gleichen Stunde befreit, das Ende der Pflicht und Liebe befreiet uns und — dich, mein Cäsar." Der Trotz seiner Rede, die Achtung vor dem Manne, der die Gedanken der Welt zu sprechen wagte, zahlten den Klägern für ihre Klage und vergangene Sünden mit Achtung oder Tod.

Ein Schreiben von Tiberius sehrte den Altprätoren Sextus Vistilius, Drusus' trauten Freund, später darob in das Gefolge seines Bruders, des Fürsten, gemischt. Hatte sich Vistilius durch Schriften von Caligulas Lüsternheiten verfeindet? Hing man einer Lüge nach? — Der Fürst entbot ihn nicht mehr zu Gast. In greisen Fingern schnitt ein Dolch, doch schnürte er sich die Adern ab. Auf sein flehendes

LIBER SEXTUS

Acervatim ex eo Annius Pollio, Appius Silanus Scauro Mamerco simul ac Sabino Calvisio maiestatis postulantur, et Vinicianus Pollioni patri adiciebatur, clari genus atque idem summis honoribus. Contremuerantque patres (nam quotus quisque adfinitatis aut amicitiae tot inlustrium virorum expers erat?), ni Celus urbanae cohortis tribunus, tum inter indices, Appium et Calvisium discrimini exemisset. Caesar Pollionis ac Viniciani Scaurique causam, ut ipse cum senatu nosceret, distulit, datis quibusdam in Scaurum tristibus notis.

X Ne feminae quidem exsortes periculi. Quia occupandae rei publicae argui non poterant, ob lacrimas incusabantur; necataque est anus Vitia, Fufii Gemini mater, quod filii necem flevisset. Haec apud senatum.

Nec secus apud principem Vescularius Flaccus ac Iulius Marinus ad mortem aguntur, e vetustissimis familiarium, Rhodum secuti et apud Capreas individui, Vescularius insidiarum in Libonem internuntius; Marino participe Seianus Curtium Atticum oppresserat. Quo laetius acceptum sua exempla in consultores recidisse.

Per idem tempus L. Piso pontifex, rarum in tanta claritudine, fato obiit, nullius servilis sententiae sponte auctor et, quotiens necessitas ingrueret, sapienter moderans. Patrem ei cen-

Sechstes Buch

Schreiben grollte der Bescheid und riß die Adern wieder auf.

Nach Scharen verlangte das Gesetz des Hochverrats: Annius Pollio und Appius Silanus, Mamercus Scaurus und Sabinus Calvisius, und seinem Vater Pollio wurde Vinicianus gesellt, — Männer schimmernden Geschlechts und von Würden schwerster Gewalt. Fünf Große Roms, fast mit allen Senatoren durch Sippe und Freundschaft tief verwurzelt, — und so bebte der Senat. Doch ein Verräter, der Tribun einer städtischen Kohorte, Celsus, schüttelte die Klage von Appius und Calvisius ab. Pollios, Vinicianus' und Scaurus' Verhör bewahrte der Cäsar einer Kaisertagung im Senat, nur zackige Worte gegen Scaurus blitzten schon auf. —

Auch mit Frauen ergötzten sich Verhöre. Da man von Kronenkampf nicht schmähen konnte, würdigte man ihre Tränen, und zu rotem Blute ward die Träne der greisen Vitia, Fusius Geminus' Mutter, die Träne um den Mord an ihrem Sohn. Es waren Beschlüsse des Senats.

Und der Fürst, er rief den Tod auf Vescularius Flaccus und Julius Marinus, ihm schon freund in längst verblaßten Jahren, seine Freunde zu Rhodos, seine Schatten zu Capri, auf Vescularius, den Zwischenträger in Libos Verhängnis, auf Marinus, den Helfer Sejans an Curtius Atticus' Sturz, und es frohlockte die Freude: „Wider die Täter wandten sich die Taten zurück!"

In jenen Tagen starb der Oberpriester Lucius Piso den schlichten Tod, einen seltenen Tod bei seinem Ruhm. Zum Tun von Sklaven riet er willig nicht, doch von der Lage darein verstrickt, manch

LIBER SEXTUS

sorium fuisse memoravi; aetas ad octogensimum annum processit; decus triumphale in Thraecia meruerat. Sed praecipua ex eo gloria, quod praefectus urbi recens continuam potestatem et insolentia parendi graviorem mire temperavit. — XI Namque antea profectis domo regibus ac mox magistratibus, ne urbs sine imperio foret, in tempus deligebatur, qui ius redderet ac subitis mederetur; feruntque ab Romulo Dentrem Romulium, post ab Tullo Hostilio Numam Marcium et ab Tarquinio Superbo Spurium Lucretium inpositos. Dein consules mandabant; duratque simulacrum, quotiens ob ferias Latinas praeficitur, qui consulare munus usurpet. Ceterum Augustus bellis civilibus Cilnium Maecenatem equestris ordinis cunctis apud Romam atque Italiam praeposuit. Mox rerum potitus ob magnitudinem populi ac tarda legum auxilia sumpsit e consularibus, qui coërceret servitia et, quod civium audacia turbidum, nisi vim metuat. Primusque Messalla Corvinus eam potestatem et paucos intra dies finem accepit, quasi nescius exercendi; tum Taurus Statilius, quamquam provecta aetate, egregie toleravit; dein Piso quindecim per annos pariter probatus, publico funere ex decreto senatus celebratus est.

XII Relatum inde ad patres a Quintiliano tribuno plebei de libro Sibullae, quem Caninius Gallus quindecimvirum recipi inter ceteros eiusdem vatis et ea de re senatus consultum postulaverat. Quo per discessionem facto misit litteras Caesar, modice tribunum increpans ignarum antiqui moris ob iuventam. Gallo exprobrabat, quod scientiae

Sechstes Buch

Wort zu klugem Maß. Der Zensur des Vaters dachte ich. Er selbst kam zu achtzig Jahren, und Thrakien schmückte ihn mit einer Siegesfeier. Doch zum Ruhme trug ihn als Stadtpräfekten die seltene Selbstzucht in seinem Amt, das, erst seit junger Zeit von Dauer und noch befremdend, auf steife Nacken zu hart sich pressen mußte. — Die Reisen der Könige, später der Beamten zwangen einst für das herrenlose Rom zur flüchtigen Wahl von Richtern, Führern aus jäher Not. Denter Romulius wählt die Sage durch Romulus, Numa Marcius durch Tullus Hostilius und Spurius Lucretius durch Tarquinius Superbus. — Ein Schattenspiel jener alten Pflicht der Konsuln, legt das latinische Fest ihr Amt auf eine fremde Schulter. Im Bürgerkampf vertraute Augustus die Welten Roms und Italiens dem Ritter Cilnius Mäcenas. Dem Kaiser Augustus riet die Größe des Volkes und die träge Hilfe der Gesetze zu einer Wahl aus den Altkonsuln, Sklaven zu verschüchtern und dreiste, gärende Bürgeraugen, die nur die Kraft verstört. An Messala Corvinus wandte sich das Amt zuerst, doch es floh nach wenigen Tagen. Verfehlte er es, zu befehlen? Statilius Taurus' weiße Haare bleichten nicht den Ruhm seines Dienstes, und Pisos Ruf, der in fünfzehn Jahren nicht verdorrte, feierte ein Beschluß des Senats in Reichsbestattung.

Durch den Volkstribunen Quintilianus ward im Senat von einem Buche der Sibylle ruchbar, für das sich der Quindecimvir Caninius Gallus begeistert hatte: „Ein Entscheid des Senates reihe es in die Bücher der Seherin!" Man stritt nicht und beschloß es. In einem Schreiben schalt der Cäsar gelassen den Tribunen: „Was weiß deine Jugend von altem

LIBER SEXTUS

caerimoniarumque vetus incerto auctore, ante sententiam collegii, non, ut adsolet, lecto per magistros aestimatoque carmine, apud infrequentem senatum egisset. Simul commonefecit, quia multa vana sub nomine celebri vulgabantur, sanxisse Augustum, quem intra diem ad praetorem urbanum deferrentur neque habere privatim liceret. Quod a maioribus quoque decretum erat post exustum sociali bello Capitolium, quaesitis Samo, Ilio, Erythris, per Africam etiam ac Siciliam et Italicas colonias carminibus Sibullae, una seu plures fuere, datoque sacerdotibus negotio, quantum humana ope potuissent, vera discernere. Igitur tunc quoque notioni quindecimvirum is liber subicitur.

XIII Isdem consulibus gravitate annonae iuxta seditionem ventum, multaque et plures per dies in theatro licentius efflagitata, quam solitum adversum imperatorem. Quis commotus incusavit magistratus patresque, quod non publica auctoritate populum coërcuissent, addiditque, quibus ex provinciis et quanto maiorem quam Augustus rei frumentariae copiam advectaret. Ita castigandae plebi compositum senatus consultum prisca severitate, neque segnius consules edixere. Silentium ipsius non civile, ut crediderat, sed in superbiam accipiebatur.

XIV Fine anni Geminius, Celsus, Pompeius, equites Romani, cecidere coniurationis crimine; ex quis Geminius prodigentia opum ac mollitia vitae amicus Seiano, nihil ad serium. Et Iulius

Sechstes Buch

Brauch?" Doch Gallus schmälte er: „Du, ein ergrauter Kenner der heiligen Wissenschaft, kennst nicht den Schenker, nicht die Gedanken deiner Brüderschaft, kennst nicht die Sitte, daß den Sang die Meister lesen und schätzen, und hast in leerem Saal des Senats ihn schätzen lassen?" Er mahnte: „In gleißendem Gewande trug sich auch die Lüge, und es erließ Augustus eine Frist: ‚Nach ihrem Verfalle sperrt der städtische Prätor die Schriften ab, und dem Bürger versagt sich der Besitz!'" Schon ein Beschluß der Väter entbot es nach dem Brand des Kapitols im Bundeskriege, da man nach Sängen der Sibylle oder von Sibyllen auf Samos, Ilion, Erythrai, auf Afrika und Sizilien, in Italiens Siedlerstädten forschte, da die Priester mit den Kräften des Menschen die Wahrheit heben sollten. — Vor die Prüfung der Quindecimvirn breitete man auch jetzt die Schrift.

In schmerzender Teuerung des Jahres wetterleuchtete Aufruhr, und manchen Tag spritzten die Schreie im Theater hoch — keck, wie der Kaiser es nicht gewohnt. Cäsarenzorn brach nieder auf Beamte und Senat: „Lahmt eure Macht, die Macht des Reichs?", und die Provinzen seiner Getreidefahrten, die Massen Kornes zählte er auf: „Augustus mag sich doch messen!" Den Beschluß an das Volk schärfte der Senat mit Ruten des Altertums, und ein Erlaß der Konsuln schwächte nicht. Im eigenen Schweigen sann der Fürst von Liebe, und man flüsterte von Hoffart.

Am Ende des Jahrs zerschmetterte eine Klage auf Sejans Verschwörung die Ritter Seminius, Celsus und Pompejus. Seminius' flüssiges Gold, sein weibisches Leben hatten Sejan befreundet, doch nur zu

LIBER SEXTUS

Celsus tribunus in vinclis laxatam catenam et circumdatam in diversum tendens suam ipse cervicem perfregit. At Rubrio Fabato, tamquam desperatis rebus Romanis Parthorum ad misericordiam fugeret, custodes additi. Sane is repertus apud fretum Siciliae retractusque per centurionem nullas probabiles causas longinquae peregrinationis adferebat: Mansit tamen incolumis, oblivione magis quam clementia.

XV Ser. Galba, L. Sulla consulibus diu quaesito, quos neptibus suis maritos destinaret, Caesar, postquam instabat virginum aetas, L. Cassium, M. Vinicium legit. Vinicio oppidanum genus: Calibus ortus, patre atque avo consularibus, cetera equestri familia erat, mitis ingenio et comptae facundiae. Cassius plebeii Romae generis, verum antiqui honoratique, et severa patris disciplina eductus facilitate saepius quam industria commendabatur. Huic Drusillam, Vinicio Iuliam Germanico genitas coniungit superque ea re senatui scribit, levi cum honore iuvenum. Dein redditis absentiae causis admodum vagis flexit ad graviora et offensiones ob rem publicam coeptas, utque Macro praefectus tribunorumque et centurionum pauci secum introirent, quotiens curiam ingrederetur, petivit. Factoque large et sine praescriptione generis aut numeri senatus consulto ne tecta quidem urbis, adeo publicum consilium numquam adiit, deviis plerumque itineribus ambiens patriam et declinans.

… Sechstes Buch

Schelmerei. Den Nacken des Tribunen Julius Celsus brach im Kerker die Kette, die er gelockert, rückwärts geschleudert und vom Genick nach vorne riß. Rubrius Fabatus, der Flucht verdächtig, aus den „Trümmern Roms" sich im weichen Schoß der Parther zu vergraben, kreisten Wachen ein. Seine Gründe vermochten die weite Reise nicht zu deuten, als er am Sund Siziliens aufgestöbert, als ein Centurio ihn zurückgebracht. Sein Leben wurde kaum begnadigt, doch vergessen.

Lange suchte der Cäsar nach Gatten seiner Enkelinnen und fand sie für ihr begehrendes Mädchentum im Jahre 33 in Lucius Cassius und Marcus Vinicius. Vinicius war zu Cales geboren. Aus dem Rittergeschlecht der Landstadt ragten sein Vater und Ahn, die Konsuln, und aus seinem milden Geiste tänzelten die Silben. Cassius, aus greisem, geschmücktem Plebejergeschlecht zu Rom, erwachsen in der harten Zucht des Vaters, empfahl sich in lächelnder Geschmeidigkeit, minder in Tatkraft. Von seinem Bunde mit Drusilla, von Vinicius' Ehe mit Julia, Germanicus' Töchtern, schrieb Tiberius dem Senat, und flüchtig lobte er die jungen Römer. Doch nach flackernder Ausflucht für seine mangelnde Gegenwart grollten Sätze vom Staat und seinen Verfeindungen, grollten in die Bitte aus: „Macro, der Präfekt, ein paar Tribunen und Centurionen heften sich an meinen Schritt zum Tagungssaal!" Üppig spendend, schränkte der Beschluß des Senates ihren Rang und die Zahl nicht ein, doch er floh die Tagung des Reichs, floh die Häuser Roms, schlich meist auf wüsten Pfaden um die Heimat und irrte hinweg.

LIBER SEXTUS

XVI Interea magna vis accusatorum in eos inrupit, qui pecunias faenore auctitabant adversum legem dictatoris Caesaris, qua de modo credendi possidendique intra Italiam cavetur, omissam olim, quia privato usui bonum publicum postponitur. Sane vetus urbi faenebre malum et seditionum discordiarumque creberrima causa, eoque cohibebatur antiquis quoque et minus corruptis moribus. Nam primo duodecim tabulis sanctum, ne quis unciario faenore amplius exerceret, cum antea ex libidine locupletium agitaretur; dein rogatione tribunicia ad semuncias redactum, postremo vetita versura. Multisque plebi scitis obviam itum fraudibus, quae totiens repressae miras per artes rursum oriebantur. Sed tum Gracchus praetor, cui ea quaestio evenerat, multitudine periclitantium subactus rettulit ad senatum, trepidique patres (neque enim quisquam tali culpa vacuus) veniam a principe petivere; et concedente annus in posterum sexque menses dati, quis secundum iussa legis rationes familiares quisque componerent. XVII Hinc inopia rei nummariae, commoto simul omnium aere alieno et, quia tot damnatis bonisque eorum divenditis signatum argentum fisco vel aerario attinebatur. Ad hoc senatus praescripserat, duas quisque faenoris partes in agris per Italiam conlocaret, debitores totidem aeris alieni statim solverent. Sed creditores in solidum appellabant, nec decorum appellatis minuere fidem. Ita primo concursatio et preces, dein strepere praetoris tribunal, eaque, quae remedio quaesita, venditio et emptio, in contrarium mutari, quia faeneratores omnem pecuniam mercandis agris condiderant.

Sechstes Buch

Indessen lärmten Haufen von Klägern wider die Wucherer, die Gelder türmten — trotz des Gesetzes des Diktators Cäsar, das Leihe und Besitz in Italien grenzte, das wider den Gewinn des Reiches längst von Eigennutz betrogen ward, wie stets. Die Krankheit des Wuchers, alt in Rom, zündete meist den hadernden Aufruhr, doch es dämpfte auch die alte, keuschere Sitte: Das Gesetz der zwölf Tafeln kerbte in die Willkür des Reichtums: "Nur eins von hundert an Zinsen!" Ein Antrag der Tribunen beschnitt es auf die Hälfte. Zuletzt ward das Zinsgetriebe versagt, und Erlasse des Volkes verrammelten die Wege, die wieder und wieder wunderliche List sich bahnte. Jetzt drängte die weite Not den Richter solchen Verhörs, den Prätor Gracchus, zum Bericht an den Senat, und der bebende Senat, dessen Glieder sich alle vergangen hatten, kniete vor dem gnädigen Fürsten. Von Tiberius' Gnade schenkte man jedem achtzehn Monate, seine Gelder getreu dem Gesetz zu sichten. Münznot marterte: Man löste die Gelder von allen Schuldnern ein, und der Schatz des Reichs und Kaisers band das Geld für die Güter, die häufiges Urteil versteigern ließ. Dagegen hatte der Senat gestritten: "Zwei Drittel der Leihegelder sickern in Italiens Gefilde; zwei Drittel der Schulden tragen sogleich die Schuldner ab!" Doch die Gläubiger beharrten auf der vollen Summe, und den Schuldnern raubte Weigerung den Ruf im Handel. Eilende Menschen flehten. Tosend wogten sie um den Sitz des Prätors. Das Mittel verschlug nicht, dem man sich geboten hatte: Kauf und Verkauf. Alle Leihegelder wurden zum Güterkauf verhalten. Die Werte drückte die Masse des Angebots, und hohe Schulden zwangen

LIBER SEXTUS

Copiam vendendi secuta vilitate, quanto quis obaeratior, aegrius distrahebant, multique fortunis provolvebantur; eversio rei familiaris dignitatem ac famam praeceps dabat, donec tulit opem Caesar disposito per mensas miliens sestertio factaque mutuandi copia sine usuris per triennium, si debitor populo in duplum praediis cavisset. Sic refecta fides, et paulatim privati quoque creditores reperti. Neque emptio agrorum exercita ad formam senatus consulti, acribus, ut ferme talia, initiis, incurioso fine.

XVIII Dein redeunt priores metus postulato maiestatis Considio Proculo, qui nullo pavore diem natalem celebrans raptus in curiam pariterque damnatus interfectusque, et sorori eius Sanciae aqua atque igni interdictum, accusante Q. Pomponio. Is moribus inquies haec et huiusce modi a se factitari praetendebat, ut parta apud principem gratia periculis Pomponii Secundi fratris mederetur. Etiam in Pompeiam Macrinam exilium statuitur, cuius maritum Argolicum, socerum Laconem e primoribus Achaeorum Caesar adflixerat. Pater quoque inlustris eques Romanus ac frater praetorius, cum damnatio instaret, se ipsi interfecere. Datum erat crimini, quod Theophanen Mytilenaeum proavum eorum Cn. Magnus inter intimos habuisset, quodque defuncto Theophani caelestes honores Graeca adulatio tribuerat. XIX Post quos Sex. Marius Hispaniarum ditissimus defertur incestasse filiam et saxo Tarpeio deicitur. Ac ne dubium haberetur magnitudinem pecuniae malo vertisse, aurarias aerariasque eius, quamquam publicarentur, sibimet Tiberius seposuit.

Sechstes Buch

zu herberem Verschleiß. Vermögen zerrannen, und Vermögenssturz stürzte Würde und Ruf. Rettend, legte der Cäsar in die Banken hundert Millionen Sestertien zu zinslosem, dreijährigem Leihgeld dem Schuldner, der sich dem Volk in Gütern doppelt hoch verbürgte. Das Vertrauen auf Zahlung kehrte zurück, und Bürger liehen wieder aus. Doch die Art des Länderkaufs tat dem Beschluß des Senates nicht genug, wie breite Wellen meist im Sande achtlos verflachen.

Das Entsetzen der Vergangenheit erwachte: Hochverrat lud Considius Proculus vor. Als er im Jubel seines Geburtstags tollte, zerrte man ihn zum Senat, zu Todesspruch und Tod, und Quintus Pomponius' selbe Klage verbannte auch Proculus' Schwester Sancia. Von unstäten Sinnen, schützte Pomponius vor: "Solche Taten angeln nur um die Liebe des Fürsten, meinen Bruder Pomponius Secundus aus der Gefahr zu fischen." — Pompeja Macrina ward verfemt, deren Gatten Argolikos und Schwiegervater Lakon aus Achaias Adel sich der Cäsar schon geopfert hatte. Auch ihren Vater, einen Edelritter, und ihren Bruder, einen Altprätoren, scheuchte ein schwebendes Urteil in den Selbstmord. Ein Verbrechen grub man aus ihres Ahnen, des Mytileners Theophanes tiefer Freundschaft zu Gnäus Pompejus Magnus, aus der schmeichlerischen Griechen Göttergebet zu dem verblichenen Theophanus. — Sextus Marius, den reichsten Bürger Spaniens, schleuderten Worte von Schändung der eignen Tochter vom tarpejischen Fels, und im Raube seiner Gold- und Kupfergruben aus den Fängen des Staats nahm Tiberius jeden Zweifel am Verderbnis des Reichtums.

LIBER SEXTUS

Inritatusque suppliciis cunctos, qui carcere attinebantur accusati societatis cum Seiano, necari iubet. Iacuit inmensa strages, omnis sexus, omnis aetas, inlustres ignobiles, dispersi aut aggerati. Neque propinquis aut amicis adsistere, inlacrimare, ne visere quidem diutius dabatur, sed circumiecti custodes et in maerorem cuiusque intenti corpora putrefacta adsectabantur, dum in Tiberim traherentur, ubi fluitantia aut ripis adpulsa non cremare quisquam, non contingere. Interciderat sortis humanae commercium vi metus, quantumque saevitia glisceret, miseratio arcebatur.

XX Sub idem tempus Gaius Caesar, discedenti Capreas avo comes, Claudiam, M. Silani filiam, coniugio accepit, immanem animum subdola modestia tegens, non damnatione matris, non exitio fratrum rupta voce; qualem diem Tiberius induisset, pari habitu, haud multum distantibus verbis. Unde mox scitum Passieni oratoris dictum percrebruit neque meliorem umquam servum neque deteriorem dominum fuisse.

Non omiserim praesagium Tiberii de Servio Galba tum consule; quem accitum et diversis sermonibus pertemptatum postremo Graecis verbis in hanc sententiam adlocutus est 'Et tu, Galba, quandoque degustabis imperium', seram ac brevem potentiam significans, scientia Chaldaeorum artis, cuius apiscendae otium apud Rhodum, magistrum Thrasullum habuit, peritiam eius hoc modo expertus. XXI Quotiens super tali negotio consul-

Sechstes Buch

Der Cäsar hatte Blut geschlürft: "Tod, wen Bande mit Sejan an das Verließ geschmiedet haben!" In Strömen rauschte Blut, das Blut von Mann und Weib, von Kind und Greis, von Ruhm und Alltagsleben, Blut aus gehäuften, aus weit zerstreuten Leibern. Sippen und Freunde mußten ferne stehen — tränenlos, mußten die sehnenden Blicke hüten. Wächter spähten nach sich windender Trauer, spähten nach den modernden Leibern, bis die Wellen der Tiber an ihnen leckten, sie auch zum Ufer spülten, wo nicht Todesfeuer glühte, wo keine Hand sie koste. Die Furcht hatte das Gefühl für Menschengeschick gemordet. Das Grauen wilderte, und hastiger versteckte sich das Mitleid.

In jenen Tagen ward Caligula, im Gefolge des Ahns zu Capri, mit Claudia, Marcus Silanus' Tochter, vermählt. Schüchtern schlich er umher, schwelgend an Tod. Als seine Mutter geächtet ward, als seine Brüder starben, stöhnte kein Laut. Sein Wesen war der Schatten von Tiberius' Launen, und seine Worte spiegelten Tiberius' Sprache. Der kluge Satz des Redners Passienus schlüpfte später unter die Menschen: "In Sklavenbrauch ein Fürst und der Sklave in Fürstenart!"

Tiberius' Kündung von Servius Galba, dem Konsul jenes Jahres, will ich sagen. Er entbot sich Galba, und die Versuchung bunter Rede endeten griechische Worte: "Auch du, mein Galba, wirst noch an die Krone tasten." Von später, karger Blüte wußte der Kenner der Chaldaierkunst, die Thrasyllos den Müßigen zu Rhodos gelehrt. Und nach seines Meisters Wissenschaft hatte er dort gebohrt. Wenn er im Geheimnis der Welten spürte, ging er zu einer Zinne

LIBER SEXTUS

taret, edita domus parte ac liberti unius conscientia utebatur. Is litterarum ignarus, corpore valido, per avia ac derupta (nam saxis domus imminet) praeibat eum, cuius artem experiri Tiberius statuisset, et regredientem, si vanitatis aut fraudum suspicio incesserat, in subiectum mare praecipitabat, ne index arcani exsisteret. Igitur Thrasullus isdem rupibus inductus, postquam percontantem commoverat, imperium ipsi et futura sollerter patefaciens, interrogatur, an suam quoque genitalem horam comperisset, quem tum annum, qualem diem haberet. Ille positus siderum ac spatia dimensus haerere primo, dein pavescere et, quantum introspiceret, magis ac magis trepidus admirationis et metus, postremo exclamat ambiguum sibi ac prope ultimum discrimen instare. Tum complexus eum Tiberius praescium periculorum et incolumem fore gratatur, quaeque dixerat oracli vice accipiens inter intimos amicorum tenet.

XXII Sed mihi haec ac talia audienti in incerto iudicium est, fatone res mortalium et necessitate immutabili an forte volvantur. Quippe sapientissimos veterum, quique sectam eorum aemulantur, diversos reperies, ac multis insitam opinionem non initia nostri, non finem, non denique homines dis curae; ideo creberrime tristia in bonos, laeta apud deteriores esse. Contra alii fatum quidem congruere rebus putant, sed non e vagis stellis, verum apud principia et nexus naturalium causarum; ac tamen electionem vitae nobis relinquunt, quam ubi elegeris, certum imminentium ordinem. Neque

Sechstes Buch

des Palastes und vertraute sich nur einem Freigelassenen. Auf Felsen türmt sich das Schloß, und auf öden, schroffen Klippen schritt der Hünenleib des bildungsrohen Knechtes vor dem Opfer her, von dessen Kunst zu kosten es Tiberius trieb, und wenn der Weise wiederkehrte, in dem sein Argwohn nur von Torheit oder Trug gelesen hatte, griff er in Luft, und dumpf rauschten die Wasser herauf, wahrten das Geheimnis vor Verrat. Auch Thrasyllos ging in den Klippen, und an dem Frager wühlten die klugen Worte von der Zukunft und der Krone, und der Cäsar flüsterte: „Kennst du auch deine Stunde der Geburt? Kennst du das Jahr der Gegenwart, kennst du den Tag?" Thrasyllos schaute zu den Räumen und Lagen der Sterne, stockte und schauerte. Und tiefer schaute er hinauf, und sein bebendes Staunen löste ein zitternder Schrei: „Ich wittere Unheil. Es mäht der Tod!" Tiberius umschlang ihn: „Ich grüße dich. Dem Kenner seines Todes schenke ich das Leben", und die Rede eines trauten Freunds ward zu Götterspruch.

Vor solcher Botschaft muß ich ratlos irren. Wallt die Welt in eherner Bahn des Schicksals, schaukelt sie unter dem Zufall? Verwirrt fühle ich die Weisen des Altertums, die Lehren ihrer Schüler. Ich höre den Schwur: „Die Götter lachen um Menschengeburt und Menschentod, lachen des Lebens. Darf die Güte nicht stöhnen, die Sünde nicht jubeln?" Und wieder höre ich: „Das Schicksal ist die Welt. Ihr weisen den Weg Urgrund und Knotung der Schöpfungsgesetze, nicht die zuckenden Sterne. Doch kann der Wille sein Leben küren, und nur den Pfad der Wahl verzäunt das Geschick. ‚Glück und Leid' sann nur der Pöbel.

LIBER SEXTUS

mala vel bona, quae vulgus putet: Multos, qui conflictari adversis videantur, beatos, at plerosque, quamquam magnas per opes, miserrimos, si illi gravem fortunam constanter tolerent, hi prospera inconsulte utantur. Ceterum plurimis mortalium non eximitur, quin primo cuiusque ortu ventura destinentur, sed quaedam secus, quam dicta sint, cadere, fallaciis ignara dicentium: Ita corrumpi fidem artis, cuius clara documenta et antiqua aetas et nostra tulerit. Quippe a filio eiusdem Thrasulli praedictum Neronis imperium in tempore memorabitur, ne nunc incepto longius abierim.

XXIII Isdem consulibus Asinii Galli mors vulgatur, quem egestate cibi peremptum haud dubium, sponte vel necessitate, incertum habebatur. Consultusque Caesar, an sepeliri sineret, non erubuit permittere ultroque incusare casus, qui reum abstulissent, antequam coram convinceretur: Scilicet medio triennio defuerat tempus subeundi iudicium consulari seni, tot consularium parenti.

Drusus deinde exstinguitur, cum se miserandis alimentis, mandendo e cubili tomento, nonum ad diem detinuisset. Tradidere quidam praescriptum fuisse Macroni, si arma ab Seiano temptarentur, extractum custodiae iuvenem (nam in Palatio attinebatur) ducem populo imponere. Mox, quia rumor incedebat fore, ut nuru ac nepoti conciliaretur Caesar, saevitiam quam paenitentiam maluit. XXIV Quin et invectus in defunctum probra corporis, exitiabilem in suos, infensum rei publicae animum obiecit recitarique factorum dictorumque eius descripta per dies iussit, quo non aliud atrocius

Sechstes Buch

Menschen vermögen, in würgendem Sturm zu lächeln, und die Menschheit krümmt sich im Rausch des Glücks. Die Bürde läßt sich trotzen, und nur Weise kann das Glück erheitern." Doch unsterblich lebt in der Masse der Sterblichen der Glaube an ein Schicksal bei der Geburt des Menschen, und „wenn die Würfel anders rollen als die Worte, hat die Lüge von lichtem Geheimnis geprahlt, und solche Lüge zernagt den Glauben an eine Kunst, deren Wahrheit Altertum und Gegenwart erhärten": Die Kündung von einem Kaiser Nero durch Thrasyllos' Sohn wird zu ihrer Zeit verlauten. Sie würde mich in überweite Fernen führen.

In jenem Jahre hörte die Welt von Asinius Gallus' Tod, von Hunger, der ihn getötet habe. Doch ob es Wille, ob es Zwang, ward nicht geklärt. Schamlos, gönnte der Cäsar den Fragern sein Begräbnis und lästerte das Schicksal: „Es entrückt ihn dem Verhör, den Beweisen, einst vor meinem Ohr." In drei behenden Jahren konnte sich der greise Altkonsul, vieler Altkonsuln Vater, nicht das Gericht erhaschen.

Drusus starb. Neun Tage fristete er sein Leben mit kläglicher Speise, mit der Polsterung seines Lagers. Man will auch wissen: „Macro barg den Befehl, bei einem Waffensturm Sejans die Gemächer des Palasts, den Kerker des Jünglings, zu sprengen und ihn vor dem Volk auf den Schild zu heben." Das Gerücht trug es um: „Der Cäsar küßt den Enkel und die Schwiegertochter." Da riß er die Reue aus und war grausam. Und er höhnte den Toten: „Frech gierte sein Leib, und Blut schwur er seinem Geschlecht, Haß dem Reich. Mein Tagebuch soll euch seine Taten und Worte entblößen." Ein Greuel

LIBER SEXTUS

visum: Adstitisse tot per annos, qui vultum, gemitus, occultum etiam murmur exciperent, et potuisse avum audire, legere, in publicum promere vix fides, nisi quod Attii centurionis et Didymi liberti epistulae servorum nomina praeferebant, ut quis egredientem cubiculo Drusum pulsaverat, exterruerat. Etiam sua verba centurio saevitiae plena, tamquam egregium, vocesque deficientis adiecerat, quis primo quasi per dementiam funesta Tiberio, mox, ubi exspes vitae fuit, meditatas compositasque diras inprecabatur, ut, quem ad modum nurum filiumque fratris et nepotes domumque omnem caedibus complevisset, ita poenas nomini generique maiorum et posteris exsolveret. Obturbabant quidem patres specie detestandi: Sed penetrabat pavor et admiratio callidum olim et tegendis sceleribus obscurum huc confidentiae venisse, ut tamquam dimotis parietibus ostenderet nepotem sub verbere centurionis, inter servorum ictus extrema vitae alimenta frustra orantem.

XXV Nondum is dolor exoleverat, cum de Agrippina auditum, quam interfecto Seiano spe sustentatam provixisse reor et, postquam nihil de saevitia remittebatur, voluntate exstinctam, nisi si negatis alimentis adsimulatus est finis, qui videretur sponte sumptus. Enimvero Tiberius foedissimis criminationibus exarsit, impudicitiam arguens et Asinium Gallum adulterum, eiusque morte ad taedium vitae conpulsam. Sed Agrippina

Sechstes Buch

kam auf, wie er noch nie erlitten ward. Seit vielen Jahren forschten Spione in Drusus' Antlitz, lauschten auf Stöhnen, nach geflüstertem Trotz, brachten es vor den willigen Ahn in Schrift und Wort, und ein Ahn warf es zur Welt. Wenn der Glaube sich weigern will, so prunken in den Berichten des Centurio Attius und des Freigelassenen Didymos die Namen der Sklaven, die jeweils Drusus' Schritt aus seinem Gemach mißhandelt, geschreckt. Auch in der Meldung der eignen bissigen Worte gefiel sich der Centurio, wußte vom Abschied des Sterbenden: „Er bäumte sich auf wie im Irrsinn: ‚Tiberius den Tod!' Doch die Hoffnung sank, und seine Flüche reihte Vernunft: ‚Im Blut der Schwiegertochter, des Sohns und der Enkel deines Bruders, des ganzen Stammes wälztest du dich, — nur Blut, dein Blut wäscht es vom Namen der Väter, vom Geschlecht, das gegangen und das kommt.'" In schwerem Abscheu lärmte der Senat, doch staunend fragte sich ihre Furcht: „Ein listiger Fürst, der in Nacht die Sünden tauchte, erleuchtet die Nacht, belichtet den Enkel, wimmernd unter der Peitsche des Centurio, den Hieben der Sklaven, vor taubem Ohr um die Notdurft des Lebens bettelnd? Fühlt er die Krone so fest?"

Der Schmerz war noch nicht verharscht, und Botschaft irrte her von Agrippina. Die Hoffnung nach dem Tode Sejans schleppte sie wohl noch eine Strecke Wegs. Indes zu wüten ward man nicht lässig, und sie starb. Doch wählte man vielleicht den Hunger zu Mord, da es dem Selbstmord glich. Wie häßliches Feuer zischte es in Tiberius: „Einer frechen Dirne stumpfte der Tod des Buhlen Asinius Gallus die Eßlust." Aber in Agrippina, die nur die schlichte

LIBER SEXTUS

aequi inpatiens, dominandi avida, virilibus curis feminarum vitia exuerat. Eodem die defunctam, quo biennio ante Seianus poenas luisset, memoriaeque id prodendum addidit Caesar iactavitque, quod non laqueo strangulata neque in Gemonias proiecta foret. Actae ob id grates decretumque, ut quintum decimum kal. Novembris, utriusque necis die, per omnis annos donum Iovi sacraretur.

XXVI Haud multo post Cocceius Nerva, continuus principi, omnis divini humanique iuris sciens, integro statu, corpore inlaeso, moriendi consilium cepit. Quod ut Tiberio cognitum, adsidere, causas requirere, addere preces, fateri postremo grave conscientiae, grave famae suae, si proximus amicorum nullis moriendi rationibus vitam fugeret. Aversatus sermonem Nerva abstinentiam cibi coniunxit. Ferebant gnari cogitationum eius, quanto propius mala rei publicae viseret, ira et metu, dum integer, dum intemptatus, honestum finem voluisse.

Ceterum Agrippinae pernicies, quod vix credibile, Plancinam traxit. Nupta olim Cn. Pisoni et palam laeta morte Germanici, cum Piso caderet, precibus Augustae nec minus inimicitiis Agrippinae defensa erat. Ut odium et gratia desiere, ius valuit; petitaque criminibus haud ignotis sua manu sera magis quam inmerita supplicia persolvit.

XXVII Tot luctibus funesta civitate pars maeroris fuit, quod Iulia Drusi filia, quondam Neronis uxor, denupsit in domum Rubellii Blandi, cuius

Sechstes Buch

Ruhe des Lebens quälte, die sich um Kronen verzehrte, hatten Mannessorgen die Laster einer Frau erstickt. Der Cäsar schloß: "Ihren Todestag, den Tag der Rache wider Sejan vor zwei Jahren, hält Gedächtnis", und er prahlte: "Das Weib ward nicht erdrosselt, nicht auf der gemonischen Treppe zur Schau geworfen." Man dankte und entschied: "An jedem 18. Oktober, an Sejans und Agrippinas Todestag, lacht ein Geschenk zu Jupiter!"

Todesgedanken träumte Coccejus Nerva, des Fürsten Günstling, wissend um das Recht der Götter und Menschen, ein Liebling des Glücks und am Leibe nicht versehrt. Tiberius schrak empor, trat heran, ihm den Anlaß zu entwinden, flehte hart, und der Cäsar gestand: "Des liebsten Freundes Lebensflucht vor einem Nichts, sie lastet schwer in meinem Kopf, lastet schwer auf meinem Ruf." Unbetört, stieß Nerva jede Speisung zurück, und die Vertrauten seines brütenden Gedankens offenbarten: "An die Wunden des Reiches tastete er tief und tiefer, zürnte, erschrak. In Ehre suchte er den Tod, einen noch freien, lauteren Tod."

Es befremdet jäh, wie Agrippinas Tod Plancina töten konnte. Gnäus Pisos Gattin, die nach Germanicus' Tod vor Menschen gejubelt hatte, schieden Augustas Bitten und Agrippinas Haß von Pisos Sturz. Doch Haß und Liebe vergingen. Nur das Recht verharrte. Die Klagen ob der beschrieenen Frevel stiegen auf und führten ihre Hand zu spätem, gerechtem Todesstoß.

In die unheilreiche Trauer des Landes rannen auch die Tränen ob Julias Ehe, der Drusustochter und früheren Gattin Neros, ob ihrer Ehe mit Ru-

LIBER SEXTUS

avum Tiburtem, equitem Romanum, plerique meminerant.

Extremo anni mors Aelii Lamiae funere censorio celebrata, qui administrandae Suriae imagine tandem exsolutus urbi praefuerat. Genus illi decorum, vivida senectus; et non permissa provincia dignationem addiderat.

Exim Flacco Pomponio Suriae pro praetore defuncto recitantur Caesaris litterae, quis incusabat egregium quemque et regendis exercitibus idoneum abnuere id munus, seque ea necessitudine ad preces cogi, per quas consularium aliqui capessere provincias adigerentur, oblitus Arruntium, ne in Hispaniam pergeret, decumum iam annum attineri.

Obiit eodem anno et M'. Lepidus, de cuius moderatione atque sapientia in prioribus libris satis conlocavi. Neque nobilitas diutius demonstranda est: Quippe Aemilium genus fecundum bonorum civium et, qui eadem familia corruptis moribus, inlustri tamen fortuna egere.

XXVIII Paulo Fabio, L. Vitellio consulibus post longum saeculorum ambitum avis phoenix in Aegyptum venit praebuitque materiem doctissimis indigenarum et Graecorum multa super eo miraculo disserendi. De quibus congruunt, et plura ambigua, sed cognitu non absurda promere libet. Sacrum Soli id animal et ore ac distinctu pinnarum a ceteris avibus diversum consentiunt, qui formam eius effinxere: De numero annorum varia traduntur. Maxime vulgatum quingentorum spatium:

Sechstes Buch

bellius Blandus, an dessen Ahn, den Ritter zu Tibur, noch mancher Römer sich entsann.

Mit dem scheidenden Jahr geleitete das Reich Älius Lamia zu Grabe, dem das Trugbild von Syriens Verwaltung erst in der Präfektur zu Rom entschwand. Von edlem Geschlecht, tummelte sich geschäftig noch der Greis, und ob der verlorenen Provinz fand sich ihm noch Ruhm.

Nach dem Tod von Syriens Proprätor Pomponius Flaccus ward ein murrender Cäsarenbrief verlesen: „Die großen Geister, die um die Lenkung von Heeren wissen, schütteln die Ämter ab, zwingen mich, verlegen, zu Bitten vor Altkonsuln, sich mit Provinzen zu beladen." Arruntius' Hemmnis, das ihn um Spanien trog, ging ins zehnte Jahr. Der Cäsar hatte es vergessen.

In jenem Jahr starb Manius Lepidus, dessen Gemessenheit und Geist älteres Wort genug getan. Auch sein Adel braucht nicht Worte. Dem Geschlecht der Ämilier entsprossen viele edle Römer, und den Sittenverfall in manchem Stammesglied mochte ihr glänzendes Los vergolden.

Im Jahre 34, nach langem Flug der Jahrhunderte rauschte in Ägypten Phönix, der Vogel, und die Weisen des Landes und der Griechen zankten wild um das Wunder. Ihr einiges Wissen und belehrende Zweifel will ich künden. Der Sonne weihten die Menschen den Vogel, und sein Kopf, die Färbung der Schwingen schmücken nicht fremdes Tier. So formen alle Bildner seine Gestalt. Die Zahl der Jahre schwankt. An fünfhundert glaubt die Masse. Doch man schwört auch tausend vierhundert einundsechzig

LIBER SEXTUS

Sunt, qui adseverent mille quadringentos sexaginta unum interici, prioresque alites Sesoside primum, post Amaside dominantibus, dein Ptolemaeo, qui ex Macedonibus tertius regnavit, in civitatem, cui Heliopolis nomen, advolavisse, multo ceterarum volucrum comitatu novam faciem mirantium. Sed antiquitas quidem obscura: Inter Ptolemaeum ac Tiberium minus ducenti quinquaginta anni fuerunt. Unde nonnulli falsum hunc phoenicem neque Arabum e terris credidere, nihilque usurpavisse ex his, quae vetus memoria firmavit. Confecto quippe annorum numero, ubi mors propinquet, suis in terris struere nidum eique vim genitalem adfundere, ex qua fetum oriri; et primam adulto curam sepeliendi patris, neque id temere, sed sublato murrae pondere temptatoque per longum iter, ubi par oneri, par meatui sit, subire patrium corpus inque Solis aram perferre atque adolere. Haec incerta et fabulosis aucta: Ceterum aspici aliquando in Aegypto eam volucrem non ambigitur.

XXIX At Romae caede continua Pomponius Labeo, quem praefuisse Moesiae rettuli, per abruptas venas sanguinem effudit; aemulataque est coniunx Paxaea. Nam promptas eius modi mortes metus carnificis faciebat et, quia damnati publicatis bonis sepultura prohibebantur, eorum, qui de se statuebant, humabantur corpora, manebant testamenta, pretium festinandi. Sed Caesar missis ad senatum litteris disseruit morem fuisse maioribus, quotiens dirimerent amicitias, interdicere domo eumque finem gratiae ponere: Id se

Sechstes Buch

Jahre: „Unter Sesostris zum ersten Male, später in Amasis' und Ptolemaios', des dritten Königs aus Mazedonien, Tagen flog er dereinst gen Heliupolis, und die Völker der Lüfte kreisten um die seltsame Schönheit, — blöden Auges." Verdämmernd liegt die Vergangenheit. Doch Ptolemaios und Tiberius schieden nicht zweihundertfünfzig Jahre, und Zweifler sprengten es aus: „Falsch ist der Phönix, und Arabien sandte ihn nicht. Auch eilte er nicht zu seinem Tun, wie die Vergangenheit verheißt: ‚Wenn seiner Jahre Zahl sich neigt, wenn hoch der Tod ihm schwebt, so schichtet er ein Nest in seinen Landen. Sein Same befruchtet. Ein Sproß entkeimt. Und den wachsenden Sprossen quält die erste Sorge, kluge Sorge um den toten Vater: Myrrhenlasten trägt sein Fittich weit in grauende Lüfte, bis schwer die Kraft wie die Last, bis weit sein Flug wie die Bahn. Dann schwingt er sich mit dem toten Vater empor, hin zu der Sonne Altar, an die zehrende Lohe.'" Märchen zieren, verdunkeln die Wahrheit. Doch ein Märchen ist es nicht: „Zu Zeiten rauscht in Ägypten der Phönix."

In das ewige Blutmeer Roms strömte Blut aus den klaffenden Adern Pomponius Labeos, dessen Waltung Mösiens ich gedachte, aus den Adern seines Weibs Paxäa. So beeilten den Tod oft die Furcht vor Schergen und der Raub der Güter, des Grabes, wenn ein Urteil tötete. Doch Selbstmord ließ dem Leib sein Grab, schützte den letzten Willen, lohnte die Haft. Ein Schreiben des Cäsaren klärte im Senate: „Der Brauch der Väter wahrte vor erkaltender Freundschaft das Haus, und so zerriß die Liebe. Ich tat wie unsere Väter. Doch Labeo, vor dem die ver-

LIBER SEXTUS

repetivisse in Labeone, atque illum, quia male administratae provinciae aliorumque criminum urgebatur, culpam invidia velavisse, frustra conterrita uxore, quam etsi nocentem, periculi tamen expertem fuisse.

Mamercus dein Scaurus rursum postulatur, insignis nobilitate et orandis causis, vita probrosus. Nihil hunc amicitia Seiani, sed labefecit haud minus validum ad exitia Macronis odium, qui easdem artes occultius exercebat; detuleratque argumentum tragoediae a Scauro scriptae, additis versibus, qui in Tiberium flecterentur: Verum ab Servilio et Cornelio accusatoribus adulterium Liviae, magorum sacra obiectabantur. Scaurus, ut dignum veteribus Aemiliis, damnationem anteiit hortante Sextia uxore, quae incitamentum mortis et particeps fuit.

XXX Ac tamen accusatores, si facultas incideret, poenis adficiebantur, ut Servilius Corneliusque perdito Scauro famosi, quia pecuniam a Vario Ligure omittendae delationis ceperant, in insulas interdicto igni atque aqua demoti sunt. Et Abudius Ruso functus aedilitate, dum Lentulo Gaetulico, sub quo legioni praefuerat, periculum facessit, quod is Seiani filium generum destinasset, ultro damnatur atque urbe exigitur. Gaetulicus ea tempestate superioris Germaniae legiones curabat mirumque amorem adsecutus erat, effusae clementiae, modicus severitate et proximo quoque exercitui per L. Apronium socerum non ingratus. Unde fama constans ausum mittere ad Caesarem litteras, adfinitatem sibi cum Seiano haud sponte, sed con-

Sechstes Buch

fehlte Leitung der Provinz und andere Sünden dräuten, gehabte sich schuldlos und verhetzend. Auch seine Gattin bebte. Weshalb? Selbst um ihre Schuld sorgt sich kein Verhör."

Mamercus Scaurus schritt wieder vor die Schranken, ein Mann von funkelndem Adel und bestechender Redner vor Gericht, ein verderbter Lebenskünstler. Ihn fällte nicht die Freundschaft Sejans, doch Macros Groll, der, wie Sejan, dem Tode gebot, nur die Nacht um seine Ränke noch dunkler färbte. Die Fabel eines Trauerspiels von Scaurus hatte er herangeschleift, Verse herausgerissen, sie auf Tiberius zu biegen. Von Livia, einer buhlenden Gattin, von seinen Zaubergebeten kicherten die Kläger Servilius und Cornelius. Scaurus, ein Erbe seiner ämilischen Väter, vollzog das Urteil vor dem Spruch, und seine Gattin Sextia mahnte und teilte seinen Tod.

In günstigen Stunden strauchelten auch Kläger, so Servilius und Cornelius, die, seit Scaurus' Verderb im Gerede, sich von Varius Ligurs Geld die Klage gegen ihn zerdrücken ließen und sich die Acht nach Inseln erkauften; und selbst verurteilt, Roms verwiesen ward der Altädil Abudius Ruso, der dem Feldherrn seiner einstigen Legion, Lentulus Gätulicus, aus der Wahl vom Sohn Sejans zum Eidam Gefahren schlang. Vor den Legionen des südlichen Germanien ritt Gätulicus in jenen Tagen. In tiefe Liebe senkte sie seine quellende Güte, seine gemessene Härte, und Lucius Apronius befreundete den Eidam dem nächsten Heer. Ein Gerücht verstummte nicht: Er wagte an den Cäsaren einen Brief: „Ich sträubte mich, doch Tiberius' Rat verflocht mich mit der Sippe Se-

LIBER SEXTUS

silio Tiberii coeptam; perinde se quam Tiberium falli potuisse, neque errorem eundem illi sine fraude, aliis exitio habendum. Sibi fidem integram et, si nullis insidiis peteretur, mansuram; successorem non aliter quam indicium mortis accepturum. Firmarent velut foedus, quo princeps ceterarum rerum poteretur, ipse provinciam retineret. Haec, mira quamquam, fidem ex eo trahebant, quod unus omnium Seiani adfinium incolumis multaque gratia mansit, reputante Tiberio publicum sibi odium, extremam aetatem, magisque fama quam vi stare res suas.

XXXI C. Cestio, M. Servilio consulibus nobiles Parthi in urbem venere, ignaro rege Artabano. Is metu Germanici fidus Romanis, aequabilis in suos, mox superbiam in nos, saevitiam in populares sumpsit, fretus bellis, quae secunda adversum circumiectas nationes exercuerat, et senectutem Tiberii ut inermem despiciens avidusque Armeniae, cui defuncto rege Artaxia Arsacen liberorum suorum veterrimum inposuit, addita contumelia et missis, qui gazam a Vonone relictam in Suria Ciliciaque reposcerent; simul veteres Persarum ac Macedonum terminos, seque invasurum possessa Cyro et post Alexandro per vaniloquentiam ac minas iaciebat. Sed Parthis mittendi secretos nuntios validissimus auctor fuit Sinnaces, insigni familia ac perinde opibus, et proximus huic Abdus ademptae virilitatis. Non despectum id apud barbaros ultroque potentiam habet. Ii adscitis et aliis primoribus, quia neminem gentis Arsacidarum

Sechstes Buch

jans. Ich fühlte nicht Lüge, so stumpf wie Tiberius, und gleicher Irrtum bringt Menschen nichts und Menschen Tod? Nur an tastender List wird meine Treue morsch und bricht; einen Erben meines Amtes achte ich wie Todesruf. Willst du? Wie in einem Vertrag vergibt es die Weltenkrone dir, mein Fürst, belässet mir die Provinz." Seltsam klingt es, doch gläubig lauschte man: Nur er von den Sippen Sejans rettete das Leben und die Liebe, und Tiberius mochte sinnen: "Selbst in den Gassen züngelt der Haß. Mein Leben dämmert, und die Krone hütet mein Ruf, minder meine Kraft."

Im Jahre 35 ahnte der Besuch von edlen Parthern in Rom dem König Artabanos nicht. Germanicus hatte ihn verschüchtert, doch seine Treue zu Rom blähte sich, und grimmig kniff er das Lächeln vor seinem Volk. Es schwellten ihn Streit und Sieg in Nachbarlanden, er schrumpfte sich den greisen Tiberius zu einem „Waffenlosen", und Armenien gelüstete ihn, das er nach König Artaxias' Tod seinem ältesten Sohn Arsakes beugte. Seine Boten der Schmach lärmten um des toten Vonones Kleinodien in Syrien und Kilikien, und finster prahlte sein Geschwätz von Persiens und Mazedoniens nur dünn vermoosten Grenzen und herrischen Waffen in Kyros', in Alexanders Landen. — Doch zu der geheimen Sendung zerwühlte die Parther schwer Sinnakes, ragend an Geburt und Gewalt, nächst ihm Abdos, den man der Zeugungskraft entbunden hatte. Einen Parther entstellt es zu Macht, nicht zu Verachtung. Sie gesellten sich Adlige, und da ein Enkel von Asarkiden noch

LIBER SEXTUS

summae rei inponere poterant, interfectis ab Artabano plerisque aut nondum adultis, Phraaten regis Phraatis filium Roma poscebant: Nomine tantum et auctore opus, sponte Caesaris ut genus Arsacis ripam apud Euphratis cerneretur.

XXXII Cupitum id Tiberio: Ornat Phraaten accingitque paternum ad fastigium, destinata retinens, consiliis et astu res externas moliri, arma procul habere. Interea cognitis insidiis Artabanus tardari metu, modo cupidine vindictae inardescere. Et barbaris cunctatio servilis, statim exsequi regium videtur: Valuit tamen utilitas, ut Abdum specie amicitiae vocatum ad epulas lento veneno inligaret, Sinnacen dissimulatione ac donis, simul per negotia moraretur. Et Phraates apud Suriam, dum omisso cultu Romano, cui per tot annos insueverat, instituta Parthorum sumit, patriis moribus impar morbo absumptus est. Sed non Tiberius omisit incepta: Tiridatem sanguinis eiusdem, aemulum Artabano, reciperandaeque Armeniae Hiberum Mithridaten deligit conciliatque fratri Pharasmani, qui gentile imperium obtinebat; et cunctis, quae apud Orientem parabantur, L. Vitellium praefecit. Eo de homine haud sum ignarus sinistram in urbe famam, pleraque foeda memorari, ceterum regendis provinciis prisca virtute egit. Unde regressus et formidine Gai Caesaris, familiaritate Claudii turpe in servitium mutatus exemplar apud posteros adulatorii dedecoris habetur, cesseruntque prima postremis, et bona iuventae senectus flagitiosa oblitteravit.

Sechstes Buch

nicht flügge, Artabanos' Morde im Nest gewüstet hatten, riefen sie nach Rom, nach Phraates, König Phraates' Sohn: "Nur einen Namen! Nur den Funken! Der Euphrat verschäumt sich um Arsakes' Sprossen, um des Cäsaren Wink."

Es war Tiberius' Begier. Phraates' Zug um die Krone des Vaters zu rüsten und zu schmücken, wich nicht von seiner Gewohnheit, die in fremdem Reich nur planen und listen wollte, doch die Waffen vergrub. Artabanos stieß an die Schlingen, säumte zitternd oder lief den gierigen Schritt des Rächers. Und die Parther wissen nur von zagem Sklavengetriebe; Königstat ist packende Tat. Doch Artabanos lauschte nur auf seinen Vorteil, und dem Gaste, seinem "Freunde" Abdos, goß er in die Speisen ein träge lähmendes Gift, knebelte Sinnakes in Trug, in Geschenk und Begehr zu Dienst. Phraates tauschte in Syrien die Sitte Roms, an die ihn manches Jahr gewöhnte, um parthischen Brauch und siechte zu Tod, ein Zwerg für die Bräuche seiner Väter. Doch Tiberius ward des Werks nicht müde. Für Tiridates aus dem gleichen Geschlechte warf er Artabanos' Krone aus, Armenien dem Iberer Mithridates, verbrüderte ihn mit seinem Bruder Pharasmanes, dem Fürsten Iberiens, und wob die Fäden des Ostens in Lucius Vitellius zusammen. — Ich kenne die Lästerungen, die seinen Ruf in Rom verschatten, doch seine Provinzen pflegte er wie ein Sohn des Altertums. Er kehrte nach Rom zurück, und schmählich tief in die Kniee schreckte ihn Caligula, bog ihn Claudius, sein Freund. Die Nachwelt gestaltet nach ihm die Fratze eines Schmeichlers. Sein Aufstieg dunkelte sich im Ende, und in niedrigem Greisentum versanken die Jahre edler Reife.

LIBER SEXTUS

XXXIII At ex regulis prior Mithridates Pharasmanem perpulit dolo et vi conatus suos iuvare, repertique corruptores ministros Arsacis multo auro ad scelus cogunt; simul Hiberi magnis copiis Armeniam inrumpunt et urbe Artaxata potiuntur. Quae postquam Artabano cognita, filium Orodem ultorem parat; dat Parthorum copias, mittit, qui auxilia mercede facerent. Contra Pharasmanes adiungere Albanos, accire Sarmatas, quorum sceptuchi utrimque donis acceptis more gentico diversa induere. Sed Hiberi locorum potentes Caspia via Sarmatam in Armenios raptim effundunt. At qui Parthis adventabant, facile arcebantur, cum alios incessus hostis clausisset, unum reliquum, mare inter et extremos Albanorum montes, aestas impediret, quia flatibus etesiarum implentur vada: Hibernus auster revolvit fluctus pulsoque introrsus freto brevia litorum nudantur.

XXXIV Interim Oroden sociorum inopem auctus auxilio Pharasmanes vocare ad pugnam et detrectantem incessere, adequitare castris, infensare pabula; ac saepe in modum obsidii stationibus cingebat, donec Parthi contumeliarum insolentes circumsisterent regem, poscerent proelium. Atque illis sola in equite vis: Pharasmanes et pedite valebat. Nam Hiberi Albanique saltuosos locos incolentes duritiae patientiaeque magis insuevere; feruntque se Thessalis ortos, qua tempestate Iaso post avectam Medeam genitosque ex ea liberos

Sechstes Buch

Zeitiger als Pharasmanes gürtete sich Mithridates, warb ihn seinem Wagnis zu List und Gewalt, und nach listig gestreutem Gold höhlte sich in Arsakes' Dienern das Gewissen zu einer Untat. Iberien schüttete Massen von Truppen über Armenien aus, und Artaxata fiel. Die Nachricht wetzte die Rache in Artabanos. Seinem Sohne Orodes raffte er die Truppen der Parther, dingte mit Werbern um ein Hilfsheer. Zu Pharasmanes fluteten die Albaner, strömten die Sarmaten, deren Fürsten die Geschenke beider Gegner gekostet und sich dann nach Stammesbrauch zersplittert hatten. Die Iberer, denen das Gelände dienstbar lag, ergossen ihre Sarmaten durch den kaspischen Paß hastig nach Armenien. Doch der Parther Zufluß von den Sarmaten ließ sich noch leichtlich dämmen, und im letzten Paß, an dem nicht Waffen riegelten, zwischen dem Meere und den äußersten Zacken von Albaniens Bergen, weht der stete Nordwest des Sommers die Gewässer auf die Furten. Nur der Südsturm des Winters wälzt die Fluten zurück aus dem Sund, preßt sie in die See, und des Strandes Untiefen steigen auf.

Von Hilfstruppen strotzend, lud Pharasmanes den von Helfern entblößten Orodes zur Schlacht. Orodes entglitt, und Pharasmanes jagte ihm nach, ritt Sturm auf sein Lager, verstörte die futtersuchenden Soldaten, und oft berührten sich seine Posten wie im Ring. Den Parthern fremd, bohrte sich die Schmach in sie hinein, und um den Prinzen gehäuft, schleuderten sie Schreie nach Schlacht. Nur in Reiterschwärmen stechen die Parther; doch Pharasmanes gliederte auch Truppen zu Fuß: Die Iberer und Albaner schmeidigt ihre bergige Heimat wie zähen

LIBER SEXTUS

inanem mox regiam Aeetae vacuosque Colchos repetivit. Multaque de nomine eius et oraclum Phrixi celebrant; nec quisquam ariete sacrificaverit, credito vexisse Phrixum, sive id animal seu navis insigne fuit. Ceterum derecta utrimque acie Parthus imperium Orientis, claritudinem Arsacidarum contraque ignobilem Hiberum mercennario milite disserebat; Pharasmanes integros semet a Parthico dominatu, quanto maiora peterent, plus decoris victores aut, si terga darent, flagitii atque periculi laturos; simul horridam suorum aciem, picta auro Medorum agmina, hinc viros, inde praedam ostendere. XXXV Enimvero apud Sarmatas non una vox ducis: Se quisque stimulant, ne pugnam per sagittas sinerent: Impetu et comminus praeveniendum.

Variae hinc bellantium species, cum Parthus sequi vel fugere pari arte suetus distraheret turmas, spatium ictibus quaereret, Sarmatae omisso arcu, quo brevius valent, contis gladiisque ruerent; modo equestris proelii more frontis et tergi vices, aliquando ut conserta acie corporibus et pulsu armorum pellerent pellerentur. Jamque et Albani Hiberique prensare, detrudere, ancipitem pugnam hostibus facere, quos super eques et propioribus vulneribus pedites adflictabant. Inter quae Pharasmanes Orodesque, dum strenuis adsunt aut dubi-

Sechstes Buch

Stahl, und sie rühmen: „Aus Thessalien segelten unsere Väter mit Jason gegen Kolchis zurück, zu Aiëtes' nacktem Stamm, zu einer ruhenden Krone, da Medea entführt war, da sie die Kinder ihm geboren hatte." Sie schwelgen an Jasons Namen in tausend Dingen, an Phrixos' Spruchstatt und vor Widderopfern schaudert ihr Glaube: „Phrixos flog auf einem Widder." Doch man schwankt: War es ein Tier? Nur am Bug des Schiffes? — Schlachtgerüstet starrten die Heere. Orodes jauchzte vom Reich des Ostens, von der Arsakiden Pracht, von dem Iberer, dem „Sprossen des Dunkels" und seinen Söldnern. Pharasmanes schrie: „Noch sträubt sich eure Freiheit dem Parther. Ihr greift nach höheren Taten, und grüneren Lorbeer windet euch der Sieg, in grauere Schmach und Nöte flieht die Flucht. Euere Waffen, zacken sie nicht wie Riffe? Das Gold an medischen Leibern glitzert nicht ins Gelüst? Auf, auf zur Jagd in üppiges Wild!" Unter den Sarmaten sprühte nicht die eine Rede des Feldherrn. Hetzwort schwirrte aus jedem Mann: „Spare Pfeilen den Kampf! Unterlaufe Geschoß, wie der Panther spring' an!"

Bunt schlang sich das Ringen. Die Parther, behend zu Jagden wie zur Flucht, stoben aus Reihe und Glied, dehnten den Raum zum Schuß. Der Sarmaten Bogen spannte sich nur zu näherem Ziel, und sie warfen ihn fort, stürmten mit Schwert und Lanze. Es flatterte da, wie im Gefecht von Reitern, im jähen Wechsel des Sturms, der Flucht, man wälzte dort, wie verschweißt durch Ketten, die Leiber, Waffen nach vorn, drängte sich, geworfen, zurück. Albaner und Iberer glitten hinein, zerrten die Reiter nieder, doppelten den Streit des Feindes: Hoch von

LIBER SEXTUS

tantibus subveniunt, conspicui eoque gnari, clamore telis equis concurrunt, instantius Pharasmanes; nam vulnus per galeam adegit. Nec iterare valuit praelatus equo et fortissimis satellitum protegentibus saucium. Fama tamen occisi falso credita exterruit Parthos, victoriamque concessere.

XXXVI Mox Artabanus tota mole regni ultum iit. Peritia locorum ab Hiberis melius pugnatum; nec ideo abscedebat, ni contractis legionibus Vitellius et subdito rumore, tamquam Mesopotamiam invasurus, metum Romani belli fecisset. Tum omissa Armenia versaeque Artabani res, inliciente Vitellio, desererent regem saevum in pace et adversis proeliorum exitiosum. Igitur Sinnaces, quem antea infensum memoravi, patrem Abdagaesen aliosque occultos consilii et tunc continuis cladibus promptiores ad defectionem trahit, adfluentibus paulatim, qui metu magis quam benevolentia subiecti repertis auctoribus sustulerant animum. Nec iam aliud Artabano reliquum, quam si qui externorum corpori custodes aderant, suis quisque sedibus extorres, quis neque boni intellectus neque mali cura, sed mercede aluntur ministri sceleribus. His adsumptis in longinqua et contermina Scythiae fugam maturavit, spe auxilii, quia Hyrcanis Carmaniisque per adfinitatem innexus erat: Atque interim posse Parthos,

Sechstes Buch

den Pferden schmetterten die Hiebe, und die Truppen zu Fuß wühlten sich dicht heran nach Blut. — Unter mutigen Sturm sich werfend, zu wankenden Haufen sprengend, strahlten Orodes und Pharasmanes weit in die Augen, strahlten sich in das eigene Auge, und ihre Rosse schäumten heran. Flimmernde Speere! Die Schreie flirrten. Stürmischer ritt Pharasmanes, zerspellte Orodes' Helm — einmal. Vorbei das Roß, sein Reiter, und die Tapferen der Wache kreisten um den wunden Prinzen. Doch in den Reihen raste ein Gerücht von Orodes' Tod, und der Sieg entwand sich den bleichen Parthern.

Unter Artabanos selbst wogten die Völker seines Reichs zur Rache. Im Gelände nicht irrend, fesselten die Iberer sich den Sieg. Artabanos wich noch nicht. Doch Vitellius entbot die Legionen und log in einem Gerücht: "Nach Mesopotamien!", und Artabanos floh vor einem Krieg mit Rom. Armenien lag frei. An Artabanos' Krone rüttelte Vitellius, lockte: "Liebt ihr einen König, dessen Friede euch zerstückt, dessen Schlachtennot euch metzelt?" Jener Sinnakes, sein Feind, riß zum Abfall seinen Vater Abdageses und manchen Parther, dessen dumpfe Absicht der stete Schlachtenverlust beflügelt hatte, und Tropfen auf Tropfen rann herzu, Menschen der Furcht, kaum aus Liebe Knechte, die mit Führern die Kühnheit fanden. Bei Artabanos harrte nur die Wache, die ihm die Ächtung fremder Lande zusammengewürfelt hatte, — stumpf für Recht und im Laster achtlos, des Geldes Söldner, Söldner für Sünde. Und er hetzte in die Weite, von ihren Panzern gestählt, nach Skythiens Nachbarlanden, berechnete seine Sippe in Hyrkanien und Karmanien: "Indessen mag es die

LIBER SEXTUS

absentium aequos, praesentibus mobiles, ad paenitentiam mutari.

XXXVII At Vitellius profugo Artabano et flexis ad novum regem popularium animis, hortatus Tiridaten parata capessere, robur legionum sociorumque ripam ad Euphratis ducit. Sacrificantibus, cum hic more Romano suovetaurilia daret, ille equum placando amni adornasset, nuntiavere accolae Euphraten nulla imbrium vi sponte et inmensum attolli, simul albentibus spumis in modum diadematis sinuare orbes, auspicium prosperi transgressus. Quidam callidius interpretabantur, initia conatus secunda neque diuturna, quia eorum, quae terra caelove portenderentur, certior fides, fluminum instabilis natura simul ostenderet omina raperetque.

Sed ponte navibus effecto tramissoque exercitu primus Ornospades multis equitum milibus in castra venit, exul quondam et Tiberio, cum Delmaticum bellum conficeret, haud inglorius auxiliator eoque civitate Romana donatus, mox repetita amicitia regis multo apud eum honore, praefectus campis, qui Euphrate et Tigre inclutis amnibus circumflui Mesopotamiae nomen acceperunt. Neque multo post Sinnaces auget copias, et columen partium Abdagaeses gazam et paratus regios adicit. Vitellius ostentasse Romana arma satis ratus monet Tiridaten primoresque, hunc, Phraatis avi et altoris Caesaris, quae utrobique pulchra, meminerit, illos, obsequium in regem, reverentiam in nos, decus quisque

Sechstes Buch

Parther zur Reue kehren, da sie gern in die Ferne lieben und nur dem Gegenwärtigen in Untreu schillern."

Flüchtig schweifte Artabanos. Nach dem neuen König reckte sich sein Volk, und Vitellius reizte Tiridates: „In deiner Stunde gehe schnell!" — Dem Ufer des Euphrat näherte sich der Kern der Legionen und Bundestruppen. Vor Vitellius flammte das Sühneopfer Roms, und Tiridates schmückte ein Roß, den Strom zu glätten. Bewohner hasteten herbei: „Regen brach nicht los, und des Euphrat Wasser schwellen wie Riesenbrüste. In weißen Ringen schäumen die Wellen, in Ringen wie ein Diadem. Euch wiegt das Wasser in Glück." Doch mancher deutete es klug: „Nach Beginn des Werks entgaukelt das Glück. Treuere Kunde ritzt sich in die Erde und in die Himmel; doch im neckischen Tanz der Fluten kräuselt sich die Ahnung und — schwindet."

Über eine Brücke aus Schiffen schwankte das Heer, und drüben, am Ufer, braußten in das Lager viel tausende Reiter unter Ornospades, der, einst vogelfrei, in den letzten Kämpfen Dalmatiens sich an Tiberius' Schulter Ruhm und römisches Bürgerrecht erfochten hatte, den die verjüngte Liebe seines Königs zu Würden und über die Fluren Mesopotamiens hob. „Mesopotamien" benannte der Flutenring von Euphrat und Tigris, der ruhmverflochtenen Ströme. Sinnakes führte bald den Truppen an Kämpfern zu, und Abdageses, der Empörung Kopf, schleppte sich mit Schatz und Schmuck des Königs. Zermalmend schien Vitellius schon der Strahl aus römischen Waffen, und er warnte Tiridates: „Dich banne dein Ahn Phraates und dein Vater zu Rom, der Cäsar, in den

LIBER SEXTUS

suum et fidem retinerent. Exim cum legionibus in Syriam remeavit.

XXXVIII Quae duabus aestatibus gesta coniunxi, quo requiesceret animus a domesticis malis; non enim Tiberium, quamquam triennio post caedem Seiani, quae ceteros mollire solent, tempus preces satias mitigabant, quin incerta vel abolita pro gravissimis et recentibus puniret. Eo metu Fulcinius Trio ingruentis accusatores haud perpessus supremis tabulis multa et atrocia in Macronem ac praecipuos libertorum Caesaris conposuit, ipsi fluxam senio mentem et continuo abscessu velut exilium obiectando. Quae ab heredibus occultata recitari Tiberius iussit, patientiam libertatis alienae ostentans et contemptor suae infamiae, an scelerum Seiani diu nescius mox quoquo modo dicta vulgari malebat veritatisque, cui adulatio officit, per probra saltem gnarus fieri.

Isdem diebus Granius Marcianus senator a C. Graccho maiestatis postulatus vim vitae suae attulit, Tariusque Gratianus praetura functus lege eadem extremum ad supplicium damnatus. XXXIX Nec dispares Trebelleni Rufi et Sextii Paconiani exitus: Nam Trebellenus sua manu cecidit, Paconianus in carcere ob carmina illic in principem factitata strangulatus est. Haec Tiberius non mari,

Sechstes Buch

Schimmer ihrer Taten!" Unter die Großen rief er: "Vor dem König senkt den Trotz, vor Rom das Auge und achtet euch selbst und die Treue!" — Die Legionen kehrten nach Syrien zurück.

Zwei kampfesschwüle Sommer wollte ich verknüpfen, den Gedanken um die Qualen Roms zu schläfern. Drei Jahre waren über das Grab Sejans gegangen, drei Jahre der Vergessenheit, doch über Tiberius ging nicht Zeit und Bitte, nicht der Ekel, und in verwelkte Zeiten, in schwanke Rätsel griff er wie nach einem Todesfrevel der Gegenwart. Und so bebte Fulcinius Trio, entschlug sich der Meute seiner Kläger. Sein letzter Wille glühte in Worten auf Macro und die hohen Freigelassenen des Cäsaren: "Und er selbst? Alter saugt ihm das Hirn, und er verbirgt sich vor Rom, wird es niemals müde, ist wie verfemt." Tiberius entriß es den Erben zur Verlesung. Ließ er nur seine Großmut gegen die fremde Freiheit sich bespiegeln, und lachte er in seiner Schmach? Schrie ein Mann, dessen Taubheit gegen die Frevel Sejans spät zerschmolz, jetzt Worte, Laute hinaus und stürzte um Wahrheit sich gierig in die Schmähung, da Schmeichelei versagt?

Gajus Gracchus' Klage auf Hochverrat drückte in jenen Tagen einen Dolch in die Faust des Senators Granius Marcianus, und das gleiche Gesetz führte den Altprätoren Tarius Gratianus in den Tod. So verblichen auch Trebellenus Rufus und Sextius Paconianus. Trebellenus verblutete sich am eignen Stoß, und an Paconianus, der im Verließ den Fürsten bitter besang, schnürte es dort auch den Strick.—
Nicht wie einst glitten die Boten zur Ferne, über

LIBER SEXTUS

ut olim, divisus neque per longinquos nuntios accipiebat, sed urbem iuxta, eodem ut die vel noctis interiectu litteris consulum rescriberet, quasi aspiciens undantem per domos sanguinem aut manus carnificum.

Fine anni Poppaeus Sabinus concessit vita, modicus originis, principum amicitia consulatum ac triumphale decus adeptus maximisque provinciis per quattuor et viginti annos inpositus, nullam ob eximiam artem, sed quod par negotiis neque supra erat.

XL Q. Plautius, Sex. Papinius consules sequuntur. Eo anno neque quod L. Aruseius *** morte adfecti forent, adsuetudine malorum ut atrox advertebatur, sed exterruit, quod Vibulenus Agrippa eques Romanus, cum perorassent accusatores, in ipsa curia depromptum sinu venenum hausit, prolapsusque ac moribundus festinatis lictorum manibus in carcerem raptus est, faucesque iam exanimis laqueo vexatae. Ne Tigranes quidem, Armenia quondam potitus ac tunc reus, nomine regio supplicia civium effugit. At C. Galba consularis et duo Blaesi voluntario exitu cecidere, Galba tristibus Caesaris litteris provinciam sortiri prohibitus: Blaesis sacerdotia, integra eorum domo destinata, convulsa distulerat, tunc ut vacua contulit in alios, quod signum mortis intellexere et exsecuti sunt. Et Aemilia Lepida, quam iuveni Druso nuptam rettuli, crebris criminibus maritum insectata, quamquam intestabilis, tamen impunita agebat, dum superfuit pater Lepidus: Post a delatoribus corripitur ob servum adulterum, nec dubitabatur

Sechstes Buch

die Waſſer zu Tiberius. An den Mauern Roms lau=
erte der Cäſar, Berichte der Konſuln zu beſcheiden,
— noch am gleichen Tag, nach eben entwichener
Nacht. Faſt ſchaute er das Blut, das wogende Blut
in den Paläſten Roms und den Griff der Henker.

Mit dem Jahre ſtarb Poppäus Sabinus, beſchei=
denen Urſprungs, doch würdigten die Fürſten den
Freund eines Konſulats und Siegeszugs. Vierund=
zwanzig Jahre lang unterwarf ihm die größten Pro=
vinzen nicht eine erhabene Begabung, doch ſein Vor=
zug, eine Pflicht zu meiſtern, ſie nie zu überragen.

Es war im Jahre 36. Im Schmerz verſtumpft, riß
ſich die Welt nicht auf, als Lucius Aruſejus ... zum
Tode ſchritten. Doch ſpäter ſtarrte man fahl. Die
Kläger hatten geſprochen, und der Ritter Vibulenus
Agrippa fieberte im Sitzungsſaal nach ſeiner Bruſt,
nach Gift und trank. Taumelnd ſchlug er auf die Flieſen.
Sterbend zerrten ihn die Liktoren haſtig zum Kerker,
und die Kehle eines Toten peinigte der Strang. —
Selbſt Tigranes, den einſtigen Gebieter Armeniens,
jetzt vor Gericht, deckten nicht Königsflitter vor der
Sühne eines römiſchen Bürgers. — Doch der Alt=
konſul Gajus Galba und zwei Bläſier zwangen ſelbſt
den Tod. Ein glimmender Cäſarenbrief verdarb für
Galba das Los um eine Provinz, und Fremde ſchmück=
ten ſich mit Prieſterwürden, die den Bläſiern ihr
prangendes Geſchlecht verheißen hatte, die man je=
doch ferngerückt, als ihr Stamm zerrüttet ſtand. Sie
ſahen den winkenden Tod und gingen. — Ämilia
Lepida, das Weib des jungen Druſus, hatte häufig
wider ihren Gemahl geflüſtert, flüſterte ſich in Ver=
achtung, doch nicht in Sühne. Erſt nach Lepidus',

LIBER SEXTUS

de flagitio: Ergo omissa defensione finem vitae sibi posuit.

XLI Per idem tempus Cietarum natio Cappadoci Archelao subiecta, quia nostrum in modum deferre census, pati tributa adigebatur, in iuga Tauri montis abscessit locorumque ingenio sese contra imbelles regis copias tutabatur, donec M. Trebellius legatus, a Vitellio praeside Suriae cum quattuor milibus legionariorum et delectis auxiliis missus, duos collis, quos barbari insederant (minori Cadra, alteri Davara nomen est), operibus circumdedit et erumpere ausos ferro, ceteros siti ad deditionem coëgit.

At Tiridates volentibus Parthis Nicephorium et Anthemusiada ceterasque urbes, quae Macedonibus sitae Graeca vocabula usurpant, Halumque et Artemitam Parthica oppida recepit, certantibus gaudio, qui Artabanum Scythas inter eductum ob saevitiam exsecrati come Tiridatis ingenium Romanas per artes sperabant. XLII Plurimum adulationis Seleucenses induere, civitas potens, saepta muris neque in barbarum corrupta, sed conditoris Seleuci retinens. Trecenti opibus aut sapientia delecti ut senatus, sua populo vis. Et quotiens concordes agunt, spernitur Parthus: Ubi dissensere, dum sibi quisque contra aemulos subsidium vocant, accitus in partem adversum omnes valescit. Id nuper acciderat Artabano regnante, qui plebem primoribus tradidit ex suo usu: Nam populi imperium iuxta libertatem, paucorum dominatio regiae libidini propior est. Tum adventantem

Sechstes Buch

ihres Vaters, Tod frohlockten die Kläger: "Die Gattin gelüstet ein Sklave," und auf ihr Laster schwur die Welt. Es verschlug ihr einen Widerspruch, und sie half sich mit dem Tod.

Zu den Kieten, Untertanen des Kappadokiers Archelaos, brach damals die Neugier römischer Steuer ein, sie fühlten Gewalt an ihrem Gut und klommen zu den Gipfeln des Tauros, vor dem den friedlichen Truppen des Königs graute. Doch ihr Lager, zwei Höhen, Kadra und die höhere Davara, umpreßten die Schanzen von viertausend Legionaren und erlesenen Bundestruppen unter dem Legaten Marcus Trebellius, dem Feldherrn von Syriens Statthalter Vitellius. Einen Ausfall der Kühnheit zerbrach das Schwert, Durst den letzten Trotz.

Den Parthern gehorsam, ritt Tiridates neu erobernd von Nikephorion nach Anthemusias und all den Städten, deren mazedonische Gründung sich in griechischen Namen ziert, zu Parthiens Orten Halos und Artemita. Nach Flüchen auf den schäumenden Zögling der Skythen, Artabanos, eiferte Jubel in den Parthern. Hatte Tiridates in den Lüften Roms sich nicht die Güte geatmet? In Schmeichelei berauschte sich Seleukeia, hinter geschichteten Blöcken eine Stadt der Macht, den Geist des Gründers Seleukos vor der Fremde keusch bewachend. Dreihundert Bürger sammelt Klugheit oder Vermögen zu einem Senat, und auch das Volk gebietet. Ihre Eintracht verschmäht den Parther, doch in Zwiespalt, zieht man ihn zu den Waffen wider den Gegner, und der Helfer des einen Bürgerteils zehrt am ganzen Volk. So ward es jüngst Artabanos in seinen Königsstunden vergönnt, zu Königsnutz dem Adel das Volk zu jochen:

LIBER SEXTUS

Tiridaten extollunt veterum regum honoribus et, quos recens aetas largius invenit; simul probra in Artabanum fundebant, materna origine Arsaciden, cetera degenerem. Tiridates rem Seleucensem populo permittit. Mox consultans, quonam die sollemnia regni capesseret, litteras Phraatis et Hieronis, qui validissimas praefecturas optinebant, accipit, brevem moram precantium. Placitumque opperiri viros praepollentis, atque interim Ctesiphon sedes imperii petita: Sed ubi diem ex die prolatabant, multis coram et adprobantibus Surena patrio more Tiridaten insigni regio evinxit.

XLIII Ac si statim interiora ceterasque nationes petivisset, oppressa cunctantium dubitatio et omnes in unum cedebant: Adsidendo castellum, in quod pecuniam et paelices Artabanus contulerat, dedit spatium exuendi pacta. Nam Phraates et Hiero et, si qui alii delectum capiendo diademati diem haut concelebraverant, pars metu, quidam invidia in Abdagaesen, qui tum aula et novo rege potiebatur, ad Artabanum vertere; isque in Hyrcanis repertus est, inluvie obsitus et alimenta arcu expediens. Ac primo, tamquam dolus pararetur, territus, ubi data fides reddendae dominationi venisse, adlevatur animum et, quae repentina mutatio, exquirit. Tum Hiero pueritiam Tiridatis increpat, neque penes Arsaciden imperium, sed inane nomen apud inbellem externa mollitia, vim in Abdagaesis domo. XLIV Sensit vetus regnandi falsos in amore odia non fingere. Nec ultra moratus,

Sechstes Buch

Die Freiheit droht in Volksgewalt, und Adelsmacht
gelüstet es gern wie einen König. Tiridates ritt heran,
und der Prunk versunkener Herrscher rauschte wieder,
brausender noch der Prunk des jungen Geschlechts.
Unglimpf zischte auf Artabanos, den Blendling, den
Arsakiden nur im Weib geboren. Tiridates schenkte
Seleukeia dem Volk. Und als er einen Tag erwog,
sich in Glanz zu krönen, flehten kurzen Verzug die
Briefe Hierons und Phraates', die vor den stärksten
Gauen standen, und man harrte der gewaltigen Parther, ritt gen Ktesiphon, die Königsstadt. Doch sie
ließen Tag um Tag vertropfen, und nach dem Brauch
der Väter spannte der Surena um Tiridates' Stirn
den schimmernden Reif, und jauchzend schauten es
viele Parther.

Ein rascher Streifzug weit hinein, zu den letzten
Völkern hätte den trägen Zweifel erstickt, das Volk
nur ihm gebeugt. Doch vor einer Feste, wo Artabanos' Geld und Dirnen lagen, entflogen die Tage und
die Waffentreue: Phraates, Hieron, wer sich an jenem Tage nicht zum blinkenden Reif gedrängt, forschten nach Artabanos. Sie bangten, mochten auch Abdageses neiden, den Herren des Hofes und des neuen
Königs. In Hyrkanien ward Artabanos von ihnen
aufgescheucht, schwarz vor Schmutz, den nährenden
Bogen in der Hand. Er witterte Verrat und erblich.
Doch sie schwuren: „Wir tragen dir die Krone zurück!",
und er atmete auf: „Was hat so jäh bekehrt?" Hieron
schalt: „Der Arsakide, der Knabe Tiridates, kann die
Krone noch nicht halten, neckt sich mit ihrem Glanz
— marklos vom Weiberduft der Fremde, und Abdageses' Geschlecht kostet ihr Gold." Es murmelte
der ergraute Menschenfürst: „Die Lügner der Liebe

LIBER SEXTUS

quam dum Scytharum auxilia conciret, pergit properus et praeveniens inimicorum astus, amicorum paenitentiam; neque exuerat paedorem, ut vulgum miseratione adverteret. Non fraus, non preces, nihil omissum, quo ambiguos inliceret, prompti firmarentur.

Iamque multa manu propinqua Seleuciae adventabat, cum Tiridates simul fama atque ipso Artabano perculsus distrahi consiliis, iret contra an bellum cunctatione tractaret. Quibus proelium et festinati casus placebant, disiectos et longinquitate itineris fessos ne animo quidem satis ad obsequium coaluisse disserunt, proditores nuper hostesque eius, quem rursum foveant. Verum Abdagaeses regrediendum in Mesopotamiam censebat, ut amne obiecto, Armeniis interim Elymaeisque et ceteris a tergo excitis, aucti copiis socialibus et, quas dux Romanus misisset, fortunam temptarent. Ea sententia valuit, quia plurima auctoritas penes Abdagaesen et Tiridates ignavus ad pericula erat. Sed fugae specie discessum; ac principio a gente Arabum facto ceteri domos abeunt vel in castra Artabani, donec Tiridates cum paucis in Syriam revectus pudore proditionis omnes exsolvit.

XLV Idem annus gravi igne urbem adfecit, deusta parte circi, quae Aventino contigua, ipsoque Aventino; quod damnum Caesar ad gloriam vertit exsolutis domuum et insularum pretiis. Miliens sestertium in munificentia ea conlocatum, tanto acceptius in vulgum, quanto modicus privatis aedificationibus ne publice quidem nisi duo opera struxit, templum Augusto et scaenam Pompeiani theatri; eaque perfecta, contemptu ambitionis an

Sechstes Buch

lügen nicht den Haß." Und er rastete nur, in den Skythen Hilfe zu wecken, stürmte vorwärts, der List der Feinde, reuigen Freunden vor, wusch den Schmutz nicht, zu Tränen das Volk zu rühren. Trug und Bitten, alle Künste kitzelten Zweifler, stützten die Willigen. Über Seleukeias Felder donnerten seine Scharen.

Die Nachricht nahte und Artabanos. Wankend, irrte Tiridates von Plan zu Plan: „Schlacht? Den Krieg verschleppen?" Er hörte raten: „Kampf! Wagende Hast! Die zerflatternden, wegesmüden Rotten ballen sich auch in ihrem Wunsch nicht zu Gehorsam, sie, noch jüngst Verräter und feind dem Liebling dieser Stunde." Abdageses trotzte: „Zurück nach Mesopotamien! Hinter den Strom zurück! Wir entketten Armenier und Elymaier, alle Völker in unserm Rücken! Verbündete Truppen, die Legionen des römischen Feldherrn marschieren — und dann, dann nieder mit dem Glück!" Sein Wort ward Tat: Abdageses beengte fremden Einfluß, und Tiridates fröstelte vor Gefahr. Doch wie flüchtig zerstoben seine Massen. Nach der Araber Wegritt drängten die Trümmer zu ihren Hütten, zu Artabanos' Lager. Unter seinen letzten Getreuen sprengte Tiridates nach Syrien, enthob so Parthien der Scham des Treubruchs.

Steile Lohe glühte auf Rom in jenem Jahr, wühlte nah dem Aventin am Zirkus, und der Aventin selbst ward Öde. Und Ruhm entblühte auf Ruinen dem Cäsaren, der für Palast wie Mietshaus den Wert entgalt. Hundert Millionen Sestertien streute seine Güte, und freudiger staunte das Volk zu seinem Fürsten, dessen Geiz in eigenen Bauten auch dem Reich nur zwei Gebäude türmte: Augustus' Tempel und die Bühne an Pompejus' Theater. Doch in seine

LIBER SEXTUS

per senectutem, haud dedicavit. Sed aestimando cuiusque detrimento quattuor progeneri Caesaris, Cn. Domitius, Cassius Longinus, M. Vinicius, Rubellius Blandus, delecti, additusque nominatione consulum P. Petronius. Et pro ingenio cuiusque quaesiti decretique in principem honores; quos omiserit receperitve, in incerto fuit ob propinquum vitae finem.

Neque enim multo post supremi Tiberio consules, Cn. Acerronius, C. Pontius, magistratum occepere, nimia iam potentia Macronis, qui gratiam Gai Caesaris numquam sibi neglectam acrius in dies fovebat impuleratque post mortem Claudiae, quam nuptam ei rettuli, uxorem suam Enniam imitando amorem iuvenem inlicere pactoque matrimonii vincire, nihil abnuentem, dum dominationis apisceretur; nam, etsi commotus ingenio, simulationem tamen falsa in sinu avi perdidicerat.

XLVI Gnarum hoc principi, eoque dubitavit de tradenda re publica, primum inter nepotes, quorum Druso genitus sanguine et caritate propior, sed nondum pubertatem ingressus, Germanici filio robur iuventae, vulgi studia, eaque apud avum odii causa. Etiam de Claudio agitanti, quod is conposita aetate bonarum artium cupiens erat, imminuta mens eius obstitit. Sin extra domum successor quaereretur, ne memoria Augusti, ne nomen Caesarum in ludibria et contumelias verterent, metuebat: Quippe illi non perinde curae gratia

Sechstes Buch

Bauten schritt er nie zur Weihe. War es ein Mensch, den Prunk nur widerte? Mied es der Greis? Zur Schätzung jeden Schadens würdigte man Tiberius' vier Schwiegerenkel: Gnäus Domitius, Cassius Longinus, Marcus Vinicius, Rubellius Blandus, und die Konsuln gesellten ihnen Publius Petronius. Und jeder Römer mühte den Geist um Würden, und man bot sie dem Fürsten. Doch über seiner Wahl und Weigerung dunkelt Nacht; denn in den Gassen Roms ging klirrend der Tod.

Nur Tage strichen vorbei, und das Jahr 37 dämmerte herauf, Tiberius' letztes Jahr. An den Sternen rüttelte Macro: Mit den Tagen die Silben süßend, koste er um Caligulas Liebe, die er sich stets gepflegt, und nach dem Tode Claudias, Caligulas Gattin, raunte er dem eigenen Weibe Ennia: „Entblöße einen liebezitternden Leib! Umschlinge ihn zum Eheverspruch!" Um die Krone vergaß Caligula zu weigern, Caligula, der, ein Schüler seines Ahn, den sprühenden Willen nicht aus dumpfer Lüge entließ.
Wissend war der Fürst und tastete sich nach einem Träger der Krone: „Unter den Enkeln fühle ich Liebe zu Drusus' Sprossen aus meinem Blut, doch er ist ein Knabe noch, ein Kind. Germanicus' Sohn schimmert in Jugend, doch der Pöbel liebt ihn, und ich liebe solche Liebe nicht. — Und Claudius? Seine Jahre sickern schon still; er kostet Wissen und Kunst, doch sein Gedanke kann nur schwelen. — Und wenn ich nicht in meinem Stamme suchte? — Nein, nein, daß sie Augustus, — daß sie den Namen 'Cäsar' bespeien, — daß sie lachen! Die Gegenwart hasse, die

LIBER SEXTUS

praesentium quam in posteros ambitio. Mox incertus animi, fesso corpore consilium, cui impar erat, fato permisit, iactis tamen vocibus, per quas intellegeretur providus futurorum. Namque Macroni non abdita ambage occidentem ab eo deseri, orientem spectari exprobravit, et Gaio Caesari forte orto sermone L. Sullam inridenti omnia Sullae vitia et nullam eiusdem virtutem habiturum praedixit. Simul crebris cum lacrimis minorem ex nepotibus conplexus., truci alterius vultu, ,Occides hunc tu' inquit ,et te alius'. Sed gravescente valetudine nihil e libidinibus omittebat, in patientia firmitudinem simulans solitusque eludere medicorum artes atque eos, qui post tricesimum aetatis annum ad internoscenda corpori suo utilia vel noxia alieni consilii indigerent.

XLVII Interim Romae futuris etiam post Tiberium caedibus semina iaciebantur. Laelius Balbus Acutiam, P. Vitellii quondam uxorem, maiestatis postulaverat; qua damnata cum praemium accusatori decerneretur, Iunius Otho tribunus plebei intercessit; unde illis odia, mox Othoni exitium.

Dein multorum amoribus famosa Albucilla, cui matrimonium cum Satrio Secundo coniurationis indice fuerat, defertur inpietatis in principem; conectebantur ut conscii et adulteri eius Cn. Domitius, Vibius Marsus, L. Arruntius. De claritudine Domitii supra memoravi; Marsus quoque vetustis honoribus et inlustris studiis erat. Sed testium interrogationi, tormentis servorum Macronem praesedisse commentarii ad senatum missi fere-

Sechstes Buch

Enkel müssen beten, — nur beten — — —" In einem müden Leibe tastete sein Geist und konnte den Gedanken nicht mehr knechten, ließ das Schicksal sinnen. Doch Worte enthüllten ihn als Seher der Zukunft. Nicht ein Rätsel ließ er Macro lösen: „Der Abend graut, und du fliehst zum fahlenden Tag," und in Worte des Zufalls, in Caligulas Lachen über Lucius Sulla blitzte sein Laut: „Sein Adel zerbrach. Doch alle seine Laster brüten in dir." Caligulas Auge funkelte schwül, als nun der Cäsar tränenschwer den jüngsten Enkel im Arme barg, und Tiberius drohte: „Du meuchelst das Kind, dich der Fremde." — Die Kraft versiegte, und noch zuckte der sieche Leib in Wollust, da nur die Kraft sich in Wollust wand. Täglich scherzte sein Hohn: „Was wißt ihr Ärzte? Und es soll Menschen geben, die nach dreißig Jahren Lebens um fremden Spürsinn wimmern, ihrem Leib den Lebenstrank von Gift zu scheiden."

Und in Rom säten die Lüfte Mord, nach Tiberius' Tod zu töten. Von Hochverrat Acutias, einst Publius Vitellius' Gattin, lärmte Lälius Balbus, und ihr Urteil warf dem Kläger Gelder aus. „Einspruch" schleuderte Junius Otho, ein Volkstribun. Sie haderten darob, bis Otho daran starb.

„Spott auf den Fürsten!" Es erblich Albucilla, der Liebesucht verrufen, die Gemahlin Satrius Secundus', der Sejans Verschwörung aus Dunkel hob, und ihr Spott verstrickte das wissende Lachen und die Liebe ihrer Buhlen Gnäus Domitius, Vibius Marsus und Lucius Arruntius. Domitius' Größe tat ich kund, auch Marsus umstrahlten alte Würden und sein Gelehrtentum. „Macro knirschte das Zeugenverhör und bei der Folterung der Sklaven", entdeckte der Bericht

LIBER SEXTUS

bant, nullaeque in eos imperatoris litterae suspicionem dabant invalido ac fortasse ignaro ficta pleraque ob inimicitias Macronis notas in Arruntium. XLVIII Igitur Domitius defensionem meditans, Marsus, tamquam inediam destinavisset, produxere vitam. Arruntius cunctationem et moras suadentibus amicis non eadem omnibus decora respondit: Sibi satis aetatis, neque aliud paenitendum, quam quod inter ludibria et pericula anxiam senectam toleravisset, diu Seiano, nunc Macroni, semper alicui potentium invisus, non culpa, sed ut flagitiorum inpatiens. Sane paucos ad suprema principis dies posse vitari: Quem ad modum evasurum imminentis iuventam? An, cum Tiberius post tantam rerum experientiam vi dominationis convulsus et mutatus sit, Gaium Caesarem vix finita pueritia, ignarum omnium aut pessimis innutritum, meliora capessiturum Macrone duce, qui ut deterior ad opprimendum Seianum delectus plura per scelera rem publicam conflictavisset? Prospectare iam se acrius servitium, eoque fugere simul acta et instantia. Haec vatis in modum dictitans venas resolvit. Documento sequentia erunt bene Arruntium morte usum. Albucilla inrito ictu ab semet vulnerata iussu senatus in carcerem fertur. Stuprorum eius ministri, Carsidius Sacerdos praetorius ut in insulam deportaretur, Pontius Fregellanus amitteret ordinem senatorium, et eaedem poenae in Laelium Balbum decernuntur, id quidem a laetantibus, quia Balbus truci eloquentia habebatur, promptus adversum insontes.

Sechstes Buch

an den Senat, und der Kaiser hämmerte nicht an einem Brief. Der Verdacht an viele Lügen erwachte; denn Macros Haß auf Arruntius war ruchbar, und der welke Cäsar, war er noch wissend? — Noch lebend, zerquälte sich Domitius um eine rettende Rede, noch lebend, übte Marsus den Hunger und den Tod. An Arruntius verhallte der Freunde Rat, zu zögern und zu harren: „Menschen wollen leben, Menschen nur sterben, und ich, ich bin es müde worden, noch zu leben. Es reut mich nichts, und doch — es reut mich mein zages Alter, um das fratzenhaft der Totentanz wirbelte, das lange einen Sejan, jetzt Macro, stets die Macht der Stunde störte, — nicht ein sündiges Alter, doch ein Alter, das mit Sünden rang. Gewiß, das Auge des welkenden Fürsten mag noch spüren, bis es bricht. Doch wie soll ich das spürende Auge des Jünglings fliehen? Am Leben hatte sich Tiberius wund gelitten, und auch er, taumelnd in der Willkür der Gewalt, vergaß das Leid. Und Caligula? Ist er nicht noch Knabe, der blind ins Leben starrt, das Kind der Sünde selbst? Und Macro soll ihm die Sünde töten, Macro, den zum Sturz Sejans nur sein noch stumpferes Gewissen kor, Macro, dessen Verbrechen am Reiche fressen, einen Sejan zum Zwerge runzeln? Und Menschen höre ich heißer stöhnen, und ich will gehen, will nicht vor toten und vor jetzt geborenen Jahren schaudern ———" Es leuchtete starr, wie im Auge eines Sehers, und aus den Adern tropfte Blut. — Die Zukunft wird Arruntius den Tod zum Glücke deuten. Albucilla, die der zitternde Dolch nicht tödlich ritzte, kerkerte ein Befehl des Senats, und von den Lieblingen ihres Leibes ward der Altprätor Carsidius Sacerdos auf eine Insel verschleppt, an Pon-

LIBER SEXTUS

XLIX Isdem diebus Sex. Papinius consulari familia repentinum et informem exitum delegit, iacto in praeceps corpore. Causa ad matrem referebatur, quae pridem repudiata adsentationibus atque luxu perpulisset iuvenem ad ea, quorum effugium non nisi morte inveniret. Igitur accusata in senatu, quamquam genua patrum advolveretur luctumque communem et magis inbecillum tali super casu feminarum animum aliaque in eundem dolorem maesta et miseranda diu ferret, urbe tamen in decem annos prohibita est, donec minor filius lubricum iuventae exiret.

L Iam Tiberium corpus, iam vires, nondum dissimulatio deserebat: Idem animi rigor; sermone ac vultu intentus quaesita interdum comitate quamvis manifestam defectionem tegebat. Mutatisque saepius locis tandem apud promunturium Miseni consedit in villa, cui L. Lucullus quondam dominus. Illic eum adpropinquare supremis tali modo compertum. Erat medicus arte insignis, nomine Charicles, non quidem regere valetudines principis solitus, consilii tamen copiam praebere. Is velut propria ad negotia digrediens et per speciem officii manum complexus pulsum venarum attigit. Neque fefellit: Nam Tiberius, incertum an offensus tantoque magis iram premens, instaurari epulas iubet discumbitque ultra solitum, quasi

Sechstes Buch

tius Fregellanus die Senatorentracht zerrissen, und ihre Strafen fielen auch Lälius Balbus zu. Balbus' wilde Beredtheit zerzauste gern die Unschuld, und so lächerte es den beschließenden Senat.

In jenen Tagen war es, als Sextus Papinius' Leib aus konsularischem Geschlecht in jähem, häßlichem Falle sich zerschmetterte, und es flüsterte durch Rom: „Vom Gatten längst verstoßen, wiegte die Mutter den jungen Sohn in Kosewort, auf üppigem Leib, und der Knabe fand nur den Tod, ihn vor der Sünde zu betreuen." Als sie im Saale des Senates stand, schmiegte sie sich an die Knie ihrer Richter: „Weint ihr nicht auch wie das Weib? Indes der Frauen Herz muß mit dem toten Kinde sterben." Und über Schmerzen eines Weibes lösten sich noch viele leidestiefe, rührende Worte. Doch zehn Jahre verhielt man sie von Rom, bis der jüngste Knabe nach schwanker Jugend gealtert sei.

Tiberius' Glieder zuckten irr und müde, und die Lüge lächelte noch. Wie einst steifte sich sein Geist, wog die Worte und mühte den Blick, quälte sich, für Sekunden zu lächeln, den nackten Zerfall zu hüllen. Ruhelos irrte er in seinen Landen und fühlte Ruhe an Misenums Klippen in dem Landhaus, wo Lucius Lucullus einst vergeudete. Und seltsam spürten die Menschen den kühlen Tod. Es trug ein Arzt, Charikles, seine kluge Kunst, nicht den Leib des Fürsten zu hüten, doch mit seinem Rate nicht zu geizen. „Eigene Pflichten ziehen mich hinweg," und in Ehrfurcht den Cäsaren noch zu grüßen, faßte er nach seiner Hand, tastete sich um das klopfende Blut. Es zuckte durch den Cäsaren; vielleicht verzerrten sich die Lippen in Zorn, und nur heiterer lachte sein Befehl: „Ich

LIBER SEXTUS

honori abeuntis amici tribueret. Charicles tamen labi spiritum nec ultra biduum duraturum Macroni firmavit. Inde cuncta conloquiis inter praesentes, nuntiis apud legatos et exercitus festinabantur.

Septimum decimum kal. Aprilis interclusa anima creditus est mortalitatem explevisse; et multo gratantum concursu ad capienda imperii primordia Gaius Caesar egrediebatur, cum repente adfertur redire Tiberio vocem ac visus vocarique, qui recreandae defectioni cibum adferrent. Pavor hinc in omnes, et ceteri passim dispergi, se quisque maestum aut nescium fingere; Caesar in silentium fixus a summa spe novissima exspectabat. Macro intrepidus opprimi senem iniectu multae vestis iubet discedique ab limine. Sic Tiberius finivit octavo et septuagesimo aetatis anno.

LI Pater ei Nero et utrimque origo gentis Claudiae, quamquam mater in Liviam et mox Iuliam familiam adoptionibus transierit. Casus prima ab infantia ancipites; nam proscriptum patrem exul secutus, ubi domum Augusti privignus introiit, multis aemulis conflictatus est, dum Marcellus et Agrippa, mox Gaius Luciusque Caesares viguere; etiam frater eius Drusus prosperiore civium amore erat. Sed maxime in lubrico egit accepta in matrimonium Iulia, inpudicitiam uxoris tolerans aut declinans. Dein Rhodo regressus vacuos principis penates duodecim annis, mox rei Romanae arbitrium tribus ferme et viginti obtinuit. Morum

Sechstes Buch

tafele noch mit ihm". Er weilte am Gelage weit über seine Stunde, die Ehre dem letzten Schritt des Freunds zu streuen. Zu Macro huschte Charikles' Schwur: "Doch es frißt der Tod. Zwei Tage noch, so — — —" In den Gelassen glitten hastige Worte. Boten jagten zu Legaten und Heer.

Am 16. März bäumte sich sein Leib nach Atem, und in den Gassen Roms hallte es von seinem Tod. Menschen fluteten, jauchzten Caligula zu, der aus dem Palaste trat, an die Krone zu rühren. Ein Blitz flackerte rot: "Tiberius' Wimper hebt sich. Er lallt. Und in den Sälen lärmt es nach Speisen, ihn zu beleben." Auf Rom schwebte die Furcht, und die Menschen zerstoben, das Auge in Leid verschleiernd, sich arglos gebärdend. Nur Caligula brütete totenstarr: Von Kronentraum träumte ihm der Tod. Kalt befahl den Sklaven Macro: "Ein greises Lebensgelüst würgen doch Decken auf Decken! Ihr da, fort von der Schwelle!" — So starb Tiberius nach siebenundsiebzig Jahren.

Nero war sein Vater, und der Claudier Geschlecht gebar auch seine Mutter, später in der Livier, der Julier Stamm entführt. — Schon das Leben des Kindes wankte. In der Ferne, vor dem geächteten Vater spielte der Knabe, und zu Rom, im Palast irrte Augustus' Stiefsohn, die Krone zu raffen, sie Marcellus und Agrippa, Gajus und Lucius, den Cäsaren, zu entringen. Selbst vor seinem Bruder, vor Drusus, quoll der Jubel beglückender aus den Straßen Roms — — Doch zu einem Taumel des Irren ward sein Leben, da ihm Julia gefreit ward, die Dirne vor dem Gemahl, der es trug, es mied. In den öde verdüsterten Hallen des Fürsten schritt der Geächtete von

LIBER SEXTUS

quoque tempora illi diversa: Egregium vita famaque, quoad privatus vel in imperiis sub Augusto fuit; occultum ac subdolum fingendis virtutibus, donec Germanicus ac Drusus superfuere; idem inter bona malaque mixtus incolumi matre; intestabilis saevitia, sed obtectis libidinibus, dum Seianum dilexit timuitve, postremo in scelera simul ac dedecora prorupit, postquam remoto pudore et metu suo tantum ingenio utebatur.

Sechstes Buch

Rhodos wieder, und zwölf Jahre später neigte sich ihm die Krone der Welt — fast dreiundzwanzig lange Jahre. — Sich wandelnd ging auch sein Geist durch die Zeit. Die Sonne lag auf Leben und Ruf des Bürgers, des Feldherrn von Augustus. In Germanicus' und Drusus' Tagen dämmerten Wolken, zerflatterten oft für ein flimmerndes Licht. Es glommen die Blitze; fern glitten noch Strahlen der Sonne, und seine Mutter schied. Blut ergoß sich, und Dunkel fiel hernieder, tief über züngelnde Lust. Doch es sanken die Liebe und Angst vor Sejan. Hoch empor loderten Sünde und Schmach, und zertretend die Furcht und Scham, ward ihm der nackte Trieb zur Tat.

www.ingramcontent.com/pod-product-compliance
Lightning Source LLC
Chambersburg PA
CBHW040422110426
42814CB00008B/325